개정판

Hotel&Tourism Service Theory and Practice

호텔관광서비스 이론과 실제

박대환 · 한진수 · 장병주 · 조보경 공저

백산출판사

머리말

이솝우화에 늑대가 두루미를 초청하여 맛있는 식사를 대접하면서 접시에 수프를 담아 내었다. 늑대는 혀로 수프를 맛있게 핥아먹었지만 두루미는 긴 부리로 접시의 음식을 먹기에는 무리가 있어 맛있는 수프를 먹지 못하게 되었다. 이처럼 고객을 위해 맛있는 음식을 마련하고도 상대를 배려하는 마음이 부족하여 고객을 만족시키지 못한 웃지 못할 이야기가 있다.

21세기를 맞이하여 호텔관광산업의 환경도 속도의 매체에 의해 급변하는 경제주체로 변화되고 있다. 다국적 호텔기업들의 브랜드 다양화, 정보통신의 혁신, 매체의 디지털화, 인터넷 예약의 확대, 해외 중저가 호텔기업의 국내 진입, 국내 호텔 리퍼럴 그룹의 형성, 지역별 중저가 항공사의 영업 증대 등 새로운 패러다임에 의한 호텔관광서비스업의 개편이 이루어지고 있다. 그러나 이러한 새로운 움직임도 그 바탕에는 고객지향적인 서비스 정신과 기법이 최우선시되고 있음을 부인할 수 없다. 시대가 변하고 경영주체가 바뀌어도 호텔관광산업은 고객의 필요와 욕구에 맞는 고객지향, 고객감동 개념으로 운영되어야 발전할 수 있고, 수익을 창출할 수 있으며, 그로 인하여 시장 내에서 경쟁우위를 유지할 수 있게 된다. 따라서 많은 호텔관광기업들은 '고객만족운동'을 기업 최고의 목표로 삼고 있으며, 고객을 감동시키기 위한 다양한 프로그램을 운영하고 있다. 본서는 저자들이 수년간 국제적인 체인호텔과 국내 대규모호텔에서 이행해 왔던 서비스 실무와 교육현장에서 쌓아온 이론을 토대로 이론과 실제를 접목시켜 저술하게 되었다.

본서는 제1부에서 서비스의 개요와 특성, 서비스산업, 서비스품질관리, 서비스마케팅, 고객중심서비스, 서비스리더십 등 서비스의 이론적 체계를 세웠으며, 제2부에서 서비스 어텐던트의 기본예절, 객실서비스, 식음료서비스, 부대영업장서비스 등 호텔관광서비스 현장에서 일어나는 실제 상황을 토대로 서비스실제를 기술하였다. 제3부에서 고객불만처리방법과 서비스 성공사례 연구를 기술하여 앞서가는 호텔관광서비스기업들의 서비스 동향을 학습할 수 있도록 하였다. 이 책은 2009년에 초판을 낸 후 수정보완하여 개정판을 내게 되었다.

이 책의 특징은 기존의 서비스이론과 현장실무가 각각 구분되어 따로 배우고 익히던 것을 지양하고, 서비스의 이론체계와 실제를 함께 구성한 것으로 이론과 실무에 강한 실용인재를 기르는 데 일조하고자 하였다. 시대의 흐름이 실용학문을 필요로 하고, 이 분야에 관심이 많아지고 있으므로 호텔관광서비스업에 몸담을 호텔관광학도는 물론이고, 현업에서 종사하는 분들도 호텔관광서비스 이론과 실제를 익히는 데 크게 도움이 되리라고 본다. 그러나 저자들의 학문과 경험이 모두를 논할 수 없음을 안타깝게 생각하며 미진한 부분은 향후 더욱 발전시켜 나아갈 것을 약속하는 바이다.

끝으로 이 책의 출판을 위해 수고를 아끼지 않으신 백산출판사 진욱상 사장님, 진성원 상무님, 김호철 편집부장님, 편집부 직원여러분의 노고에 진심으로 감사드린다.

2014년

저 자 씀

차 례

제1부 서비스 이론

제5장 고객중심서비스

제6장 서비스리더십

제2부 서비스의 실제

제7장 서비스어텐던트의 기본예절

제3부 고객불만 처리와 서비스 성공사례 연구

제11장 호텔관광서비스 고객불만 처리방법

제12장 호텔관광서비스 성공사례 연구

서비스 이론

제 1 부

제 1 장

서비스 개요와 특성

제 1 장 서비스 개요와 특성

제 1 절 서비스의 개요

옥스퍼드 영어사전에 의하면 환대서비스(hospitality service)는 "관대함과 좋은 뜻을 가지고 낯선 사람, 손님 또는 방문객을 대접하고 응접하는 것"을 의미한다. 환대란 단어는 "hospital"과 관련이 있으나, 이 용어는 광범위한 의미를 포함하고 있다. hospital은 현시대의 병원의 개념이나 과거에는 심신이 피로한 사람에게 쉴 수 있는 장소와 음식물을 제공하여 회복시키는 개념으로서, 사람을 다루는 사업으로 발전하였다.

현시대의 hospitality는 서비스 산업체로서의 호텔과 레스토랑 등을 들 수 있는데, 이것은 집으로부터 나온 사람들이 숙박과 음식을 제공받기 위한 기관으로서 발전되었다.

게다가 이 기관들은 일반적인 것보다 더 오랜 역사적인 전통이 있다. 그들은 또한 음식과 휴식처를 제공하는 문제들을 공유하는데 그것은 건물을 세우는 것, 열과 전기에너지를 제공하는 것, 건물을 깨끗이 청소하고 관리하는 것, 그리고 손님을 즐겁게 하는 방법으로 음식을 준비하고 쉴 수 있는 장소를 제공하는 것을 의미한다.

물론 우리는 호텔에 머무르거나 레스토랑에서의 식사 등 모든 것이 관대함과 더불어 좋은 뜻을 가지고 행해지기를 기대할 수 있다. 따라서 서비스 직업은 인간의 직업 중에서 가장 오래된 것이며, 그들은 고객들을 환영하며 편안하게 만들기 위해 노력하는 것이다.

1. 서비스의 의의

1) 서비스의 의미

서비스(service)의 어원은 Servus라는 노예의 의미에서 생성되었다. 즉 노예가 주는 의미로서 주인에게 맹목적인 충성과 봉사하는 의미로 볼 수 있다. 우리는 서비스를 생각하면 우선 봉사를 떠올린다. 이것은 나의 이익을 생각하기 이전에 남을 도와준다는 정신인 것이다.

또한 서비스업의 사전적인 의미는 산업의 한 분야로서 하숙, 호텔, 숙박, 설비대여업, 광고업, 자동차 수리, 용역, 접대, 시중, 조력, 공공편익 등 다양한 개념으로 사용되고 있다.

그러나 현대적인 서비스의 의미는 서비스의 본질을 영리 목적으로 하여 고객만족을 확보하는 것이다. 이는 서비스기업이 모든 소비자의 다양한 욕구를 충족시켜 서비스 지향적인 경영사고를 가지고, 보다 효과적인 차별화전략을 수행하는 것이다. 서비스가 단순히 봉사하는 것이라는 생각은 올바른 가치인식이 아니며, 궁극적으로 자기 실현욕구를 통해 존재가치를 분명히 함으로써 만족을 얻는 과정이다.

따라서 현 기업의 서비스는 고객지향적인 개념에 중점을 둠으로써 맞춤방식의 서비스(customized service)와 대량맞춤방식의 서비스(mass customized service) 및 대량생산방식의 서비스(mass produced service), 대량서비스(mass service) 등으로 나타나고 있다. 위 4가지의 개념을 살펴보면 서비스의 의미를 이해하는 데 도움이 될 것이다.

맞춤방식의 서비스는 고객 개개인에 제공되는 서비스를 의미하며, 대량맞춤방식의 서비스는 고객의 요구나 필요성을 예측하여 다양한 서비스를 제공하는 형태를 수반하고 있다. 대량생산방식의 서비스는 표준화되어 있고 유형 특성이 지배적인 제조업에 맞는 서비스 형태를 의미하며, 대량서비스는 서비스가 표준화되어 있지만 만족의 근원은 좀 더 무형성에 의존적인 서비스를 의미한다. 이와 같이 현대의 서비스 의미는 상대방에 근간을 두고 경제활동과 상대방에게 만족을 주는 유무형의 활동으로 볼 수 있다.

각국의 서비스는 사전적 의미에서 약간의 차이를 보이고 있다. 이를 요약하면 〈표 1-1〉과 같다.

| 표 1-1 | 각국의 서비스 의미

국가	의미
영국	• 어떤 행동에 따른 봉사 • 사람에 의해서 행해지는 봉사와 관련된 일 • 종교적 신앙 숭배의식 • 무형의 이로운 노동 • 국가의 군대조직 • 공공수요를 위한 시설 • 동물의 교미행위 • 특별한 재무를 담당하는 의료진
미국	• 호텔이나 레스토랑, 가게 등에서 고객에게 쏟는 정성 • 필요한 수요를 제공하거나 어떤 필요한 일을 하는 조직이나 사업 • 타인을 위해서 하는 일이나 근무 또는 직업 • 대중을 상대로 한 종교의식의 정형화된 형태(교회의 예배, 사찰의 법회 등) • 정부의 조직 • 기계의 정상작동을 위한 시험 • 음식을 담는 접시, 연장, 기구 • 법원의 출두명령 전달 • 옛날의 하인 • 기계의 수리나 실험 • 특정한 곳에서 일하는 사람의 직업
한국	• 봉사, 접대, 근무 • 이바지, 시중 • 재화를 생산하지 않으나 그것을 운반 · 배급하거나 생산 · 소비에 필요한 노동을 제공하는 일 • 개인적으로 남을 위하여 여러 가지로 봉사하는 것, 특히 장사에서 손님을 접대하고 편의를 제공하는 것 • 장사에서 값을 감해주든지, 덤을 붙여주든지 하여 고객에게 이익을 베푸는 것 • 고객에게 편의를 주고 상품매입에 만족을 주는 것

자료 : 채서묵, "관광 서비스의 우월적 지위에 관한 연구", 경기대학교 대학원 박사학위논문, 1994.

위의 사실과 같이 서비스는 개인적으로 다른 사람을 위해서 여러 가지 편의를 제공하는 일, 또는 물질적인 생산과정 이외에서 작용하는 노동의 특징을 말하고 있다.

2) 서비스의 정의

서비스는 상호 간의 이질성 및 기술 발달에 따른 새로운 정보서비스의 등장으로 정확한 정의를 찾아내기란 매우 어렵다.

서비스의 정의를 살펴보면, 농업을 중시한 시대에는 유형의 제품 생산을 목적으로 하지 않는 모든 활동을 서비스로 보았다. 즉 재화의 형태 외의 모든 것을 서비스라고 정의하였다. 이와 같이 서비스의 정의에 대한 내용은 학자의 견해에 따라 다양하게 나타나고 있다.

우선 미국마케팅협회(American Marketing Association ; AMA, 1960)에서는 "서비스란 판매를 위하여 제공되는 또는 상품의 판매와의 관계에서 준비되는 제 활동, 편익, 만족"이라고 정의하였으며, 그 예로는 오락서비스, 호텔서비스, 전력서비스, 수송서비스, 이발 · 미용 서비스, 수리 보수 · 서비스, 신용서비스 등이 있다.

스탠턴(Stanton, 1984)은 "서비스란 욕구 만족의 대상이 되고 본질적으로 확인 가능한 무형적인 행위이며 제품 또는 다른 서비스와 반드시 결부될 필요가 없으며, 이를 생산하기 위해 유형재의 사용이 필수적이지 않지만 유형재가 사용되더라도 그 유형재의 소유권 이전은 수반하지 않는다"고 했다.

코틀러(Kotler, 1984)는 "서비스는 한쪽편이 상대편에게 제공하는 성과나 활동으로서, 그것은 기본적으로 무형적이며, 어떤 것의 소유로 귀결되지 않는 것이다. 서비스의 생산은 물질적인 제품과 연결될 수도 있고 그렇지 않을 수도 있다"고 하였다. 블로이스(Blois, 1974)는 "서비스란 물재의 형태에 물리적인 변화를 일으키지 않고 편익과 만족을 가져다주며 판매에 제공되는 활동"으로 정의하였으며, 여기에서는 활동을 편익과 만족을 가져오는 프로세스로 파악하고 있다. 또한 이순용(1994)은 "고객이 자신의 편익(benefit)과 만족(satisfaction)을 위해 자신 혹은 제3자의 자원(장비, 시설, 물품, 노동, 지식, 기술, 아이디어) 등을 이용하여 유용한 기능을 다하는 작용인바, 그 과정, 노력, 행위의 수행"이라고 하였다.

이러한 학자들의 서비스 정의의 개념을 살펴보면 서비스는 무형적인 특징에서 생산되는 행위로서 다른 형태의 서비스, 표준화의 정도, 공급되는 서비스 자체 내에서도 다양성이 존재하며, 서비스를 받는 자는 시간이나 장소 또는 형태의 효용과 같은 무형의 편익이나 만족을 제공받는 경제활동이라 할 수 있다. 따라서 서비스 정의에 있어서의 대 고객서비스는 좀 더 개별화되어 있고 예측하기 어렵다. 서비스 내에서 순수한 무형의 상호작용은 정도의 차이는 있겠지만, 개별화될 것이고 따라서 이질성을 가질 수밖에 없다. 그러므로 성공적인 서비스는 고객의 요구조건을 충분히 이해할 수 있는 우수한 서비스 제공자에게 달려 있다. 이에 따라 서비스기업은 서비스 전달자의 인적 자원 관리에 많은 관심을 가져야 한다.

〈표 1-2〉는 학자들의 서비스 정의를 정리한 것이다.

| 표 1-2 | 서비스의 정의

<table>
<tr><th>연 구 자</th><th>정 의</th><th>비 교</th></tr>
<tr><td>AMA(1960)</td><td>판매를 목적으로 제공하거나 제품 판매에 수반하여 제공하는 행위, 편익, 만족</td><td>對 고객서비스로 함</td></tr>
<tr><td>Judd, R. C.
(1964)</td><td>재화의 소유권 이전 이외의 시장거래</td><td rowspan="2">서비스 자체의 특성에 대한 언급이 없음
불법적 서비스 포함 여부 불명
소비자 측면에서의 정의, 부분적 정의</td></tr>
<tr><td>Besson, R. M.
(1973)</td><td>판매를 목적으로 제공되는 가치있는 편익이나 만족을 주는 모든 행위. 즉 소비자가 스스로 수행하지 않기로 선택한 행위임</td></tr>
<tr><td>Blois, K. J.(1974)</td><td>제품의 형태에 물리적 변화를 초래하지 않으며 판매를 목적으로 제공되는 편익과 만족을 산출하는 행위</td><td></td></tr>
<tr><td>Rathmell, M.
(1974)</td><td>시장에서 구매·판매되는 모든 무형적 제품</td><td></td></tr>
<tr><td>Hill, T. P.</td><td>특정 경제단위 거래의 개인 혹은 제품에 대한 상태의 변화</td><td></td></tr>
<tr><td>Weinrauch, J. D.
& Piland, W. E.
(1979)</td><td>물리수행(제공)되는 유형적 상품이 포함되지 않은 판매</td><td></td></tr>
</table>

연구자	정의	비교
Uhl, K. P. & Upah, G. D. (1983)	교환거래에 수반하여 다른 경제주체에 의해 행위 혹은 다른 경제주체의 소유권 이전 없이 설비, 제품, 행위 등의 사용을 제공하는 행위이며, 그것은 무형적이고 저장·수송이 불가능한 것	불법적 對고객서비스의 포함여부 불명
Kotler, P.	상대자에게 무형적이고 소유권 이전이 없는 행위나 효익의 제공. 유형재와 결부될 수도, 안될 수도 있음	공공적 對고객서비스 포함
Stanton, W. J. (1984)	욕구만족을 제공하는 독립적으로 확인 가능하고 본질적인 행위이며 그것은 제품이나 다른 서비스의 판매와 꼭 결부될 필요가 없고 서비스를 생산하기 위해 유형재의 사용을 반드시 요구하지 않음. 유형재의 사용이 요구될 때라도 그 유형의 소유권의 이전은 없음	

자료 : 김준호, "한국 서비스 마케팅 시스템의 발전모형에 관한 연구", 인하대학교 대학원 박사학위논문, 1987, pp. 18~23.

2. 서비스의 개념

1) 제품별 서비스 개념

서비스 개념은 크게 서비스 제공자가 수행하는 서비스 활동 측면을 강조한 정의와 유형의 재화와 구분되는 것을 강조한 정의로 나눌 수 있다.

일반적으로 서비스는 무형적인 요소를 많이 내포하고 있는 반면 제품은 유형성이 많은 것으로 알려져 왔으나 실질적으로 모든 제품은 유형 및 무형의 특징을 지니고 있다.

다만 다른 것은 유형적 특징은 제품에 기초를 둔 반면, 무형적 특징은 핵심 요소가 서비스에 중점을 두고 있다([그림 1-1] 참조).

그림 • 1-1 서비스의 범위

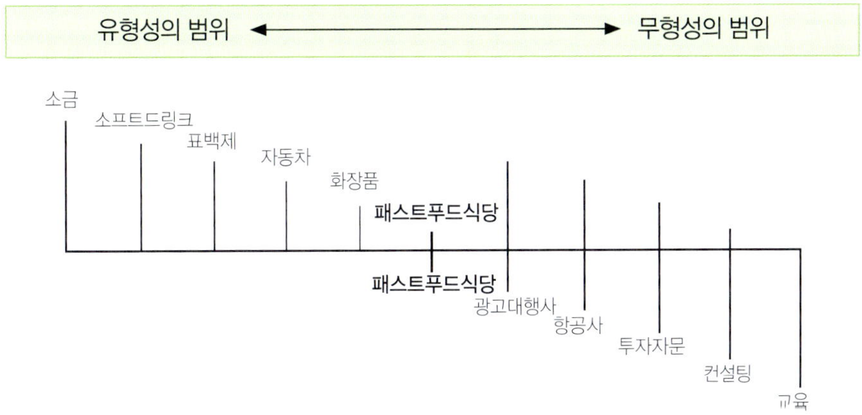

자료 : G. Lynn Shostack, "Breaking Free from Product Marketing," *Journal of Marketing*, April 1987.

제조업에서는 제품을 비용, 품실, 특성 등으로 정의할 수 있으나 서비스는 무형적인 속성이 중요 부분이 되고 서비스 전달을 용이하게 해주는 재화들은 보완적일 뿐이어서 확실한 개념 정의가 어렵다.

따라서 서비스는 재화에 부속된 것이 아니라 하나의 독립적인 성격이 강하다. 이러한 서비스는 [그림 1-2]와 같이 혼합된 상태를 나타낸다.

그림 • 1-2 현대의 서비스 상태

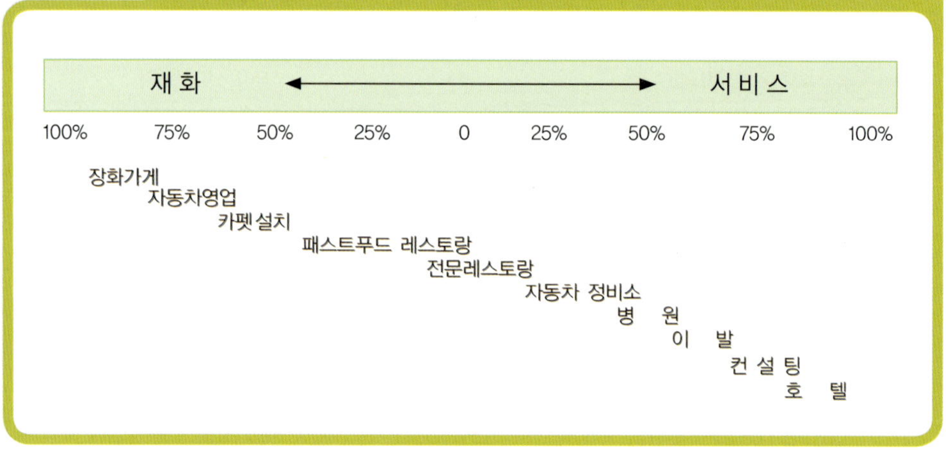

자료 : Earl W. Sasser, R. Paul Olsen and D. Daryl Wyckoff, *Management of Service Operation*, Allyn and Bacon Inc., 1978.

2) 개념별 서비스 개념

(1) 생산성적 개념의 서비스

생산성이란 단위노동에 대한 생산물의 양이나 토지, 자본, 노동력 중에서의 생산물 양을 의미한다. 즉 생산성이란 토지, 자본, 노동력과 같은 투입량의 상호작용 결과 나타나는 재화와 용역의 산출량에 영향을 받는다.

즉 호텔상품을 생산하기 위한 투입요소로 시간, 비용 및 재료 등을 들 수 있으며, 산출량의 측정은 판매한 식사 또는 객실 수, 서비스한 고객 수 등으로 표시할 수 있다.

(2) 경제적 개념의 서비스

애덤 스미스(Adam Smith)는 경제적 서비스의 개념에서 제품과 서비스를 재화와 용역(goods & service)으로 구분하였다.

즉 서비스는 서비스 노동 대상인 인적 노동, 서비스를 수행하는 자와 서비스 노동 수단으로 정리하고 있다(〈표 1-3〉 참조).

| 표 1-3 | 경제학적 관점에서 본 서비스의 정의

학 자	구 분 기 준	내 용
C. Clark	눈에 보이지 않는 재화의 생산	산업부문에서처럼 생산물 감소법칙이 적용되는 부문에서 노동력을 가장 빨리 방출하며 눈에 보이지 않는 재화를 생산하는 부문에 점차적으로 노동력이 모인다.
Beckmann	생산과정에 있어서의 특성	서비스산업에서는 노동의 결과를 저장할 수 없다.
Berekovenn	외적인 생산요소	서비스산업에서는 내적인 생산요소 외에 외적인 생산요소로서 고객을 필요로 한다.
Rasmussen	노동의 형태	재화의 직접적 채취, 가공, 작업을 하지 않는 노동의 총칭
Fisher	생존에 필수적인 정도	농입생신물은 생존에 필요히며, 공업생산물은 매우 필요하나 비탄력적이지만, 서비스산업은 탄력적인 수요에 응한다.
Berger/ Offe	서비스노동은 직접적 생산의 기반을 달성하여 주며, 이를 위험으로부터 보호해 준다.	기업적·일반적 분업이 고도화되면서 생산을 보장해 주는 노동도 점점 더 전문화된 서비스 조직 및 직책을 요구하게 된다.

자료 : 이각범, "서비스산업의 사회학적 인식", 『세계의 문학』, 가을호, 1984, p. 100.

(3) 관광학적 개념의 서비스

관광은 일상생활권에서 벗어나 여가 등을 즐기는 여행과 잠시 동안의 체류를 목적으로 하는 것을 포함하는 개념이다. 이것은 관광객, 목적지, 호텔과 숙박업, 음식, 이벤트, 항공, 크루즈, 여행사 등 관광산업과 이에 따른 인프라의 상호작용 시스템이다. 따라서 독립적으로 확인 가능한 행위로써 여행사, 교통업체, 숙박업체 등에서 관광객에 대하여 유료로 제공하는 제반 활동 및 대고객서비스를 포함한 활동을 뜻한다.

3) 순수서비스의 개념

순수서비스란 서비스가 판매의 1차 대상인 사업을 말한다. 순수서비스 사업에 있어서 물질적이거나 구체적인 제품의 이동이 서비스에 대해 부수적인 일이 된다. 순수서비스 사업으로 호텔, 항공사, 은행, 컴퓨터 서비스, 법률회사, 영화관, 그리고 교육 등을 들 수 있다.

위의 사실과 같이 서비스의 개념은 다양한 측면을 가지고 있기 때문에 서비스의 개념 정립 시에 다음의 질문이 심도 있게 논의되어야 한다.

① 우리가 속해 있는 서비스 사업의 특수한 유형을 충분히 이해하고 있는가? 비록 서비스 지향적인 사업들이 제품 지향적인 사업들과 다르기는 하지만 기본적인 차이점은 서비스 사업의 특정한 유형에 의해 크게 좌우되는 것이다.

② 우리의 서비스 사업이 제품 지향적인 회사들의 전략과는 다른 경쟁전략들을 가지고 있는가? 등에 관심을 기울여야만 한다.

③ 우리의 서비스 사업은 비용을 어떻게 더욱 효율적으로 운영할 수 있는가? 제조업체들은 더욱 빠르고 성능이 뛰어난 기계를 구입하는 방식으로 영업의 신장을 이룰 수 있다. 그러나 대부분의 서비스업체들은 인력에 의존한 접근방식이 필요하므로 제조업체와 같은 방식을 따르는 것은 불가능하여 다른 방안들이 모색되어야만 한다.

④ 우리의 서비스 사업에 대한 가격전략에 대한 이론적 근거는 무엇인가?

서비스에 있어서 가격설정은 비용에 기초한 것으로만 결정하기 어려울 때가 많다. 그리고 효율적인 가치에 근거한 가격결정에는 확실한 공식이 거의 없다. 가격전략을 살펴보고 전략의 변화가 가져올 경제적이고 심리적인 효과를 포함한 가격전략이 필요할 것이다.

3. 서비스의 유형

코틀러(Kotler)와 손대현은 서비스 유형을 다음과 같이 분류하였다.

첫째, 사람 중심형 서비스와 설비 · 시설 중심형 서비스로 분류하는 것이다. 이를 더욱 세분화하면 사람 중심형 서비스는 다시 비숙련노동에 의한 서비스, 숙련노동에 의한 서비스, 전문직에 의한 서비스로 분류될 수 있다.

설비 · 시설 중심형 서비스는 자동 서비스(예 : 전화), 반숙련노동을 필요로 하는 서비스(예 : 택시 운전), 숙련노동을 필요로 하는 서비스(예 : 비행기 조종)로 분류될 수 있다.

둘째, 서비스 제공 대상자가 서비스 제공 시점 시 현장에 있어야 하는 경우(예 : 수술)와 그럴 필요가 없는 경우(예 : 자동차 수리)로 구분할 수 있다.

셋째, 서비스 제공 대상자가 개인(개인 서비스)일 수도 있고, 기업체(기업 서비스)일 수도 있다.

넷째, 서비스 제공자의 목적에 따라 영리와 비영리로, 그리고 소유형태에 따라 민간(private)과 공공(public)으로 구분할 수 있다.

다섯째, 시간대별로 사전 서비스(before-service), 서비스 제공(in service), 사후 서비스(after service)로 구분할 수 있다. 자동차 수리를 하고자 하는 고객의 시간낭비를 방지하기 위해 예약을 받는 것은 사전 서비스이며, 직접 수리를 하는 행위는 서비스 제공이며, 수리 후 결함이 있을 때 무료로 재수리해 주는 것은 사후 서비스에 해당한다.

흔히 서비스라 하면 고장 났을 때 고쳐주는 사후 서비스를 생각한다. 그러나 서비스는 A, B, C, D 네 가지를 입체적으로 제공함으로써 고객을 감동시킬 수 있다. A는 사후 서비스(After service), B는 사전 서비스(Before service), C는 정보제공(Communication service), D는 기쁨을 주는 서비스(Delight service)를 의미한다.

이들 A, B, C, D 서비스는 고객만족에 상호 보완적이며, 결합할수록 상승효과를 갖는다. 따라서 기업은 회사 전반적인 서비스시스템에 반영하여 각 서비스맨들이 각자의 행동에서 이 개념을 실시할 수 있는 방안을 연구할 수 있는 것이다.

그림 • 1-3 ABCD 서비스

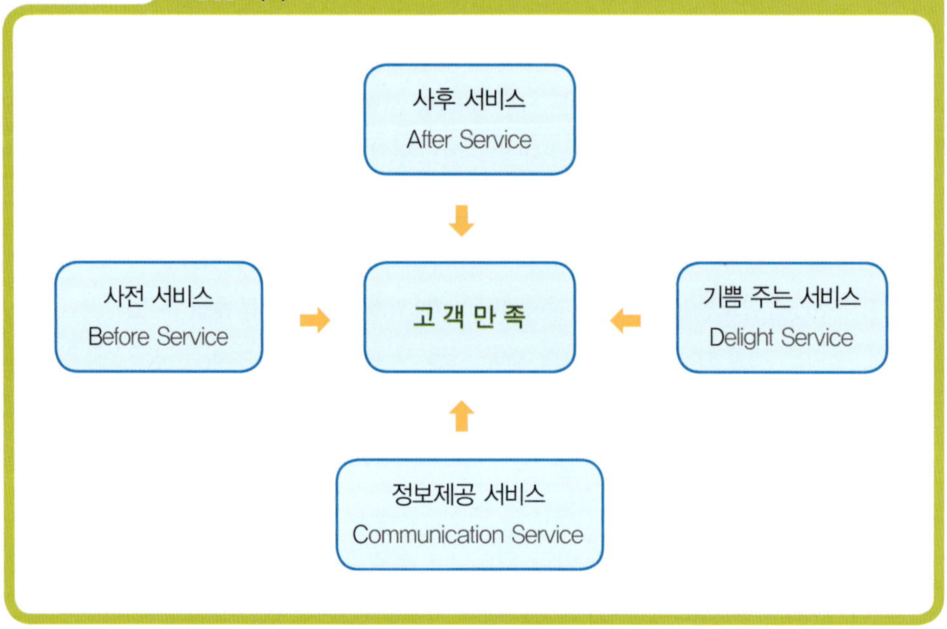

자료 : 김영한, 『고객만족 혁명』, 성림, 1992, p. 132.

또 다른 예로서 호텔서비스의 유형적 접근은 호텔서비스 분류에 따른 내용으로서 일반적으로 ① 유형별 서비스 ② 등급별 서비스 ③ 시간별 서비스 ④ 규모별 서비스 ⑤ 제공별 서비스 ⑥ 기능별 서비스 등으로 나누고 있는데 호텔서비스 제공 시 가장 많이 사용하는 서비스로는 인적 서비스, 물적 서비스, 시스템적 서비스를 들 수 있다.

| 표 1-4 | 호텔서비스의 유형

유 형	하위 서비스
인적 서비스	접객서비스, 주차서비스, 포터서비스, 벨맨서비스, 도어맨서비스, 안내서비스, 유니폼서비스, 주문배달서비스, 환전서비스, 모닝콜서비스, 페이징서비스 등
물적 서비스	객실, 레스토랑, 부대시설, 차량서비스, 분위기, 전망, 냉난방서비스
시스템적 서비스	후불제도, VIP카드제도, 회원제도, 예약제도, 요금할인제도, 영업시간 등

자료 : Teare, R. and M. Olsen, *International Hospitality Management : Corporate Strategy in Practice*, New York : John Wiley and Sons, 1993, p. 321.

호텔서비스와 같은 기반시설과 식음료, 도구, 소모품 등의 물적인 것과 체계화된 업무 조정 및 조직적인 협동 등의 시스템적인 것과 종업원이 고객과의 대인관계에서 나타나는 효용가치를 지니는 인적인 것 등이 호텔서비스 3대 기능의 복합체라고 할 수 있다.

이에 따라 호텔에서의 고객접점에 따른 서비스 접근은 서비스 프로세스의 설계 개념으로서 서비스전달 제공의 흐름으로 이루어져 있다. 이는 대고객 준비과정인 판매 전(before service), 서비스 접점의 인카운터 서비스인 판매 중(in service 또는 on-service), 사후관리 차원인 판매 후(after service)로 분류할 수 있다.

예를 들어 프런트 데스크의 직원(agent)의 대고객 준비과정인 판매 전(before process), 현장에서 고객과의 접점에서 이루어지는 판매 중(in(on) service), 고객이 호텔을 떠난 후에 이루어지는 사후 서비스(after service) 단계의 구성은 다음과 같다.

사전 서비스(before service)는 소비자가 경험하기 이전에 불만을 느끼지 않도록 소치하는 행위로서 신뢰성에 관계가 있다. 호텔에서의 체크인 전(예약) 상황에서 예약확인, 고객 도착 준비에 따른 수화물 운반 준비 등 예약 시 고객의 요구사항 준비 및 지원대기를 말한다. 이는 호텔 고객에게 사전정보제공이나 예약에 대한 신뢰성을 통하여 호텔에 대한 고객의 욕구파악 및 판매정보 수립에 기여할 수 있다.

제공시점 서비스(in-service 또는 on-service)의 단계는 호텔에서의 체크인 단계로서 고객 투숙객실 확인, 호텔이용설명 및 안내, 고객의 메시지 및 환전 등 정보제공 서비스의 실제 현장에서 이루어지는 내용으로서 호텔과 고객 상호관계에서 발생하는 경험가치를 만드는 과정이다. 또한 호텔의 물적 환경 측면에서 발생되는 호텔시설 및 인테리어 등도 포함된다.

사후 서비스(after service)는 호텔고객의 체크인 후에 발생되는 과정으로서 고객의 계산 및 신용카드 설정, 고객의 장부 포스팅 요금계산 등으로 이루어지고 호텔 이용 후 고객의 불평·불만을 해결하여 주는 행위로써 고객에게 만족감을 주어 충성심을 높이고 재구매 동기를 부여할 수 있는 과정이다.

4. 관광서비스의 개념

관광서비스의 정의를 한마디로 한정하기는 어려우나, 편의상 3가지 측면에서 고찰해 보면 다음과 같다.

첫째, 기능적 정의는 "관광기업의 수입증대에 기여하기 위한 종사원의 헌신 · 봉사하는 자세와 업무에 대해 최선을 다하는 태도, 즉 세심한 봉사정신이다".

둘째, 비즈니스적 정의는 "관광기업활동을 통하여 고객인 관광객이 호감과 만족감을 느끼게 함으로써 비로소 가치를 낳는 지식과 행위의 총체이다".

셋째, 구조적 정의는 "관광기업이 기업활동을 함에 있어서 관광객의 요구에 맞추어 소유권의 이전 없이 제공하는 상품적 의미 즉 무형의 행위 또는 편익의 일체를 말한다".

이와 같은 관광서비스는 관광지를 구성하는 여러 요소, 주변환경적 분위기, 관광객 자신의 사전 이미지 등과 불가분의 관계하에서 인적 · 물적 서비스가 혼합되어 존재하는 개념이다. 관광산업과 같은 환대산업에 있어서의 서비스란 영업효과의 극대화를 위하여 고객에게 제공되는 고급용역을 지칭한다고 할 수 있다.

결국 전문 서비스의 하나인 관광서비스는 관광사업의 영업효과에 직접 관련되는 촉매요소로써 작용하는 정신적 배려행위인 것이다. 이처럼 관광사업에 있어서 관광서비스라고 하면 관광종사원의 업무상의 서비스를 칭하는 것이 일반적인 예이다.

이상을 토대로 관광서비스의 개념을 정리하면 "관광활동 내에서의 고객인 관광객을 위해 제공되거나 부수되는 욕구충족의 주체적이고 핵심적인 것으로 소득에 의해 소비자 효용이 일어나기보다는 행위나 성과에 의해 효용이 나타나는 소유권의 이전이 수반되지 않은 무형행위 또는 편익의 총체이다".

제 2 절 서비스의 연구동향

서비스에 대한 연구는 경제학적 · 생산관리적 · 인사관리적 · 회계학적 그리고 마케팅적 접근 등에서 각각의 필요에 의해 행해져 왔다.

1. 경제학적 접근

경제학에서의 서비스에 대한 연구는 기본적으로 유형재(tangible products)와 결부되지 않는 무형활동으로써 생산재와 비생산재로 구분하였다.

2. 생산관리적 접근

생산관리에서의 서비스에 대한 연구는 기본적으로 서비스품질관리에 초점을 두고 있다.

그뢴루스(Gronroos)는 서비스의 품질을 기술품질(technical quality)과 기능품질(functional quality)로 나누고, 전자는 고객이 서비스로부터 실제로 얻는 품질로, 후자는 서비스가 배달되는 방식으로 보고 있다. 그리고 가빈(Garvin)은 생산관리에 의해 서비스품질이 결정되는 것으로 보고 있다.

따라서 생산관리에서의 서비스에 대한 연구는 고객의 서비스 지각과 만족의 관점에서 서비스의 품질 속성과 생산품질에 초점을 둔 가치속성으로 보고 있다.

3. 인사관리적 접근

인사관리에서의 서비스에 대한 연구는 서비스의 가장 기본적인 구성요소라 할 수 있는 종사원의 인적 서비스와 조직문화에 초점을 두고 있다. 결국 서비스의 질과 가치개발은 합리적 · 과학적인 인적 자원관리에서 시작된다는 관점으로서 종사원의 서비스태도와 행동, 고객지향적인 서비스 및 서비스조직 등의 인적 서비스 중심으로 접근하고 있다.

4. 회계학적 접근

서비스에 대한 회계학적 연구는 원가를 중심으로 한 접근방법으로 서비스품질제고를 위하여 서비스 가격정책의 원가에 초점을 두고 있다.

5. 마케팅적 접근

마케팅에서의 서비스에 대한 연구는 1960년대에 이르러 유형재와 무형재인 서비스의 비교연구를 중심으로 시작되었다. 특히 미국 마케팅학회의 용어 정의위원회에서는 서비스를 "판매에서 제공되는 활동, 혜택, 만족 또는 재화의 판매와 관련하여 제공되는 것"으로 정의하였다.

이에 따라 마케팅적 관점에서의 서비스는 고객의 요구와 필요에 따라 만족을 주는 서비스의 개발을 통하여 기업수익을 창출하는 것에 중점을 두고 있다.

제 3 절 서비스의 특성

1. 서비스의 일반적 특성

서비스의 범위는 넓고 다양하다. 현재까지 광범위한 합의가 이루어진 공통적 특성을 살펴보면 다음과 같다.

1) 무형성(Intangibility)

첫 번째의 특징으로 서비스는 볼 수 없으며 만질 수도 없다. 서비스는 소비자들이 구매 이전에 그 효용을 알고 싶어 하지만 서비스의 경우는 물적 제품에 비해 이를 사전에 알기 어렵다. 의류나 가전제품 등은 입어보거나 시험해 보고 만져 볼 수가 있으나 서비스 제품은 이에 비해 사전에 알기 어렵다. 예를 들어, 여행사의 관광상품을 팔기 위해서 고객이 관광지를 경험하지 못한 채 서비스를 평가하기가 매우 어려우므로 관광 브로슈어나 카탈로그 등은 매우 화려하게 제작되는 것이다. 이는 고객이 눈으로 확인하는 가시화되고 구체적인 내용을 제시하는 것이다. 또한 관광 전문가나 가이드들은 경험적인 내용설명을 통하여 더욱더 구체화시킨다.

서비스의 무형성을 극복하기 위한 대응방법은 다음과 같다.

서비스는 물체가 아니라 성과이기 때문에 이중적 무형성을 가진다. 무형성을 극복하기 위한 대응방법은 보이지 않는 서비스를 유형화시키는 일이다. 이는 서비스를 대표할 수 있는 물질적인 대상을 개발하는 것으로 호텔기업의 예를 들면 고객의 마음속에 호텔의 서비스와 연관되는 집 같은 안락함이나 가족과 같은 종사원의 호의를 창출시키는 유형적인 대상을 만들기 위해 노력해야 한다. 더 나아가 무형성을 극복하는 또 다른 대안은 서비스제공자는 서비스 자체보다는 유형적인 것이다. 따라서 서비스 제공자는 항상 서비스를 대표하는 숙련된 기술을 일정 수준 유지함으로써 서비스를 보다 유형화할 수 있다.

2) 생산과 소비의 비분리성(Inseperability)

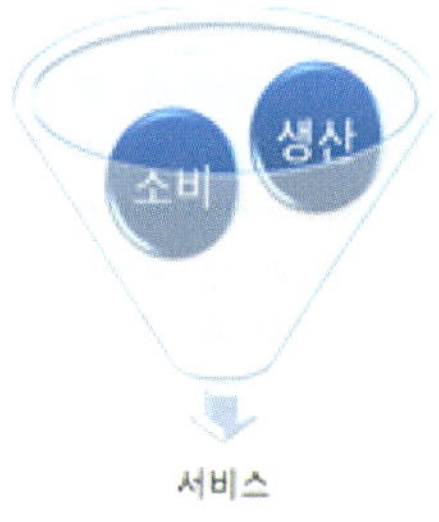

서비스는 생산과 서비스가 분리될 수 없는 특징을 가지고 있다. 서비스는 생산과 소비가 동시에 이루어진다는 의미이다. 일반 상품의 경우 일단 생산된 후 판매·소비되는 데 반해 서비스의 경우 생산과 소비가 동시에 이루어지므로 고객이 반드시 그 생산과정에 참여하기 때문이다. 이는 곧 질 높은 서비스가 이루어지기 위해서는 고객의 자발적 행동인 협조와 관심이 필수적이란 뜻이다. 예를 들면 은행의 현금자동기 설치가 대표적이다. 은행의 창구업무 중 현금인출은 단순 반복업무이면서 직접적인 인력이 필요한 곳이다. 이는 고객의 기다림이나 복잡한 동선 등을 감안하면 은행의 현금자동인출기의 설치는 고객의 만족을 높이고 빠른 서비스를 할 수 있는 도구인 것이다. 따라서 서비스의 생산성 향상과 효율화를 위해서는 반드시 고객의 도움이 필요하다. 이로 인하여 서비스 관리자는 서비스의 생산 및 소비과정에서 고객의 참여문제를 인식해야 한다. 그러므로 서비스 마케팅에서는 인적 요소의 질적 수준을 매우 중요시하며 호텔산업에서는 종업원의 교육훈련이 매우 중요한 요소인 것이다. 예를 들어 호텔에서 고객이 체류하는 동안 종업원의 친절, 지식에 크게 도움을 받는다. 이러한 이유로 인적 자원 경영의 정책과 실행은 높은 질의 서비스가 전달되기 위해 경영의 지도력과 업무추진이 필요한 부분이다.

서비스의 동시성을 극복하는 방안은 다음과 같다.

우선 서비스 유통을 단순화하고 서비스 입지를 분산시켜야 한다. 서비스는 생산과 소비가 거의 동시에 이뤄지기 때문에, 저장·수송하거나 보관할 수가 없다. 따라서 서비스의 유통은 제공자로부터 소비자에게 서비스의 단순한 이전 개선을 위해 노력해야 한다. 또한 서비스의 수요자는 여러 곳에 분산되어 있기 때문에 서비스가 여러 곳에서 제공되면 서비스의 동시성 극복이 가능하나 여러 곳에서 제공되는 서비스시설의 이중성으로 인하여 비용을 상승시키는 요인이 되기도 한다.

3) 서비스의 다양성 및 이질성(Variability and Heterogeneity)

서비스의 질은 일정하지 않다. 서비스 제공자나 서비스 받는 사람에 따라 품질이 달라진다. 즉 호텔 종사원의 태도에 따라 호텔서비스의 품질이 달라질 수 있다. 또 고객의 태도에 따라 호텔 종사원의 서비스가 달라질 수 있다. 고객들은 이런 속성을 알기 때문에 구입 전에 많은 탐색과 정보를 얻기 위해 노력한다. 따라서 구전(口傳)이 구매에 큰 영향을 미치게 된다. 결국 서비스 제공자가 높은 질적 수준을 균등히 유지하기 위해서는 부단히 노력해야 한다.

더 나아가 서비스의 이질성은 서비스가 수행되기 전이나 수행되는 동안 개별고객의 욕구가 다양하기 때문에 서비스의 산출물을 표준화하는 것이 어렵다. 따라서 서비스품질은 생산자에 따라, 고객에 따라 그리고 시간에 따라 변동될 수 있다.

서비스의 특징인 이질성을 극복하기 위한 방법은 서비스의 자동화가 가능한 부분은 자동화를 시도하고 유능한 서비스요원을 선발하여 서비스품질을 표준화시키는 것이다. 더 나아가 고객과의 사전정보전달을 위한 커뮤니케이션으로 고객이 느끼는 기대서비스와 인지된 서비스 간의 간격을 최소화시키는 방법도 있다.

4) 소멸성(Perishability)

일반적으로 제조기업의 제품은 미리 만들어놓고 고객의 수요에 맞추어 대응이 가능하지만 서비스 수요는 발생할 때마다 대처해야만 한다. 따라서 서비스의 수요공급이 정확한 예측하에서 이루어져야 한다. 예를 들어 팔리지 않은 호텔객실, 항공기좌석, 극장표 등은 저장하였다가 다시 팔 수 없는 것이다. 이와 같이 서비스는 순간적인 존재가 가능하니 지나고 나면 소멸되어 반복사용이 불가능하다. 따라서 호텔사업의 특성상 갑작스러운 수요의 증가에 대한 객실수급능력의 신축적인 조절이 거의 불가능하므로 수요의 변동을 융통성 있게 조정하여 성수기와 비수기 사이의 변동폭을 최소화하는 경영정책이 필요하다.

이와 같이 서비스의 소멸성을 극복하는 방안은 사용되지 않는 서비스를 줄이는 것으로 가능한 한 수요와 공급이 시간적 분포를 균등히 하여 비수기의 가격할인, 성수기의 가격할증, 비수기의 특별서비스, 예약자 우대, 전화서비스의 시간별 가격전략 등을 이용하는 것이다. 따라서 수요와 공급을 조절하는 방법으로서 공급자 측면에서의 임시적 활용이나 셀프서비스시스템 도입, 서비스시설의 공동이용 등을 통한 공급조정방법을 채택할 수 있다. 예를 들어 호텔의 펍 레스토랑에서의 한가한 시간대인 5시에서 6시까지 시행하는 해피아워(happy hour)나, 심야시간에 장거리 전화요금을 할인하거나 전력요금을 할인하는 경우 등이다. 또한 비즈니스 호텔에서 비수기 시즌에 수요를 자극하는 방법으로서 주말 패키지상품을 개발하는 것도 소멸성을 줄이는 방법이다.

서비스 특성을 구분하는 방법은 학자들에 따라 그 견해가 다양하나 파라슈라만(Parasuraman), 자이사믈(Zeithaml), 베리(Berry)의 견해인 무형성, 이질성, 비분리성, 소멸성이 대표적이다(〈표 1-5〉 참조).

| 표 1-5 | 학자들의 서비스 특성에 대한 견해

학자	요인
Eiglier and Langeard(1975, 1976), Eiglier et al.(1977)	무형성, 이질성, 비분리성
Berry(1975, 1980, 1983)	무형성, 이질성, 비분리성, 소멸성
Donnelly(1976, 1980)	무형성, 비분리성, 소멸성
Sasser(1976), Sasser and Arbeit(1978)	무형성, 이질성, 비분리성, 소멸성
Schilssel(1977)	무형성, 이질성, 비분리성
Shostack(1977a, 1977b)	무형성, 이질성, 비분리성
Bateson(1977, 1979)	무형성, 비분리성, 소멸성
Gronroos(1977, 1978, 1979, 1983)	무형성, 비분리성
Davidson(1978)	무형성, 이질성, 비분리성
Thomas(1978)	무형성, 비분리성, 소멸성
Davis, Guiltnan and Jones(1979)	무형성, 비분리성
Knisely(1979a, 1979b, 1979c)	무형성, 이질성, 비분리성, 소멸성
Carmen and Langeard(1980)	무형성, 이질성, 비분리성
Uhi and Upah(1980), Upah(1980), Upah and Uhl(1981)	무형성, 이질성, 비분리성, 소멸성
Bell(1981)	무형성, 이질성, 소멸성
Fisk(1981)	무형성
Booms and Bither(1981, 1982)	무형성, 비분리성
Langeard et al.(1981)	무형성, 이질성, 비분리성
Lovelock(1981), Lovelock et al.(1981)	무형성, 비분리성
Zeithaml(1981)	무형성, 이질성, 비분리성
Rust & Oliver(1994)	서비스상품, 서비스 전달, 서비스 환경
Wu & Weber(2005)	컨벤션 개최설비의 서비스 품질요인으로 근성, 음식 및 음료, 전반적인 설비, 공공서비스, 직원서비스 제시

백효기 · 박봉규(2008)	컨벤션 개최설비의 서비스 품질요인으로 인적 서비스, 접근성, 매력성, 주변요소, 편리성 제시
이정자 · 동려민(2012)	상호작용품질, 물리적 환경 품질, 결과품질
정은유 · 권점옥(2013)	다정성, 공손성, 전문성, 신뢰성

자료 : Valarie A. Zeithaml, A. Parasuraman, and Leonard L. Berry, "Problems and Strategies in Services Marketing", *Journal of Marketing*, Vol. 49(Spr.), 1986, pp. 33~46를 토대로 저자 재정리(2014).

2. 호텔관광서비스상품의 특성

호텔관광분야도 서비스에 속하기 때문에 서비스의 일반적인 특성과 대동소이하다. 호텔관광서비스는 고객이 원하는 물질적인 상품을 단순히 제공하는 것 이상의 의미가 포함되어 있다. 호텔관광서비스는 인적 서비스의 특성이 강하며, 이는 인간 행동에 의하여 서비스를 받는 상대방을 만족하게 하는 행위로서 호텔에서는 호텔종업원과 고객 사이의 대인관계를 의미한다. 또한 호텔서비스는 물적 서비스와 인적 서비스, 시스템적 서비스가 합해져서 체계적으로 제공되므로 고객만족을 극대화시키게 된다.

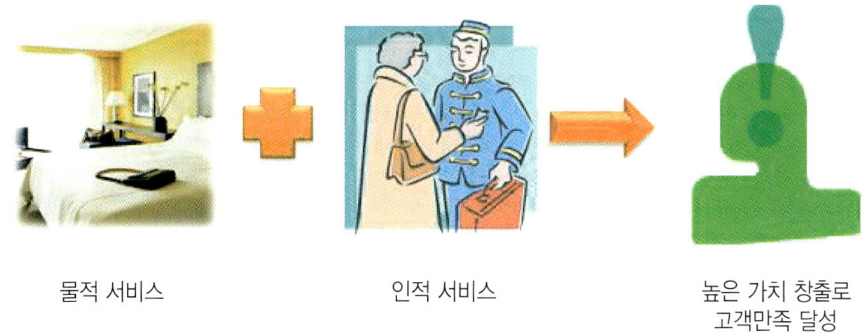

이처럼 호텔에서 서비스상품의 특성은 호텔 종업원의 고객에 대한 표정, 태도, 용모, 친절은 물론 실내 인테리어, 건물의 형태, 자연환경 등 호텔의 모든 유·무형적인 것까지도 포함된 것이므로 인적 서비스의 종합적 결정체라고 할 수 있다.

1) 인적 서비스에 대한 높은 의존성

호텔관광상품을 구매하는 고객들은 정성어린 인적 서비스에 가장 큰 관심을 갖는다. 때문에 호텔관광서비스상품은 무형의 서비스 구성요소 중 인적 서비스요소의 비중이 매우 크다. 호텔서비스의 분위기가 아무리 좋아도 서비스요원들의 가사적이고 인정어린 서비스가 동반되지 않는다면 고급시설들은 무의미해지기 마련이다. 감동받을 만한 관광지로 여행패키지를 구성했더라도 가이드의 자상한 안내가 없다면 여행객들은 감동받지 못하게 된다.

관광서비스는 타인을 위하여 베풀거나 섬기는 것, 즉 섬김 · 봉사가 가장 높은 차원의 서비스일 것이다. 이 봉사와 공헌이라는 말 속에는 혼과 정신이 깃들어 있는 것이다. 이 관광서비스의 개념은 손님에게 기쁨 · 애정 · 만족을 느끼게 하는 것으로 서비스는 마음이요 정이다. 서비스가 곧 정이라는 뜻에서 서비스를 만남의 상징으로 본다. 그래서 인간에게는 인간과의 만남, 그리고 시스템과의 만남이 있는데, 이때 마음속 깊이 와닿는 정과 같은 것이 바로 호텔관광서비스라고 할 수 있다.

환대산업인 관광산업의 인적 서비스는 중요성을 아무리 강조해도 지나치지 않다. 고객의 다양한 욕구를 충족시키기 위해서는 여러 분야에서 다수의 서비스 전문요원이 필요하다. 이에 따른 인건비의 부담이 관광기업의 경영상 부담이 크다. 따라서 서비스의 기계화가 가능한 부분은 자동화를 통해 경영부담을 극복하도록 하고, 접객서비스요원이 꼭 요구되는 부분은 철저한 사전교육을 통해 서비스품질관리에 만전을 기해야 할 것이다.

2) 고급지향의 물리적 서비스

관광상품을 구성하고 있는 물리적 환경은 고급을 지향한다. 관광상품을 구매하는 고객들은 그 순간만이라도 최고의 대접을 받고 싶어 하고 감동적인 분위기에 젖기를 원하게 된다. 비록 비싼 대가를 치르더라도 편안하고 그윽한 분위기를 원하는 부분이 많다. 물론 저렴하고 실용적인 관광상품을 원하는 관광객들도 있지만, 이들도 관광상품의 물리적 환경은 최소한 보통보다는 높은 수준이기를 희망한다. 그리고 대부분의 고객들은 관광상품을 구매하는 환경이 잘 갖추어져 자신의 자존심을 지켜주기를 원하게 된다. 특히 관광호텔을 이용하는 고객들은 일반호텔과의 차별화된 고급서비스 환경을 요구하고 고객들은 분위기를 구매하게 된다. 항공기의 인테리어, 레스토랑의 인테리어도 중요하다. 여행사도 고객과 접하게 되는 안내데스크의 레이아웃과 인테리어가 중요하다. 관광버스도 일반버스보다는 고급스러워야 한다.

3) 관광수용의 계절성

대부분의 호텔관광상품은 계절의 지배를 받는다. 계절성은 매년·매월·매주 시기와 시간대에 따른 관광수요의 변동을 말한다. 즉 시기와 시간대에 따른 성수기와 비수기의 변환이 심하다는 의미이고, 수요가 불규칙적이라는 의미이다. 때문에 고급서비스를 제공하기 위한 시설투자와 인력관리에 어려움을 겪게 된다. 이러한 관광수요는 성수기일지라도 또한 수요예측이 어렵다. 따라서 적정한 투자안을 내기가 어렵게 된다.

계절성에 영향을 받는 상품에 대한 대책은 비수기의 활용방안과 활성화를 강구하는 것이다. 스키리조트를 여름철에 활용방안으로 기업체의 연수원으로 활용하고 잔디썰매장으로 개조하여 운영하는 것, 해수욕장을 겨울철에 겨울바다의 낭만을 즐길 수 있도록 하는 것, 항공좌석의 평일이용객 증대방안으로 평일과 낮시간대 이용객에 대한 할인율을 적용하는 것, 비휴가철에 여행사의 매출증대를 위해 패키지 할인상품을 개발하는 것, 관광호텔의 비수기 타개책과 주중 객실판매율을 높이기 위해 기업체와 컨벤션을 유치하고 주중할인혜택을 적용하는 방안 등이 계절성을 극복하는 대안이라고 할 것이다. 관광서비스 공급자는 또한 이익의 주기적인 상승과 하락을 염두에 두면서 그에 따라 생산능력을 조절해야 한다.

4) 타 관광상품과의 상호보완성

관광상품을 구매하는 고객, 즉 관광객은 한 가지 관광서비스상품만을 구매하지는 않는다. 여행상품을 이용하여 제주도에 관광을 간다고 하자. 수송서비스로 항공기나 여객

선을 이용하게 되고, 제주도 내에서는 관광버스를 이용하게 된다. 숙박서비스로 관광호텔이나 콘도미니엄을 이용하게 된다. 식음료서비스로 레스토랑과 바 등을 이용하고, 오락서비스로 게임 룸과 놀이시설, 나이트클럽 등을 이용하게 된다. 기념품 판매서비스를 통해 관광기념품을 구입하고, 여행안내원의 안내서비스도 받게 된다. 외국인의 경우 카지노로 이용하게 된다.

이처럼 관광서비스는 타 관광서비스상품과 상호보완적인 성격을 지닌다. 어느 한 부분이라도 잘못되면 다른 영역까지 연쇄적으로 타격을 받게 된다. 때문에 관광서비스는 관련서비스상품끼리 협조관계에 있으므로 긴밀히 잘 협력해야 한다. 그래서 관광상품을 패키지 투어 서비스(package tour service)라고 한다.

5) 고객의 직접참여에 의한 서비스창출

호텔관광서비스를 받기 위해서는 고객이 참여해야 한다. 그리고 고객의 참여정도가 높을수록 고객은 더욱더 개별적인 서비스를 요구하게 된다. 호텔관광서비스는 서비스의 주체와 대상 모두가 사람일 경우에만 성립된다. 즉 사람을 위해서 존재하는 것이 호텔관광서비스인 셈이다. 호텔관광서비스가 최고급서비스라는 점은 바로 여기에서 출발한다. 현대에 이르러 서비스는 다양하게 분화되고 있지만, 호텔관광서비스는 전통적인 대고객서비스 기능을 이어오고 있다.

관광분야에 종사하고 있는 서비스요원들은 관광서비스가 가장 전통적인 서비스이고, 가장 고급스런 서비스라는 데서 자부심과 긍지를 가져야 하며, 사명의식 또한 다짐해야 할 것이다.

한편, 호텔관광서비스는 가장 어렵고 힘든 서비스이기도 하다. 서비스의 객체, 즉 대상이 고급서비스를 기대하는 고객들이기 때문이다. 그들의 욕구를 만족시킨다는 것이 결코 쉬운 일이 아니다. 1인 10색을 띠는 호텔관광서비스 고객 모두가 만족할 만한 서비스를 제공하기 위해서는 사전준비가 중요하고, 이는 끊임없는 자기개발과 교육훈련을 통해 가능할 것이다.

제2장

서비스산업

제 2 장 서비스산업

제 1 절 서비스산업의 경제구조

1. 우리나라의 서비스 경제구조

선진국의 경우 경제발전에 따라 성장의 중심이 제조업에서 서비스산업으로 이동하는 것이 일반적 현상이다. 우리나라의 경우에도 비슷한 상황으로 전개되고 있다. 전반적으로 경제가 발전해 감에 따라 경제발전의 중심이 농림어업에서 제조업으로 그리고 다시 서비스산업에서 서비스에 감성을 포함한 체험경제사회로 이동하고 있다.

현 시대의 서비스산업은 경제발전이 성숙단계에 접어들수록 국민총생산에서 서비스산업이 차지하는 비중이 증가하게 되는데 우리나라도 이와 같은 경제성장 산업구조로의 진입에 따라 경제활동 중 서비스산업 부문의 비중이 증가하고 있다.

서비스산업의 비중이 지속적으로 높아지는 현상은 제조업부문의 효율 증대를 위한 지원서비스의 강화, 경제산업 전반의 지식정보화 경향, 소득수준 향상과 삶의 질 향상 욕구에 따른 서비스 수요 증대 등이 원인이다.

이에 따라 우리의 경제도 빠르게 서비스산업 중심 구조로 전환 중인데 서비스산업이 차지하는 비중은 1980년에 34.5%를 차지하였고 지속적인 증가를 통해 2007년에는 약 60% 이상으로 증가하고 있다.

그러나 우리나라 서비스산업 비중의 증가에도 불구하고, 주요 선진국과 비교하면 아직 낮은 수준에 머물러 있는데 대부분의 OECD국가들 중에서 미국, 프랑스, 영국 등 10여 개국은 70% 이상을 점유한다. 우리나라에서 서비스산업이 차지하는 GDP 비중은 1990년의 49.5%에서 2000년은 54.4%, 2007년에는 57.6%, 2012년에는 67.0%를 차지하고 있다.

또한 서비스산업 고용창출 비중은 1990년의 54.8%에서 2007년에는 66.7%, 2012년에는 68.5%를 차지하고 있다. 이에 따라 서비스 부문의 생산성 및 혁신활동이 국가경제발전의 중요한 요소로 등장하고 있다. 특히, 고용 측면에서 보면 서비스산업은 일자리 창출의 핵심역할을 수행하고 있으나 외형적인 성장과 달리 선진국보다 경쟁력이 낮아 서비스수지가 지속적인 감소를 보이고 있는 실정이다.

우리의 가장 큰 문제점인 서비스산업의 노동생산성은 미국의 40%, 프랑스의 52%, 일본의 54% 수준에 불과하여 양질의 서비스 산업구조 개편과 서비스산업의 경쟁력을 획기적으로 강화해야 하는 시점이다.

서비스산업에서의 낮은 생산성은 제조업의 경쟁력을 약화시켜 경제 전반에 부정적 영향을 주고 있다. 우리나라도 선진국 경제로 성장하려면 서비스산업의 성장 기여율을 높여야 하고, 제조업처럼 서비스산업도 세계적 수준으로 육성해야 한다.

서비스산업을 육성하려면 한국의 제조업이 조선, 철강, 반도체 같은 스타업종이 연관산업을 견인하여 세계적 수준으로 도약하였듯이, 서비스산업에서도 서비스산업을 견인할 선도 서비스업종과 글로벌 서비스기업 육성이 필요한 시점이다.

2013년에 들어서 창조경제시대라는 사회적 분위기는 1차산업, 2차산업, 3차산업이 공존하는 시대적 의미를 부여하여 6차산업(1차산업+2차산업+3차산업)시대라는 새로운 패러다임을 맞이하고 있다.

2. 제조업에서 서비스기업으로의 전환

현재 우리는 서비스사회에 살고 있다. 이전의 경제이론을 볼 때 산업혁명에서 산업사회로 이동한 것처럼 서비스 혁명을 통해 서비스산업 경제구조로 전환되고 있다. 이는 새로운 서비스경영 패러다임의 주요 특징으로 나타나고 있다.

이전의 일반적인 제조기업에서는 제품의 생산, 원가, 품질, 성능 등에 경영 초점을 맞추었으나 서비스기업은 제조업과 달리 업무프로세스에 고객을 참여시켜 생산과 서비스 마케팅의 특성을 고려한 인적·물적·시스템적 프로세스와 분위기 등 인간적·심리적·물리적 특성을 다 함께 고려한 경영을 필요로 하고 있다. 기존의 제조기업이 대량생산 위주의 사업화 패러다임과 달리 사회문화적인 구조 변화에 고객의 인식 전환이 가장 중요시되는 새로운 서비스경영 패러다임이 나타나고 있는 것이다.

서비스기업은 유·무형적 가치를 관리하는 것이 중요하기 때문에 전략, 사람, 시스템의 서비스 3요소를 조직 설계, 운영, 관리, 교육 등 경영의 모든 면에 고려해야 하는 개념이다.

따라서 기업의 목표가 우수한 제품의 생산이 아닌 고객가치의 창조에 두고 고객이 원하는 제품 생산, 조직의 업무, 평가, 보상 등 기업의 모든 부문에서 새로운 운영방식으로의 변화를 의미한다.

이러한 변화의 내용은 일반기업체의 제품 및 서비스 품질을 통한 경쟁력에서 체험이나 감성을 제공하는 것이 기업 경쟁력으로 대두됨에 따라 기업이 주요서비스 이외에도 보조서비스를 제공하는 서비스 활동의 증가와 서비스의 고급화, 전문화, 다양화로 나타나고 있다.

현 시대의 서비스산업의 변화는 정보기술의 발전에 따른 업종별 서비스 혁신이 이루어지고 있는데 서비스 제공프로세스에 있어 거래비용과 시간의 절감이 가능하게 되었다. 따라서 환대산업에서 예를 들면 사이버 여행사, 인터넷을 통한 관광레저사업 등이 등장하고 있다.

3. 환대산업(Hospitality Industry)의 서비스 경제

관광객의 활동은 직·간접적인 수요를 창출함으로써 서비스의 범위가 아주 광범위하게 나타난다. 이는 관광 목적지에 체류기간 서비스 및 관광을 하는 중에 나타나는 직접 및 간접 서비스가 포함되기 때문이다.

따라서 관광목적지에서 나타나는 직접적인 서비스에는 목적지까지의 운송수단, 목적지 내의 운송 및 목적지 사이의 운송, 목적지에서의 편의시설인 호텔, 자동차 리조트, 쇼핑센터 등이 포함되며, 식음료제공, 레크리에이션, 레저 및 정보 등이 포함된다. 또한 간접 서비스에는 재정, 의료, 보험, 소매, 도매, 여행사, 관광사업자, 출판, 전자통신, 신용카드사 등이 포함된다.

일반적으로 환대산업에 관련된 서비스는 유형적인 상품, 무형적인 상품 및 정신상의 심적 체험 등이다. 그것은 관광객이 집을 떠나서부터 집에 돌아갈 때까지 모든 느낌이 포함된다. 관광하는 도중에 많은 사람들과 직접 또는 간접적 접촉이 있기 마련이므로 자동차, 호텔의 서비스 종사원, 비행기 안의 스튜어디스, 상점의 카운터 직원, 관광가이드 및 지역의 주민 등이 포함된 관광경험을 하게 되는 것이다. 궁극적으로 환대산업은 각 실체의 결합과 신체적 경험 제공의 결합이라 볼 수 있으므로 모든 영역에의 상호 간 결합에 대한 중요한 합성으로 볼 수 있다.

4. 환대산업에서의 서비스 경영

환대산업에서 훌륭한 서비스를 경험하는 것은 일반 소비자들의 바람일 것이다. 환대산업의 서비스는 시간에 관계없이 보이지 않게 이루어지기 때문에 소비자들이 경험하는 데는 차이가 있을 수밖에 없다.

그러나 일반적으로 서비스는 좋은 경험보다는 나쁜 경험에 의하여 서비스를 평가하고 있다. 즉 최악의 서비스는 기억하지만 훌륭한 서비스는 인식하지 못하는 경우가 많기 때문이다. 따라서 손님들에게 서비스 제공자가 방해를 주지 않으면서 서비스를 즐길 수 있는 환경을 제공하는 것이 호텔, 레스토랑, 테마파크 등과 같은 서비스업계 최대의 과제인 것이다.

환대산업의 핵심은 고객이다. 고객이 적절한 서비스를 받았다고 느낄 수 있도록 만드는 것이 성공의 열쇠인 것이다. 그러나 고객에게 기대 이상의 서비스를 제공하는 것은 고객의 기대 이하 서비스를 제공하는 것만큼이나 많은 문제가 따른다.

환대산업에서 고객의 서비스에 대한 인식은 개인의 기대 수준에 따라 다르기 때문이다. 일부 기업에서는 고객에게 기대 이상의 서비스를 제공하여 고객만족을 창출하고자 한다. 그러나 이러한 전략이 모든 환대기업 서비스에 적합한지는, 고객의 기대와 서비스 경험을 관리할 수 있는 능력이 각기 다르기 때문에, 정확하게 답할 수 없다.

따라서 환대산업에서의 서비스 경영을 논의하려면 우선 서비스의 공통된 의미를 이해해야 한다. 서비스가 무형이라면 어떻게 서비스를 이해할 수 있을 것인가? 일부에서는 서비스란 유형적인 상품을 생산하지 않는 유용한 노동이라 정의하기도 한다. 그렇다면 서비스라는 활동은 유형적인가? 고객은 어떻게 서비스를 제공받았고 인식할 것이며, 서비스를 제공받았다고 하더라도 제공받은 서비스에 만족한다는 것을 어떻게 알 수 있을까? 이것은 서비스의 우수한 정도로 평가될 수 있다. 따라서 이러한 의문은 환대산업에 있어서 서비스 경험에 대한 개념을 이해하는 데 초점을 맞추어야 한다.

서비스경영에 있어 우수한 서비스 경험을 제공하기 위해서는 3가지 주요 구성요소가 있는데 인적 자원(Human Resources), 서비스프로세스(Service Process), 그리고 물리적 환경(Physical Environment)이다.

첫 번째로 인적 자원은 3가지 구성요소 중 가장 중요하다. 서비스란 일방적으로 이루어지는 것이 아니라 고객과 기업조직의 상호작용을 통해 이루어지는 것이다. 고객서비스를 지원하는 과정에는 절차, 테크놀러지, 커뮤니케이션, 조직 특성 및 문화 등이 포함되어 있다. 서비스의 무형성으로 인하여 서비스의 물리적 요소들이 서비스 경험에 중요한 역할을 한다.

고객의 서비스 경험에 참여하는 인적 자원은 크게 세 그룹으로 나눌 수 있다. 이는 고객, 직원 및 경영진으로 구성된다. 고객 분류는 고객의 타입에 따라 이루어져야 한다. 즉 동질적인 고객은 긍정적인 고객서비스 경험에 도움이 될 수 있으나 반면에 이질적인 고객 그룹은 문제를 야기할 수도 있다.

예를 들어 환대산업에서 가장 대표적인 J. W. 메리어트호텔은 직원들에 대해 명확한 기업미션을 가지고 있다. “직원을 배려하라. 그러면 직원은 고객들을 배려할 것이다.” 이는 직원들이 경영진으로부터 긍정적인 피드백을 받을 수 있는 기회를 제공함으로써 호텔 메리어트 서비스의 성공요인으로 자리 잡고 있다.

성공적인 서비스 환경을 구축하는 공통분모는 바로 고객서비스를 제공하는 종업원이기 때문이다. 그러나 이러한 종업원이 성공적인 고객서비스를 제공할 수 있는 역량을 모두 갖추고 있는 것은 아니다. 따라서 역량 있는 종업원을 선발할 수 있는 조직의 건실한 체제가 요구되고 더불어 경영진은 서비스 환경을 함께 구축해야 한다. 이러한 서비스 환경은 말로 해서 이루어지는 것이 아니라, 실질적으로 훌륭한 서비스를 촉진시킬 수 있는 가시적인 행동을 통해 가능하다.

서비스는 기업문화의 일부로 정착되어야 하며, 성장 가능한 동질의 시장을 찾고 이 시장에 적용 가능한 서비스 환경을 구축해야 한다. 이때 서비스 환경은 너무 넘치거나 너무 부족해서도 안되며, 고객의 기대와 조화를 이룰 수 있어야 한다. 그러나 서비스 경험의 질을 구성하고 있는 요소가 인적 자원만은 아니라 서비스를 제공하는 종업원을 보조하도록 개발된 과정 또한 중요하다.

두 번째 서비스 전달시스템 계획인 서비스프로세스로서 고객 개인의 필요에 맞추어 조절할 수 있는 방법이다. 과정은 서비스 전달과 관련된 행동 및 서비스 전달을 위해 기업이 세워놓은 절차 및 규정을 포함한다. 여기에는 벤치마킹, 서비스 설계, 서비스 문제처리, 고객평가카드 등 4가지로 구성된다.

벤치마킹은 우수한 질의 서비스와 관련된 모범기업 사례에서 찾아내야 한다. 이는 서비스 환경이 향후 발생될 구체적인 서비스 활동을 고려하여 계획되어야 하기 때문이다. 서비스프로세스는 직무분석, 행동모델, 매니저가 모범을 보이지 못할 경우 종업원의 서비스 개선을 기대하기 어려운 환경영향, 고용, 목표설정 등이다.

블루프린팅(Blueprinting)은 서비스 설계로서 서비스 과정을 조사하는 것이다. 여기서의 질문은 "이 행동이 가치가 있는가?" 하는 것이다. 이전에 호텔레스토랑에서 차갑게 얼려놓은 샐러드 포크를 내놓는 것이 유행이었다. 이 포크는 고객들에게 한 차원 높은 '서비스'를 받고 있다는 인식을 심어주기 위한 것이었다. 블루프린팅은 서비스 과정을 체계적으로 분석하여 고객들에게 적절한 수준의 서비스를 제공하여 고객에게 서비스 가치를 높이는 것이다. 블루프린팅은 효율성을 기하기 위해 전체 서비스 디자인을 통하여 서비스 실패 지점을 파악하여 서비스를 회복시켜야 하며, 서비스하는 데 있어서의 준비자세를 파악하여야 한다. 즉 서비스 블루프린팅은 적절한 수준의 서비스를 분석, 제공하는 데 유용한 도구 역할을 한다.

서비스 문제는 서비스 실패를 처리하는 방법에 따라 고객의 인식도 달라진다. 서비스 회복을 위한 노력으로 설명, 제안, 커뮤니케이션 스타일 등의 3가지가 가장 중요하다. 서비스의 설명은 고객에게 불만요소가 발생하기 이전의 정보제공으로서 가장 기본적인 방법으로 볼 수 있다. 서비스 실패에 대한 제안은 상황을 완화시켜 주는 효과를 가져올 수 있도록 적절하게 이루어져야 한다. 커뮤니케이션은 고객과의 공감대 형성 측면에서 평가된다. 즉 커뮤니케이션 스타일이 더 많은 공감대를 형성할 수 있다면 서비스 실패상황을 완화시켜 줄 수 있는 가능성은 더욱 커진다. 고객평가카드는 가장 많이 이용하는 방법으로서 경제적이고 관리가 쉽기 때문이다.

세 번째로 물리적 환경은 서비스 경험에 있어 많은 변수를 수반할 수 있다. 분명히 서비스 경험에 있어 고객이 물리적 환경을 이해, 평가하기는 훨씬 용이하다. 물리적 환경은 유형적이기 때문이다.

예를 들어 카지노 호텔은 청결이 매우 중요할 것이다. 유리는 지문 하나 없이 깨끗해야 하며 장식은 광택이 나야 하고, 바닥과 복도에는 부스러기 하나 없어야 한다. 이러한 청결상태를 유지하면서 호텔은 고객을 위한 안전성을 확보해야 한다. 카지노 호텔은 노박에 대한 사회적 인식을 불식시키고 깨끗한 물리적 공간을 유지시킴으로써 정직한 경영의 이미지를 심고자 한다. 이는 서비스 환경이 구매행동에 상당한 영향을 미친다는 사실이 오래전부터 인지되어 왔기 때문이다.

물리적 시설은 서비스기업의 경영정책을 반영하고 고객서비스의 품질을 나타낸다. 예를 들어 호텔의 분위기, 디자인 및 실내장식 같은 환경요소와 온도, 습도, 냄새 등 쾌적한 호텔공간을 제공하는 물리적 자극요소로서 고객의 인지적, 감정적, 심리적 차원에서 평가를 하고 있다.

이와 같이 인적 자원, 서비스이행과정, 물리적 환경이 환대산업 서비스경영의 핵심요소로 볼 수 있다.

5. 미래의 호텔서비스 경영

1) 호텔고객의 변화

호텔경영에 있어서의 고객서비스는 고객의 움직임으로 호텔기업의 고객에 대한 세밀한 관심과 긴밀한 고객접촉 없이는 성공할 수 없다.

2) 호텔 영업시스템의 변화

영업의 자동화는 호텔에 있어 고객의 구매결정 및 행동의 변화와 새로운 서비스의 제공, 객실재고관리, 고객포트폴리오관리, 수익률관리, 호텔자산관리 등 호텔경영의 의사결정 도구로서 영향을 미친다. 또한 자동화는 호텔 영업활동의 비용절감에 과정별로 분해해 보고 저(低)효율적인 요인을 찾아 제거함으로써 생산성 향상과 저비용을 위해 이용될 것이다.

3) 맞춤 서비스화

상품(Product)과 서비스(Service)를 결합해 만든 신용어 '프로비스(Provice)'(매일경제, 1999)의 등장은 고객 개개인의 성향에 맞춘 호텔상품개발과 부가가치를 동시에 창출시키는 서비스상품 개발 필요성에 시사하는 바가 크다. 즉 고객 위주의 호텔경영에 따라 고객 개인의 특성화된 서비스 부가가치를 제공하는 일대일 서비스가 필요하게 되었다.

4) 호텔매니저의 역할

호텔경영의 새로운 흐름으로 구조조정을 통한 조직의 슬림화로서 여러 부서에서 경영훈련을 쌓아 2~3인의 역할을 감당해 내는 역량이 호텔서비스에서 요구되어 미래의 호텔매니저는 기존 호텔경영과 관련된 뛰어난 자질이나 능력이 필요하게 될 것이다.

5) 호텔의 교육

호텔산업의 교육은 일반적으로 기본적인 기능서비스 교육에 중점을 두어 이루어져 왔으나 고객서비스는 종사원과 고객 간의 교류에 관한 심도 있는 교육이 필요하다. 다양한 종사원이나 고객들을 관리하는 것은 인간관계나 조직행동과 관련한 개념으로 이해하고 있는데 종사원 교육도 기능적 훈련인 로봇 같은 서비스에서 벗어나 고객을 대하는 다양한 형태의 융통성 있는 서비스 교육에 관심을 기울여야 한다.

제 2 절 경제구조에 있어 서비스산업의 분류

1. 일반적 분류

서비스산업은 우리 경제에서 단일산업으로 최대의 범위와 비중을 차지하고 있다. 그러나 서비스산업의 비중은 그 범위를 어떻게 분류하느냐에 따라 변화한다. 또한 서비스산업은 그 종류가 다양하고 분류기준도 다양하다.

경제분석에서 이용되는 대표적인 서비스산업 분류법에는 콜린 클라크(Colin Clark), 사이몬 쿠츠네츠(Simon Kuznets), 세계은행(IBRD), 광공업 기준, 체너리(H. B. Chenery) 등이 있다.

대부분의 분류법은 산업을 1, 2, 3차 또는 농업, 공업, 서비스의 세 부분으로 나누고 있다. 이들 분류법의 기본구조는 동일하지만 일부 업종인 건설, 수송, 통신, 전기, 가스, 수도 등은 차이를 나타내고 있다(〈표 2-1〉 참조).

| 표 2-1 | 서비스산업의 분류 및 비교

분류법 \ 산업부문	농업부문 (1차산업)	공업부문 (2차산업)	서비스부문 (3차산업)
① 광공업 기준	농 · 임 · 어업	광업, 제조업	서비스업
② 콜린 클라크	농 · 임 · 어업	광업, 제조업, 건설업	서비스업(건설업 제외)
③ 세계은행(IBRD)	농 · 임 · 어업, 수렵업	광업, 제조업, 건설업, 전기, 가스 · 수도업	서비스업(건설업, 전기, 가스 · 수도업 제외)
④ 사이몬 쿠츠네츠	농 · 임 · 어업	광업, 제조업, 건설업, 수송, 통신, 전력, 용수, 가스업	서비스업(건설, 수송, 통신, 전력, 용수, 가스업 제외)

자료 : 부산대학교 산업개발연구소, 『경영경제연구』(임석현, 제12권 제1호, 1993년 12월).

2. 한국표준산업분류방식에 의한 분류

〈표 2-2〉는 한국표준산업분류방식(KSIC)에서 서비스부문을 분류한 것으로 모두 11개 업종으로 구성되어 있다.

| 표 2-2 | 한국표준산업분류방식에 의한 분류

분류기준		표준산업분류	Colin Clark의 산업구분
〈재화의 생산〉			
1차(원시)생산			
생물(동식물) 생산	육지생물 생산	A. 농업, 수렵업 및 임업	1차산업
	수생물 생산	B. 어업산업	1차산업
비생물(광물) 생산		C. 광업	2차산업
2차(가공)생산			
유형 이동재(상품) 생산		D. 제조업	2차산업
무형 이동재(에너지 및 용수) 생산		E. 전기, 가스 및 수도사업	2차산업
유형 비이동재(건축물) 생산		F. 건설업	2차산업
〈서비스 제공〉			
• 재화의 유통, 위치이동 및 사업서비스			
동산의 유통, 위치이동			
상품의 유통	도소매 및 소비자용품 수리	G. 도소매 및 소비자용품 수리업	3차산업
	음식, 숙박설비 제공	H. 숙박 및 음식업	3차산업
위치이동(사람, 화물)		I. 운수, 창고 및 통신업	3차산업
화폐의 유통 및 중개		J. 금융 및 보험업	3차산업
부동산, 임대 및 사업서비스		K. 부동산, 임대 및 사업서비스	3차산업
• 기타 서비스			
공공, 사회서비스			
공공행정 및 국방, 사회보장사무		L. 공공행정 및 국방, 사회보장사무	3차산업
교육서비스		M. 교육서비스업	3차산업
보건 및 사회사업		N. 보건 및 사회사업	3차산업
기타 공공 및 사회서비스			
개인 및 가사서비스		O. 기타 공공 · 사회 및 개인서비스업	3차산업
개인서비스			
가사, 고용인 서비스		P. 가사서비스업	3차산업
국제기관		Q. 국제 및 기타 외국공관	3차산업

자료 : 김경중, 『한국의 경제지표』, 매일경제신문사, 1993, p. 58.

제3장

서비스품질관리

제1절 서비스품질이란

제2절 서비스품질의 측정

제3절 호텔서비스품질의 개념과 평가

제 3 장 서비스품질관리

제 1 절 서비스품질이란

세계의 서비스기업이 국내시장으로 밀려옴에 따라 우리의 서비스기업에도 새로운 산업현상이 진행되고 있다. 이에 따라 우리나라 서비스산업은 국제화·정보화·서비스화가 확대되고 있으며, 서비스에 대한 수요가 커져 서비스 활동이 경제의 주류를 형성하고 있다. 이러한 현상으로 서비스기업은 경쟁우위를 점하기 위해 서비스능력 향상만이 세계 경쟁시장에서 살아남을 수 있는 경영전략으로 나타나고 있다.

이렇게 기업경쟁이 날로 치열해지고 있는 때에 서비스기업뿐만 아니라 제조기업체도 서비스 향상을 위한 끊임없는 품질향상 추구를 경주하고 있다. 이와 같은 노력의 일환으로 고객만족, 즉 품질우위를 기업경영전략의 중심개념으로 도입함과 동시에 그 활용의 폭이 매우 중요하게 인식되고 있다.

서비스기업에서 제공한 서비스가 경쟁사에 비해 고객을 만족시킬 수 없다면 그 서비스기업은 살아남을 수 없게 된다. 고객의 만족은 서비스품질수준에 따라 결정된다고 할 수 있는데, 결국 이 수준은 고객이 평가하는 서비스품질에 달려 있다고 볼 수 있다. 따라서 관광서비스기업은 서비스품질에 대한 평가를 생활화함과 아울러, 고객이 서비스품질이 불량하다고 지각하게 만드는 서비스품질상의 문제점과 원인들을 확인해야만 한다. 날로 치열해지는 경쟁 속에서 고객의 구미에 맞는 서비스품질을 제공해야만 생존할 수 있기 때문이다.

미국에서는 1987년 8월 '말콤 발드리지상'(The Malcolm Balddrige National Quality Award)을 제정하여 고객만족상을 제도화하고 있으며, 1992년 10월 리츠칼튼 호텔이 서비스품질경영에 대한 인정을 받아 관광호텔 중에서는 첫 번째로 이 상을 수상하였다. 최근 우리나라는 한국능률협회, 생산성본부 등의 유관기관과 정부기관에서도 품질관리활동의 주요 이슈로서 서비스부문에서 품질관리의 적극적 도입을 제시하고 있다. 또한 한국공업표준협회와 공업진흥청의 주관으로 금융 · 호텔 및 건설부문의 품질관리연구회가 운영되고 있다. 그러나 국내에서의 이러한 움직임은 일부 관광서비스기업에 국한된 현상일 뿐, 대개의 서비스기업에서는 서비스품질경영에 대한 인식부족으로 좀 더 체계적인 품질경영의 도입이 절실한 실정이다.

오늘날 무형의 서비스에 대한 고객의 욕구는 점차 높아지고 있다. 그 이유는 소득수준의 증가로 물질 자체보다는 서비스 질에 더욱 관심을 갖게 되었기 때문이다. 서비스업은 당연할지 모르나, 일반 제조기업에 있어서도 물질보다는 그 물체의 동질화 현상에 일어나는 물류, 기술지원, 애프터서비스 등의 차이에 더욱 큰 관심을 가지게 되었다. 여기에서 말하는 서비스품질이란 고객의 만족을 넘어선 고객감동을 말하는 것으로 고객의 기대에 얼마나 부응하며 고객의 감동을 유발시키는가의 문제이다.

고객만족 및 고객감동은 제품 및 상품의 기능적인 면과 부가적인 서비스에 의해 평가받는다. 제품의 차별화는 불과 몇 개월 안에 경쟁사와 비슷해지기 때문에 경쟁력을 가질 수가 없다. 따라서 제품과 부가적인 서비스를 포함하여 고객이 만족할 때 비로소 성공할 수가 있다. 최근의 몇몇 연구결과를 살펴보면 서비스산업의 성공관련 주요전략은 고품질 서비스를 제공하는 것임을 알 수 있다.

따라서 서비스상품을 판매하는 기업들에게 있어서 제품계획과 상품화단계에서부터 탁월한 서비스의 품질을 일관성 있게 제공해 주는 것이 필수적이다. 소비자들이 보다 나은 서비스품질을 요구하면서 품질추구가 가장 중요한 소비자 행동으로 나타남에 따라 서비스상품에 있어서의 서비스품질에 관한 연구가 매우 활발하게 진행되고 있다. 이는 서비스상품의 특성인 무형성, 이질성, 비분리성, 비저장성 등으로 인해 개념구성에 한계가 있으며, 이를 측정하는 데 어려움이 많기 때문이다.

또한 서비스상품은 판매 이전에 측정, 보관, 검증 등이 불가능하므로 품질을 이해하고 통제하는 데 매우 많은 어려움이 따른다. 따라서 본 장에서는 서비스산업에서의 서비스 품질을 파악하고자 한다.

1. 서비스품질관리의 의의

1) 피틀

피틀(Pittle, 1984)은 서비스품질이란 값이 비싸거나 높은 수준의 혜택을 의미하는 것은 결코 아니며, 고객 자신에게 맞는 수준의 서비스를 제공하고, 적시적기에 고객의 요구조건을 갖추는 것으로 이해했다. 서비스품질에 대한 평가는 서비스품질 자체와는 차이가 있다.

즉 고객의 입장에서 서비스를 어떻게 받아들이느냐에 따라 평가는 다를 수 있다. 서비스품질은 관광서비스기업의 이미지를 형성하며, 이 이미지는 고객이 서비스기업을 선정하는 데 중요한 역할을 한다.

2) 국제표준기구

국제표준기구(International Standard Organization : ISO)는 "품질은 표현되었거나 내재되어 있는 욕구를 만족시키기 위한 제품 혹은 서비스의 능력과 관련된 제품 또는 서비스의 특성과 특징의 총체"라고 정의하며, 경영자의 지도력 아래 품질을 경영의 최우선과제로 하고, 고객만족의 확보를 통한 기업의 장기적인 성공은 물론, 기업구성원과 사회 전체의 이익에 기여하기 위한 경영활동 전반에 걸쳐 모든 구성원의 참가와 총체적 수단을 활용하는 전사적인 경영관리체계를 갖추는 것이라고 했다. 이를 통해 볼 때도 서비스품질은 고객에 의해 정의되며, 이를 통하여 진정한 고객만족을 창출할 수 있음을 알 수 있다.

3) 파라슈라만

파라슈라만(Parasuraman, 1988)은 고객이 인식한 서비스품질을 "서비스기업이 제공해야 한다고 느끼는 고객들의 기대와 서비스를 제공한 기업의 성과에 대한 고객들의 인식을 비교하는 데서 나오는 것이다"라고 정의하였다. 즉 서비스품질은 서비스기업이 제공하는 물적 · 인적 시스템으로서 전사적 서비스에 대하여 소비자의 지각과 기대 서비스의 차이가 갖는 정도와 방향을 나타내는 것이라고 설명하고 있는 것이다.

4) 루이스와 붐

루이스와 붐(Lewis & Booms, 1983)에 따르면 "서비스품질은 제공된 서비스수준이 고객의 기대를 얼마나 잘 만족시키는지를 측정하는 것으로, 고객의 기대를 일치시키는 것을 의미한다"고 주장했다.

서비스품질이란 한마디로 고객이 서비스기업을 이용하기 전에 기대한 서비스와 이용한 후에 인식한 서비스 수준 간의 차이인 '만족도'라고 할 수 있다.

2. 서비스품질의 개념 및 정의

1) 서비스품질의 개념

서비스품질은 다양하게 사용되는 용어이지만 뚜렷한 용어 정립이 안되어 있다. 이를 이해하기 위해서 가빈(David A. Garvin, 1984)은 서비스품질을 어떠한 관점으로 보느냐는 다섯 가지 접근방법을 제시하였다.

① 초월적 접근(Transcendent approach) : 품질은 정신적이지도 물질적이지도 않은 제3의 실체를 가지고 있는 것으로 간주하여 경험축적을 통해서 알 수 있는 접근방법으로서 측정하는 데 어려움이 있다.

② 제품 중심적 접근(Product-based approach) : 이 방법은 품질을 기술적인 엔지니어링 관점으로 정확하고 측정 가능한 것으로 본다. 즉 제품이 설계와 규격 등에 벗어나면 제품의 외형적인 차이나 내용물의 속성에 차이가 나기 때문에 품질이 떨어지는 것으로 보는 관점이다.

③ 사용자 중심적 접근(User-based approach) : 서비스품질은 사용자, 즉 개인 소비자들의 욕구와 필요를 만족시켜 주는 제품이 품질이 뛰어난 것으로 생각하는 방법이다.

품질을 사용자의 측면에서 파악하는 것으로 최고의 품질은 고객이 원하는 바를 가장 잘 만족시키는 것이다.

④ 제조 중심적 접근(Manufacturing-based approach) : 공급자 지향적이고 주로 제조설비에 중점을 둔 접근방법으로서 품질에 대한 초점이 공급자 지향적인 것이 단점이다. 즉 품질을 단순히 생산과 제조를 통제하는 방법으로 생각한다.

⑤ 가치 중심적 접근(Value-based approach) : 품질을 가치와 가격으로 정의한 것으로 좋은 상품을 만족스러운 가격으로 구입하는 상품이라 할 수 있다.

이러한 다섯 가지 접근방법은 각기 다른 관점을 가지고 있으나 현 시대에 있어서의 서비스기업에는 사용자 중심적 접근방법이 서비스품질 개념에 가장 잘 부합되는 좋은 접근방법이라 할 수 있다. 이와 같이 서비스품질의 객관적 측정치가 존재하지 않는 상황에서, 기업의 서비스품질을 평가하는 적절한 접근은 품질에 대한 소비자의 기대와 지각을 측정하는 것이다.

2) 서비스품질의 정의

서비스품질에 대하여 많은 학자들이 정의를 내리고 있다. 크로스비(Crosby, 1979)는 "품질은 요구사항에 대한 적합성"이라고 주장하였으며, 신하와 윌본(Shinha & Willborn, 1985)은 "품질은 사람들의 생각 속에서 존재하며 품질은 지각과 경험을 통하여 품질의 가치를 설명할 수 있다"고 하였다. 주란(Juran, 1980)은 "품질은 용도에 대한 적합성"으로 정의하였고, 알브레히트(Alvrecht, 1992)는 최근까지의 품질에 관한 지배적인 견해는 "제조업의 입장에서 물리적 요건에 딱 들어맞아야 하며 표준과 무결점을 의미하였으나 이는 물리적 특성의 측정에 국한한 것으로 보지 말고 품질이란 전체 경험으로 측정한 고객의 만족도"라고 정의하였다.

품질은 적합성만을 의미하는 것이 아니고, 구체적으로 신뢰성, 안전성, 진실성, 안정성 등을 의미하는 것으로 실제의 업무수행과 기준에 대한 특성 표준으로 표현될 수 있다. 품질은 구체화·표준화되고, 계약된 상품과 서비스의 성격으로써 이해되며 양, 시간, 그리고 공간과 관계가 있다. 따라서 품질은 구체화되고, 요구되며, 기대되는 상품 또는 서비스의 모든 속성과 특징의 총합이다.

더 나아가 바브라(Vavra, 1992)는 정중 · 예의범절, 구전, 친절, 과거경험, 멋진 서비스, 인간적 도움, 가격, 명성, 책임감, 광고 등으로 서비스품질 차원을 구분하였다. 카타(Kata, 1990)는 신뢰성, 신용성, 협조성, 효율성, 개인적 흥미 등으로 서비스품질 차원을 설명하고 있다.

그뢴루스(C. Gronroos, 1978)는 "소비자의 지각된 서비스와 기대서비스의 비교, 평가의 결과"로 정의하면서 소비자에 의해 지각되는 품질로서 설명하고 있다. 또한 그뢴루스는 서비스품질의 두 측면을 "기술적 품질(technical quality)과 기능적 품질(functional quality)"이라 하였는데, 기술적 품질이란 고객이 받는 것(what the guest gets)을 의미하며, 기능적 품질이란 기술적 품질이 기능적으로 고객에게 이전되는 과정(how to gets it)으로 설명하고 이러한 품질의 두 가지 양상을 고객의 평가에 매개하는 수단으로 기업이미지를 고려하였다. 호텔에서 서비스품질의 개념을 보면 예를 들어 체크인 과정에서 호텔직원의 태도나 업무의 전문성, 외국어 능력은 과정의 품질로 정의되며, 호텔을 떠난 후의 이미지는 결과의 품질이다.

지각된 서비스 질은 기술적 품질과 기능적 품질이라는 두 차원을 어떻게 지각하는가에 대한 결과 이미지로서 설명한 모델을 제시하고 있다([그림 3-1] 참조).

그림 • 3-1 서비스의 범위

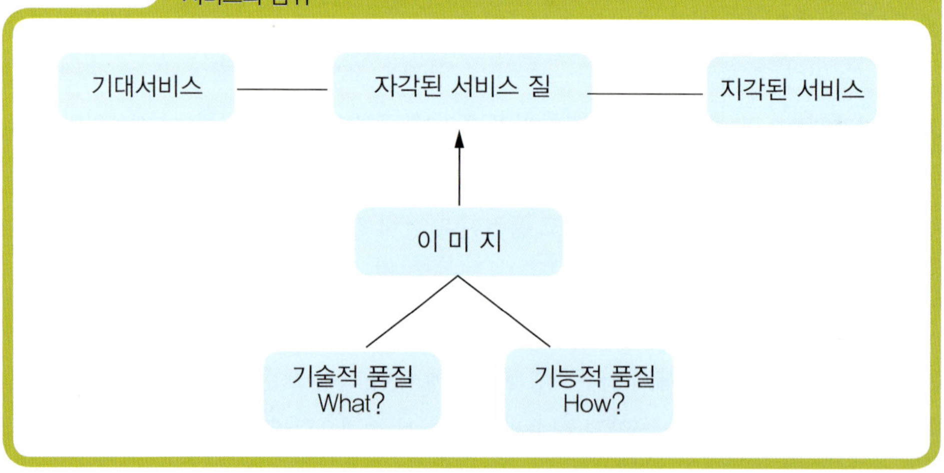

자료 : Christian Gronroos, "A Service Quality Model and Its Marketing Implication," *European Journal of Marketing*, Vol. 18, No. 4, 1984, p. 40.

파라슈라만, 자이사믈, 베리(Parasuraman, Zeithaml and Berry(이하 PZB), 1985)는 지각된 서비스품질을 기업의 전체적인 우수성에 대한 소비자의 판단으로 정의하였다. 이 정의는 서비스 질이 소비자에게 지각된 품질이라는 입장을 지지하면서 서비스 질에 대한 평가는 항상 고객의 관점이어야 한다고 주장한 것이다. 그들은 이러한 내용들을 통해서 서비스품질이 좋고 나쁘고 하는 것은 고객이 실제 서비스 수행을 어떤 것으로 지각했는가에 따라 결정된다는 결론을 내렸다.

따라서 고객이 지각하는 서비스품질이란 고객의 기대나 욕구수준과 그들이 지각한 수준 간의 차이로 측정하고 있다. 그들은 10개의 일반적인 준거 또는 차원들을 확인했는데 이것은 유형성, 신뢰성, 응답성, 능력, 예의, 신용성, 안전성, 접근성, 커뮤니케이션, 고객의 이해라고 명명하였다.

3. 서비스품질의 결정요인

1) PZB의 서비스품질 결정요인

PZB는 서비스품질의 결정요인을 갭이론(Gap Theory)에 근거하여 제시하고 있다. 갭이론이란 서비스품질이 소비자가 기대하는 서비스와 지각되는 서비스 간 차이의 크기와 방향에 따라 다르다는 이론이다. 이런 차이 이론에 입각하여 소매점, 금융은행, 신용카드, 증권 중재자 그리고 제품수선 관리업에 관한 지각된 서비스 질을 실무자와 FGI(focus group interview)를 통해 측정하였다. 이 조사결과 소비자들이 서비스 질을 평가할 때 서비스 유형에 상관없이 기본적으로 유사한 기준을 인정하고 있음을 밝혀내고 이들을 10가지 범주로 묶어 "서비스 질 결정요인(SERVQUAL : SERVice QUALity determinants)"을 규정하여 [그림 3-2]와 같이 나타내고 있다.

그림 • 3-2 서비스 질 결정요인과 서비스 질의 지각

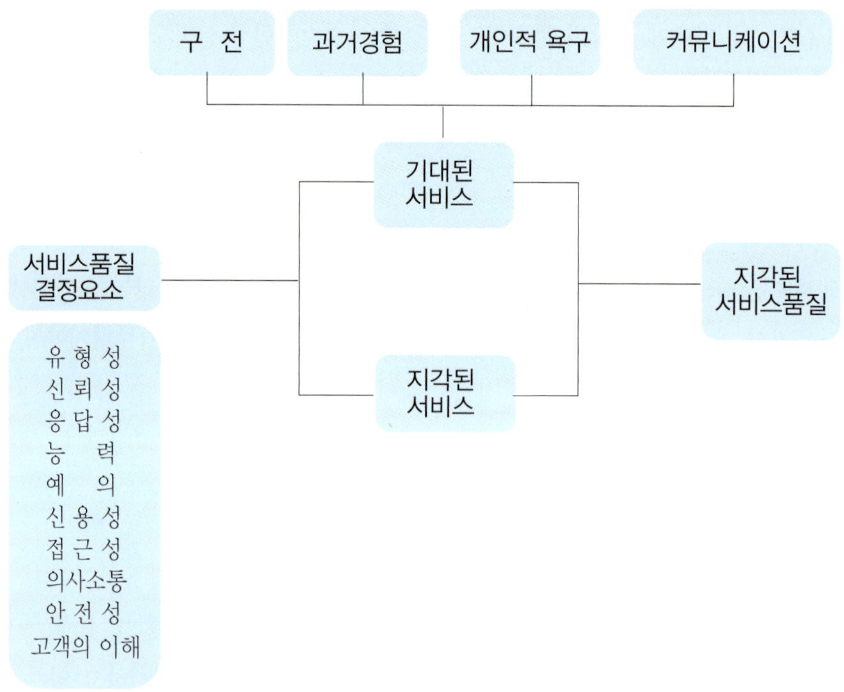

자료 : A. Parasuraman, Valarie A. Zeithaml, and Leonard L. Berry(1985), "A Conceptual Model of Service Quality and Its Implications for Future Research," *Journal of Marketing*, 49(Fall), p. 48.

PZB의 서비스품질 결정요인은 서비스 분류체계상 한쪽에 치우치지 않게 4개의 서비스 유형을 선택한 후 공통적으로 4개의 소비자가 이용하는 기준을 골라내어 선택된 것이다. 따라서 모든 서비스산업에 일반화될 수 있는 장점이 있다. 그리고 SERVQUAL에 대한 적절한 조작적 정의와 측정방법을 개발하여 여러 서비스업의 서비스 질을 측정하는 데 사용될 수 있으며 그 내용은 〈표 3-1〉과 같다.

| 표 3-1 | 서비스품질의 결정요인

서비스품질의 결정요인	의 미
신뢰성(reliability)	수행의 일관성과 종속성(정확한 수행, 약속을 중시)-계산의 정확성, 정확한 기록 유지, 약속된 시간에 서비스 수행
응답성(responsiveness)	서비스를 제공하려는 종업원의 의지와 관련되며 서비스의 적시성 포함 - 즉시배달, 신속처리
능력(competence)	필요한 지식과 기능 보유-인간적 접촉에 관한 기술과 지식, 조직 조사능력
접근성(access)	접근가능성, 접촉용이성-대기시간, 영업시간, 서비스시설의 편리한 위치
예의성(courtesy)	접촉에 있어서의 예절, 존경, 친절, 호의-서비스요원이 말씨, 행동, 용모
의사소통(communication)	고객들이 이해할 수 있고 청취할 수 있도록 함-서비스 자체의 설명, 비용에 관한 설명
신용성(credibility)	신뢰, 정직-기업명, 기업평판, 서비스 접촉의 인격
안전/보안(security)	리스크, 의심으로부터 벗어남-물리적·내부적 안정, 기밀 유지성
고객의 이해 (understanding / knowing the customer)	고객욕구를 이해하려는 노력-고객의 특정 요구조건을 학습, 개인적 관심, 단골고객 인지
유형성(tangible)	서비스의 물적 증거 - 물적 시설, 서비스요원의 복장, 서비스 제공을 위한 장비와 도구

자료 : A. Parasuraman, V. A. Zeithaml and L. L. Berry, "A Conceptual Model of Service Quality and Its Implications for Future Research," *Journal of Marketing*, Vol. 49(Fall), 1985, p. 47.

2) PZB모형의 서비스품질 측정 및 관리

서비스품질의 특성에 관한 개념직 정의를 살펴본 후에는 서비스품질을 어떻게 측정·관리하는지를 여러 방법 중 가장 많이 이용하는 PZB모형을 통해 설명하고자 한다. 이 모형에서는 고객의 인식된 서비스품질이 고객의 서비스품질에 대한 기대와 인식된 서비스품질의 차에 의해 결정된다고 설명하면서 고객이 높은 수준을 요구하는 서비스는 높은 수준의 서비스를 제공해야 고객만족을 추구할 수 있는 것으로 보고 있다. 이러한 것을 관리하는 것은 PZB의 갭 모형(gap)으로서 차이가 발생한 원인을 찾아내어 이를 해결하고 인식의 차이를 줄이는 관리를 하는 것이다([그림 3-3] 참조).

그림 • 3-3 A. Parasuraman, V. A. Zeithaml and L. L. Berry의 서비스품질모델: 기대서비스와 지각된 서비스 차이를 유발하는 요인

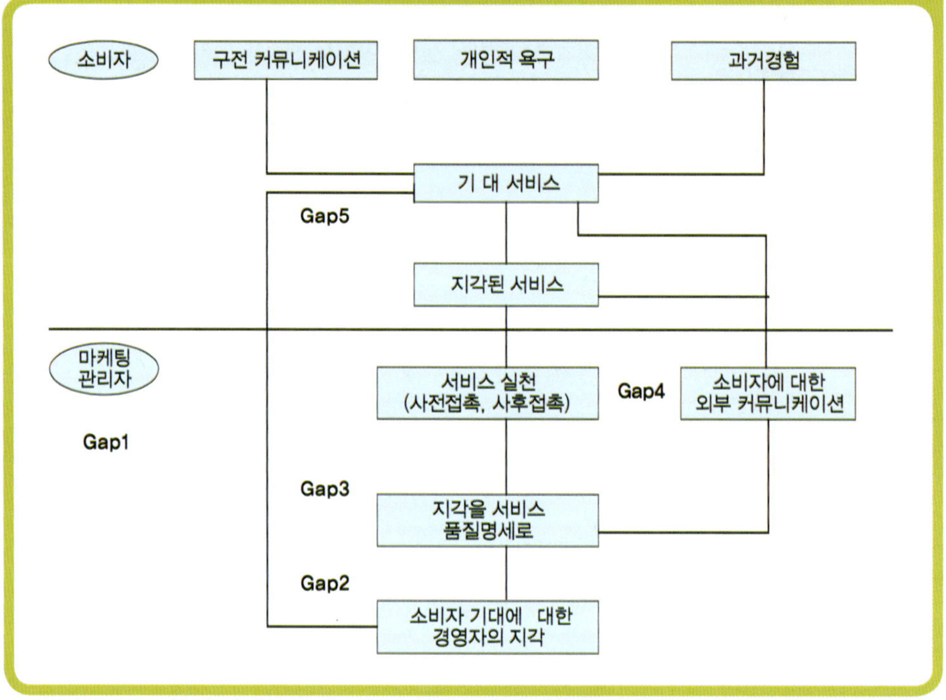

자료 : A. Parasuraman, V. A. Zeithaml and L. L. Berry, "A Conceptual Model of Service Quality and Its Implication for Future Research," *Journal of Marketing*, Vol. 49, 1985, p. 44.

[그림 3-3] 과 같이 서비스품질 수준이란 소비자의 지각과 기대의 불일치와 그 방향을 나타내고 있다.

호텔기업의 예를 들어 설명하면 차이(Gap) 1 : 고객의 기대치와 관리자의 인식 간의 차이로서 호텔매니저는 고객이 무엇을 원하고 어떻게 서비스 내용을 판단하는지에 대해 정확하게 인식하고 판단하는 것이 아니고, 호텔매니저가 자기 스스로의 판단에 의해서 고

객은 이런 것을 원할 것이다라고 단정짓는 서비스일 때 인식의 차이가 발생된다. (Gap) 2 : 관리자의 인식과 서비스품질 사양 간의 차이로서 호텔매니저가 고객의 기대를 정확히 파악하는 것은 우수한 서비스품질을 제공하기 위한 필요조건이지 충분조건은 아니다. 이는 매니저가 서비스의 사양기준을 설정하지 않았거나 설정했다 하더라도 고객의 기대를 서비스품질 사양으로 표현하는 것은 매우 어렵다는 것이다. 또한 서비스 기준이 없거나 그런 기준이 고객의 기대를 적절히 반영하지 못할 경우, 고객이 지각하는 서비스품질은 떨어진다. (Gap) 3 : 서비스품질 사양과 전달된 서비스 간의 차이로서 서비스 수행기준과 실제로 서비스가 전달되는 서비스 간의 차이가 발생한다. 이들은 대개가 일선 종사원들이 이러한 기준을 충족시키려 하지 않거나, 할 능력이 없기 때문이다. 서비스 수행 간의 차이가 기준에 미치지 못할 경우에 이것은 고객이 기대하는 바를 충족시키지 못하게 된다. 이는 차이 3과 차이 5 간에 직접적인 관련이 있음을 시사하며, 차이 3을 줄이기 위해서는 설정한 기준들을 달성할 수 있도록 모든 자원을 투입해야 함을 시사한다. 그러므로 호텔기업은 호텔매뉴얼에 의한 종사원의 교육훈련을 지속적으로 시행해야 한다. (Gap) 4 : 서비스 제공자의 외부 의사전달은 고객의 기대를 형성하는 중요한 요인의 하나이다. 호텔기업이 뉴스레터를 통한 광고나 마케팅, 일선종사원 및 판촉직원 등 다른 의사소통 방법을 통해서 약속한 것은 고객의 기대를 높이고 고객이 서비스품질을 평가하는 속성변수로 작용한다. (Gap) 5 : 서비스품질 차이로서 인식된 서비스가 고객이 기대한 서비스에 미치지 못할 경우에 발생한다.

4. 서비스품질관리의 필요성과 특성

1) 서비스품질관리의 필요성

관광서비스기업의 서비스품질경영에 대한 필요성은 대개 세 가지로 제안할 수 있다.

첫째, 관광서비스기업이 무한경쟁의 치열한 국제경쟁에서 살아남고 서비스 수준이 세계적으로 일류급이 되기 위해서는 이와 관련된 서비스품질경영수준도 뛰어난 경지에 올라야 하며, 이러한 최고의 고객만족을 목표로 고객이 요구하는 서비스를 제공하는 경영시스템으로서의 전사적 품질경영(TQM : Total Quality Management)에 관한 개념화의 작업이 필요하다.

둘째, 호텔관광서비스기업에서 제공하는 서비스의 품질은 고객의 만족 및 불만족과 직결되므로 관광서비스기업의 경쟁력 대응이나 시장점유율, 다른 경영전략변수와 상호보완관계에서 매우 중요한 전략적 요소로 인식되고 있다.

셋째, 호텔관광서비스기업의 물적·인적 시스템은 서비스상품을 구성하는 중요한 요인인데, 그중에서 서비스요원의 사기와 태도는 호텔관광서비스기업을 이용하는 고객만족도에 결정적인 역할을 하고 있으므로, 고객만족을 위해서는 서비스요원의 만족이 필수불가결한 조건이 될 수 있다.

2) 서비스품질의 특성

(1) 서비스품질은 제품의 품질보다 평가가 더 어렵다

고객들이 제품을 구입할 때는 품질을 평가할 수 있는 많은 유형적 단서인 스타일·견고성·색상·포장 등을 가지게 되나, 서비스를 구입하는 경우에는 품질을 평가할 수 있는 유형적 단서가 거의 없으므로 구매하는 소비자들은 어떤 다른 단서에 의존해야만 한다. 대부분의 서비스는 무형적이고, 실체라기보다는 수행이므로 품질을 획일화·표준화할 수 있는 정밀한 제조명세서의 작성이 거의 불가능하며, 또 테스트하거나 저장·측정할 수가 없다. 이러한 서비스의 무형성 때문에 서비스 관리자는 고객들이 어떻게 서비스를 지각하고 서비스품질을 평가·인식하는지 이해하기가 힘들게 된다.

(2) 서비스품질의 수준은 기대와 실제와의 비교를 통해 얻어진다

지각된 서비스품질의 수준은 고객의 기대와 실제서비스 수행과의 비교를 통해서 얻어질 수 있다. 즉 서비스품질은 전달되는 서비스수준이 고객의 기대와 얼마나 일치하는지에 대한 평가·측정치가 된다는 것이다.

(3) 서비스품질은 서비스 제공과정도 중요하다

서비스품질의 평가는 단지 서비스의 산출결과만으로 이루어진 것이 아니라 서비스의 전달과정에 대한 평가와도 연관되어 있다. 서비스품질은 서비스 자체의 결과와 관련된 품질과 서비스가 어떻게 전달되어지느냐에 관한 질로 양분된다는 것이다. 서비스의 직접적인 수행자에 대해 대상자가 느끼는 차이의 발생 이전에 관리적 측면에서 발생하는 전달체계의 인식차이 등이 서비스품질에 대한 고객의 지각에 영향을 미친다고 한다.

(4) 주된 서비스보다 부가서비스가 서비스품질에 영향을 더 미친다

서비스의 수행결과 대상고객에게 남는 것(주(핵심)서비스 : 항공사의 서비스 결과에 의한 고객의 이동)이 경쟁업체와 비슷한 수준일 경우, 서비스의 기능이 어떻게 전달되느냐에 관한 것(부가서비스 : 예약처리, 최신시설, 승무원의 태도 등)이 고객이 느끼는 서비스품질의 만족 또는 불만족에 더욱 중요하게 영향을 미치게 된다.

제 2 절 서비스품질의 측정

1. 서비스품질의 평가

1) 서비스품질평가의 의의

고객들에게 만족된 서비스를 제공하기 위해서는 계속적으로 고객의 서비스품질지각을 평가함과 아울러 서비스품질개선을 위해 서비스품질상의 문제점과 원인들을 찾아내야만 한다.

서비스품질의 문제점과 원인들은 흔히 서비스 제공자 측에서 발견할 수 있는데, 이들의 결함은 고객이 서비스품질을 낮게 지각하게 만드는 원인이 된다. 만약 서비스품질을 제공하는 기업 측에 있어서 그 문제점을 정확히 확인할 수 있다면 이를 개선·보완하여 고품질의 서비스를 고객에게 제공할 수 있는 기회가 될 것이다.

2) 서비스품질 평가과정

고객들이 서비스품질을 평가할 때, 그들이 기대한 서비스와 그들이 받고 있는 서비스를 나름대로의 서비스의 속성을 통해 비교한다. 즉 서비스품질은 고객이 기대한 서비스와 실제 수행된 서비스 간의 불일치 정도의 크기에 달려 있는 것이다. 따라서 고객들이 대상 서비스기업에서 실제로 제공받는 서비스에 대해 주관적으로 느끼는 정도가 서비스를 제공받기 전에 기대했던 정도에 미치지 못한다면 고객에게 있어서 서비스의 품질은 낮게 인식되어 품질이 좋지 않은 것으로 평가될 것이다.

3) 선행연구

서비스품질을 평가하는 객관적 측정치가 존재하지 않는 상황에서, 기업의 서비스품질을 평가하는 적절한 접근은 품질에 대한 소비자의 지각을 측정하는 것일 수 있다. 이러한 인식은 서비스품질을 연구해 온 모든 연구자들에게 있어 일관된 주장이었다(〈표 3-2〉 참조).

지금까지 서비스품질 측정에 관한 대부분의 연구들은 고객지향적인 관점에서 고객에 의해 기대된 서비스와 지각된 서비스를 고객이 평가하는 과정에서 서비스품질을 결정하는 것이 바람직하다는 것이다.

고객이 특정거래에 만족하고 있다 할지라도 서비스기업이 높은 품질을 소유하고 있다고 느끼지 않을 수 있으며, 따라서 시간의 흐름에 따른 만족은 서비스품질의 지각에 영향을 미친다. 이와 같이 서비스품질의 측정을 위해서 고객만족도를 지속적으로 조사되어야 한다. 고객만족도(Customer Satisfaction Index : CSI)조사란 고객만족과 성과를 측정하는 기준으로 고객들의 객관적인 평가를 통해 고객들의 기대와 욕구 및 자사와 경쟁사 간 위치를 정확하게 알 수 있는 조사이다.

| 표 3-2 | 서비스품질 측정에 관한 선행연구

연구자	연구결과
PZB(1985)	서비스품질의 10가지 재구성 차원에 대한 이론적인 제안(유형성, 신뢰성, 반응성, 의사소통, 신용성, 안전성, 능력, 예의, 고객이해, 접근성)

연구자	연구결과
PZB(1988)	은행신용카드, 설비수선 및 영선, 장거리 전화, 유가증권 중개 서비스에 대한 설문조사를 통한 실증적 연구결과, 서비스품질의 5가지 구성차원(유형성, 신뢰성, 반응성, 보증, 감정이입)을 추출하여 22개 변수들로 서비스품질을 측정하는 'SERVQUAL'을 개발
Carman(1990)	파라슈라만, 자이사믈 그리고 베리의 'SERVQUAL'을 다소 수정하되, 본래의 10가지 서비스품질 차원에 속하는 항목으로 수정시켜 치과대학의 진료소, 경영대학의 취업부, 타이어 상점, 급성병 전문병원에 대한 서비스품질에 관해 설문조사를 실시한 결과 파라슈라만, 자이사믈 그리고 베리의 5가지 차원과 다소 상이하기는 하지만 이들이 제안한 10가지 서비스품질 차원들에서는 크게 벗어나지 않는 것으로 나타남
Brensinger & Lambert(1990)	파라슈라만, 자이사믈 그리고 베리의 'SERVQUAL'을 전화, 우편조사를 통해 산업서비스에 대한 실증적 연구에 적용한 결과, 'SERVQUAL' 차원들은 전반적으로 지각된 서비스품질에 대한 설명력이 저조한 것으로 나타남
Babakus(1990)	공익사업의 협동조합을 대상으로 파라슈라만, 자이사믈 그리고 베리의 'SERVQUAL' 척도를 그대로 적용하여 우편조사를 실시한 결과 item-to-total correlation분석과 내적 일관성 검증 결과에서 파라슈라만, 자이사믈 그리고 베리의 5가지 차원은 추출되지 않았으며, 지각된 서비스와 기대서비스와의 차이점수는 지각된 서비스만의 점수보다 서비스품질과의 상관관계가 낮았음
Lambert & Lewis(1990)	서비스품질 측정에서의 기대와 중요성 척도를 실증적으로 증명하기 위해 전화산업과 수송산업에 대한 설문조사 결과 응답자들은 기대와 중요성을 동일시하고 있음이 증명됨
Finn & Lamb(1991)	파라슈라만, 자이사믈 그리고 베리의 'SERVQUAL'로써 여러 유형의 소매점 서비스품질을 측정하기 위해 전화조사를 통한 실증분석 결과 'SERVQUAL'의 타당성 입증이 불가능하였음
Zeithaml et al.(2002)	웹사이트를 이용한 온라인 서비스 품질연구에서 정보효율성 및 콘텐츠, 사용의 용이성 및 유용성, 개인정보보호 및 안정성, 그래픽 스타일, 이행성 등 5가지의 속성을 추가하여 운영의 편리성, 유연성, 사이트의 심미성, 안정성 등 온라인 서비스 품질 모형을 개발함
박건실(2003)	서비스 품질의 구성차원을 감정이입, 유형성, 대응성, 보증성, 신뢰성으로 분류하여 연구함

연구자	연구결과
김광지(2012)	레스토랑의 서비스 품질을 측정한 결과 물리적 환경품질(주변환경, 디자인, 사회적 요인), 상호작용품질(태도, 전문성, 행동), 결과품질(대기시간, 유형성, 고객감정)로 측정함

자료 : 박한수, 『한국국제대학교 논문집』, 1995, p. 14를 토대로 연구자 재정리(2014).

2. 서비스품질의 평가와 수익성

서비스품질의 평가는 수익성을 통하여 평가해야 하는데 여기에는 서비스 생산성이 이루어져야 한다. 이는 현 시대의 서비스기업이 품질 측정에 있어서 유익한 서비스조직과 서비스품질, 생산성 개념들이 서비스관계와 측정에 필요하다는 인식이 대두되고 있다. 여기에서의 서비스품질과 관련하여 고객에게 인식되는 것은 수익성의 수단으로서 충성을 강조하는 관계마케팅과 고객 유지 및 장기적인 관계를 위해 노력을 기울여야 하는 개념이다. 현 기업들은 고객서비스품질 평가를 고객과의 관계와 서비스 생산성의 결합으로 보고 있기 때문이다.

서비스 생산성을 측정하기 전에는 서비스품질에 대한 평가를 통하여 측정 가능한지, 어떤 기술이 적용되는지 등과 수익성 여부를 판단하여야 한다. 이는 서비스기업이 품질에 영향을 미치는 중요한 요소를 발견하고 사람, 장비, 재료, 기술 등이 기업의 서비스 품질에 얼마나 영향을 미치는가를 이해해야 한다.

| 표 3-3 | 2014 한국서비스 품질 지수(KS-SQI: Korean Standard Service Quality Index)

업종명	기업(관)명	연속 1위
테마파크	에버랜드	15년
이동통신	SK텔레콤	
컴퓨터 A/S	삼성전자서비스	13년
자동차보험	삼성화재	
생명보험	삼성생명	12년
자동차 A/S	기아자동차	11년
휴대전화 A/S	삼성전자서비스	
고속버스	금호고속	10년
택배	우체국택배	8년

업종명	기업(관)명	연속 1위
공연장	LG아트센터	8년
인터넷 오픈마켓	11번가	7년
증권	삼성증권	
주유소	SK에너지	
제주리조트	해비치리조트	6년
IPTV	KT	
국제전화	SK텔링크	
리조트	대명리조트	5년
항공사	아시아나항공	

업종명	기업(관)명	연속 1위
인터넷포털사이트	구글	4년
커피전문점	스타벅스	
제과점	파리바게뜨	
영화관	롯데시네마	3년
가전제품 A/S	삼성전자서비스	
대형수퍼마켓	홈플러스 익스프레스	
패스트푸드	KFC	
렌터카	KT금호렌터카	
학습지	교원 구몬학습	2년
지하철	대구도시철도공사	
호텔	롯데호텔	
패밀리레스토랑	아웃백스테이크하우스	
무인경비	에스원	
대형할인점	이마트	
워터마크	캐리비안 베이	
백화점	현대백화점	
편의점	GS25	
초고속인터넷	KT	
제주렌터카	KT금호렌터카	
가정용보일러 A/S	경동나비엔	1년
사이버대학교	경희사이버대학교	
광역시청	대구광역시	
시설관리	대구시설관리공단	
전자제품전문점	디지털프라자	
여행사	레드캡투어	
씨푸드레스토랑	보노보노	
구인구직사이트	사람인	
종합병원	삼성서울병원	

업종명	기업(관)명	연속 1위
신용카드	삼성카드	1년
장기보험	삼성화재	
종합대학교	서강대학교	
사이버대학교	서울사이버대학교	
전문대학(서울)	숭의여자대학교	
전문대학(경인)	신구대학교	
은행	신한은행	
인터넷서점	알라딘	
대형서점	영풍문고	
소셜커머스	위메프	
지방국립대학교	전남대학교	
도청	전라북도	
저비용항공사	제주항공	
정수기 A/S	코웨이	
외국어학원	파고다어학원	
저축은행	하나저축은행	
스키장	하이원리조트	
종합대학교	한양대학교	
장기보험	현대해상	
TV홈쇼핑	현대홈쇼핑	
제주리조트	휘닉스아일랜드	
인터넷쇼핑몰	CJ오쇼핑	
헬스&뷰티스토어	CJ올리브영	
아파트	GS 자이	
TV홈쇼핑	GS SHOP	
가전제품 A/S	LG전자서비스	
프로야구구단	LG트윈스	

자료 : 한국표준협회 제공, 2014년 6월 26일 목요일 중앙일보 기사에서 발췌.

제 3 절 호텔서비스품질의 개념과 평가

1. 호텔서비스품질의 개념

호텔서비스는 호텔고객에게 제공되는 유 · 무형의 인적 · 물적 · 시스템적 활동의 총체로서 가시적으로 나타나는 기존 시설과 환경, 식음료, 기자재, 비품, 소모품 등을 포함하는 원천적인 물리적 서비스, 종업원과 고객의 대인관계인 인적 서비스, 접근성과 편리성 등의 입지, 호텔에 대한 고객의 이미지와 가격 등을 포함한다. 이는 하나의 대상 혹은 제품이라기보다는 무형성, 활동 혹은 수행과정으로서 고객의 참여와 상호작용하는 관계이며, 재고가 불가능할 뿐만 아니라 수요에 따라 생산되거나 수행되어진다. 따라서 호텔서비스는 서비스창조과정에서 고객과의 접촉이 크며, 호텔서비스 종사원의 개입 정도는 낮으나 고객의 특성에 따라 요구되는 성격을 가지고 있다.

또한 호텔서비스는 추상성이 대체로 낮은 특징을 가지고 있으며, 특히 호텔고객의 평가가 용이하며, 고객이 서비스 이용 시 느끼게 되는 욕구충족에 대한 불안감으로서 지각위험의 정도가 크다고 할 수 있다. 이는 특히 스펜스, 엥겔, 블랙웰(Spence, Engel, and Blackwell)이 지적한 바와 같이 호텔서비스의 경우 호텔 이용 전에는 서비스에 관한 정보의 질과 양이 적을 수밖에 없기 때문이다. 이와 같이 호텔서비스는 일반적인 서비스 개념이 무형적인 것과는 달리 유형과 무형의 복합적 기능을 가진 것으로 호텔의 입지조건, 제반시설과 식음료, 도구, 소모품 등의 물리적 서비스와 체계화된 업무조정 및 조직적인 협동 등의 시스템적 서비스, 그리고 종업원과 고객 간의 접촉관계에서 나타나는 인적 서비스의 종합적 서비스이다.

2. 호텔서비스품질의 평가

호텔서비스는 인적·물적·시스템적 서비스로 결정되어 있기 때문에 실제로 서비스의 질을 결정짓는 요인은 수없이 많다고 할 수 있다. 또한 이러한 서비스 요인은 객실과 레스토랑 서비스에 따라 다르다고 할 수 있다. 그러나 호텔고객의 지각의 관점에서 볼 때 고객의 평가는 종합적이므로 특정 서비스 분야별 접근보다는 호텔서비스에 대한 전반적인 서비스 질 요인을 중심으로 연구되어야 할 것이다.

호텔서비스와 관련된 선행연구들의 서비스 평가요인을 요약정리하면 〈표 3-3〉과 같다. 표에서 보는 바와 같이 Cadettle & Turgeon은 호텔서비스품질을 구성하는 변수를 도출하기 위해서 호텔서비스품질 평가에 관한 22개의 속성을 제시하고 있으며, Teare & Olsen은 이를 7가지의 범주로 나타내고 있다.

| 표 3-4 | 호텔서비스 선행연구

연구가	평가속성
Engel, Balckwell(1978)	평가기준 : 위치, 제품구색, 가격, 광고판촉, 종사원 서비스, 기타 지각특성 : 호텔이미지(위치, 제품구색, 가격, 광고판촉, 종사원 서비스)
Emdrik(1980)	위치 : ① 지리적인 위치(상업적 도심지, 도시, 시골 등) ② 위치에 따른 접근성, 편의성, 주변경관의 매력성
Buttle(1986)	시 설 : 객실, 업장, 테니스장, 수영장 등 고객이 사용할 수 있는 제반시설 서비스 : 물적 서비스를 위한 각종 서비스, 즉 고객의 관심도, 서비스의 신속성 및 효율성 이미지 : 고객이 호텔에 머물고 있는 동안 위치, 시설, 서비스 분위기 등에 관해 인식하는 정도 가 격 : 위치, 시설, 서비스, 이미지 등 호텔이 제공한 제반요소에 대한 경제적인 평가
Lewis(1984)	서비스의 질(Services Quality) ① 직원의 전문성 ② 모든 서비스의 신속성 ③ 서비스의 전반적인 수준 ④ 제공되는 서비스의 다양성 ⑤ 친절성과 공손성
	전반적인 느낌(Overall Feeling) ① 잘 운영되는 호텔 ② 믿을 만한 질적 수준 ③ 자신의 욕구에 부합됨 ④ 제공되는 마음을 알아차림 ⑤ 편안한 느낌
	안전(Safety) ① 호텔의 안전함 ② 주변지역의 안전함 ③ 객실의 안전함 ④ 화재 안전
	개선된 서비스(Upscale Services) ① 늦은 저녁식사 서비스 ② 룸서비스의 이용가능성 ③ VIP 객실 ④ 우아한 식사 ⑤ 추가적인 화려함 ⑥ VIP 대우
	식음료의 가격과 질(F&B Price and Quality) ① 합리적인 식음료가격 ② 식음료 시설의 유용성 ③ 음식의 질 ④ 식음료 가격, 다양한 선택 ⑤ 음식 서비스의 질적 수준

<table>
<tr><th>연구가</th><th>평가속성</th></tr>
<tr><td rowspan="8">Lewis(1984)</td><td>서정적 실내장식 분위기(Aesthetics, Decoration)
① 건축 내부의 미학적 상태
② 실내의 미적 수준
③ 현대적 · 시대감각적임
④ 객실 · 욕실의 실내장식
⑤ 역사적 · 전통적임</td></tr>
<tr><td>쾌적상태(Amenities)
① 편리함
② 쾌적상태(향기 등)
③ 추가적인 제공부속물
④ 전반적인 현대적 편리함</td></tr>
<tr><td>이미지(Image)
① 호텔의 성격
② 체인의 성격
③ 전반적인 좋은 느낌</td></tr>
<tr><td>음료의 질(Beverage Quality)
① 와인목록의 질적 수준
② 음료의 질적 수준
③ 로비 칵테일 제공상태</td></tr>
<tr><td>객실 · 욕실(Room & Bath Conditions)
① 객실과 욕실의 물적 조건
② 객실과 욕실의 청결함</td></tr>
<tr><td>헬스시설(Health Facilities)
① 사우나, 증기목욕탕 구비
② 연중 이용 가능한 풀장</td></tr>
<tr><td>평판(Reputation)
① 호텔과 체인의 명성, 위광
② 좋은 평판</td></tr>
<tr><td>조용함(Quiet)
① 호텔의 조용함
② 지역의 조용함</td></tr>
</table>

연구가	평가속성
Lewis(1984)	객실 속성조건(Room Attributes) ① TV와 라디오의 질적 수준 ② 침대의 안락함 ③ 객실과 욕실의 크기
	Reservation & Front desk ① 예약시스템의 편리성 ② 예약시스템의 신뢰도 ③ 입숙 · 퇴숙 절차
	가격과 가치(Price & Value) ① 가격과 가치 ② 실제적인 가격
	입지(Location) ① 다른 지역에의 접근성
Lewis(1985)	이미지, 안전, 입지, 평판, 가격, 가치, 건축미, 편의성, 조용함, 서비스품질, 부대시설, 객실상태, 식당품질, VIP 대우
Parasuraman, Zeithaml & Berry(1985, 1988, 1991)	유형, 사회, 반응, 안전, 예절, 능력, 이해, 신용, 접근성, 의사전달, 사회성, 반응, 보증, 감정이입
Kunston(1988)	객실의 청결, 안락함, 편리한 위치, 안전과 보안, 신속하고 정중한 서비스, 친절성 및 환대정신, 객실요금, 레크리에이션 시설, 직원으로부터의 특별한 대우
Cadettle & Turgeon(1988)	① 객실, 식음료, 서비스의 가격 ② 서비스의 속도 ③ 주차가능 정보 ④ 숙박시설의 이용가능 정도 ⑤ 신용카드의 적용성 ⑥ 영수증의 정확성 ⑦ 경영자의 돕는 자세 ⑧ 호텔규모의 적정성 ⑨ 지배인의 서비스지식 정도 ⑩ 서비스의 범위(정도) ⑪ 서비스의 질적 수준 ⑫ 호텔시설의 특수성 ⑬ 건물의 청결성 ⑭ 경영자의 서비스지식 정도 ⑮ 주변환경의 조용함 ⑯ 불평에 대한 반응 정도 ⑰ 서비스 다양성 ⑱ 시설외관의 통일성 ⑲ 영업시간 ⑳ 광고의 질적 수준 ㉑초과예약제도 ㉒호텔 주변의 교통혼잡도

연구가	평가속성
Martin(1986, 1989)	절차부문 : 수용, 예견, 적시성, 업무절차, 의사전달, 고객반응, 감독 심리분석 : 태도, 관심, 어조, 신체언어, 재치, 호칭, 안내, 제안판매, 문제해결
Leblanc(1992)	이미지, 능력, 신용, 적시, 예절, 반응, 경쟁, 접근성
Teare & Olsen(1992)	객실 및 욕실 청결, 쾌적성, 가격가치, 종사원 친절, 전문성, 안전성, 메뉴 표준화
Brady & Cronin(2001)	상호작용(태도, 행동, 전문성), 물리적 환경(분위기, 디자인, 사회적), 결과(대기시간, 유형성, 감정)로 구분함
Dagger et al.(2007)	호텔 서비스를 상호관계(상호작용, 관계), 기술(성과, 전문), 환경(분위기, 유형), 경영(적시, 운영, 지원)으로 구분함
Fassnacht & Koese(2009)	호텔의 서비스를 환경품질(그래픽 품질, 배치투명도), 전달품질(선택매력성, 정보품질, 사용용이성, 기술품질), 결과품질(신뢰성, 기능적 편익, 정서적 편익)로 분류하여 연구함
김준영 · 이형룡(2013)	호텔 서비스 제공행동으로 사전욕구 파악 노력, 상냥한 목소리로 고객과 대화, 고객들에게 정중한 태도를 보임, 근무 중 밝은 미소 및 표정유지, 신속한 응대, 유용한 정보제공을 제시함

자료 : 한국관광학회, 『관광학연구』, 제16호, 1992, "호텔이미지 형성요인에 관한 연구", pp. 5~8 토대로 저자 재정리(2014).

이러한 호텔서비스의 평가요인들은 고객의 관점에서 보면 상대적으로 그 중요성이 다를 수 있다. 이때 평가요인의 상대적 중요성은 여러 요인에 대한 가치 및 평가적 측면의 상대적인 중요성 혹은 편리성의 의미로서 개인의 인구통계적 특성, 이용상황, 그리고 사전경험에 따라 달라질 수 있다.

제4장

서비스마케팅

제1절 서비스마케팅의 도입

제2절 서비스마케팅의 특성

제3절 서비스 인카운터

제4절 내부마케팅

제5절 서비스기업과 관계마케팅

제 4 장 서비스마케팅

마케팅의 개념은 수년 동안 사용되어 왔으며 서비스산업의 최우선 목표는 고객을 만족시켜야 한다는 매우 단순한 개념이다. 흔히 기업들은 이 중요한 목표를 망각하고 경쟁사의 활동만을 감시하는 것에 초점을 맞춘다.

경쟁사의 활동을 조사하는 것도 중요하지만 그것이 사업의 주된 초점이 되어서는 안 된다. 유명한 경영서적 저술가이며 *Management : Tasks, Responsibilities, Practices*의 저자 피터 드러커(Peter Drucker)는 사업의 목적을 고객을 창출하는 것이라고 하였다. 이는 마케팅의 개념을 상관관계로 설명한 것으로, 고객이 없으면 판매가 이루어지지 않으며 판매가 이루어지지 않으면 수익도 생기지 않을 거라는 내용이다.

경영자들은 흔히 사업의 첫째 목적을 이윤이라고 하지만 실제로는 그렇지 않다. 사업의 첫째 목적은 고객의 욕구를 불러일으켜 계속 만족시키는 것이다. 만약 호텔이 고객의 욕구를 창출하여 만족시킬 수 있다면 성공적으로 판매가 이루어질 것이다.

최근까지 마케팅은 다른 경영기능의 뒷자리를 차지하고 있었다. 기업의 사장과 임원들은 흔히 회계나 경영의 배경을 가진 사람이 그 직책을 차지했고 마케팅 경력을 지닌 사람이 회사 내에서 고위 직책을 맡을 수 있을 거라 간주되지는 않았다.

그러나 이 사실은 변했다. 오늘날 기업의 최고경영자들은 마케팅부문 출신이다. 그 예로 서비스업 외부에서는 애플컴퓨터(Apple Computer) 기업의 사장 존 스컬리(John Skully)와

서비스업 내에서는 옴니 호텔(Omni Hotel) 사장 존 캐나스(Jon Canas)를 들 수 있다. 이 변화 뒤에는 여러 가지 중요한 이유들이 있다.

첫째, 오늘날의 소비시장은 매우 여러 조각으로 나누어져 있다. 이른바 '대량시장(mass market)'은 존재하지 않는다. 오히려 시장은 방대한 동질의 작은 시장부분으로 이루어진다.

둘째, 경쟁의 정도가 몇 년 전보다 훨씬 더 심해졌다. 이 변화의 예는 서비스업의 유명한 '햄버거 전쟁'에서 볼 수 있는데, 간이음식 햄버거 시장에서 주요 회사들은 광고를 증가시켰고, 각각 자사의 햄버거가 최고라는 비교광고를 하기 시작했다.

이와 같이 마케팅의 본질이 변하고 있다. 웬디스의 회장이자 최고 경영자인 로버트 버니(Robert L. Barney)는 마케팅의 본질에 대해, "현대의 주요 요점은 기업을 경쟁으로부터 분리시키는 것인데, 그것이 다른 어떤 것보다도 더 우리 사업을 변화시킨다. 경쟁을 뛰어넘어야 하는데 이것이 바로 마케팅이 어느 때보다도 더 중요한 이유이다."라고 말하고 있다. 사업역점의 이러한 변화에 대응하여 웬디스는 광고예산을 50% 이상 증가시켰고 마케팅 직원의 수도 크게 늘렸다. 이 새로운 마케팅 개념에 근거하여 기업들은 성공 여부가 잘 세분화된 시장분야를 위한 독특하고 혁신적인 제품–서비스 믹스의 개발에 있다고 생각한다. 이것은 호텔기업들이 사용하고 있는 시장분할전략에서 찾아볼 수 있는데, 주된 경쟁회사들은 서로 다른 시장을 겨냥하여 서로 다른 브랜드의 호텔들을 개발하는 데서 나타나고 있다.

제 1 절 서비스마케팅의 도입

1. 광범위한 마케팅

마케팅은 무엇인가? 마케팅은 여러 가지로 정의할 수 있다. 미국 마케팅협회(AMA : American Marketing Association)는 마케팅을 생산자로부터 소비자에게로의 제품과 서비스의 흐름을 관리하는 상업활동의 실행이라고 정의한다. 마케팅은 또한 회사가 판매를 하기 위해 기울이는 모든 노력의 통합되고 통제된 관리라고 정의하고 있다. 따라서 마케팅은 복합적인 일련의 활동을 수반한다. 마케팅을 적절하게 정의하기 위해서는 마케팅에 포함되는 활동을 조사해야 한다.

이러한 활동에는

① 고객의 요구와 필요에 대한 완전한 이해
② 이러한 요구와 필요를 만족시키기 위한 제품과 서비스의 개발
③ 소기의 고객에게 이러한 제품과 서비스의 판매촉진, 그리고 판매를 위한 광고와 판매촉진활동
④ 만족할 만한 정도의 수입창출이 포함된다.

마케팅의 최우선 활동은 고객을 이해하는 것이다. 고객의 요구와 필요를 완전히 이해해야만 한다. 훌륭한 회사는 그들의 손님에게서 듣고 배워 고객에게 서비스하는 방법을 향상시킨다. 호텔과 레스토랑의 손님들은 기회가 있을 때 좋은 점과 운영상 향상시킬 수 있는 면을 매니저에게 이야기하려 한다. 마케팅 지향의 매니저에게는 고객에게서 듣고 배워 그 의견에 따라 행동하는 것이 중요하다. 실제로 서비스와 시설에 대한 많은 새로운 아이디어가 고객의 의견으로부터 비롯된다.

마케팅의 두 번째 활동은 고객에게 제공된 상품과 서비스(제품–서비스 믹스)의 개발이다. 매년 새로운 타입의 제품–서비스 믹스가 개발되어 경쟁시장에 공개된다. Marriot의 Courtyard, Holiday Corporation의 Hamption Inns 그리고 라마다 르네상스같이 숙박시설 선택의 폭을 넓히기 위한 다양한 타입의 개발은 잠재고객에게 제공될 선택개발의 예이다. 서비스업의 음식서비스 분야에서도 이와 유사한 개발이 일어났다. 우리나라의 대기업에서도 햄버거 산업분야에 뛰어들었고 패밀리 레스토랑식 식사분야에서는 Bennigan's, Outback Steakhouse, TGI Friday's 같은 회사들이 큰 영향을 끼쳤다.

마케팅의 세 번째 활동은 개발된 제품–서비스 믹스의 판매촉진, 광고 그리고 판매활동을 포함한다. 성공하기 위해서는 굉장한 창의성과 혁신이 필요하다. 광고매체는 온갖 종류의 광고로 가득 차 있으므로 성공의 열쇠는 자신의 메시지로 고객에게 접근하여 효과를 높이는 것이다. 회사가 바라는 효과는 제품·서비스 믹스의 구매이다. 판촉활동은 사업의 안팎에서 많은 형태를 취할 수 있다. 판매촉진을 위해 흔히 사용되는 한 가지 방법은 업계의 음식분야에서 일어난다. 이 분야의 체인들은 음식에 대한 할인이나 유리컵,

쿠폰, 리베이트 같은 경품이 주를 이루는 판매촉진활동을 벌인다. 이러한 마케팅활동의 최종 국면은 인적 판매이다. 따라서 서비스업은 인간사업으로서 호텔객실과 식사의 구매는 고객과 서비스업 종사원 사이의 직접적인 접촉을 수반한다. 이러한 각각의 접촉은 인적 판매의 기회를 제공하고 있다.

마케팅 정의의 마지막 부분은 만족할 정도의 수입이 창출되어야 한다는 것을 포함한다. 이것이 사업존재의 중심 이유이다. 비영리사업을 포함한 모든 사업은 판매와 이윤에 그 목표를 두는데 이것이 바로 성공적인 사업을 위해 달성해야 하는 목표이다. 만약 경영자가 마케팅 정의의 3요소를 성공적으로 달성한다면 그 결과로 만족할 만한 정도의 수입이 생길 것이다. 마케팅은 경영의 복잡한 한 기능이다. 운영, 회계, 재정, 인력관리, 관리, 연구개발과 함께 마케팅은 매니저들이 책임져야 하는 6가지 주요 결과를 포함한다.

2. 서비스마케팅 믹스의 관리(Managing the Marketing Mix)

기업마케팅활동의 관리는 마케팅 매니저가 책임지는 요소의 결합이라 할 수 있다. 전통적으로 마케팅 믹스는 4가지 요소로 구성된다.

① 제품 : 제품과 서비스의 독특한 결합

② 장소 : 배분통로를 포함한 제품과 서비스가 판매되는 방법

③ 판매촉진 : 실수요자와의 의사전달에 사용하는 방법

④ 가격 : 가격정책은 소비자에게 제품을 구매하도록 권하며, 그 결과 기업에 수익성을 가져다준다. 이 마케팅 믹스는 수년 동안 널리 적용되었다. 더 최신의 관점은 호텔, 레스토랑 같은 서비스업의 마케팅은 이와 다르다고 보기 때문에 최신의 마케팅 믹스를 필요로 한다.

레나간(Renaghan)은 3요소로 이루어진 서비스마케팅 믹스를 제시하였다.

1) 제품-서비스 믹스

서비스업의 운영에서 제공되는 모든 제품과 서비스의 결합, 유형·무형적 요소를 모두 포함한다.

2) 표현 믹스

소비자에게 인식되는 제품-서비스 믹스의 유형성을 증가시키기 위해 마케팅 매니저가 사용하는 요소를 포함한다. 이 믹스는 위치, 분위기, 장식, 요금, 인사(직원) 등의 요소를 포함한다.

3) 전달 믹스

이 믹스는 서비스회사와 잠재고객 사이에 일어나는 모든 전달체계를 포함한다. 광고와 시장조사에 관한 요소도 포함된다. 이것은 잠재고객과의 상호 전달 연결 장치라는 것을 이해하는 것이 중요하다.

제 2 절 서비스마케팅의 특성

1. 서비스업의 마케팅

서비스산업의 지속적인 고도성장은 잘 보도되어 왔다. 경제서비스 분야의 일부로서 서비스산업은 가장 빨리 성장하는 경제분야였다.

서비스업에 가장 큰 영향을 끼쳐온 요인은 프랜차이징이었다. 프랜차이징은 독자적인 운영의 비용으로 계속 증가해 왔다. 프랜차이징의 만연된 증가는 브랜드의 독자성과 성실성을 입증하기 위해 대중매체의 이용을 증가시켰다.

호텔의 객실과 레스토랑서비스 마케팅은 자동차와 세탁기 같은 제품의 마케팅과는 아주 다르다. 이러한 차이에는 여러 가지 이유가 있다.

1) 제품의 성격

서비스의 성질은 제품과는 다르다. 소비자가 새 차나 세탁기를 구입할 때는 물건이나 기계 등 유형적인 것을 구매하는 것이다. 만지거나 차거나 볼 수 있으며 자세히 조사할 수도 있다. 동일한 고객이 호텔 숙박 같은 서비스를 사려 할 때 서비스의 성질은 무형적이다. 고객이 호텔에서 정산을 할 때 고객은 호텔에서 숙박의 형태로 서비스를 구매한 것이다. 고객은 체크인, 체크아웃, 식사와 음료서비스, 수영장과 다른 시설의 형태로 호텔 직원들이 제공하는 서비스를 사는 것이다. 일단 고객이 호텔을 떠나게 되면 호텔에서의 경험을 되살리기 위해 자신이나 타인에게 내보일 유형적인 것은 아무것도 없다.

2) 소비자의 개입

서비스는 또한 제품과는 달리 서비스의 구매와 인도 시에 소비자를 필요로 한다. 단지 고객이 선반에서 제품을 꺼내어 집으로 가져가는 것과는 달리 서비스업에서는 고객이 인도방법의 일부분이 된다. 이것은 흔히 호텔의 레스토랑에서 셀프서비스의 형태로 나타난다. 마찬가지로 고객은 식당에서 음식을 주문할 때 메뉴의 선택이나 준비과정 등에 대해 서비스제공자(server)와 의견을 교환한다.

3) 품질관리의 문제

조립라인에서 제조되는 제품과는 달리 서비스는 판매시점에서 생산되고 소비되나, 공장에서는 제품에 결함이 있을 때 이를 수리하기 위해 조립라인에서 분리하여 옆에 둘 수 있지만 서비스는 그렇지가 않다. 만약 레스토랑에서 종업원이 기분이 나빠서 손님에게 불친절하게 대한다면 그 손님은 레스토랑에 대해 부정적인 인상을 갖게 될 것이다. 어떤 이유에서든 호텔의 도어맨이 자신의 위치를 이탈하여 손님이 차에서 짐을 내릴 때 도와줄 수 없다면 그 손님은 호텔의 서비스수준에 대해 매우 부정적인 첫인상을 가질 수도 있다.

맥도날드나 메리어트 호텔 같은 서비스기업에서는 일관성을 유지하기 위해 제품과 서비스가 어떻게 소비자에게 전달되는지를 자세히 알려주는 광범위한 표준경영절차(SOP : Standard Operation Procedures)이다. 이 표준들은 기업들이 경영하는 다양한 조직의 일관성을 유지하기 위해 확립된 것이다.

4) 재고파악 불가

서비스업은 수요가 많은 시기를 예상하여 재고조사를 할 수 있는 제품산업과는 다르다. 호텔에 300개의 객실이 있을 때 당일 밤 예약을 원하는 고객이 400명이라는 사실은 중요하지 않다. 객실은 300개로 한정되어 있다. 전날 밤에 225개의 객실을 판매했다면 객실 75개에 대한 잠재적인 수입은 영원히 손실된 것이다. 재생하여 미래의 수요에 대비하여 재고목록에 넣어둘 수는 없다.

5) 상이한 분배경로

제품을 생산하는 회사들은 서로 다른 시설에서 제조, 분배, 판매 그리고 서비스한다. 흔히 이러한 설비들은 넓은 지역에 분포되어 있다. 호텔, 식당 같은 서비스조직들은 고객이 원하는 서비스를 받을 수 있도록 고객과 종사원 간의 상호작용을 관리해야 한다. 예를 들어 한 고객이 자신의 객실에서 파티를 열고자 할 때 만약 옆 객실에 조용히 밤을 보내고자 하는 고객이 숙박하고 있다면 문제가 발생할 수도 있다.

2. 서비스마케팅 매니저의 책임

마케팅기능의 관리는 많은 면에서 다른 경영책임 분야와 유사하다. 성공의 비결은 마케팅관리 과정을 3단계로 검토해 보는 것이다.

1) 계 획

운이 좋아 성공하는 개인이나 경영자는 극소수뿐이다. 성공은 일반적으로 신중하게 검토하여 수립한 계획의 결과이다. 계획과정은 성취목표를 분명하게 설정하는 것으로부터 시작된다. 조직의 경영방침에 대한 지침을 제공하는 명백하게 정의된 목표로부터 시작된다. 이러한 목표들은 장기적인 것이다.

그 다음에 더욱 특정한 단기목표로 다듬어진다. 이 목표들은 대개 더욱 단기의 특정한 목표로 한정된다. 대개 목표에는 확실하고 알맞은 말로 성취할 목표, 일의 완료를 지켜볼 책임자 그리고 목표의 완료일자 등이 명시된다. 일단 목표가 결정되면 실행계획이 수립된다. 실행계획은 목표를 어떻게 달성할 것인지에 관한 세부사항을 규정한다. 자세한 내용은 실행 시 소기의 결과를 성취하는 데 높은 가능성을 지닌 것이 토의된다.

2) 실 행

일단 세부계획이 수립되면 다음 작업은 계획을 실행하여 일을 완료하는 것인데 대체로 마케팅 관리의 가장 즐거운 부분이다. 마케팅계획의 실행에 관련된 일의 범위는 거대하다. 마케팅과 판매요원의 고용과 교육, 판매촉진 계획의 실행과 개선, 광고매체를 통한 광고, 인적 판매 그리고 마케팅 믹스의 관리 등이 포함된다.

3) 평 가

마케팅계획이 실행되면 평가단계가 시작된다. 실행계획이 어느 정도까지 소기의 목표를 달성했는가? 어떤 요소는 잘 실행된 반면에 다른 요소는 왜 잘 안되었는가? 이것들은 평가단계에서 답변될 필요가 있는 것이다.

제3절 서비스 인카운터(Service Encounter)

1. 서비스 인카운터의 배경

현 시대에 들어서 서비스산업은 대인관계에 있어서 접촉빈도의 증가에 따른 고객서비스와 의사소통이 매우 중요한 대고객서비스이다. 환대상품과 다른 상품과의 비교에 있어서 경영이나 마케팅에 많은 다른 요인이 있음을 알 수 있으나 그중 가장 주된 쟁점은 서비스특징인 무형성이다. 무형성은 가질 수도 없고 시험할 수도 없다는 의미이다. 또한 환대상품은 상품의 생성과 소비가 동시에 일어남에 따라 다른 경영방식을 지닌다. 결과적으로 최일선 조직의 환대산업에 대한 종사원의 능력에 의존한다. 따라서 고객과 서비스 종사원의 상호작용인 서비스 인카운터(service encounter)라는 개념이 등장하였다.

서비스 인카운터의 사전적 해설은 '우연히 만나다'와 '특정한 시점에서 고객과 서비스 제공자의 상호작용'을 의미한다. 즉 고객과의 접점 관리 시점에서 이루어지는 서비스 인카운터는 '진실의 순간(moment of truth)'또는 '결정적인 순간'으로서 고객만족은 15초 안에 이루어져야 한다는 스칸디나비아 항공사의 칼슨 사장에 의해 정립되어 서비스 인카운터가 서비스 마케팅에 있어서 가장 중요한 근거가 되고 있다.

2. 서비스 인카운터의 정의

소비자와 서비스 제공자 사이의 개인적 상호작용은 서비스산업의 핵심으로서 이는 생산과 소비의 비분리성이라는 서비스의 특성에서 기인하고 있다. 슈프런난트와 솔로몬(Surprenant and Solomon, 1985)은 서비스 인카운터를 '소비자와 서비스 제공자 사이의 이원적 상호작용(Dyadic Interaction)'이라 정의하고 있다. 비트너(Binter, 1990)의 서비스 인카운터는 서비스마케팅에 있어서 마케팅 믹스가 기존 상품과의 다른 상품, 장소, 가격, 판촉의 물리적인 환경과 과정에서 사람을 포함시키고 있다. 이는 사람의 중요성을 강조하면서 물리적 환경은 환대산업에 있어서 기본적 개념으로 보고 있다.

마케팅 믹스에서 사람을 부가적인 요인으로 추가시킬 때의 문제점은 인간의 행동은 다양하고, 설명하기 어려우며, 복합적으로 작용한다는 것이다. 서비스 질에 대한 매개는 사람을 기본으로 하여 서비스 참여자의 기능을 다양하게 부가한다는 것이다. 예를 들어 서비스 전달자의 의사소통 수준이 서비스 인카운터에 있어서 보다 효율적으로 사용될 수 있다.

3. 서비스 인카운터의 특성

서비스 인카운터는 고객과 서비스종업원의 첫 만남이 이루어지는 접점이며, 서비스산업에서는 무형적이고 통제 불가능한 서비스요소를 거래하는 것이 특징이다.

서비스 인카운터의 가장 큰 특징은 고객접촉 서비스로서 환대상품에 대한 경험을 유형화하는 의사소통에 관한 질을 결정하는 것이다. 이는 문화적인 이해에 대한 능력과 느낌, 언어적·비언어적인 요소들의 성공적인 결합을 포함한다.

그러나 서비스전달자와 고객과의 관점에 의한 서비스 인카운터는 관리자들에게는 고객을 교육시키고 행동규칙에 대한 더 많은 정보를 줘야 한다는 점과 서비스제공자들은 소비자의 기대와 만족에 대해 부정확한 판단을 내릴 수 있다는 점을 시사한다. 따라서 서비스 전달체제의 문제를 극복하기 위해 서비스 전달자에게 많은 권한위임과 통제력을 부여해야 한다는 점은 접촉에서의 성공이 소비자만족에 대한 서비스 신뢰성을 높이는 데 중요한 점을 시사하고 있다.

예를 들어 의사소통하는 데 있어서 호텔은 언어적·비언어적 방법 및 음성이라는 3개의 의사소통방법을 포함하고 있다. 언어적인 방법은 언어의 선택에 있어서 서비스 제공자가 고객의 모국어를 사용하는 것이다. 이러한 것에 대한 단적인 증거는 고객은 다른 문화권에서 왔기 때문에 언어의 선택이나 예의에 대한 기준이 준비되어야 한다.

비언어적 행동을 통해서 서비스 제공자는 고객에게 관계지향적인 태도를 전달할 수 있다. 예를 들어 고객이 불평불만 시 동감하거나 또는 기쁠 때 동조하는 감정이입일 것이다. 넓은 범위의 비언어적 행위는 서비스 전달자의 인상, 인사, 미소, 제스처 등과 같은 것을 포함한다. 또한 물리적 환경 같은 비언어적인 의사소통도 호텔산업에서는 중요하다. 예를 들어 호텔이미지에 중요한 도구로서 조명, 배경음악, 인테리어 및 유니폼 등은 호텔 분위기를 창출하여 고객에게 좋은 인상을 남긴다.

마지막으로, 음의 고저나 단어의 선택 등과 같은 음성의 질은 서비스 인카운터의 사회적 상호관계에 중요한 영향을 끼친다. 특별한 음성의 질은 개인의 판단력과 지위, 다른 사람의 분위기에 영향을 주므로 자신을 표현하는 자신 있는 음의 고저는 서비스 인카운터에 있어 중요한 요소가 된다.

제 4 절 내부마케팅(Internal Marketing)

1. 내부마케팅의 의의와 중요성

호텔의 서비스는 창출과 배달이 인간활동에 의해서 이뤄진다. 특정 호텔을 찾는 고객들은 서비스를 제공하는 고객접점 종업원의 이미지, 인상, 태도 때문에 그 호텔을 선택하는 경우가 많다. 이것은 호텔의 종업원과 고객 간의 관계가 바로 서비스에 대한 만족·불만족을 좌우하기 때문이다. 서비스 차별화전략은 "우리는 신사숙녀를 모시는 신사숙녀다(We are ladies and gentlemen serving ladies and gentlemen)"라는 '리츠칼튼 호텔의 사훈'에서 볼 수 있듯이, 최고의 서비스로 고객감동을 이루어낸 내부마케팅의 중요성을 말하고 있다. 또한 사세르(Sasser)와 아르바이트(Arbeit)는 "고객에게 서비스를 팔기 전에 먼저 종업원에게 직무를 팔지 않으면 안된다"라고 하여 서비스업에서 종업원을 가장 중요한 내부고객으로 봐야 함을 강조하고 있다. 따라서 내부마케팅은 종업원이 직무에 대해 만족할 수 있게 직무환경을 조성해 주고 또 마케팅기법을 활용하여 종업원이 고객지향적인 인식과 태도를 갖도록 동기를 부여하고 계발해 주는 제 활동이라고 할 수 있다. 따라서 호텔서비스기업에서 내부마케팅은 내부고객인 종업원의 욕구충족 → 외부고객인 호텔고객의 만족 → 호텔기업의 목표달성이라는 과정에 있어 전제이자 출발점이 되는 것이다.

1996년에 한국마케팅연구원이 발행한 마케팅 신용어사전에서 인터널마케팅을 다음과 같이 소개하고 있다. 고객들에게 서비스를 제공함에 있어 최선의 인원을 고용·유지하여 그들로 하여금 보다 양질의 서비스를 제공할 수 있도록 마케팅철학과 실천을 기업경영에 적응시키는 활동인데, 여기서는 종업원을 고객으로 생각하고 동시에 그들 내부고객의 욕구와 필요를 충족시키는 내부제품을 제공하고자 노력하는 것이다.

이런 내부마케팅의 궁극적인 목적은 서비스의 질적 수준을 유지하며, 높은 생산성으로 비용을 절감하고 동기부여가 높은 종업원을 통해 고객에게 강한 이미지를 부여하며, 또 유능한 종업원을 모집하기 위해서이다.

| 표 4-1 | 내부마케팅에 관한 연구

연구자	개념정의
Normann(1984)	서비스공급에서 질의 유지, 높은 생산성으로 비용절감, 동시화된 종업원을 통해 고객에 대한 중요한 이미지 표현 등을 달성하기 위한 수단
George(1990)	서비스기업의 첫 번째 시장은 종업원이라는 관점에서 고객에게 서비스를 알리고 설득하기 전에 먼저 종업원에게 서비스가 제공하려는 편익을 알리고 설득하고 교육시켜 내부시장 욕구를 먼저 충족시키는 활동
Wasmer & Brunner(1991)	서비스 질에 대하여 종업원의 긍정적인 태도를 촉진하고 고객서비스의 가치에 대하여 종업원의 의식을 제고하는 활동
Bak, Vogt, George & Green Tree(1994)	외부시장에서 목표를 달성하기 위해서는 조직과 종업원 사이의 내부교환이 효과적으로 운영되도록 하는 활동
Rust, Zahorik & Keiningham(1996)	내부마케팅은 훈련, 경영자의 계속적 유대, 내부의사소통, 마케팅조사, 기타 인적 자원 활동으로 구성되어 있음
Rafiq & Ahmed(2000)	조직을 고객 중심적으로 운영하기 위하여 마케팅적 방식으로 직원들에게 동기를 부여하는 계획된 노력
강보화(2002)	내부직원을 만족시켜 고객지향적인 태도를 형성함으로써 궁극적으로는 조직의 성과를 향상시키는 활동
Kang, James & Alexandris(2002)	종업원이 직무에 만족할 수 있도록 직무환경을 조성해 주고, 마케팅기법을 활용하여 직원이 고객지향적인 인식과 태도를 갖도록 동기부여하고 개발해 주는 모든 활동
이유재(2009)	직원을 최초의 고객으로 보고 그들에게 서비스 마인드나 고객지향적인 사고를 심어주어 더 좋은 성과를 내도록 동기를 부여하는 활동

자료 : 저자 정리(2014).

2. 내부마케팅의 목표와 역할

이유재(1995)는 내부마케팅의 전반적인 목표를 크게 두 가지로 보고 있다. 첫째는 종업원들이 고객지향적이고 서비스지향적인 성과를 보이도록 동기를 부여하여 고객과의 만남에서 각자 마케팅의 기능을 성공적으로 수행하도록 하는 것이고, 둘째는 고객지향적이고 서비스지향적인 마인드를 가진 종업원을 확보하고, 유지하는 것이다. 따라서 호텔기업이 종업원지향성과 고객지향성을 실현하려면 내부활동이 통합적으로 구축되어야 한다. 이유재(1995)는 내부마케팅을 시행하는 데 있어서 "내부마케팅을 실현하기 위해서는 조직 내 서비스문화의 창조와 유지, 서비스품질의 향상과 유지 및 기업철학과 조직통합 등이 이루어져야 한다"라고 하였다.

1) 조직 내에서 서비스문화의 창조와 유지

종업원이 서비스 마인드를 갖고 고객우선주의로 행동하고, 다른 구성원들이 고객접점 종업원을 지원하게 하려면 기업 내 서비스문화의 확립이 전제되어야 한다. 강력한 서비스 문화가 확립된 기업은 권한이나 가치관, 규범 등이 모두 고객만족에 집결되고 통합되어 조직이 탄력적이다.

2) 서비스품질의 향상과 유지

고품위의 서비스를 달성하여 유지하려면 고객접점종업원의 태도와 그들의 기능수행이 절대적으로 요구된다. 현장의 고객접점종업원이 그 능력을 최대로 발휘하게 하려면 문화, 조직, 리더십 등이 상승적으로 작용해야 한다. 고객접점종업원에 대한 비접점종업원의 지원체계가 구체화되어 있을 때 상승효과가 나타나게 된다. 덴턴(Denton)은 서비스의 품질관리를 위한 10가지 법칙을 다음과 같이 제시하였다.

(1) 리더십

자신의 호텔경영에 대한 비전을 가진 최고경영자는 그 비전을 부하직원에게까지 전달하여 행동으로 실천하게 하는 리더십이 필요하다. 훌륭한 리더는 서비스품질에 대한 자신의 열정을 종업원과 고객에게 행동으로 입증해 보인다. 최고경영자의 이러한 리더십은 조직구성원들로 하여금 호텔의 질 높은 서비스문화를 정착시키게 한다.

(2) 전체 조직을 마케팅화하라

마케팅활동을 마케팅부서에 국한시키지 말고 전체 조직에 통합시켜 전사적 마케팅기능(total marketing function)을 발휘하도록 한다.

(3) 고객을 이해하라

사소한 불편도 고객에게는 치명적인 서비스결함으로 받아들여질 수 있다. 고객의 필요와 욕구에 대해 민감하기 위해서는 그들의 작은 불평에도 귀를 기울이고 이것이 호텔 측에 전달되도록 하는 제도적인 장치가 필요하다.

(4) 자신이 속한 서비스기업의 성격을 이해하라

어떠한 메커니즘으로 서비스가 제공되며 이것이 고객에게 어떠한 영향을 주는지에 대한 전반적인 이해가 필요하다.

(5) 서비스 전달의 운영체제를 갖추어라

질 높은 호텔서비스가 고객에게 전달되기 위해서는 시스템화한 운영체제가 자리를 잡아야 한다.

(6) 서비스에 대한 융통성을 가져라

고객의 기대에 맞추기 위해서는 경직된 태도로 규칙과 방침만 고집하지 말고 고객관리에 대한 유연성이 필요하다.

(7) 기계화 · 자동화를 하라

서비스품질향상을 위해서는 하드웨어나 시스템을 구축하는 데 투자해야 한다.

(8) 인력관리에 힘써라

호텔과 같은 서비스산업에서는 인력의 중요성을 아무리 강조해도 지나치지 않다. 호텔의 고품질서비스를 생산하기 위해서는 내부마케팅전략으로 접근해야 한다.

(9) **서비스품질 평가기준을 정하고 유인책을 마련하라**

호텔서비스의 품질유지를 위해서는 일정한 기준이 마련되어야 하며, 훌륭한 서비스 제공자에게는 포상이 이루어져야 한다.

(10) **종사원에게 피드백을 제공하라**

보다 향상된 서비스 제공을 위해 호텔종업원은 자신의 업무성과와 서비스수준에 대한 피드백을 받을 필요가 있다.

3) 기업철학과 조직통합

내부마케팅을 제대로 실천하려면 최고경영자의 서비스에 대한 확고한 철학과 적극적인 지원이 우선되어야 한다. 그리고 조직이 추구하는 서비스지향성을 한 방향으로 이끌어가도록 하며, 고객을 가장 중요시하고 그들에게 서비스하는 고객접점종업원을 으뜸으로 하는 역피라미드조직을 채택해야 한다.

그림 • 4-1 고객감동서비스를 지향하는 호텔기업의 조직구도

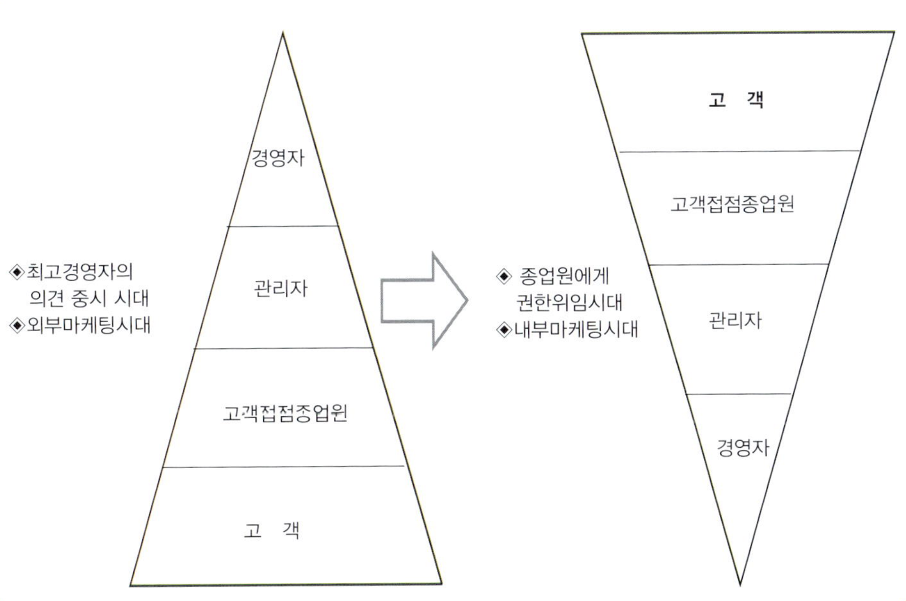

4) 내부마케팅의 역할

내부마케팅이 서비스마케팅에서 차지하는 역할은 [그림 4–2]와 같다.

그림 • 4–2 서비스마케팅에 있어서의 인터널 마케팅의 역할

내 부 마케팅	종업원태도	종업원행동	외부마케팅	고객 태도 및 행동
채용 교육훈련 동기부여 커뮤니케이션 유지	조직의 사명 직무관여도 업무동기부여 직무만족	업무성과 직무수행	가격 광고 인적 판매 기업이미지 품질관리 판촉	고객충성도 고객에게 인지된 품질 고객만족

내부마케팅은 서비스활동의 출발점이 되며 구체적으로 [그림 4–2]와 같이 이어진다. 이러한 활동 등은 종업원의 직무만족 등에 영향을 미치며, 이는 구체적으로 종업원의 업무를 수행하는 결과로 나타난다. 이를 바탕으로 우리가 일반적으로 생각하는 외부마케팅의 실행으로 이어져 진정한 고객만족추구가 이루어진다. 더 나아가 서비스기업의 조직체계는 역피라미드 조직으로서 조직운영의 관리라는 개념에서 지원이라는 개념으로 변경하여 모든 권한을 고객접점이 보유하는 조직으로 바꾸어야 실제적인 내부마케팅 체계가 이루어진다.

3. 내부마케팅의 관리

호텔기업의 서비스 질은 종업원의 숙련, 태도 등에 의해 크게 좌우되는 만큼 양질의 서비스 창출은 우수한 종업원의 모집, 선발, 훈련, 동기부여와 밀접한 관계가 있다. 내부마케팅을 위한 호텔기업의 활동에서 특히 마케팅조사, 시장세분화, 제품차별화, 커뮤니케이션 프로그램 등이 내부마케팅에 크게 관련되어 있다. 그뢴루스(Gronroos, 1981)에 의하면 내부마케팅은 전략적 측면과 전술적 측면에서 실천이 가능한데, 전략적 측면은 종업

원 간의 고객의식, 판매의식을 불러일으킬 내부환경조성이 중요하고, 전술적 측면에서는 종업원에게 생산자원으로써뿐만 아니라 마케팅자원으로서의 역할의 중요성을 인식시키는 것이 중요하다고 하였다. 내부마케팅에서는 직무마케팅 관리, 태도관리, 커뮤니케이션 관리, 조직적 통합관리가 제대로 이뤄져야 고객지향과 서비스 지향적인 종업원이 확보될 수 있고, 이는 서비스 관리자의 책임이 된다.

1) 직무마케팅 관리

직무판매(job selling)는 내부마케팅의 핵심이다. 종업원이 매력을 느낄 수 있는 내부제품을 설계하고, 이를 수용하게 하는 일이 직무마케팅이다.

2) 서비스문화 관리

종업원의 접객태도는 서비스품질에 큰 영향을 미친다. 그래서 종업원의 태도관리는 높은 서비스품질을 위해서 매우 중요하며, 서비스마인드와 접객태도는 호텔기업의 강력한 차별화수단이 된다.

3) 커뮤니케이션 관리

커뮤니케이션 관리는 커뮤니케이션활동 전체의 통합적 관리를 의미한다. 직접우편, 전화, 비디오 등 매체, 사내보, 팸플릿, 소책자 등 다양한 수단을 계획적으로 개발하여 통합한다. 고객에게 영향을 미칠 수 있는 서비스, 광고, 기타 활동을 종업원에게 먼저 알림으로써 관심도를 높이고, 교육훈련, 신서비스기법, 미래 활동 등에 대한 이해와 수용을 높이기 위해 종업원이 계획과정에 참여해야 한다.

제 5 절 서비스기업과 관계마케팅(Relationship Marketing)

1. 관계마케팅의 등장 배경 및 개념

마케팅의 중요한 역할로써 기업의 마케팅은 원래부터 시장을 구성하는 고객의 요구(needs), 욕구(wants), 선호(preference), 변덕(whims)을 파악하는 것부터 시작하여 고객에게 실질적으로 만족을 배달하는 기능과 역할을 맡고 있다. 그러므로 마케팅은 만족을 전달하는 활동을 지속적이고 반복적으로 끊임없이 수행하여야 한다. 그러나 기존의 마케팅 초점은 고객만족이라는 대명제 안에 포함되어 있었지만, 실질적으로 현실에서의 주요 초점은 고객획득에만 집중하였다. 위와 같이 기존 마케팅관계를 극복하기 위하여 1980년 초반부터 마케팅에서는 서비스와 상품 등 여러 분야의 관계(relationship)를 중요시하는 개념이 대두되었다.

관계마케팅이란 용어는 서비스마케팅분야의 베리(Berry, 1983)의 논문에서 처음 등장하였다. 그의 정의에 따르면 "관계마케팅이란 다차원 서비스(mutiservice)조직에서의 고객관계를 확보 · 유지하는 것"이라 하였다.

베리의 관계마케팅 5가지 전략은 다음과 같다.

① 고객관계증진을 위한 핵심 서비스 개발

② 개개의 소비자를 고객화할 수 있는 관계 형성

③ 핵심서비스와 부가서비스의 개발

④ 고객충성 증진을 위한 가격서비스 제공

⑤ 종업원에 대한 인터널마케팅

또한 코틀러(Kotler, 1990)는 관계마케팅을 마케팅관리자와 고객, 중간상, 대리점, 공급업자 상호 간에 경제적 · 기술적 · 사회적 유대를 강화하여 장기적이고 신뢰할 수 있는 협력적인 관계를 유지 수립함으로써 수익적인 거래관계를 형성하는 것이라고 하였다. 그러나 우리는 그러한 이익의 가능성을 너무 미화시키기 전에 고객과의 유대 형성에 관한 비용을 고려해야 한다. 코틀러(Kotler)는 기업이 운영을 위해 선택할 수도 있는 관계마케팅의 단계를 다섯 가지로 구분했다.

① Basic level : 지속적인 유대관계가 실제로 성립되지 않았다. 거래는 이루어지나 서로 자기들 방식으로 이루어진다.

② Reactive level : 구매자가 어떤 문제를 가지고 있을 경우 판매자는 그에 대한 반응을 보인다.

③ Accountable level : 판매자는 판매 후에 구매자가 그 제품을 어떻게 수취했고, 그 제품이 더 나은 상태에 있을 수 있는지에 대해 조사한다.

④ Proactive level : 판매자는 시간이 지남에 따른 제품개선과 그 제품의 소비를 더 만족시킬 수 있는 다른 서비스를 위해 고객에게 연락한다.

⑤ Partnerships level : 상호 간에 문제의 해결책과 상호 성공의 기회를 찾기 위해 노력한다. 이러한 협력은 일반적으로 사업 간의 마케팅에 한정된다.

한국마케팅연구원에서 펴낸 『마케팅신용어사전』(1996)에서는 관계마케팅개념을 아래와 같이 설명하고 있다. "종래의 거래 마케팅(transaction marketing)은 고객과의 지속적인 관계를 형성하려는 노력 없이 그저 한 거래를 이루는 것을 강조하는 마케팅이다.

이에 대하여 관계마케팅은 고객과의 관계를 형성, 유지, 발전시키는 것을 강조하는 마케팅이다." 그러므로 관계마케팅에서는 상호작용적 마케팅이 필수적이므로 통합적 마케팅 커뮤니케이션(IMC: Integrated Marketing Communication)의 촉진도구가 잘 어우러져 사용될 때 효과를 발휘할 수 있다. 관계마케팅과 IMC는 기술적으로 쌍방향 커뮤니케이션이 가능하게 된 뉴미디어를 바탕으로 하며, 제조업보다 서비스 산업의 비중이 점점 더 높아지는 시대적 배경과도 관련이 깊은 개념이라고 할 것이다. 그리하여 서비스산업은 물론이요 제조업에서도 고객서비스를 통한 고객의 가치만족을 제공하는 데 경영활동의 목적을 두고 있다.

이를 달성하기 위하여 기업은 종래의 4P(Product, Price, Place, Promotion) 이외에 인적 자원(people), 과정(process), 그리고 고객서비스 제공(Providing of Customer Service)을 추가하는 이른바 확장된 마케팅 믹스를 고려하고 있다.

2. 서비스기업에서 관계마케팅의 중요성

관계마케팅이 중요시되는 것은 경쟁이 심화되고 있는 현대에서 서비스의 무형성을 유형화시킬 수 있는 방안으로 인식되기 때문이다. 또한 서비스기업의 관계마케팅은 신용과 사회를 바탕으로 이용될 수 있는 것으로 서비스가 구매와 동시에 사용되며 후에 평가한다는 고객에 대한 관계에 중점을 두는 것이다. 전문적인 서비스를 제공하는 기업에 유용성이 있는 관계마케팅은 소비자가 서비스기업과 관계 있을 뿐 아니라 특정한 종사원과 접촉하게 된다는 점을 인식한 마케팅이다.

상대와의 관계형성에서 기본이 되는 것은 상호 이해와 신뢰이다. 이해와 신뢰가 있으면 고객은 서비스를 구매함으로써 만족스러운 결과를 얻게 될 것이라고 기대한다. 친절한 인사와 다정다감한 언어 등과 같은 상호 간의 관계 형성에 의해 고객과 종사원 그리고 기업은 각기 만족을 얻을 수 있다. 또한 불특정 다수를 선택한 기존 마케팅활동은 많은 비용부담이 되는 관계로 특정다수를 선택하여 지속적인 관계활동을 강화하는 것은 성공적인 고객관리라 할 수 있다. 고객과의 거래행위가 일회성이 아닌 지속적인 관계의 일부라는 사실과 쌍방의 의사소통에 의한 전략이기 때문에 고객의 부정적인 반응을 초기에 줄일 수 있다.

이러한 고객과의 관계를 강화한 신한은행의 관계마케팅 도입사례를 소개한다.

사례: 신한은행 '릴레이션십 마케팅시스템' 구축

신한은행은 영업을 체계적으로 추진할 수 있는 릴레이션십 마케팅시스템(SRMS : Shinhan Relationship Marketing System)을 구축하여 이는 개인의 머리 속이나 여러 자료에 분산돼 있던 각종 정보들을 컴퓨터를 이용해 데이터 베이스를 구축함으로써 이를 활용해 체계적인 마케팅을 펼 수 있게 됐다는 것을 의미한다고 말했다.

즉 신한은행에 대한 정보, 은행업무에 대한 정보, 고객에 대한 정보를 데이터베이스로 구축하여 컴퓨터를 이용하여 신속 정확하게 응대토록 할 수 있을 뿐만 아니라 고객의 의견, 불편사항 등을 체계적으로 관리, 경영에 반영함으로써 고객만족도를 획기적으로 향상시킬 수 있을 것으로 예상된다.

예를 들어 고객으로부터 고객의 위치에서 가장 가까운 무인점포를 찾는 문의 전화를 받았을 경우 전에는 자료를 찾아보느라고 지체됐던 반면에 이 시스템의 도움으로 4,400여 어느 직원이 받더라도 정확한 정보를 신속하게 제공할 수 있게 된다.

또한 예금상담의 경우에도 가입기간, 금액, 확정금리 또는 실적배당 등 고객이 원하는 기본적인 예금형태에 따라 컴퓨터가 제시하는 최적의 상품을 즉시 안내하고 상품에 대한 구체적인 내용도 컴퓨터에 나타나 자세한 설명도 할 수 있으며 유사한 타 금융기관의 상품도 즉시 조회가 가능하여 고객에게 보다 폭넓은 금융정보를 제시할 수 있게 됐다. 국내은행권에서 상대적으로 소홀하게 여겨졌던 Data-Base마케팅을 국내 최초로 도입함으로써 저비용-고효율의 영업력 증강을 가져올 것으로 예상된다. 우리나라 은행마케팅은 60~70년대에는 앉아서 고객을 기다리는 영업이었고, 신한은행의 창립과 더불어 80~90년대 초반까지는 발로 뛰어다니는 영업이었다면 이제는 이 시스템의 도입으로 고객의 니즈를 정확히 파악함으로써 과학적 마케팅이 가능하게 됐다. 예를 들어 요즘 흔히 사용하는 DM(Direct Marketing), TM(Tele-Marketing)의 경우 고객에 대한 정확한 정보가 효율성의 절대적 관건인데 국내의 경우 무차별적인 마케팅활동을 함으로써 고비용-저효율과 사회적 문제가 야기되기도 했다. 하지만 이러한 시스템의 개발로 고객의 니즈를 분석, 고객에게 꼭 필요한 유용한 정보를 제공받게 하는 반면 은행으로서는 저비용 고효율의 영업력 증강을 갖게 한다.

〈신한 릴레이션십 마케팅시스템의 주요 기능〉

고객상담지원시스템

- 각종 정보 안내
  은행위치, 무인점포위치, 영업점별 특수업무사항
- 예금 및 대출 상담
  고객이 원하는 조건에 합당한 최적의 상품을 컴퓨터가 제시
  그와 더불어 타 은행 관련 정보도 제공
- 은행 경영상황 정보
  고객이 궁금해 하는 각종 경영 관련 정보

고객정보의 체계적 관리 및 활용

- 고객접촉 즉시 정보조회 및 갱신
- 고객의 니즈별 마케팅 실시 : 고객의 특성에 맞는 마케팅 실시

고객의 니즈 조사 반영

- 고객의 불만을 통계적으로 관리, 경영에 반영함으로써 고객만족 극대화
- 고객의 니즈를 분석, 신상품 개발에 반영함으로써 고객이 원하는 상품 개발

자료참조 : www.shinhanbank.com, 1998.

3. 관계마케팅의 목적

관계마케팅이 중요시되는 것은 경쟁이 심화되고 있는 현대에서 서비스의 무형성을 유형화시킬 수 있는 방안으로 인식되기 때문이다. 또한 서비스기업의 관계마케팅은 신용과 사회를 바탕으로 이용될 수 있는 것으로 고객에 대한 관계에 중점을 두는 것이다. 또한 관계마케팅은 고객과의 거래행위가 일회성이 아닌 지속적인 관계의 일부라는 사실과 쌍방의 의사소통에 의한 전략이기 때문에 고객의 부정적인 반응을 초기에 줄일 수 있다.

관계마케팅의 목적은 고객유지이다. 고객을 유지하기 위한 5가지 전략적 대안이 있다(Gilbert, 1996).

① 데이터 분석을 통해 고객들에 관한 여러 가지 정보를 분석, 확인하는 단계이다. 호텔 웹사이트의 역할은 온라인 설문지를 사용하여 개인의 구매성향에 관한 정보를 축적하는 것이다. 웹은 호텔 웹사이트에서 고객들의 다양한 반응을 알고 그에 대한 조치를 할 수 있다. 호텔고객의 포트폴리오는 데이터 분석 시에 만들어진다.

② 상품과 서비스를 향상시켜 더욱 이목을 끌게 하는 것으로 고객지향적 온라인 설문지는 자주 찾는 손님들의 주된 대상으로 서비스와 로열티 프로그램에 대한 그들의 태도를 수집할 수 있다.

호텔은 이런 정보들을 활용하여 고객의 기대를 만족, 초과하지 못하는 서비스를 개선할 수 있으며, e-mail을 사용하여 현존 고객과 비활동적인 호텔고객들을 비용적인 측면에서 효율적으로 접근할 수 있다.

③ 회사에 대한 고객의 인식증대를 위해 자료를 제공하는 단계로서 웹은 전략적 정보센터 역할을 한다. 새로운 상품, 서비스, 혜택 등에 관한 호텔의 최신 자료와 주요 대리점의 목록, 위치와 같은 주요 정보가 호텔 웹사이트에 게시될 수 있다.

전자소식지도 예상고객과 애호고객들에게 전자발송될 수 있다. 이러한 방법으로 고객들은 상표애호를 향상시킬 수 있는 호텔들을 알 수 있게 한다.

④ 고객들이 더욱 정기적으로 구매하고 다른 상품을 경험해 보도록 이끄는 것이다. 웹은 단골 호텔고객들에게 선전용 전자소책자를 직접 e-mail로 보냄으로써 이 목표를 달성하도록 도와준다.

⑤ 다양한 형태의 로열티 기획을 개발하여 고객을 계속 유지하는 것이다.

호텔 로열티 기획 회원만을 위한 웹사이트를 만들어 회원들만이 볼 수 있는 잡지와 특별히 제공되는 사항들이 웹 페이지에 게시될 수 있다.

즉 다양한 고객서비스가 회원들에게만 제공되는 것이다. 예를 들어, Sheraton의 로열티 프로그램인 Sheraton Club International의 회원들은 계속해서 거래활동에 대한 정보를 얻고 온라인으로 혜택을 받을 수도 있다.

4. 호텔기업의 관계마케팅활동

호텔기업에 있어서의 관계시장 형성은 고객과의 관계를 공고히 하고자 하는 호텔경영에 있어서 매우 중요한 경영전략과 선택의 기술로 받아들여지고 있다. 이사비크(Yesawich, 1991)는 호텔이 단골고객을 알아보고 단골고객에게 거래에 따른 보상과 지속적인 커뮤니케이션을 한다면 고객은 분명히 호텔을 재방문할 것이다. 그는 호텔기업은 고객과 개별적인 관계 형성을 하기 위해서 다음과 같은 점에 유의해야 한다.

첫째, 데이터베이스 구축이다. 호텔은 관계를 형성하고자 하는 고객들의 비판적인 소비정보와 고객정보를 파악하여 데이터베이스를 구축한다.

둘째, 고객의 소비동향을 주시하여 관계를 형성하고자 하는 고객 개개인의 소비성향을 조사한다.

셋째, 고객 식별을 통하여 관계구축으로 발전되는데, 이것은 개별화된 서비스, 객실판매, 시설, 가격할인, 프리미엄 서비스 등으로 형성된다.

넷째, 고객에 대한 보상으로 지속적인 관계거래를 하는 것이다. 따라서 단골고객이 특별히 기대하지 않은 과일바구니, 샴페인서비스, 주말무료숙박권, 렌터카 등의 거래보상이 있어야 한다.

다섯째, 커뮤니케이션활동에 의한 지속적인 대화는 관계형성 발전에 가장 중요한 것이다. 즉 지속적인 쌍방의 커뮤니케이션이 없이는 관계마케팅 공식이 이루어지지 않는다.

호텔기업은 관계마케팅활동을 통하여 호텔상품 및 서비스에 대한 인식을 고양시킴은 물론 고객들이 그것을 실제로 구매하도록 하는 구매행동의 변화에 초점을 맞추어야 한다.

5. 호텔 관계마케팅활동의 요인

① 고객과의 신뢰적 서비스

서비스기업 유대관계는 상호교환과 약속의 이행이며, 약속을 지킨다는 것은 신뢰를 바탕으로 상호 간의 이익이 되는 유대관계의 본질이다(Bitner, 1995).

따라서 상이한 시장환경상황에서의 고객과의 관계는 일시적인 거래가 아닌 과거의 거래상황을 추적하여 관계를 가지는 장기적 관계로서 서로 간에 이익을 주는 협동을 하여야 한다(Harris, 1993).

서비스기업은 우호적인 구전을 해줄 수 있는 고객들을 얻기 위하여 다음과 같이 신뢰와 신용의 심리적 요소들을 구축하도록 해야 한다.

첫째, 서비스공급자는 자신들의 행동이나 언어에 책임을 져야 한다.

둘째, 접촉수단, 고객들에 대한 의사소통의 내용과 고객접대방법을 강구하고, 모든 고객에게 적용되도록 해야 한다.

셋째, 고객을 위한 이러한 계획은 지속적으로 실행되어야 한다.

호텔서비스상품은 무형적인 특성을 가지고 있으므로, 고객과의 관계를 형성하고 지속시키기 위해서는 고객에 대한 신뢰적인 서비스의 제공이 매우 중요하다.

호텔은 호텔고객들과의 장기적인 관계를 형성하기 위해서 종사원이 고객을 대할 때 믿음을 줄 수 있는 진실된 서비스를 제공하여야 한다.

따라서 호텔은 호텔 서비스프로그램 실행에 대한 믿음, 예약의 준수, 종사원의 믿음 있는 행동, 마음에서 우러나오는 종사원의 서비스 정신 등으로 신뢰적이고 성실한 서비스활동에 많은 노력을 기울여야 할 것이다.

현재 호텔들이 실행하고 있는 상용고객우대, 멤버십 관리, 신뢰성 높은 패키지 상품, 고객의 이익을 먼저 생각하는 서비스정신, 서비스 실명제(Service Real Name : S. R. N) 등은 고객에 대한 신뢰적 서비스를 제공하는 주요 프로그램들이다.

호텔에서 행하여지는 신뢰적 서비스활동은 호텔 관계마케팅활동 요인이며, 이에 따라 호텔의 신뢰적 서비스활동은 서비스요원의 공평 정대한 서비스 분배와 태도, 예약제도에 있어서의 계약의 믿음성, 호텔 프로그램의 실효성(상용고객 유대프로그램, 호텔 VIP카드), 가치공유, 멤버십제도의 고객유지관리 등을 포함한다.

② 고객과의 접촉 서비스

고객접촉은 접촉빈도의 강도에 영향을 받는데, 인적 관계에 기반을 둔 호텔 판매구조에서 고객과 서비스 제공자가 개인적 또는 사업상의 목적으로 교류하는 활동을 말한다. 서비스제공자가 고객에게 서비스하는 시점(encounter)에서 고객의 전반적인 만족에 기여하게 되고, 미래에 고객이 호의적으로 기여한다(Bitner, 1995). 그러므로 고객접촉의 강도가 약하게 되면 고객의 욕구파악이 어려워지고, 고객과의 관계의 질 형성에 영향을 미치므로 결국 만족스럽지 못한 고객은 이탈을 할 것이다.

고객과의 접촉은 호텔고객의 현재 욕구뿐만 아니라 잠재욕구까지도 파악할 수 있는 기회가 된다. 이에 따라 호텔기업은 고객과의 접촉을 통하여 정보를 제공하고, 불평불만을 신속하게 처리하는 등의 적극적이며 호의적인 태도를 통하여 구매행동을 유도할 수 있다.

실제로 호텔들은 고객접촉 서비스 활동을 강화하고 있다. 이것은 고객불편사항을 접수한 종사원이 바로 문제를 처리, 기존의 서비스별 전화번호들을 하나로 통합하여 고객의 불편사항을 신속히 처리하고 고객과 직원이 마주앉아 업무를 처리함으로써 적극적이고 정확한 고객의 불편사항을 접수하는 접촉활동을 하고 있다. 따라서 호텔기업은 지속적이고 능동적인 대고객 접촉서비스 활동을 통하여 고객의 불만사항이 무엇인지 또는 새로운 욕구가 무엇인지를 끊임없이 찾아내어 이탈고객을 줄여야 한다.

이를 위해서는 현장 종사원의 강도 높고 체계적인 교육프로그램이 필요하다. 예를 들어 웨스틴조선호텔은 직원들로부터 고객의 목소리를 직접 듣는 "WANT'S Slip"이라는 프로그램을 가지고 있다. 이 프로그램은 호텔종사원이 호텔의 투숙고객이나 부대시설 이용고객에게 능동적으로 접근하여 고객의 목소리를 직접 듣는 적극적인 방식이다. 이러한 노력으로 고객의 불편사항, 만족/불만족, 불평/불만, 욕구, 충고 등을 경영 전반에 도입하여 좋은 반응을 얻고 있다.

이와 같이 고객 접촉서비스활동은 고객과 접촉 및 대화하려는 수단, 호텔의 불평유도전략, 불평불만처리, 고객상담, 고객설문카드, 고객 요구의 시정 등을 포함한다고 볼 수 있다.

③ 커뮤니케이션 서비스

서비스를 고객의 요구조건에 맞추어 개발하는 것과 제공 서비스를 고객에게 좋은 것으로 인식시키기는 매우 어렵기 때문에 고객과 서비스 전달자의 상호작용, 즉 커뮤니케이션(communication)이 고객에게 인식시키는 주요 요인이다. 고객의 피드백과 추가적인 설명, 정보제공, 확실하고 신뢰성 있는 조언 제공 및 개인적인 접촉 등을 커뮤니케이션을 통하여 고객으로부터의 지지와 격려의 효과를 얻을 수 있다(Day, 1995).

따라서 항공사와 호텔에서 운영하는 로열티 프로그램(loyalty programs)은 고객과 기업 간의 커뮤니케이션 활동의 하나라고 볼 수 있다.

예를 들어, 리츠칼튼 호텔은 한번 방문한 고객의 기호와 취향을 상세하게 기록한 고객기호파일을 데이터베이스에 저장하여 고객의 재방문 시 고객맞춤서비스를 실시하고 있다. 이와 같이 일반적으로 서비스기업의 마케터들은 단골고객들과 마찬가지로 기업브랜드나 상품을 촉진하는 데 커뮤니케이션 활동을 이용하여 왔으나, 이제는 이용고객들이 호응할 수 있는 진정한 쌍방 커뮤니케이션 교환을 이끌어내기 위한 방법으로 발전되고 있다(Bond, 1996).

호텔 고객흐름에 대한 서비스는 커뮤니케이션활동이 중요한 역할을 담당하고 있다. 따라서 호텔이용 전에 고객의 욕구를 파악하여 이에 적합한 서비스를 준비하고, 고객의 호텔이용시점에 적절한 서비스를 제공하며, 고객이 호텔을 떠난 후에 고객불편사항을 처리하여야 한다. 이와 같이 호텔은 단순히 고객불만에 대한 전화상담이나 정보제공에서 벗어나 고객편의를 제공할 수 있는 새로운 커뮤니케이션 채널을 다양화해야 한다. 채널의 다양화를 위해서는 각종 이벤트, 고객사은행사, 문화행사 등 지속적인 고객관심과 참여를 유도해 내는 것이 필요하다. 따라서 호텔의 대고객 커뮤니케이션 활동요인은 호텔뉴스레터, 브로슈어, 다이렉트메일, 텔레마케팅, 회원모임관리, 고객을 위한 이벤트 개최, 종사원의 대화의 질, 정보제공 등을 포함한다.

현재 국내 호텔관광산업의 급변하는 시장환경은 새로운 호텔상품 및 서비스의 출현으로 개별적인 서비스상품이 적어지고 수명도 짧아져 관계마케팅이 호텔관광기업에 대한 애호도를 갖는 고객을 확보하는 데 매우 유효한 방법이 되고 있다. 또한 많은 호텔관광기업들이 생겨나기 시작함에 따라 고객들은 어디에서나 그들이 원하는 호텔과 서비스를 이용할 수 있게 되었다. 이에 따라 전형적인 마케팅 믹스인 4P's 이외에 고객에게 직접 접근하여 설득할 수 있는 능동적인 경영방식이 필요하게 되었다.

제5장

고객중심서비스

제 5 장 고객중심서비스

제 1 절 고객이란

기업의 사회적 역할과 의의가 바뀌고 새로워졌다 해도 기업과 서비스가 존속할 수 있는 근거는 고객이다. 고객은 서비스를 구매하고 그 돈으로 서비스기업의 성장을 보장해 줄 뿐만 아니라 서비스기업이 생산해야 할 서비스상품이 어떤 것이 되어야 할지 가르쳐 주는 안내자이기도 하다. 고객은 자신의 필요와 요구에 맞아야 서비스상품을 구입한다. 이처럼 고객과 서비스는 분리해서 생각할 수 없다. 서비스는 고객에 의해서, 그리고 고객을 위해서 존재하는 것이다. 고객을 위한 최상의 서비스를 제공하기 위해서는 서비스의 목적이자 주체인 고객에 대한 개념을 명확히 파악해야 한다. 서비스 주체를 알아야 주체인 고객이 만족하고 감동하는 서비스를 생산 · 제공할 수 있기 때문이다.

좁은 의미의 고객은 단순히 우리의 상품과 서비스를 구매하거나 이용하는 손님을 지칭하는 말이지만, 넓은 의미의 고객은 상품을 생산하고 이용하며 서비스를 제공하는 일련의 과정에서 관계된 자기 이외의 모든 사람을 지칭한다. 즉 현대사회에서는 '나' 말고는 모두가 고객인 셈이다.

1. 고객의 어원

1) 동양의 어원

고객(顧客)이라는 용어를 한자로 풀이해 보면 '고(顧)'자는 '돌아보다', '마음에 새겨두다', '찾다', '보살피다'라는 뜻을 가지고 있다. 그리고 '객(客)'자는 '손님', '사람', '상객', '의탁하다'라는 뜻을 가지고 있다. 따라서 한자의 어원적 정의는 '불특정한 다수의 사람을 상객(上客)으로 모시고 단골손님으로 만들어 항상 돌보고, 생각하고, 찾아보고, 사랑하고, 보살펴야 하는 존재'라고 할 수 있다.

2) 서양의 어원

『웹스터사전(*Webster's Dictionary*)』에 의하면 고객에 대한 용어는 Guest, Customer, Consumer 등으로 나타나 있다.

(1) Guest

Guest는 호스트(Host)의 반대개념으로 '초대받은 손님, 환대받을 손님, 귀하게 여겨야 할 손님'이란 의미이다. 경제주체로서 사용되는 'Guest'의 의미는 고급서비스를 제공하는 환대산업에서의 고객을 지칭하는 용어라고 할 수 있다. 때문에 이 용어는 관광호텔과 고급레스토랑에서 주로 많이 사용된다. 하지만 요즈음에는 서비스의 중요성을 인지한 일반 서비스기업에서도 널리 사용되는 경향이 있다.

① 다른 가정에서 환대받는 사람, 방문자(Visitor)
② 레스토랑, 극장 등에서 호스트(Host)에 의해 환대(대접)받는 사람
③ 호텔, 레스토랑 등에서 보수를 지불하는 사람
④ 클럽, 협회 등에서 환대를 받는 비회원
⑤ 특별한 초대에 의해 나오거나 프로그램을 수행하는 사람
⑥ 주인에게 해를 끼치거나 해치지 않는 동물
⑦ 다른 둥지나 거주지에 사는 동물, 곤충

(2) Customer

'Customer'란 용어의 어원은 "어떤 물건이나 대상을 습관화하는 것 혹은 습관적으로 행하는 것"을 의미하는 'Custom'에서 유래하였다고 한다. 이 용어는 기업들에게 구매자를 단순히 끌어들이기보다는 고객을 개발하고 키워나가는 것이 더욱 필요하다는 것을 느끼게 한다.

즉 고객이라는 것은 우리에게 습관적으로 물건을 사는 사람을 의미한다. 여기서 'Customer'란 일정기간, 여러 번의 구매와 상호작용을 통해 형성되는 것이다. 접촉이나 반복구매를 한 적이 없는 사람은 고객이 아니라 단지 구매자에 불과하다. 진정한 의미에서의 고객은 오랜 시간에 걸쳐 키워진다.

① 구매하는 사람, 특히 공공시설로부터 규칙적으로 구매하거나 단골이 되는 사람
② (구어)거래가 있는 사람
③ 손님, 단골고객, 고객, 거래처 등의 의미

(3) Consumer

'Consumer'는 최종 소비자를 지칭하는 용어이다. 중간 도매상이나 제조업자, 재생산업자가 구매를 한 경우에는 사용하지 않는 용어이다. 이 용어는 단순히 'Producer'에 대응되는 용어로서 현대 서비스사회에서는 고객이라는 의미로 널리 사용되지 않는 용어이다.

① 소비하는 사물 또는 사람
② 개인적인 필요를 위해 상품이나 서비스를 구매하고, 되팔거나 되팔기 위해 다른 상품을 생산하는 데 사용하지 않는 사람
③ 생산자(producer)의 반대말

2. 일반적인 개념정의

현대에 이르러 고객의 정의에 대해 많은 사람들이 아주 다양하게 표현하고 있다. 고객을 신이나 왕으로까지 표현하고 있는 것은 고객이 기업의 도구가 아니라 기업경영의 목표이고 중심이 되었다는 것을 말해준다. 특히 서비스기업의 경우에는 고객과 언제나 함

께한다는 의미에서 고객을 더욱 소중히 여겨야 한다.

서비스기업에서 고객은 가장 중요한 사람이며 우리는 고객에게 의존하고 있다는 것을 항상 염두에 두어야 한다. 우리가 그들에게 서비스를 함으로써 호의를 베푸는 것이 아니라, 그들이 우리에게 서비스할 기회를 제공해 줌으로써 결국 고객이 우리에게 호의를 베푸는 것으로 받아들여야 한다.

| 표 5-1 | 고객에 대한 전문가들의 정의

이 름	내 용
세자르 리츠	"고객은 항상 옳다(정당하다)"
일본 SONY社	"고객은 신이다"
피터 드러커, 스타틀러	"고객은 왕이다"
데이비드 오길비	"고객은 아내이다"
토마스 피터스	"고객은 외국인이다"
존 에이커(IBM 회장)	"고객은 황제이다"
LG社	"고객은 최종결재권자(사장)이다"

제 2 절 고객만족의 개념

1. 고객만족

최근의 시장구조는 공급구조에서 수요우선구조로 바뀌고 있다. 상품을 만들기만 하면 팔리던 시대가 아니라 소비자로부터 선택당하는 시대가 온 것이다.

급속히 변화하는 기업환경과 성숙시장에서는 일반적인 마케팅활동으로는 한계가 생겨 새로운 개념으로서의 고객만족(Customer Satisfaction : CS)의 도입이 필요하게 되었다. 'CS'는 원래 80년대 초 미국에서 품질개선운동이 발생하자 서비스를 포함하는 품질의 중요성이 제기되었던바, 당시 추진되고 있었던 'TQM(Total Quality Management)'을 기초로 탄생한 것이었다. 이 CS가 지향하는 바는 기업경영 전반을 고객만족이라는 시점에 입각하여 재조명해 봄으로써 궁극적으로는 기업의 시장점유율 확대와 수익성을 제고시킨다는 것이었다.

그런데 이러한 점유율 확대와 수익성 향상에 가장 크게 영향을 미치는 요인이 품질이라는 사실은 미국 GE사에 대한 조사를 바탕으로 시작된 'PIMS(Profit Impact of Market Strategy = 시장전략의 수익성에의 영향)'의 연구결과를 통해 알게 되었다. PIMS에는 450개사 이상의 기업이 제공한 3,000여 건의 전략사업단의 전략이나 재무결과가 DS(Data System)로 구축되어 있다. 여기서 말하는 품질은 시장의 고객이 인정하는 품질을 뜻한다. 서비스 경쟁시대에 고객만족을 경영의 최우선과제로 하지 않는 기업은 생존이 불가능하다. 고객만족을 결정하는 3가지 요소는 [그림 5-1]과 같이 상품, 서비스, 기업이미지로 볼 수 있다.

그림 • 5-1 서비스기업 고객만족의 3요소

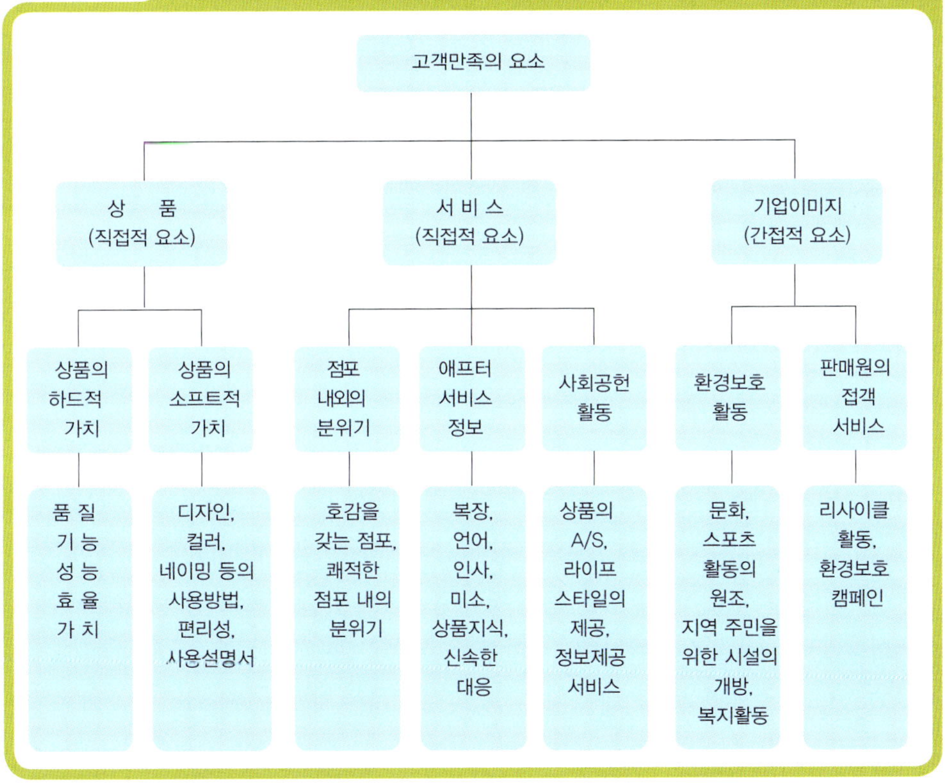

자료 : 중소기업시도, "진단지도 사례(마케팅관리분야)", 1986, p. 52.

2. 고객만족경영

모든 조직이 제공하는 서비스에 혁신적 의식으로 도전함으로써 끊임없이 새로운 서비스와 상품을 개발하여 기업이미지를 높임으로써 비로소 사업전략에 명시된 사업에 종사하게 된다. 새로운 서비스 개발 및 대고객만족 경영에 성공을 거두려면 리더십, 커뮤니케이션, 피드백 원리를 내부 종사원에게 적절하게 이용하고 고취시켜야 한다. 즉 고객만족경영이란 자사가 제공한 상품, 서비스 및 이미지 등에 대하여 고객의 만족을 얻어내기 위하여 정시적 · 계속적으로 만족도를 조사하여 실시함으로써 그 결과를 토대로 불만족사항을 신속히 개선하여 보다 높은 고객만족을 추구하는 경영활동이다.

고객만족경영에 대한 재검토가 이루어지게 된 배경에는 무엇보다도 시장환경변화가 있다. 많은 업종에서 성숙화현상이 나타나 급격한 확장이 어려워졌고, 가격이나 품질에 의한 타사와의 차별화전략도 통용되기 어려워졌으며, 규모의 확대는 한계점에 도달하였다. 또한 기업 내부에 있어서도, 기존에 수없이 외쳐온 '고객만족', '고객제일주의', '고객우선주의' 등이 사실상 경영정책의 어떤 전사론적인 단계에서 벗어나지 못했다는 점에 기인한다. 어떤 기업이 제공한 제품이나 서비스에 대해 만족한 고객은 그 사업의 훌륭한 세일즈맨이 된다는 이야기가 있듯이, 고객이 느낀 만족은 그 주변사람에게 전달됨으로써 잠재고객을 창출하게 된다. 또한 수익과 비용의 문제에 있어서도 시장이 성숙되고 각종 상품이 범람하는 시장환경 속에서 신규고객의 개척으로 수요를 늘려 수익을 올리는 것보다는, 기존고객의 만족도를 높여 1인당 수요를 늘리는 편이 보다 큰 효과를 얻을 수 있고, 또한 그 대상이기 때문에 효과를 얻을 수 있다. 또한 그 대상이 불특정다수가 아니라 이미 고정되어 있는 상태이기 때문에 효과적인 접근이 가능하다는 것이다.

이에 따라 기업들 간에 최고경영자로부터 말단사원에 이르는 전사적인 CS향상활동의 필요성이 고조되기 시작하였다. 조직을 정비하고 고객만족을 기업이념에 명시하여 CS마인드를 배양하고 풍토혁신에 힘을 쏟는 것도 중요하지만, 고객과의 접점에서 일하는 종업원의 행동이 고객만족에 결정적인 영향을 미친다는 점에서 철저하고 반복적인 교육이 요구되고 있다. 고객의 사전기대와 사용실감과의 괴리를 정확히 파악하여 고객의 사전기대를 상회하는 상품이나 서비스를 끊임없이 제공하여야 한다. 상품 자체와 판매시점에서의 서비스가 종합되어 최종적으로 고객의 만족을 결정짓는다는 점에서 제조업체와 유통

업체 간의 제휴에 의한 CS경영 추진의 중요성도 부각되고 있다.

맥도날드가 햄버거로 세계 제일의 패스트푸드 레스토랑 기업으로 성공한 것도 QSC & V를 내세운 고객만족 중시 경영에서 기인한다. 질 높은 분위기(Quality), 신속한 서비스(Service), 청결한 분위기(Clean), 가치창조(Value)가 성공의 열쇠이다. 서비스에 대한 새로운 사고의 중심은 고객의 요구와 기대라 파악하고 기업을 발전시킨 멕시코 푸드의 대명사인 타코벨(Taco Bell) 패스트푸드 기업과 고객의 가치와 신규고객 유치보다 고객만족경영 통한 기존 고객의 유지를 더욱 중시한 브리티시 항공(British Air) 등이 고객만족경영의 실현에 성공한 기업들이다.

이제 기업이 생존 · 성장 · 번영하기 위하여 CS원리를 경영조직 전체를 이끄는 열쇠로 받아들여 그 실천에 온 힘을 기울여야 한다. 고객만족경영은 부분적이어서는 안된다. 고객만족을 위한 일이라면 최고 경영자에서부터 하급직원까지 각자의 위치에서 고객중시경영에 최선을 다해야 한다. 상품은 명품으로, 그리고 서비스는 비교우위 차별화로 고객만족을 추구하는 것만이 서비스기업의 지속적 성장을 보장받을 수 있다. 즉 고객의 기분이 좋으면 만족스러운 감정이 오래가며 새로운 고객을 창출하는 기회도 제공된다. 이것이 CS경영이며, CS경영에서는 고객만족이라는 감정 그 자체를 최종상품으로 생각한다. 고객만족지향서비스, 고객만족의 경영체제 구축, 국제화시대의 경영감각, 변화하는 고객욕구의 파악과 대응만이 서비스기업체가 나아갈 길이다.

제6장

서비스리더십

제6장 서비스리더십

제1절 리더란

1. 리더란 무엇인가

부하를 거느리고 있는 사람은 모두 리더이다. 큰 조직이든 작은 조직이든 리더는 부하가 있기 마련이지만 그들이 상사의 뜻을 이해하고, 그 뜻에 따라 업무를 일사분란하게 진행하더라도 결과는 각각 다를 수 있고, 대부분 리더가 바라는 결과가 나오지 않을 수 있다. 어느 조직이든 리더가 바라는 업무와 성과는 크기 때문에 리더가 스스로 표준을 만들고, 솔선수범하여 업무를 진행해 나아가야 한다. 리더는 책임의 크기에 따라 업무를 수행하는 것이 중요하며, 권위주의적인 서열에 연연하는 것은 리더가 가질 태도는 아니라고 볼 수 있다.

2. 무엇이 리더를 만드는가

리더는 자신의 업무영역에 매우 정통하거나 기능이 뛰어나도 조직관리에 실패할 수가 있다. 반면에 담당업무에 뛰어난 재능이 없거나 기능을 갖추지 못하여도 조직관리에 성공할 수 있다. 이는 인간의 능력은 매우 다양하여 특별히 리더로서의 재능을 타고난 사람도 있기 때문에 맡은 업무상황에 맞게 조직을 이끌어가는 능력을 갖추는 것이 필요하다고 하겠다.

3. 서비스리더의 역량

서비스리더는 첫째, 정서적으로 안정되고, 다른 사람을 감동시킬 수 있는 역량을 갖추어야 한다. 다른 사람과 잘 어울리면서 상대방을 이해하고, 배려함으로써 그들로 하여금 믿고 따를 수 있도록 하는 인품을 갖추는 것이 중요하다. 뿐만 아니라 변화를 효과적으로 이끌어갈 수 있는 열린 마음의 소유자라야 한다. 둘째, 인지적 능력을 갖추어야 한다. 상황을 직시하고 사안의 원인을 분석적으로 규명할 수 있는 혜안과 비평적 사고를 가지고 문제해결을 잘 할 수 있는 능력을 필요로 한다. 셋째, 전문성을 갖추어야 한다. 호텔관광업체를 이끌어가는 서비스리더는 회계학, 기획력, 마케팅 등의 능력을 갖춘 전문가로서의 덕목을 요구받게 된다.

4. 서비스리더십과 경영관리

많은 학자들은 리더십이 조직을 올바른 길로 이끌어가거나 조직의 변화와 개발을 효과적으로 주도해 나가는 능력이라고 한다. 경영관리는 조직의 목표를 달성하기 위해 업무를 바르게 이끌어가며, 궁극적으로 제반지표 달성, 기술 향상, 업무 효율 등을 이룩하는 것이라고 한다. 그러나 오늘날 서비스리더십과 경영관리는 별개의 것이 아님을 이해해야 하는 원인이 여기에 있다고 하겠다. 경영성과를 달성하고 조직을 지속적으로 발전시키기 위해서는 서비스리더십을 발휘할 수 있는 경영관리자가 필요하다고 할 수 있을 것이다.

5. 리더십의 효과

리더가 리더십을 발휘하여 조직을 이끌어감으로써 바람직한 성과물을 산출하게 되는

데, 일반적으로 예상할 수 있는 효과는 조직의 직무일 것이다. 조직 구성원이 맡은바 업무를 제때에 충실히 이행할 때 바람직한 결과가 나올 것으로 예측할 수 있다. 서비스조직은 서비스접점에 있는 모든 구성원이 고객에게 최선을 다할 때 고객으로부터 긍정적인 반응을 얻을 수 있게 된다. 즉 서비스효과는 조직 구성원 각자가 생산한 산출물의 총합이라고 말할 수 있으며, 이는 리더의 성향에 따라 크게 달라질 수 있다.

제 2 절 서비스리더의 행동

1. 서비스리더가 해야 하는 질문

서비스리더는 평소에 본인이 해야 하는 일에 대해서 지속적으로 질문을 해야 한다. 뿐만 아니라 조직이 고객감동서비스를 제공할 수 있는 호텔관광기업으로 발전시키기 위해서는 본인이 무엇을 할 수 있고, 무엇을 함으로써 서비스 차별화를 이룩할 수 있는지에 대해 많은 생각을 해야 할 것이다. 리더는 평소 조직의 목표와 사명을 현실화시키기 위해 고민하고, 어떤 결과가 나올지에 대한 예측을 하므로 바람직한 결과를 위한 노력을 더 많이 하게 된다. 물론 서비스리더에게는 조직으로부터 책임과 의무와 권한이 위임되어 있어서 리더의 행동이 조직에 미치는 영향은 매우 크다고 하겠다.

2. 서비스리더가 갖추어야 하는 덕목

서비스리더는 아량이 매우 넓어야 한다. 반면에 형편없는 업무수행과 조직이 추구하는 가치에 미달되는 서비스 표준 등은 단호하게 개선해 나가야 할 것이다. 조직을 생동감 넘치게 이끌어가기 위해서 서비스리더는 솔선수범하는 자세를 가져야 하고, 항상 평범한 구성원의 역할만 수행하여서는 아니된다. 서비스리더는 담당부서의 생산성을 높이고, 구성원이 업무를 성공적으로 이뤄갈 수 있도록 용기를 북돋는 데 최선을 다해야 한다.

제 3 절 서비스리더십의 종류와 특성

1. 서비스리더십의 종류

1) 본인 대상 리더십

본인 대상 리더십을 이행하기 위해서는 본인이 지닌 가치를 확인해야 하며, 본인의 조직 내에서의 위치, 행사나 업무에서 본인의 역할 등을 파악하는 것이 무엇보다 중요하다. 또한 심득사항은 본인은 누구이며, 무엇이 되고 싶은지, 생활에서 본인이 지향하는 목표는 무엇인지를 명확히 하고, 성공을 위한 마음가짐을 바르게 정해야 한다.

2) 개별 구성원 대상 리더십

리더는 책임감이 강해야 하고, 부하직원의 능력을 개발하여 조직에 기여할 수 있는 인재를 만들어가는 것이다. 구성원이 가진 에너지를 극대화할 수 있도록 조직을 북돋워가는 것이 필요하다. 리더는 구성원이 가진 기능과 열정에 따라 지휘하는 방법을 다르게 함으로써 각 성과를 극대화할 수 있을 것이다. 이러한 성과를 모으면 조직 전체의 성과가 될 것이기 때문이다.

3) 팀 대상 리더십

팀을 지휘하는 것은 개인을 지휘하는 것보다 더 복잡하다. 조직 내에서 리더가 지휘해야 할 팀은 소그룹(small group), 위원회(committees), 과업조직(TFT: Task Forces Team), 팀(team) 등이 있다. 기대하는 성과를 달성하기 위해서는 팀을 잘 이끌어가야 할 것이다.

4) 조직 대상 리더십

큰 조직을 지휘하여 성과를 내는 것은 경영관리자로서 매우 큰 업무임에 틀림없다. 또한 큰 조직을 지휘하여 조직의 성과를 내는 것은 리더로서 큰 보람을 느낄 수 있는 멋진 과업이기도 하다. 서비스리더가 조직을 지휘하는 데에는 방향제시, 조직구조, 업무절차 등이 명확하게 제시되어 있어야 할 것이다.

5) 타 조직과의 협동적 리더십

리더십은 조직 내에서만 이뤄지는 것이 아니다. 조직과 조직이 협업적 관계를 가질 때 양 조직의 과업을 원활하게 조율하여 성과를 내게 되는 것도 서비스리더로서 이행해야 할 과제이다. 항상 조직을 지휘하는 사람은 협업에 참여하는 모든 조직이 함께 승리자가 되는 상호승리(win-win)의 정신 아래 서비스리더십을 발휘하여야 한다. 흔히 '동업은 힘들다'고 하는데 동업자 상호 간에 협조할 업무의 내용, 권리와 의무에 대해 정보를 충분히 공유하면 리더십을 발휘하는 데 무리가 없을 것이다.

2. 서비스리더십의 특성

개인의 성격이 다르듯이 서비스리더십 또한 개성에 따라 다르다고 할 수 있다.

일반적으로 서비스리더십은 감정적 지성에 의해 발휘될 수 있는 것으로 자기 인지(self awareness), 자기 통제(self control), 동기부여(motivation), 감정이입(empathy), 리더십 관리(leadership management) 등에서 찾을 수 있다.

1) 자기 인지

자기 인지의 기본은 정직성에서 찾을 수 있다. 자신의 능력 이상으로 비현실적인 것을 추구하는 것은 간혹 심각한 문제를 야기할 수 있다. 따라서 본인의 가치를 정확하게 아는 것이 중요하며, 본인의 가치에 걸맞은 의사결정이 본인의 가치를 지켜줄 수 있을 것이다. 자기 인지를 위해서는 솔직한 성품이 도움이 될 것이며, 이로써 실패를 사전에 방지할 수 있다. 기끔 유머로써 반대의사를 표할 수 있는 능력과 자신감을 가질 필요가 있다. 자기 자신을 잘 알아야 본인의 강점을 이용하여 조직을 잘 이끌어갈 수 있음을 이해하게 된다.

2) 자기 통제

자신을 규제하기 위해서는 항상 본인과 대화를 해야 하며, 느낌으로 스스로를 구속하는 일이 없어야 할 것이다. 불리하게 진행되는 분위기를 반전시키고, 감정적 충동을 자제할 방법을 꾸준히 찾아야 한다. 언제나 조직에서 본인이 긍정적인 업무 분위기를 만들어갈 수 있음을 스스로에게 인식시키며, 변화에 적응할 수 있는 능력을 길러야 한다. 업무의 변화에 반응하고, 사고하는 버릇을 기르며, 변화에 편안하게 익숙해져야 하고, 본인에 대해 보다 강직하고 성실한 삶을 추구하여야 할 것이다.

3) 동기부여

동기부여는 조직이 목표를 달성하기 위하여 조직구성원에게 제공하는 여러 가지 방법으로 여기에는 교육, 직무, 보상, 승진, 전보, 칭찬과 격려 등이 있다. 동기를 부여하기 위해서는 구성원들이 조직에 보내는 열정이 매우 중요하며, 조직이 제시한 정확한 목표와 방향이 있어야 한다. 앞서가는 조직은 어려운 일이 닥치더라도 구성원들이 낙관적인 생각을 가지고, 이를 헤쳐나가려는 마음가짐을 가지며, 조직을 사랑하고, 아끼며, 직무에 몰입할 수 있는 분위기를 만들어가는 것이 서비스리더가 해야 할 일이다.

4) 감정이입

서비스조직은 장기, 중기, 단기 또는 즉석에서 내려야 하는 많은 의사결정들이 있다. 의사결정을 내릴 때 구성원의 감정을 고려하는 것을 잊어서는 아니된다. 조직이 복잡하고, 다양해져 가며, 빠른 국제화가 진행되는 호텔관광기업에서는 개인이 아닌 팀에 의한 업무성과가 이뤄져야 하므로 조직원의 감정을 살펴 의사결정에 반영하는 것은 매우 중요한 일이라고 할 수 있다.

5) 리더십 관리

서비스리더가 이해 당사자들과 좋은 관계를 유지할 수 있는 것은 바람직한 능력이다. 이는 업무를 바르게 이끌어가기 위한 하나의 방법이기도 하다. 서비스리더가 업무를 잘 추진하기 위해서는 서비스기업의 목표에 친숙해야 하고, 목표를 달성할 수 있는 방향으로 구성원들을 움직여가야 한다. 평소의 폭 넓은 교류는 서비스리더의 사회적 입지를 넓혀줄 뿐만 아니라 구성원들과 긴밀한 관계를 유지하는 데 도움이 될 것이다.

제 4 절 서비스리더십의 핵심가치

사업의 환경은 변화하고 있고, 구성원의 가치관도 바뀌고 있다. 이에 리더십의 핵심가치도 지속적으로 변해야 조직을 건강하게 육성해 나갈 수 있을 것이다. 우리는 자기만 알거나 좁은 울타리 안에서 밖으로 시야를 넓히지 못하는 사람이나 조직을 두고 "우물 안 개구리"라고 한다. 지난 시절에는 권위적인 사고를 갖고 강력한 리더십을 통해 조직을 이끌어가는 것을 리더의 표상으로 삼았다. 이러한 리더는 조직원의 개인생활과 가정생활을 무시하고, 오로지 조직의 업무와 상하관계만이 생존과 발전의 공식인 것처럼 주지시키기 일쑤였다. 이러한 조직은 개인의 독창성을 인정하지 않으므로 조직구성원의 창의성 발휘는 물론 조직 혁신을 힘들게 하며, 조직 내 좋은 인간관계 형성에도 큰 장애가 될 것이다.

최근 호텔관광서비스 조직에도 새로운 바람이 불고 있다. 외국인 경영관리자의 파견과 외국에서 유학 또는 연수 등을 통해 서양의 문화와 사고를 익힌 사람들이 차츰 늘어가면서 상명하복의 기업문화가 수평의 협력관계로 변해가고 있다. 이러한 변화 속에서 과거의 리더십만을 고집한다면 리더로서의 자격을 인정받을 수 없음은 물론 파트너로서의 자격마저 잃을 수밖에 없을 것이다. 외국인이 우리의 리더십을 생각할 때 흔히 떠올리는 것은 전문성의 부족, 관리능력의 부재, 빨리빨리 문화, 부하에게 함부로 대하기, 편가르기, 무책임, 권위주의, 독불장군 등을 떠올린다고 한다. 우리는 앞서 언급한 권위주의적 리더십에서 탈피하여 서비스리더십을 발휘해야만 국제화시대에 걸맞은 서비스리더로 발진힐 수 있음을 주지하여야 한다. 그것은 세계 어디에서나 통용되는 글로벌 스탠더드를 중심에 두고, 이에 따른 서비스리더십을 발휘하는 것이 중요하다고 하겠다. 글로벌 스탠더드는 조직을 지휘할 때 힘보다는 서비스로, 수직에서 수평으로, 전사적 서비스리더로, 리더만족에서 고객만족으로 사고의 틀을 바꾸어가야 하는 것이다.

1. 서비스의 힘

1871년 2월 6만 7천여 명의 나폴레옹 군대가 러시아와 프러시아 군대에 패하여 철군을 할 때 굶주림에 지친 군사들 중 그 누구도 나폴레옹을 원망하지 않았다고 한다. 그는 부하들 틈에 섞여 똑같이 걷고, 함께 굶으면서 뒤쫓아온 적군과 싸우면서 부하들과 생사고락을 같이했다고 한다. 나폴레옹은 부하들을 자기 몸처럼 사랑하고 아꼈기 때문에 수십 년 동안 그 많은 장병이 그와 함께 기꺼이 피를 흘렸던 것이다. 이와 같이 과거의 리더들도 물리적인 힘만으로 리더십을 행사하지는 않았음을 알 수 있으며, 진정한 리더는 마음으로 조직을 이끌어간다는 것을 알 수 있다.

이제 리더십의 원천은 명령, 지시, 통제라는 물리적인 힘에서 서비스로 전환되고 있다. 리더의 능력은 바로 서비스 능력으로 자리매김하는 시대가 되었다. 서비스리더는 내부고객과 외부고객을 만족시킴으로써 목표를 달성할 수 있으며, 내부고객인 종업원이 고객에게 양질의 서비스를 제공할 수 있도록 종업원을 먼저 만족하게 하고, 행복하게 하는 업무를 이행해야 한다. 리더의 핵심은 서비스 능력의 차이이며, 이는 내부 구성원 스스로가 자기의 업무를 잘할 수 있도록 하는 밑거름이 된다. 종업원들이 열과 성을 다해 업무를 수행하는 것은 평소 리더가 먼저 고객만족형 서비스를 이행하며 솔선수범하였기 때문이다. 리더십은 이제 더 이상 힘이 아니라 서비스이다. 특히 호텔관광산업체에 종사하는 리더에게 있어서는 산업의 특성 이상으로 서비스능력이 더욱 중요하다고 할 수 있다.

2. 수평조직시대

흔히 조직이라고 하면 피라미드형 조직을 먼저 떠올리게 된다. 이러한 조직은 최상위에 한 명의 리더가 조직 전체를 이끌어가는 상의하달식 조직의 형태를 갖추고 있어서 다양한 능력과 순발력을 요구하는 글로벌 서비스조직을 경영하는 데는 한계가 있다. 이러한 수직구조의 틀 속에서 구성원들은 무력함과 윗사람의 무지를 탓하면서 세월만 보내다 보면 결국 조직은 무너지게 된다. 따라서 서비스조직은 지속적 성장을 위해 누구나 분야별 리더가 될 수 있는 수평적인 가치관을 가진 조직으로 변화해야 할 것이다. 호텔관광서비스조직과 같이 친절과 배려를 기본업무로 하는 조직은 수평적 가치관을 요구하며,

구성원 모두가 파트너로서 조직의 발전에 자발적으로 동참하여 고객감동 서비스를 실천하는 조직이 바람직하게 된다. 수직적 조직은 윗사람이 내리는 지시, 통제, 감시, 견제, 처벌 등에 의해 조직이 강제되고, 수평적 조직은 협력, 배려, 지원, 칭찬, 격려 등으로 조직이 움직여 가므로 조직에 활력이 있다. 수평적 조직에서 리더와 파트너는 자발적인 마음에서 우러나오는 서비스를 제공하게 되어 고객만족 서비스를 만들어낼 수 있다. 서비스리더는 사고의 전환으로부터 시작된다. 즉 서비스리더 스스로 수직적인 사고에서 벗어나 수평적인 사고로 전환한다면 주변에 있는 파트너들이 많은 도움을 주어 진정한 리더가 될 수 있을 것이다.

3. 전사적 서비스리더십

수없이 쏟아져 나오는 리더십 관련 서적을 보면 GE의 잭 웰치 리더십, MS의 빌 게이츠 리더십, 마쓰시타의 리더십, 간디의 리더십, 이순신의 리더십, 히딩크의 리더십 등 세계에서 가장 유명한 사람들을 모델로 신화적인 이야기를 소개하면서 이들과 같은 사람이 될 것을 강조한다. 이러한 이야기는 현실적이지 못해 교훈은 될 수 있을지언정 현실적이지는 못하다. 자신이 어디에 있든 자신의 위치에서 고객만족을 위해 최선을 다하는 사람이 진정한 서비스리더십을 갖춘 것이다. 이처럼 모두가 할 수 있고, 또 해야만 하는 리더십이 호텔관광산업체에서 필요로 하는 서비스리더인 것이다. 슈퍼맨과 같은 영웅도 필요하지만 그렇다고 해서 모두가 영웅이 될 수는 없다. 우리 사회가 진정 필요로 하는 사람은 영웅이 아니라 평범하면서 다른 사람에게 자극을 줄 수 있는 사람이다. 그리고 그들의 작은 리더십이 모이고 모여서 고객을 만족시키고, 이러한 힘이 전체 구성원의 마인드를 바꿔서 전사적 서비스리더십을 발휘할 수 있게 된다.

4. 고객만족 리더십

리더십의 목표는 고객만족이라는 것에 많은 사람들이 동의하고 있다. 특히 호텔관광서비스조직은 더욱 그렇다. 고객만족을 통한 성장과 발전이 바로 리더십의 목표이자 리더의 목표인 시대가 되었다. 노사분규를 겪고 있는 호텔관광기업에서 아무리 좋은 서비스상품을 만들어낸다고 해도 고객이 만족하지는 않을 것이다. 왜냐하면 이들은 심리적 갈등과 정서의 불안으로 정성이 결여된 서비스를 제공하고 있기 때문이다. 따라서 최종 소비자인 외부고객에게 만족한 서비스를 제공하기 위해서는 이를 창출하는 내부고객인 종업원을 먼저 만족시키는 서비스리더십을 발휘하지 않으면 그 리더는 실패한 리더가 될 수밖에 없을 것이다. 리더가 성공적인 업무를 수행하고 좋은 평가를 받기 위해서는 자신의 만족이 아니라 고객의 만족을 추구해야 한다. 더구나 내부고객의 만족을 훼손시키는 리더는 성과를 낼 수 없기 때문에 생존해 나가기 어려운 시대에 와 있다고 하겠다.

제2부 서비스의 실제

제7장

서비스어텐던트의 기본예절

제1절 서비스어텐던트의 조건

제2절 서비스어텐던트의 예절

제3절 서비스어텐던트의 기본자세

제4절 서비스어텐던트의 이미지 메이킹

제 7 장 서비스어텐던트의 기본예절

제 1 절 서비스어텐던트의 조건

1. 사 랑

진정한 서비스맨이 되기 위해서는 진심으로 사랑할 수 있어야 한다. 사랑이 없는 서비스는 생계를 위해서 어쩔 수 없이 억지로 해야 하는 노동이며, 스스로를 노예로 전락시키는 불행을 초래하게 된다. 사랑하는 마음이 없는 친절과 웃음은 거짓이고 위선이며 진정한 고객만족을 이룰 수 없다. 따라서 즐거운 마음으로 진정 자신의 일에 긍지를 가질 수 있도록 다음의 대상들을 사랑해야 한다.

첫째, 자기 자신을 사랑해야 한다.

자신을 사랑하지 않고서는 그 누구도, 그 무엇도 사랑할 수 없다. 자기 자신을 사랑하고 자부심을 가져야만 긍정적인 사고방식을 가질 수 있고 밝고 쾌활한 미소가 나오는 것이다. 현재의 위치, 외모, 남성(여성)으로 태어난 점 등 자신의 모든 것을 사랑해야 한다.

예를 들어 키가 작은 사람은 고객에게 좀 더 쉽게 친근감을 줄 수 있다는 것, 외모가 뛰어나지 못한 사람은 고객에게 좀 더 편안함을 줄 수 있다는 것, 남성(여성)은 남성(여성)

으로 태어났기 때문에 남성(여성)만의 전문직종에 종사할 수 있다는 것에 감사하고 자랑스럽게 생각해야 하며 그런 자신을 사랑해야 한다.

둘째, 소속된 사회와 직장을 사랑해야 한다.

자신의 노력 부족을 탓하지 않고 우리 사회 일부의 모순과 체제를 탓하며 불만을 가진다면 그 사람의 발전은 기대할 수 없다. 지금 내가 속해 있는 이 사회에 내가 태어나고 속해 있기 때문에 지금의 내가 있을 수 있다는 생각으로 우리 사회와 체제를 사랑해야 한다. 그리고 현재의 직장에서, 또한 현재의 부서와 직급에 보람과 긍지를 가져야 한다. 모든 일에 대한 불만과 짜증은 동료들뿐만 아니라 업장 전체에 그 영향을 미치며, 영업성과에 큰 영향을 줄 뿐만 아니라 자신의 인생에까지 나쁜 결과를 초래할 수도 있다.

따라서 자신의 직장 즉 호텔 및 외식산업 등 서비스산업의 업무를 사랑해야 자기 자신을 헌신적으로 투자할 수 있으며, 애사심을 갖고 고객을 감동시킬 수 있는 고품질의 서비스를 제공할 수 있는 것이다. 또한 소속된 업장의 시설물을 아끼고 소중히 다뤄 시설물의 수명연장 및 상품의 품질을 유지해야 한다. 즉 전기, 수도, 종이, 리넨류 등의 낭비를 막고, 준소모품인 접시나 글라스를 조심스럽게 다루어서 파손율을 최소화하려는 주인의식이 있어야 하는 것이다.

셋째, 상품을 사랑해야 한다.

누군가를 사랑하게 되면 그 사람에 대해 많은 관심을 가지게 된다. 마찬가지로 자기가 소속된 업장의 상품(메뉴)을 사랑한다면 판매상품에 대한 충분한 사전지식과 서비스방법을 연구하게 될 것이며, 고객에게도 자신 있게 권할 수 있는 것이다. 의무적이거나 형식적인 관심이 아닌 진정으로 자신의 상품에 대한 애정과 관심을 가지고 서비스에 임해야 할 것이다. 즉 피고용인이 아닌 주인의식을 가지고 근무에 임하는 자세가 되어야 한다.

넷째, 고객을 사랑해야 한다.

앞에서도 말했듯이 누군가를 사랑하게 되면 그 사람에 대해 많은 관심을 가지게 된다. 고객을 사랑한다면 고객이 지금 진정 무엇을 원하는지, 어떤 메뉴를 권해야 가장 만족할지 혹은 고객의 기분이 어떠하고 그에 맞는 서비스는 어떤 형태인지 알려고 할 것이다.

따라서 고객과의 원활한 커뮤니케이션을 위해 끊임없이 노력을 기울이게 되며 항상 고객의 입장에서 서비스할 수 있는 자세가 되는 것이다.

서비스란 '인간을 상대로 하는 인간들을 다루는 일'이다. 외모가 아무리 아름답고, 서비스 기술이 훌륭하다고 해서 진정한 서비스맨이라 할 수 있는 것은 아니다. 즉 진정한 고객사랑이 결여된 경우 숙달된 서비스는 될지언정 훌륭한 서비스는 될 수 없다. 고객을 접대함에 있어서 가장 중요한 것은 정신의 바탕이 되는 마음 즉 사랑에서 우러나와야 한다. 서비스맨의 보람이란 고객이 감동하는 모습을 보고 스스로 기뻐하며 만족을 느끼는 것이다.

2. 건 강

그 누군가를 아무리 사랑한다 해도 건강하지 않으면 제대로 아끼고 위해줄 수 없다. 마찬가지로 고객을 진정 사랑한다 해도 몸이 아프고 짜증이 난다면 그 상태가 표정으로 나타날 것이며, 그런 표정으로 제공하는 서비스를 받는 고객의 마음도 즐겁지 않을 것이다. 당연히 그 서비스에 만족할 수 없을 것이므로 서비스맨은 우선 건강해야 한다.

정신적 건강 또한 중요하다. 매사에 적극적이고 긍정적인 사고방식을 가지고 있지 않다면 진정한 서비스맨의 아름다운 눈을 가질 수가 없을 것이다. 밝고 의욕에 찬 눈빛이야말로 진정한 서비스맨의 아름다운 모습으로 고객에게 비춰질 것이다.

3. 신 뢰

진정한 서비스맨은 고객뿐만 아니라 직장 동료나 상사, 회사에 신뢰를 줄 수 있어야 한다. 진실한 마음가짐, 성실하고 정중한 태도, 공손한 말씨, 깨끗한 용모와 복장은 상대로 하여금 신뢰감을 갖게 한다. 신뢰는 상대가 나를 대할 때 믿음뿐만 아니라 편안함과 친근감을 같이 느끼게 하므로 서비스맨으로서 꼭 지켜야 할 덕목이기도 하다. 서비스맨의 행동양식은 도덕이나 윤리의 범주 안에서 수행되는 것이므로 직장의 규정을 준수하려는 도덕적인 습관은 서로 간의 믿음과 약속에서 출발하며 서비스맨의 가장 큰 사명이다.

또한 금전적인 신용 역시 매우 중요한 사항이다. 어느 사회든지 금전적인 신용이 결여된 사람은 결코 성공할 수 없을 것이다. 어느 누구도, 그 어떤 경영자도 신용 없는 사람에게 카운터를 맡기거나 책임 있는 지위를 주지 않을 것이다.

4. 근면과 성실

서비스맨은 부지런해야 한다. 서비스맨 자신의 청결은 물론이고, 철저한 위생관념에 입각하여 신체 또는 용모를 청결한 상태로 항상 유지해야 한다. 서비스맨의 용모나 복장 상태가 불량하거나 불결하다면, 아무리 최고의 시설과 분위기, 음식의 질 등 최상의 상품을 제공했다 해도 그 서비스를 받는 고객은 불쾌할 것이다. 따라서 고객이 이용하는 모든 시설물의 청결과 위생은 항상 철저히 관리해야만 고객으로 하여금 불쾌감을 주지 않고 쾌적한 환경을 만들 수 있다.

일반인의 경우에는 자기 혼자만의 청결과 위생만 신경 쓰면 되겠지만, 서비스맨은 자신과 자신의 집뿐만 아니라 업장과 고객의 청결과 위생까지 배려해야 하므로 항상 부지런해야 하는 것이다.

서비스맨이 해야 할 일

① 당신 자신과 당신의 일, 당신의 근무처가 좋게 보이도록 노력하라.
② 고객의 태도를 평가하기 이전에 먼저 고객의 입장에 서서 이해하도록 힘써라.
③ 언제나 외모를 단정히 하라.
④ 고객과 이야기할 때에는 항상 시선을 그의 얼굴에서 떼지 마라.
⑤ 항상 나의 일에 관심을 갖고 모든 업무를 능숙하게 처리하라.
⑥ 상사의 꾸짖음을 건전하게 받아들여라.
⑦ 항상 명랑할 것이며 웃음을 잊지 마라.
⑧ 고객에게 친절을 베풀되, 지나치게 베푸는 일은 피하라.
⑨ 고객이 당신의 도움을 필요로 할 때에는 서슴지 말고 도와주는 태도를 취하라.
⑩ 고객이 이야기할 때에는 중단시키지 말고 주의깊게 경청하라.
⑪ 고객이 의견을 묻거든 정직하게 대답하여 그의 마음을 결정하도록 도와드려라.
⑫ 만약 자리를 떠나야 되는 일이 생기면 상대방의 양해를 구하고 떠날 것이며, 돌아온 후에는 미안하다는 말을 잊지 마라.
⑬ 고객에게 "감사합니다", "고맙습니다"라는 말을 잊지 마라.

서비스맨이 해서는 안될 일

① 고객 앞에서는 사담을 피하라.
② 고객 앞에서는 불평하지 마라.
③ 고객에게 속된 언어를 사용하지 마라.
④ 고객을 흥분시키는 일이 없도록 하라.
⑤ 고객이 이해할 수 없는 말을 고객 앞에서 동료와 이야기하지 마라.
⑥ 불필요한 말은 되도록 삼가도록 하라.
⑦ 고객과 논쟁을 벌이는 일이 없도록 하라.
⑧ 고객의 실수를 보고 웃지 마라.
⑨ 지나치게 사치스런 의상을 피하고, 고객 앞에서 껌을 씹는 일이 없도록 하라.
⑩ 막연히 "모릅니다"라는 말을 하지 말고 도와줄 수 있는 사람에게 안내하라..

제 2 절 서비스어텐던트의 예절

1. 예절의 정의

예절은 버릇이다. 이는 예의 없는 사람을 "버릇없다"고 하는 데서 알 수 있다.

예절은 우리가 약속해 놓은 생활방식이다. 예절이라는 약속은 어떤 형식상의 절차에 따라 이루어진 것이 아니고 누구든지 다 그렇게 하기 때문에 하나의 관습이 되고, 그 관심이 쌓여서 사회 또는 조직의 약속으로 변화한 것이다. 다른 의미에서 예절은 법이다. 아무렇게나 하는 것을 보고 "그런 법이 어디 있어"라고 하는 것으로 증명된다. 여기에서 말하는 법은 상식화된 법은 아니다. 예절이란 일정한 생활문화권에서 오랜 생활관습을 통해 정립된 하나의 공통적인 생활방법으로 관습적으로 행해지는 사회계약적인 생활규범이다.

2. 예절의 목적

사회생활이란 혼자 살지 않고 남과 어울려 사는 것이고, 어울린다는 것은 대인관계를 갖는다는 것이다. 대인관계가 원만하려면 상대방의 생활방법을 상호 간에 이해하든지 아니면 생활방법이 같아야 한다. 관습적으로 행해지는 사회계약적 생활규범인 예절은 사람이 인간으로서 자기관리와 사회인으로서 대인관계를 원만히 하기 위해서 있어야 하는 것이다.

3. 예절의 실제와 격식

예절에는 실제와 격식이 있다. 예절의 실제뿐 아니라 모든 실제는 마음속에 의사와 형태로 숨겨져 있다. 부모님에게 효도하고 웃어른을 공경하며 아랫사람을 사랑해야겠다는 마음이 곧 예절의 실제이다. 그러나 그런 실제라는 의사가 있더라도 속에 숨겨졌기 때문에 아무도 그것을 알아차리지 못한다. 그러므로 자기의 의사를 밖으로 드러내 상대에게 보여주든지 들려주든지 해야 비로소 상대가 이쪽의 의사를 인식하게 된다. 상대방에게 속마음을 전달해 인식시키는 것을 의사소통이라 하고, 의사소통의 수단에는 크게 언어와 행동의 두 가지가 있다. 말로 의사소통을 하려면 자기도 할 줄 알고, 상대도 알아듣는 소리로 해야 한다. 일정한 사회에서 약속된 뜻이 있는 소리를 '말'이라 하고, 서로가 이해할 수 있는 말로 의사를 표현하는 것이 언어의 격식이다. 격식에 맞지 않는 소리는 백 마디를 하더라도 상대가 알아차리지 못한다. 그 언어의 격식을 언어예절이라고 한다.

4. 예절의 학습과 실천요령

1) 예절의 학습

예절은 저절로 배워지는 것이 아니고 끊임없는 노력을 기울여서 습득해야 한다. 예절을 배우고 익히는 데는 아래와 같은 자세가 필요하다.

① 마음가짐 : 항상 사람이 되고 사람 노릇을 해서 사람대접을 받으며, 사람과 더불어

함께 살아야겠다는 마음을 갖고 생활한다.

② 본받기 : 다른 사람의 행위를 보고 그것이 아름답고 좋은 일이면 자기도 그렇게 본받아야 한다.

③ 경계하기 : 남이 하는 일이 미워 보이거나 나쁘다고 생각되면 경계해서 자기는 그렇게 하지 않아야 한다.

④ 잘 듣기 : 어른, 선생님, 선배의 말씀에 귀를 기울여 그들의 경륜을 자기의 것으로 만들어간다.

⑤ 친구 고르기 : 남에게 칭찬받고 착한 일을 하는 사람을 친구로 사귄다.

⑥ 예절서 읽기 : 예절에 대한 서적을 항상 옆에 두고 읽으며, 행동에 참고한다.

⑦ 지도 받기 : 예절을 가르치는 곳에 가서 모르는 것을 물어 열심히 배운다.

2) 예절의 실천

예절을 아는 것도 좋지만 실천하는 것이 더 중요하다. 예절을 몰라서 못 하면 용서받을 수 있지만 알면서 이행하지 않으면 더 큰 낭패를 볼 수 있다.

① 자기관리 : 개성을 돋보이려 하지 말고 남과 잘 어울리도록 한다. 여름철의 메뚜기가 파란 옷을 입고, 가을철의 메뚜기가 노란 옷을 입는 것은 환경과 조화를 이룸으로써 자기를 보호하는 것이다.

② 대인관계 : 자기의 방식을 고집하지 말고 모두가 약속해 놓은 방식으로 한다. 언제든지 상대편을 높이고 자기를 낮추는 공손함이 앞서야 한다.

③ 공중생활 : 사생활을 주장하지 말고 항상 남을 의식해야 한다. 사생활이란 행위의 과정은 말할 것도 없고, 행위의 휴지상태까지도 남에게 일체의 영향을 끼치지 않는 것이다. 엄격한 의미에서 사생활은 없을 수 있다.

④ 가까운 곳에서 먼 곳으로 : 자기가 원하는 대로 남에게 이행해야 한다. 부모에게 효도하듯이 다른 어른을 공경하고, 동기간에 우애하듯이 남과 어울리며, 처자를 사랑하는 마음으로 아랫사람을 아낀다.

제3절 서비스어텐던트의 기본자세

서비스맨들은 고객과 직접 접하는 접객업무를 맡고 있으므로 그 호텔이나 외식산업체를 대표하는 얼굴이라 할 수 있다. 따라서 고객들이 느끼는 만족도에 서비스맨들의 자세나 용모, 복장 등이 크게 영향을 미친다. 이 절에서는 서비스맨의 용모와 복장, 업무자세 및 인사요령에 대해 살펴보기로 한다.

1. 용모와 복장

밝은 미소와 정중하게 인사하는 것만이 서비스의 전부라고 생각하는 경우가 종종 있지만, 결코 그것만이 전부는 아니다. 군인들이 평화 시에도 돌발사태에 대비하여 항상 복장과 무기 등 임전태세를 갖추고 있듯이, 서비스맨도 고객들에게 질 높은 서비스를 제공하기 위해 항상 기본적인 용모와 복장을 갖추고 있어야 한다. 따라서 업무 시작 전에 반드시 거울 앞에서 자신의 용모와 복장을 점검하고, 개인적인 일로 인한 감정을 털어버릴 수 있는 표정관리까지 해야 한다. 또한 자신뿐만 아니라 동료의 용모와 복장, 표정까지 점검해 주는 배려도 습관화해야 한다. 깨끗하고 단정한 용모와 복장은 자신에 대한 인상

그림 • 7-1 남성의 용모

그림 • 7-2 여성의 용모

을 좋게 함은 물론, 소속 회사의 품위를 높여주는 결과를 가져온다.

1) 두발상태

(1) 남 성

① 머리를 너무 짧게 깎거나 컬러(color)염색을 해서는 안된다.

② 뒷머리는 짧게 깎아 와이셔츠 칼라(collar)부분에 닿지 않도록 해야 한다.

③ 옆머리는 귀를 덮지 않도록 하며, 항상 단정하게 정돈해야 한다.

④ 앞머리는 7 : 3(혹은 8 : 2) 비율로 가르고 이마를 덮지 않도록 한다.

⑤ 구레나룻은 귀의 반 이상을 내려가서는 안된다.

⑥ 머리는 매일 감아 비듬이 보이지 않도록 한다.

⑦ 머리는 머릿기름이나 젤 등을 사용하되 너무 번들거리지 않도록 하고, 냄새가 강한 것은 피해서 단정하게 정돈하여 고객으로 하여금 깔끔하다는 인상을 주어야 한다.

(2) 여 성

① 요란하고 어색한 파마나 컬러염색을 해서는 안되며, 머리가 얼굴을 가리지 않도록 단정하게 관리하여 매력적이고, 깔끔하고, 단정하다는 인상을 주어야 한다.

② 긴 머리는 머리핀이나 끈을 사용해 단정히 올린다.

③ 생머리이면 뒤로 단정히 묶고, 앞머리는 흘러내리지 않도록 한다.

④ 생머리는 커트를 하든지, 파마를 하여 단정히 한다.

⑤ 헤어리본은 되도록 어두운 색을 사용하도록 한다.

⑥ 머리를 매일 감고 긴 머리일 경우 젖은 채로 근무해서는 안된다.

⑦ 유니폼 혹은 정장(재킷, 블라우스, 스커트, 정장바지)은 업무에 어울리도록 한다.

⑧ 머리핀이나 망은 머리색과 비슷한 색상으로 선택한다.

⑨ 앞머리가 눈을 가리지 않도록 한다.

* 음식을 취급하는 직원들은 남녀노소를 불문하고 반드시 위생모를 착용해야 하며, 긴 머리는 위로 올려 묶거나 머리망을 사용하여 뒷머리에 고정시켜 항상 머리카락이 날리지 않도록 주의해야 한다.

2) 유니폼

- 모든 종업원은 그 업장의 규정에 따른 유니폼을 입어야 한다.
- 자기의 유니폼은 나들이 갈 때 입는 새 옷처럼 관리를 잘해 깨끗하고 단정하게 입어야 한다.
- 더러워진 유니폼은 세탁을 의뢰하든가, 여건이 안되면 개인이 세탁하고 다림질을 해서 항상 깨끗하게 입어야 한다.
- 항상 여유 옷을 1~2벌 정도 확보하여 더럽지 않게 갈아입어야 한다.
- 소매나 칼라부분이 더럽지 않도록 자주 갈아입어야 한다.
- 흰색 겉옷에 색깔 있는 속옷을 입지 않도록 한다.
- 속옷이 밖으로 보이지 않도록 한다.

(1) 남 성

① 상의에 비듬이나 머리카락이 묻어 있지 않도록 한다.
② 단추의 실밥이 터졌거나 느슨한 곳이 없도록 한다.
③ 바지는 단정하게 다림질해야 한다.
④ 바지 길이는 구두 뒤축 위나 뒤축 중간까지 오는 길이가 적당하다.
⑤ 소매나 칼라 부분이 더럽지 않은가?
⑥ 흰색 겉옷에 색깔 있는 속옷을 입지 않도록 한다.
⑦ 속옷이 밖으로 보여서는 안된다.
⑧ 색상, 무늬는 안정감 있고 전체적으로 조화를 이루도록 한다.
⑨ 주머니에는 되도록 소지품을 넣지 않도록 하고, 특히 상의 윗주머니에는 볼펜 같은 것을 꽂아서는 안된다.

(2) 여 성

① 상의에 비듬이나 머리카락이 묻어 있지 않도록 한다.
② 원피스는 길지도 짧지도 않게 적당한 길이로 착용한다.
③ 원피스의 단추는 같은 것으로 사용하고 떨어진 곳이 없도록 한다.

④ 단추의 실밥이 터졌거나 느슨한 곳이 없도록 한다.
⑤ 허리띠, 끈이나 블라우스는 치마 속에 넣어 나오지 않도록 한다.
⑥ 허리띠의 끈이 풀어지지 않도록 꼭 조여서 맨다.
⑦ 앞치마는 깨끗하게 다림질하여 착용하고 뒤틀리지 않도록 한다.
⑧ 유니폼의 주름과 깃을 유지하기 위해 항상 옷걸이에 걸어놓을 것이며, 자주 다림질해 놓는다.
⑨ 스커트의 단 처리를 깔끔하게 한다.

3) 명 찰

① 명찰은 복장규정이므로 항상 부착해야 한다.
② 정해진 위치에 비뚤어지지 않게 착용하도록 한다.
③ 여성은 왼쪽 가슴부분에 착용하도록 한다.
④ 남성은 와이셔츠(3번째) 단추 구멍 평행선상의 주머니에 착용하도록 한다.
⑤ 명찰은 본인을 대표하는 것이므로 고의적인 훼손이나 분실을 해서는 안된다.
⑥ 닳거나 깨어진 명찰은 이름을 알 수가 없으므로 즉시 교환해서 착용해야 한다.

4) 구 두

① 남녀 모두 검정색 구두를 신어야 하는 것이 원칙이나, 최근에는 업장의 특성을 살리기 위하여 특별한 구두를 착용하기도 한다. 그러나 색과 모양 등은 야하지 않은 것을 택한다.
② 구두는 매일 구두약을 칠해 손질하여 깨끗하고 빛이 나게 해야 한다.
③ 근무 시 사용하는 구두는 출퇴근할 때 사용하지 않아야 하며, 근무 외의 용도로는 착용하지 않는다.
④ 근무시간 내에 신발을 벗어서는 안된다.
⑤ 떨어진 구두는 수선해서 신으며, 절대 꺾어 신지 않는다.
⑥ 조리장의 바닥이 미끄러우므로 안전화를 꼭 신어야 한다.
⑦ 남성은 무늬와 장식이 없는 색으로 착용해야 한다.

⑧ 오랫동안 서서 근무해야 하므로 발이 편해야 하며, 굽이 지나치게 높지 않은 것을 신어야 한다.
⑨ 여성 샌들은 같은 모양으로 해야 하며, 실내에서 꺾어 신으면 안된다.
⑩ 구두는 약칠을 하여 보관해야 한다.
⑪ 뒤축이 벗겨지거나 닳았을 때는 즉시 수선하도록 한다.

5) 액세서리

- 반지, 팔지, 귀걸이 등의 액세서리는 원칙적으로 착용해서는 안된다.
- 결혼이나 약혼반지 이외의 반지는 끼지 않는다.
- 시계는 작고 단정한 것은 허용되나 요란한 패션시계 같은 것은 착용을 금한다.
- 유니폼 또는 정장에 어울리도록 배려한다.

(1) 남 성

① 품위 있고, 고상한 것으로 선택한다.
② 목걸이, 팔지, 귀걸이는 근무 중에 착용할 수 없다.

(2) 여 성

① 목걸이는 옷 밖으로 늘어져 업무에 방해가 되지 않도록 한다.
② 귀걸이는 귀에 고정되어 달랑거리지 않도록 한다.
③ 팔찌가 늘어져 업무에 방해가 되지 않도록 한다.
④ 반지는 너무 화려하지 않은 것으로 선택한다.
  - 음식을 다루는 직원(식음료서비스 및 조리부서)은 위생상의 이유로 반지를 착용할 수 없다.

6) 손과 손톱 상태

① 손은 항상 깨끗하여 청결을 유지하고, 상처 난 손으로 서비스를 해서는 안된다.

② 손톱은 단정하고 짧게 손질을 한다. 여성은 투명한 손톱 보호제를 사용하여 손톱의 손상을 방지하고 관리해야 한다.

③ 손톱의 길이는 손끝을 지나 1mm를 넘지 않도록 한다.

④ 손톱에 불순물이 끼지 않도록 관리해야 한다. 매니큐어는 투명한 것이나 분홍색 또는 엷은 살색을 사용하는 것이 좋으며, 특히 조리를 담당하는 조리사는 매니큐어를 절대로 발라서는 안된다.

⑤ 근무 중에는 어떠한 일이 있어도 손으로 코를 후비거나 머리, 얼굴, 입 등을 만져서는 안되며, 손님을 안내하거나 설명할 때도 손바닥을 이용하여 설명해야 하기 때문에 손 관리도 대단히 중요하다는 것을 인식해야 한다.

7) 얼 굴

- 향이 강한 향수나 화장품을 사용해서는 안된다.
- 청결하고 건강한 느낌을 주도록 한다.
- 고객 앞에서 재채기, 기침, 딸꾹질 등을 해서는 안된다.
- 식사 후에는 양치질을 하여 고객에게 입냄새를 피워서는 안된다.
- 눈이 충혈되거나 안경 유리가 더러워서는 안된다.

(1) 남 성

① 수염은 매일 아침 깎는다.

② 얼굴, 코, 귀, 손, 치아 등 보이는 부분은 항상 청결을 유지해야 한다.

③ 귓속이나 콧속은 더러워지지 않게 하며 코털이 보이지 않도록 한다.

(2) 여 성

① 화장은 밝고 자연스러워야 하며, 너무 야하거나 진한 화장을 해서는 안된다.

② 눈 화장(eye shadow, eyeline)은 자연스런 색상이어야 하며, 속눈썹은 금한다.

③ 윤이 나는 립스틱(lipstick)과 너무 어둡거나 짙은 색의 루즈를 사용해서는 안되며, 엷고 자연스런 색상을 사용하여 건강하게 보이도록 한다.

④ 피부 화장 및 부분 화장이 흐트러지지 않도록 한다.

8) 기 타

(1) 남 성

① 양말 색상은 야하지 않은 검은색이나 검은색에 가까운 것으로 사용한다(청색 가능).
② 양말은 매일 바꿔 신는다.
③ 양말은 흘러내리지 않도록 한다.
④ 와이셔츠 깃, 소매 끝은 깨끗하게 유지한다.
⑤ 와이셔츠는 항상 청결히 하고 구김 없이 다림질된 것을 착용하도록 한다.
⑥ 와이셔츠 소매와 깃은 풀이 매겨져 있어야 한다.
⑦ 와이셔츠 단추는 제 위치에 있어야 하고, 흔들리지 않도록 한다.
⑧ 와이셔츠의 품은 너무 크지 않게, 밖으로 나오지 않도록 주의한다.
⑨ 넥타이는 삐뚤어지거나 풀어져 있지 않도록 하고, 때, 얼룩, 구김이 없도록 한다.
⑩ 넥타이의 길이는 적당한지, 양복과 어울리는지 주의한다.
⑪ 벨트는 구두와 같은 색이 가장 좋다.

그림 • 7-3 넥타이 매는 법

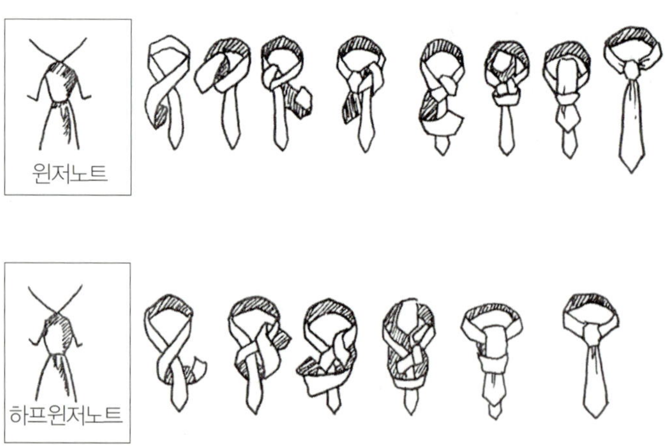

그림 • 7-3 넥타이 매는 법(계속)

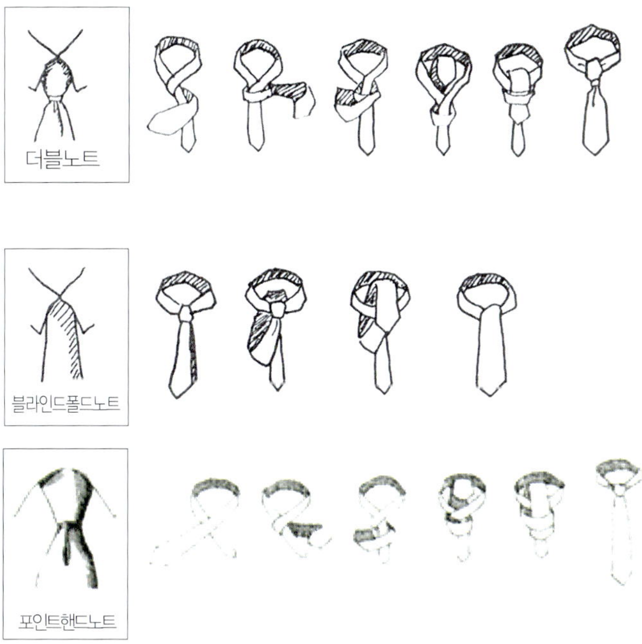

(2) 여 성

① 양말, 특히 스타킹은 통풍이 되지 않으므로 매일 갈아 신어야 한다.

② 양말이 흘러내리거나 줄이 가지 않았는지 주의한다.

③ 색은 야하지 않은 살색으로 신는다.

④ 항상 예비 스타킹을 준비해 두도록 한다.

⑤ 스타킹의 경우 다리가 굵은 사람은 흰색 같은 밝은색을 피하고, 야윈 사람은 검은 색 계통의 짙은 색을 피하는 것이 좋다.

⑥ 덧신은 매일 세탁하여 백색으로 착용한다.

⑦ 향수는 은은한 향을 선택한다.

2. 다양한 자세

1) 기본자세

고객과 직접 접하는 접객업무를 맡고 있는 서비스맨의 기본자세에 따라 업장의 분위기뿐만 아니라 영업 전반에 걸쳐 커다란 영향을 끼칠 수 있다는 점에 유의해야 한다. 따라서 서비스맨 개개인들은 업장을 대표한다는 주인의식을 가져야 하고, 종사원들의 예의 바른 태도가 업장 전체 분위기의 평가기준이 된다는 사명감을 갖고 서비스에 임해야 한다.

① 고객의 대화내용은 절대 엿들어서는 안된다.
② 업무가 과중하게 밀릴 때에는 서로 도움을 청한다.
③ 사과는 무조건 먼저 한다.
④ 자신의 상품에 대한 충분한 지식을 가져야 한다.
⑤ 근무 중에는 껌을 씹거나, 앉거나 벽에 기대는 행위는 금한다.
⑥ 음식을 입에 넣은 채 고객을 대하는 행위를 해서는 안된다.
⑦ 고객의 옆에 동석하는 행위는 금한다.
⑧ 업장에서 크게 소리를 내거나 기침, 재채기를 해서는 안된다.
⑨ 업장에서 뛰거나, 큰 소리로 동료를 부르는 행위를 해서는 안된다.
⑩ 신속하고 친절한 서비스와 정확한 주문을 받아야 한다. 주문을 잘못 받으면 고객에게 불편함을 줄 뿐 아니라, 영업손실도 야기된다.
⑪ 고객이 업장을 떠날 때까지 관심과 친절로 인상 깊게 환송해야 한다.

2) 보행자세

(1) 기본자세

서비스맨의 보행자세는 바로 선 자세로 등을 펴고 턱을 당기고 앞을 보고 똑바로 걸어야 하며, 항상 경쾌하고 조용하게 걸어야 한다.

① 고객들에게 불안감을 줄 수 있으므로 긴급상황 이외에는 절대 뛰어서는 안된다.
② 코너에서는 고객과 부딪치지 않도록 주의해서 돌아야 한다.

③ 상사나 고객을 앞지르지 않는 것이 원칙이며, 급한 용무나 부득이한 때는 반드시 "실례합니다"라고 이야기를 하고 걸어야 한다.
④ 보행 중 고객이나 상사와 마주쳤을 때는 공손하게 고개를 숙여 반절을 한다.
⑤ 2인 이상 보행 시 나란히 걸으면 통행에 방해가 되므로 일렬로 걷는다.
⑥ 큰 소리로 이야기하거나 콧노래 또는 휘파람을 불면서 걷는 것도 금물이다.
⑦ 복도의 중앙을 피해 우측면으로 걷는다.
⑧ 고객을 안내할 때는 손님에게 유의하면서 조심성 있게 한 걸음 앞에서 안내하는 것이 원칙이며, 고객을 수행할 때에는 손님의 좌측 1보 뒤나 후방에서 걷는다.
⑨ 보행 중에는 주머니에 손을 넣거나 소리나는 것을 넣는 것, 팔짱 끼는 것, 뒷짐 지는 것, 담배를 피우거나 껌을 씹으며 다녀서는 안된다.

(2) 걸을 때

① 중심을 옮길 때는 허리와 가슴부터 앞으로 나간다는 기분으로 걷는다.
② 가슴과 발끝이 일직선이 되도록 하고 발뒤꿈치 → 발바닥 → 발끝 순으로 걸어 구두 소리를 줄인다.
③ 양쪽 발은 평행이 되게 일직선으로 걷는다.
④ 시선은 눈 높이로 하고 하이힐인 경우는 보폭을 작게 한다.
⑤ 뒤꿈치를 끌거나 신발을 꺾어 신지 않도록 한다.

그림 • 7-4 보행자세

3) 대기자세

서 있을 때 무엇보다도 중요한 것은 고객이 보기에 서 있는 자세가 부담이 없는 자연스러운 자세여야 한다. 전체적으로 안정되고 편안한 느낌이 들도록 하는 것이 좋다.

대기 중에 불량한 자세를 취한다든지, 사담을 해서는 안되며, 얼굴이나 머리 등에 손을 대지 않도록 한다. 또한 재채기나 큰 소리를 내어서는 안되며, 고객을 손가락으로 가리키거나 평을 해서는 안된다. 대기의 위치는 공공장소나 업장 전체를 볼 수 있는 곳이어야 한다.

(1) 남 성

① 시선은 정면으로 하고 턱이 나오지 않도록 한다.
② 등은 곧게, 가슴은 편다.
③ 팔은 자연스럽게 늘어뜨리고 양손은 가볍게 쥔다.
④ 양발의 각도는 30~45도 정도로 하여 발꿈치는 붙인다.

(2) **여 성**

① 시선은 정면으로 하고 턱이 나오지 않도록 한다.

② 등은 곧게, 가슴은 편다.

③ 오른발을 약간 뒤로 빼고 양 무릎을 편한 상태로 붙인다.

④ 양손은 자연스럽게 모으고 아랫배 부분에 살며시 댄다.

그림 • 7-5 서 있는 자세와 대기자세

4) 앉는 자세

(1) **남 성**

① 등은 등받이에 붙이지 않고 안전하게 앉는다.

② 양 무릎은 발 사이와 같은 간격을 두고 평행이 되게 앉는다.

③ 양손은 가볍게 주먹을 쥐고 팔을 곧게 편 채로 자연스럽게 무릎 위에 얹는다.

④ 턱은 당기고 눈은 정면을 향한다.

(2) **여 성**

① 한쪽 발을 당겨 균형을 잡고 스커트는 한 손으로 잡고 앉는다.

② 등은 등받이에 붙이지 않고 안전하게 앉는다.

③ 무릎은 붙이고 발끝을 모은다.

④ 양손은 무릎 위에 가지런히 포개어 놓는다.

⑤ 턱은 당기고 눈은 정면을 향한다.

그림 • 7-6 앉는 자세

5) 기 타

(1) **물건을 가리킬 때**

① 손가락을 모아 손바닥 전체로 가리킨다.

② 손등이 보이거나 손목이 굽지 않도록 한다.

③ 팔꿈치의 각도로 거리감을 나타낸다.

④ 시선은 상대의 눈에서 가리키는 방향으로, 다시 상대의 눈 순으로 이동한다.

(2) 물건을 건넬 때

① 손은 가슴보다 위로 올린다.
② 두 손을 사용하여 받는 쪽이 편하도록 건넨다.

(3) 물건을 주울 때

① 무릎을 편 채 앞으로 숙여 줍지 않는다.
② 여성은 양 다리를 붙이고 깊이 앉아서 줍는다.

3. 인사의 종류와 방법

고객을 대함에 있어서 인사란 가장 먼저 취하게 되는 동작이며, 또한 마지막 동작이기도 하다. 많은 사람을 대하게 되는 서비스맨은 인사가 고객과의 만남의 출발인 만큼 대단히 중요하다. 어른과 상사에게는 존경심, 동료 간에는 우애의 상징이며, 아랫사람에게는 애정의 표현이 바로 인사이다. 또한 고객에 대해서는 사랑을 바탕으로 한 시비스정신의 표현이고, 아울러 자신의 인격과 교양이 밖으로 나타나는 첫 행동이다. 그러므로 인사는 다음의 인사에 대한 기본사항을 참고로 하여, 예절 바르고 밝게 해야 한다.

"인사란 마음을 열고 상대방에게 다가가는 적극적인 자기 표현이라는 생각이 필요하다. 따라서 인사는 먼저 할수록, 자주 할수록 좋은 것이다!"

1) 인사의 종류

(1) 정중한 인사

극히 높은 분이나 의식 등에서 인사나 사과를 할 때 하는 인사이다. 또한 서비스맨은 고객을 영접할 때와 환송할 때 이 인사를 한다.

(2) 보통 인사

일상생활에서 가장 많이 행하는 것으로서 보통 윗사람이나 거래처 등 사회활동 중에 처음 인사를 나눌 때 하는 인사이다.

(3) 가벼운 인사

엘리베이터 안이나 복도, 화장실과 같이 좁은 장소 혹은 통로에서 상사 또는 동료 사이에 가볍게 인사하는 것이다.

그림 • 7-7 인사의 종류

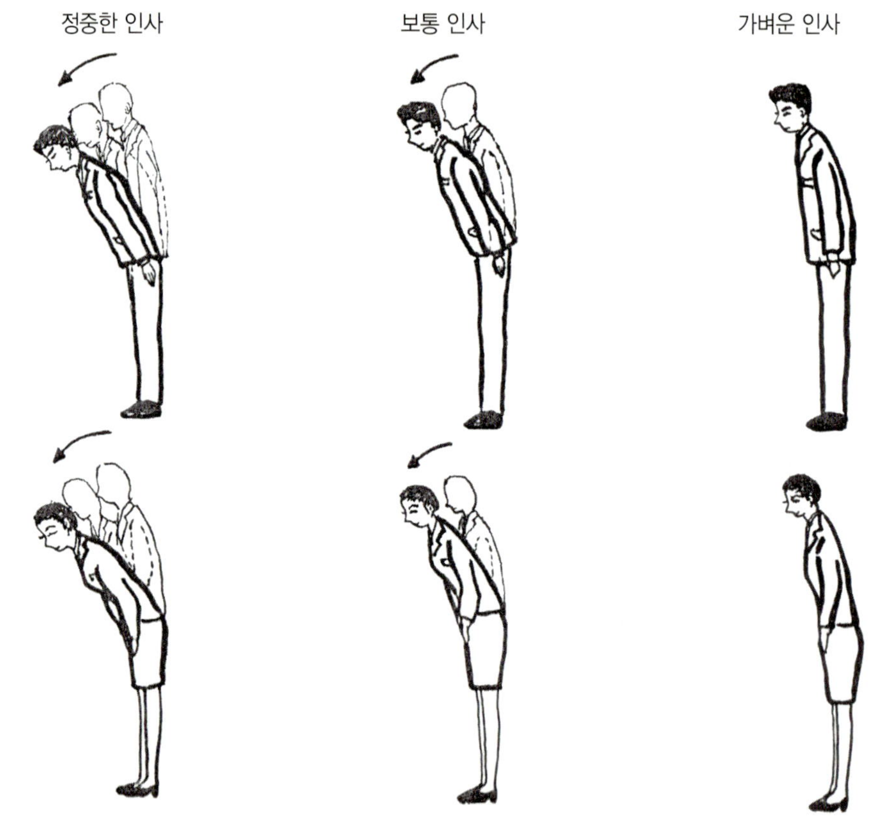

(4) 목 례

목례는 길이나 복도, 식당, 화장실 등에서 자주 마주치는 사람에게 말없이 목만 사용하여 고개를 숙이는 인사이다.

2) 인사방법

인사는 종류에 따라 방법이 다양하다. 정중한 인사일수록 인사의 각도는 커지며, 인사의 속도는 느리게 한다.

인사방법에 대한 구체적인 내용은 〈표 7-1〉과 같다.

| 표 7-1 | 인사의 종류와 인사법

동작 구분	정중한 인사	보통 인사	가벼운 인사	목 례
인사속도	하나, 둘, 셋 : 허리를 구부린다. 넷 : 멈춘다. 다섯 : 천천히 허리를 편다.	하나 : 허리를 구부린다. 둘 : 멈춘다. 셋 : 허리를 편다.	하나 : 허리를 구부린다. 둘 : 허리를 편다.	앉아 있거나, 길어질 때 그 자세에서 가볍게 머리만 숙인다.
인사각도	45도	30도	15도	
시선	발 1m 전방	발 2m 전방	발 3~4m 전방	
양손 위치	남 : 차렷자세에서 둥글게 주먹을 쥐고 엄지손가락을 바지 재봉선에 살짝 댄다. 여 : 차렷자세에서 왼손으로 오른손을 감싸서 (혹은 오른손의 엄지를 왼손의 엄지와 인지 사이에 끼워서) 아랫배에 가볍게 댄다.			
발	뒤꿈치를 붙이고, 발의 내각을 30~45도로 하여 벌린다.			
표정	상대방의 눈을 마주치며 상냥하게 반가운 표정으로 미소를 띤다.			
허리, 머리	허리에서 머리까지 일직선을 유지한다(머리만 숙이거나 허리만 굽히지 않도록 주의한다).			
인사말	"안녕하십니까" 등의 인사말을 항상 먼저 한다.			

동작 구분	정중한 인사	보통 인사	가벼운 인사	목 례
다리	곧게 펴고, 무릎을 붙인다.			
엉덩이	뒤로 빼지 않도록 한다.			
주의	• 눈을 치켜 뜨지 말아야 한다. • 머리를 숙일 때에는 조금 빨리, 들 때에는 천천히 한다.			

3) 상황별 인사요령

(1) 앉아 있을 때의 인사

항상 서서 인사하는 것은 아니며, 중요한 회의를 하고 있을 때나 다른 상사와 식사 중일 경우에는 앉아서 인사를 하게 된다. 상황별 인사요령은 다음과 같다.

① 앉은 자세에서 자연스럽게 상체를 허리부터 굽힌다(하나).

② 잠시 멈춘다(둘).

③ 천천히 허리를 편다(셋).

(2) 걸을 때의 인사요령

다음은 보행 중 고객이나 상사를 마주쳤을 때 하는 인사요령이다.

① 거리가 멀 경우 우선 눈인사나 미소로 상대를 반긴다.

② 2~3m 앞에서 상대를 향해 멈춰선 후 인사를 한다.

③ 상대가 지나간 후에 움직인다.

(3) 계단에서 인사요령

다음은 계단을 오르내릴 때 하게 되는 인사요령이다.

① 계단을 오르기 전에 간단한 눈인사나 미소로 예의를 표시한다.

② 통행에 방해가 되지 않도록 신속히 움직여 상대 앞에서 인사한다.

③ 상대가 계단을 올라올 경우 계단 위에서 하지 않고, 같은 계단에 도착했을 때 벽 쪽으로 붙어 멈추어 서서 고개를 숙여 인사한다.

(4) 인사에 대한 답례

흔히 인사는 아랫사람이나 서비스맨만 하고 윗사람이나 고객은 받기만 하는 것으로 오해하기 쉬우나, 인사를 제대로 받아주는 것도 인사의 일부분이다. 따라서 인사를 받는 방법도 인사하는 방법과 동일하게 하는 것이 좋다. 겸허하고 감사하는 마음으로 인사에 대한 답례를 해야 하며, "예, 안녕하십니까?", "감사합니다", "수고하셨습니다" 등의 인사말을 잊지 말아야 한다.

우리가 인사에 인색한 까닭

인사는 마음의 문을 여는 열쇠이며 대인관계의 시작이다. 인사는 어렸을 때부터 늘 해온 것이지만, 제대로 되지 않는 부분이 많다. 여기에는 두 가지 까닭이 있다.

첫째, 인사를 하나의 형식적인 절차로 생각하기 때문이다. 인사란 마음을 열고 상대방에게 다가가는 적극적인 자기표현이라는 생각이 필요하다. 따라서 인사는 먼저 할수록, 자주 할수록 좋은 것이다.

둘째, 인사를 받는 사람의 성의 없는 응대에 문제가 있다. 인사하는 사람 따로 있고 받는 사람 따로 있는 것이 아니라, 인사는 서로 주고받는 것이기 때문이다.

"안녕하십니까?" ———— "예, 안녕하십니까?"
"저, 실례합니다" ———— "예, 어서 오십시오", "안녕하십니까?"
"어서 오십시오. 기다리고 있었습니다", "감사합니다", "또 오십시오"
"예, 알겠습니다", "실례합니다", "죄송합니다"
"수고하셨습니다", "다녀오겠습니다"
이것이 인사의 기본이다!

4. 소개와 악수

사회생활에서 흔히 있는 일로 사람을 소개하는 것이다. 사람을 소개할 때는 소개할 사람들 사이에 서서 친소관계를 따져 자기와 가까운 사람을 먼저 소개한다. 또한 손아랫사람을 손윗사람에게 먼저 소개한다. 보편적으로 남성을 여성에게 먼저 소개한다. 그러나 연령의 차이가 많이 날 때는 여성을 남성에게 먼저 소개하는 것이 합당하다고 하겠다.

소개를 할 때 대부분의 사람들은 서로 손을 내밀면서 악수를 청하게 된다. 한국인의 경우 악수는 윗사람이 먼저 청하게 된다. 악수를 할 때는 상대의 얼굴을 주시하면서 웃는 얼굴로 손을 내민다. 손을 너무 세게 잡거나 손끝만 내밀어 약하게 잡는 것은 예의에 벗어나며, 인사 후에는 잡았던 손을 곧 놓아야 한다.

손을 놓고 나면 주머니나 안주머니에서 명함지갑을 꺼내 명함을 교환하게 된다. 일반적으로 명함은 10여 장을 보관하며, 깨끗하게 관리한다. 방문한 곳에서는 상대방보다 먼저 건넨다. 소개받았을 경우 소개받은 사람부터 건넨다. 명함 교환은 일어서서 하며 아랫사람이 먼저 건넨다. 명함을 건넬 때는 상대방이 읽기 쉬운 방향으로 전한다. 오른손에 왼손 또는 명함지갑을 받쳐서 정중히 건넨다. 명함을 건넬 때는 본인의 이름을 말하며, 고개를 숙여 인사하며, 잘 부탁드린다는 말씀을 드린다. 상대방의 명함은 정확히 읽고 회사명, 직함, 그리고 성명을 확인한다. 가끔 한자로 적힌 명함을 읽지 못할 때는 본인에게 어떻게 읽는지를 확인한 후 명함꽂이에 넣거나 책상 위에 놓고 대화를 시작한다.

5. 대화와 호칭

대화는 상황에 맞게 존칭어와 겸양어를 사용한다. 서술형은 "~입니다(습니다)"를 사용한다. 의문형은 "~입니까?(습니까?)"를 사용한다. 명령형은 의뢰형으로 바꾸어 사용한다. "~해 주시겠습니까?" 등으로 표현한다.

대화할 때에는 개인의 자존심과 프라이버시를 건드리지 않는다. 상대방의 나이나 결혼 여부는 물론이며, 정치, 종교, 스포츠 등으로 편을 가르는 대화는 인간관계를 나쁘게 만드는 것이므로 조심해야 할 부분이다. 대화는 듣기, 말하기, 끼어들기를 적절히 하게 되며, 특히 듣기에 치중하여 분위기를 이끌어가는 것이 바람직하다. 대화에는 1:2:3의 법칙이 있어 한 번 말하고, 두 번 듣고, 세 번 끄덕이는 대화기법으로 상대에게 호감을 주어야 한다. 뿐만 아니라 호텔리어는 대화를 시작할 때 쿠션언어를 사용함으로써 대화를 보다 부드럽게 이끌어갈 수 있다.

① 듣기
- 호의적인 태도로 듣는다.
- 상대방 외에는 다른 사람에게 관심을 두지 않는다.
- 의미를 정확히 이해하기 위해 자신의 말로 고쳐 물어가며 듣는다.
- 이미 알고 있는 내용이라도 때에 따라서는 모른 체 들어주는 미덕을 기른다.

② 말하기
- 무엇을 어떻게 말할 것인지를 생각한다.
- 상대방에 좋은 느낌을 갖고 말한다.
- 자신감을 갖고 말한다.
- 분명한 발음으로 말한다.
- 맑은 목소리로 말한다.
- 필요한 내용만 간결하고 정확하게 말한다.

③ 끼어들기
- 분위기와 상황파악을 잘한 후에 주문의뢰한다.
- 당사의 임직원 및 관계사 임원을 대할 때는 주문의뢰 시 고객에게 방해가 되지 않

는 범위 내에서 대기하여 주문의뢰를 기다린다.
– 고객응대 시 너무 가까이 밀착하여 대화하는 것은 삼간다.
– 상대와 대화할 때 불쾌감과 어색함을 느끼는 것은 지양해야 한다.

쿠션언어의 사용

바쁘시겠지만	고객님, 바쁘시겠지만 시간 좀 내주시겠습니까?
번거로우시겠지만	고객님, 번거로우시겠지만 서명 부탁드립니다.
불편하시겠지만	고객님, 불편하시겠지만 저쪽을 이용해 주시겠습니까?
괜찮으시다면	고객님, 괜찮으시다면 대기실로 안내해 드리겠습니다.
죄송합니다만	고객님, 죄송합니다만 잠시 기다려주시겠습니까?
실례합니다만	고객님, 실례합니다만 홍길동님 맞으십니까?

6. 전화응대

1) 전화받기 기본

- 고객을 맞이하는 마음으로 전화기를 든다.
- 벨이 3번 이상 울리기 전에 수화기를 든다.r45발음은 정확하고 밝게 한다.
- 부서와 이름을 밝힌다.
- 메모 준비를 하고 용건을 경청한다.
- 자기가 받은 전화는 끝까지 책임진다.
- 용건이 끝났음을 확인하고 통화내용을 복창한다.
- 내용은 간단하고 명료하게 한다.
- 마무리 인사말을 잊지 않는다(감사합니다 등).

- 수화기는 상대방이 전화를 끊은 후 조용히 놓는다.

토막상식 전화예절

부재 중인 사무실 동료를 찾는 전화가 걸려오는 경우가 있다.

"여보세요? 스마일 과장님 부탁합니다."

"스마일 과장님 지금 자리에 안 계신데요?"

"언제쯤 돌아오십니까?"

"잘 모르겠는데요"

"그럼 죄송하지만, 메모 좀 남겨주시겠습니까?"

"그러세요."

뭔가 잘못되어 있는 통화내용이다. 무엇일까?

비록 공손하게 전화를 받더라도 오로지 묻는 말에만 대답하는 것은 상대방에 대한 소극적인 태도로서 바람직하지 않다.

"스마일 과장님은 지금 잠시 외출하셨습니다. 삼십 분쯤 뒤에 돌아오실 예정인데요, 혹시 전하실 말씀이 있으십니까?"

이렇게 적극적인 태도에서 상대방은 친절하다는 인상을 받는다.

2) 전화 걸기

(1) 기 본

- 용건을 6하원칙으로 정리하여 메모한다.
- 다이얼을 돌리기 전에 전화번호를 확인한다.
- 발음은 정확하고 밝게 한다.
- 상대방이 나오면 자신을 밝힌 후 상대방을 확인한다.
- 간단한 인사말을 하고 용건을 말한다.
- 요점을 반드시 복창한다.
- 용건이 끝났음을 확인한 후 마무리 인사를 한다(감사합니다 등).
- 상대방이 수화기를 내려놓은 다음 수화기를 조심스럽게 내려놓는다(보통은 전화를 끊지만, 고객이나 손윗사람의 경우에는 상대방이 끊은 뒤에 자신이 끊는 배려가 필요하다).
- 대화에 집중한다.

(2) **주의사항**

- 손가락이 아닌 다른 도구로 버튼을 누르지 않는다.
- 통화 중 타인과 대화하지 않는다.
- 전문용어를 사용하지 않는다.
- 개인적인 일로 전화를 길게 하지 않는다.

3) 전화응대 표준

(1) **전 사원**(공통)

내국인	안녕하십니까? 프런트데스크 스마일입니다.
외국인	Good morning, (the Front desk), This is Smile. May I help you?

(2) **비서**

내국인	안녕하십니까? 부총지배인실 스마일입니다.
외국인	Good morning, (Mr. Lee's office), This is Smile. May I help you?

(3) **담당이사**

내국인	안녕하십니까? 김미소입니다.
외국인	Good Morning. This is (M. S. Kim). May I help you?

(4) Service Express 직원

외선	안녕하십니까? 월드베스트스마일호텔입니다. (듣는다) → (연결한다) (내국인) 연결하겠습니다. 감사합니다. (외국인) Thank you for calling the World Best Smile Hotel.
내선	Thank you for calling Service Express. How may I help you, Mr.(Miss)__________?

4) 전화 응대용어 사용 예

구 분	바람직하지 않은 표현	바람직한 표현
1	안녕하세요?	안녕하십니까?
2	우리 회사	저희 회사
3	데리고 온 사람	모시고 온 분
4	누구십니까?	어느 분이십니까?
5	ㅇㅇ씨입니까?	ㅇㅇ손님 되십니까?
6	잠깐만 기다려주십시오.	(죄송합니다만) 잠시만 기다려주시겠습니까?
7	잠깐 자리에 없습니다.	죄송합니다. 잠시 자리를 비웠습니다.
8	전화 주십시오.	전화를 주시겠습니까?
9	다시 한 번 말해주십시오.	다시 한 번 말씀해 주시겠습니까?
10	알았습니다.	잘 알겠습니다.
11	모르겠습니다.	죄송합니다만, 제가 알아봐드리겠습니다.
12	알아봐주십시오.	확인해 주시겠습니까?
13	다른 전화를 받고 있으니 기다리세요.	다른 전화를 받고 있습니다. 잠시만 기다려주시겠습니까?
14	나중에 전화드릴게요.	잠시 후에 전화드리겠습니다.
15	그런 사람 없습니다.	죄송합니다. 찾으시는 분은 저희 회사 직원이 아닙니다.
16	들리지 않아요. 뭐라고요?	죄송합니다. 전화상태가 좋지 않으니, 다시 한 번 말씀해 주시겠습니까?

구 분	바람직하지 않은 표현	바람직한 표현
17	고마워요.	감사합니다.
18	전화 돌려드릴게요.	전화를 연결해 드리겠습니다.

※ 서술형은 "~입니다(습니다)"를 사용한다(~여요, ~예요 등은 낮춘말은 아니나 격식을 갖춘 언어가 아니다).

※ 의문형은 "~입니까?(습니까)"를 사용한다. 명령형은 의뢰형으로 바꾸어 사용한다.

5) 전화예절 Checklist Ⅰ

	전화 받는 법	적 합 여 부
1	벨이 울리면 3회 이내에 받았습니까?	
2	메모 준비는 되어 있습니까?	
3	부서명과 이름을 밝혔습니까? (밝고 분명한 발음으로 응대했습니까?)	
4	밝고 분명한 발음으로 응대했습니까?	
5	경어 또는 겸양어는 적절했습니까?	
6	상대방의 말을 경청했습니까?	
7	용건을 들으며 메모했습니까?	
8	요점을 복창했습니까?	
9	전문용어를 사용하지 않았습니까? (전문용어의 사용은 바람직하지 못함)	
10	끝맺는 인사말을 했습니까?	
11	상대방이 끊은 후에 전화를 끊었습니까?	
12	수화기는 조용히 내려놓았습니까?	

6) 전화예절 Checklist II

	전화 거는 법	적 합 여 부
1	상대방의 번호를 확인하고 걸었습니까?	
2	용건을 미리 메모하고 걸었습니까?	
3	버튼을 손가락으로 정확히 걸었습니까? (펜 등은 사용하지 않는다)	
4	밝은 목소리로 분명하게 자신을 소개했습니까? (인사말 포함)	
5	상대방을 확인했습니까?	
6	경어나 겸양어는 적절했습니까?	
7	요점은 서로 확인했습니까?	
8	끝맺는 인사말을 했습니까?	
9	상대방이 끊은 후에 전화를 끊었습니까?	
10	수화기는 조용히 내려놓았습니까?	

제4절 서비스어텐던트의 이미지 메이킹

1. 이미지 메이킹의 개념

이미지는 외적 이미지와 내적 이미지가 있다. 복장, 용모나 표정 등 겉으로 드러나는 이미지를 겉모양(appearance)이라고 하며, 이는 직접경험을 통해 형상화하는 것이다. 내적 이미지는 눈으로 볼 수 없는 정신적 형상(mental representation)을 의미하는 것인데, 이는 본인이 가진 인격, 성품, 마음가짐 등이 여기에 해당한다.

이미지 메이킹은 두 가지로 구분할 수 있다. 우선 본인의 보습대로 사신의 이미지를 만들어가는 것이고, 본인이 가진 외면과 내면을 그대로 나타내는 것이다. 또 다른 이미지 메이킹은 자신과 유사한 인물을 모델로 삼아, 그를 담기 위해 외면과 내면을 가꾸어가는 것이다. 이미지의 어원은 "Imago"로 "모방하다"라는 뜻이다. 어린시절부터 외면과 내면에 가장 큰 영향을 주는 사람은 부모를 중심으로 한 가족 구성원일 수 있으며, 성장하면서 본인이 존경하는 사람의 모습을 모방하면서 인생의 목표를 성취해 가게 된다. 연예인을 모방하는 젊은 층, 정치적 목적을 달성하기 위해 위대한 정치인들을 본인의 이미지로 설정하여 본인을 홍보하는 정치인, 뛰어난 발명으로 인류의 삶의 질을 향상시킨 과학자들을 본인의 정신적 형상으로 삼는 사람들도 있다.

2. 이미지 메이킹의 진행방법

1) 자신을 먼저 이해하자

자신만의 이미지를 창출하기 위해서는 먼저 자신을 알아야(know yourself) 한다. 스스로 자신을 객관화하여 분석함으로써 자신의 장점과 단점을 파악하고, 이를 바탕으로 자신이 택할 수 있는 기회요인과 위협요인도 파악하며, 장점과 기회요인을 잘 활용함으로써 본인의 가치를 높여야 할 것이다. 본인이 바라는 방향으로 이미지를 가꾸기 위해서는 기록에 의해 자기 자신을 객관화하고, 이를 타인에게 확인시켜 본인의 가치를 알 수 있도록 해야 할 것이다.

2) 자신의 모델을 설정하자

좋은 이미지를 만들어가는 방법은 본인이 되고자 하는 사람을 모델로 설정(model yourself)하는 것이다. 먼저 이미지 메이킹의 목표를 설정함으로써 자신이 추구해 나갈 방향을 스스로 구체화할 수 있게 되며, 궁극적으로 성공의 해답을 먼저 알게 되어 다른 사람에 비해 목표 달성이 쉬울 수 있다. 이때 자신이 설정한 모델은 본인이 좋아하는 유형의 사람일 것이고, 이는 성공을 전제로 설정될 것이다. 그러나 더욱더 중요한 것은 끈기와 실천이다.

3) 자신을 잘 계발하자

자신의 이미지를 계발하는 것은 타인에게 비쳐질 나를 만들어가는 과정이므로 매우 진술해야 할 것이다. 자신을 계발(develop yourself)하는 방법에는 상급학교로 진학하는 방법도 있고, 전문서적을 통해 전문성을 기르거나 교양서적을 통해 내면의 세계를 넓혀가는 방법도 있을 것이다. 자기계발을 위해서는 무엇보다도 긍정적인 사고가 필요하며, 한 번 세운 계획은 꼭 달성하는 노력이 있어야 할 것이다.

4) 자신의 이미지를 잘 연출하자

자신의 개성을 살린 본인의 이미지를 잘 연출하기(direct yourself) 위해서는 선남선녀형의 얼굴도 중요하지만, 다소 평범하더라도 밝고 건강한 인상을 가지고, 타인을 배려하는 따뜻한 마음씨를 가진 사람의 이미지로 보여지는 것이 최상일 것이다. 좋은 이미지를 연출하기 위해서는 아름다운 미소, 겸손한 태도, 효율적인 시간관리, 품위 있는 말씨, 조리 있는 대화, 단정한 외모와 복장, 세련된 표현력 등이 필요하다. 호텔관광서비스 제공자의 이미지를 갖추려고 할 때 외형적인 것은 모방이나 교육을 통해서 비교적 쉽게 이룩할 수 있지만 내면적인 것은 교양을 쌓고 마음을 다스려야 하므로 많은 노력이 필요할 것이다. 자신의 이미지를 연출하기 위해서는 평수에 자기관리를 철저히 해야 할 것이다.

5) 자신을 마케팅하자

현대는 마케팅시대이다. 아무리 좋은 상품이라도 마케팅을 하지 못하면 제 가치를 평가받지 못한다. 이미지 메이킹의 마지막 단계는 바로 자신의 가치를 상대방에게 잘 인식시키고 높은 평가를 받을 수 있도록 전략화하는 마케팅 활동이다. 즉 자신을 마케팅(market yourself)하는 것이다. 좋은 상품의 가치를 지니기 위해서는 자신의 능력을 기르고, 적극적으로 자신의 이미지를 연출할 수 있는 자산만의 브랜드를 만들어야 할 것이다.

다시 말하면 본인의 가치를 명품이 되도록 하여야 할 것이다.

3. 본인의 이미지 분석

자신의 내면에 아무리 멋과 아름다움이 있다고 해도 그것을 드러내지 않으면 타인으로부터 인정받을 수 없다. 자신에게 이미지 연출이 필요하다면 무엇이 왜 필요한지를 분석하고, 객관적으로 판단하여 개선점을 찾아내어야 한다. 본인의 이미지를 향상시키는 방법의 출발점은 자신을 먼저 이해하는 것이다. 서비스 조직 내에서 원만한 대인관계를 이뤄가는 사람이 있는가 하면 매사에 동료와 부딪치는 사람이 있게 마련이다. 성실한 사람, 불성실한 사람, 우유부단한 사람, 남을 이용하려 하는 사람, 이해심이 많은 사람, 서비스정신이 뛰어난 사람 등 정확한 자기 인식과 본인의 이미지를 알아야 한다. 보편적으로 자신의 이미지를 분석할 때 활용하는 방법으로 표정, 인사, 자세와 동작, 용모와 복장, 대화기법 등을 중심으로 본인이 보는 자신의 이미지, 다른 사람이 내게 느끼고 있는 이미지, 실제 다른 사람이 보는 나의 이미지, 나의 외적 이미지와 내적 이미지를 바탕으로 나의 이미지지수를 산출해 낸다. 그 다음 분석된 자료를 활용하여 본인의 이미지 전략을 세워 나갈 수 있다.

1) 본인이 생각하는 자신의 이미지 분석

분석요소	분석 내용	분석 결과
표정	– 평상시 나의 표정은 어떠한가? – 평소에 습관적으로 웃는가? – 처음 만나는 사람에게 어떠한 표정을 하는가? – 눈맞춤과 시선처리는 자연스러운가?	
인사	– 인사는 어떻게 하는가? – 내가 먼저 인사를 하는가? – 처음 만나는 사람에게 주로 쓰는 인사말은?	
자세와 동작	– 나의 선 자세는 어떠한가? – 나의 앉은 자세는 어떠한가? – 나의 걸음걸이는 어떠한가? – 나의 손동작은 어떠한가?	
용모와 복장	– 외출할 때 나의 옷차림은? – 유니폼은 단정하게 입는가? – 나의 화장법은? – 머리는 항상 단정하게 정리되어 있는가? – 신발은 언제나 반짝반짝하게 닦아 신는가?	

분석요소	분석 내용	분석 결과
대화 기법	– 상대방의 이야기를 잘 듣는가? – 내가 특히 습관적으로 잘 쓰는 어휘는 무엇인가? – 말할 때 나의 목소리, 어조, 음량, 발음은 정확한가? – 대화를 나눌 때 주로 상대방의 어디를 보는가? – 항상 경어를 바르게 쓰는가?	

2) 다른 사람이 본인에게 느끼고 있다고 생각하는 이미지 분석

분석요소	분석 내용	분석 결과
표정	– 평상시 나의 표정은 어떠한가? – 평소에 습관적으로 웃는가? – 처음 만나는 사람에게 어떠한 표정을 하는가? – 눈맞춤과 시선처리는 자연스러운가?	
인사	– 인사는 어떻게 하는가? – 내가 먼저 인사를 하는가? – 처음 만나는 사람에게 주로 쓰는 인사말은?	
자세와 동작	– 나의 선 자세는 어떠한가? – 나의 앉은 자세는 어떠한가? – 나의 걸음걸이는 어떠한가? – 나의 손동작은 어떠한가?	
용모와 복장	– 외출할 때 나의 옷차림은? – 유니폼은 단정하게 입는가? – 나의 화장법은? – 머리는 항상 단정하게 정리되어 있는가? – 신발은 언제나 반짝반짝하게 닦아 신는가?	
대화 기법	– 상대방의 이야기를 잘 듣는가? – 내가 특히 습관적으로 잘 쓰는 어휘는 무엇인가? – 말할 때 나의 목소리, 어조, 음량, 발음은 정확한가? – 대화를 나눌 때 주로 상대방의 어디를 보는가? – 항상 경어를 바르게 쓰는가?	

3) 다른 사람이 보는 본인의 이미지 분석

분석요소	분석 내용	분석 결과
표정	– 평상시 나의 표정은 어떠한가? – 평소에 습관적으로 웃는가? – 처음 만나는 사람에게 어떠한 표정을 하는가? – 눈맞춤과 시선처리는 자연스러운가?	
인사	– 인사는 어떻게 하는가? – 내가 먼저 인사를 하는가? – 처음 만나는 사람에게 주로 쓰는 인사말은?	
자세와 동작	– 나의 선 자세는 어떠한가? – 나의 앉은 자세는 어떠한가? – 나의 걸음걸이는 어떠한가? – 나의 손동작은 어떠한가?	
용모와 복장	– 외출할 때 나의 옷차림은? – 유니폼은 단정하게 입는가? – 나의 화장법은? – 머리는 항상 단정하게 정리되어 있는가? – 신발은 언제나 반짝반짝하게 닦아 신는가?	
대화 기법	– 상대방의 이야기를 잘 듣는가? – 내가 특히 습관적으로 잘 쓰는 어휘는 무엇인가? – 말할 때 나의 목소리, 어조, 음량, 발음은 정확한가? – 대화를 나눌 때 주로 상대방의 어디를 보는가? – 항상 경어를 바르게 쓰는가?	

4) 본인의 외적 이미지 분석

분석요소	분석 내용
나는 어떤 사람인가?	* 표정, 인사, 자세와 동작, 용모와 복장, 대화기법 등을 바탕으로 빠르게 10가지를 기술한다.
자신의 강점은?	
외모에 특히 신경 쓰이는 곳은?	
자신의 이미지에서 문제점은?	
보완하고 싶은 나의 이미지는?	
부족한 부분을 보완하기 위한 노력은?	
부족한 부분을 보완할 때 어려운 점은?	
내가 바라는 이미지를 그림으로 표현	

5) 본인의 내적 이미지 분석

분석요소	분석 내용
나는 어떤 사람인가?	* 성격, 감정, 성향, 신념, 가치관, 희망, 관심사, 재능, 소질 등을 바탕으로 빠르게 10가지를 기술한다.
자신의 약점은?	
자신은 어떤 사람이기를 원하는가?	
자신의 사회적 이미지는?	– 나의 대인관계는 원만하다. – 나의 인간관계는 의미 있고 보람된 것이다. – 나는 리더십이 있다. – 나는 쉽게 친구를 사귄다. – 나와 인연을 맺은 사람은 나를 신뢰한다. – 다른 사람들은 나와의 만남을 즐긴다. – 다른 사람들로부터 인정받는 것이 내겐 중요하다. – 나는 모든 사람을 평등하게 대하려 노력한다. – 나는 어떤 사람을 만나든지 그의 장점을 보고 그것을 배우려고 노력한다.

분석요소	분석 내용
자신의 감정적 이미지는?	– 나는 차분하고 쉽게 흥분하지 않는다. – 나는 다른 사람들에게 나의 감정을 잘 표현할 수 있다. – 나는 앞날에 대한 걱정을 많이 한다. – 나는 아침에 기분 좋게 하루를 시작하려고 노력한다. – 나는 나 자신을 좋아한다. – 나는 지금까지 성취한 것들을 자랑스럽게 생각한다. – 나는 내 자신과 일에 대해 승리자처럼 생각한다. – 나는 건강하다. – 나는 늘 에너지로 가득 차 있다.
자신의 지적 이미지는?	– 나는 합리적으로 사고할 수 있다. 나는 아이디어가 많다. – 나는 아이디어가 생기면 곧 실행할 방법을 찾는다. – 나는 문제를 해결해 나가는 추진력이 있다. – 나는 내가 생각하는 것을 말로 잘 표현할 수 있다. – 나는 내 장래에 필요한 전문지식과 능력을 계발하기 위해 노력한다. 다른 사람들은 내 능력을 인정하고 믿는다. – 나는 주어진 일을 할 때 기본 방법보다 더 좋은 방법이 없을까 연구한다. – 나는 항상 '어떻게'보다 '왜'라는 질문을 한다.

6) 본인의 이미지 지수 분석

분석요소	분석 내용
본인의 이미지는?	– 상대의 마음을 열게 하는 온화한 이미지인가? – 지적이면서 기품 있는 세련된 이미지인가? – 모든 것을 포용해 주는 편안한 이미지인가? – 카리스마를 지닌 강한 이미지인가? – 재치 있고, 민첩한 센스를 지닌 이미지인가?

본인에게 어울리는 계절은?	– 봄 : 밝고 경쾌하며 발랄한 이미지로 주위의 분위기를 살려주는가? – 여름 : 열정적이며 환희에 찬 이미지로 상대에게 호감을 주는가? – 가을 : 단아하고 지적이며 만인에게 편안함을 주는 성숙한 이미지인가? – 겨울 : 깔끔하고 단정한 인상으로 주위 사람들로부터 주목받는 전문가형인가?
본인의 감각적 이미지는?	– 나는 어떤 색상의 사람인가? 밝은 색인가, 어두운 색인가? – 나의 온도는? 따뜻한 느낌을 주는가, 차가운 느낌을 주는가? – 나의 무게는? 가벼운 느낌의 사람인가, 무게감을 느끼는 사람인가? – 나의 향기는? 어떤 향기가 날까? – 나의 소리는? 나로부터 어떤 소리가 날까?

7) 본인의 이미지 컨설팅

분석요소	(+) / (–) 이미지 진단
표정과 시선	
피부색, 얼굴형, 메이크업, 헤어스타일	
컬러, 체형, 얼굴형에 맞는 소품류 착용	
인사, 자세, 동작	
언어소통능력	

8) 본인이 보여지고 싶은 전략적 이미지

5년 후 본인의 모습	분석 내용
외모와 건강적인 면	
내면과 감정적인 면	
사회적인 면	
경제적인 면	
가정적인 면	

9) 본인이 투사하고 싶은 이미지 묘사

요소	본인이 바라는 이미지	구체적인 본인의 이미지 향상 방안
표정		
인사		
자세와 동작		
용모와 복장		
대화기법		

4. 본인의 역할모델 설정

이미지 메이킹이란 궁극적으로 본인이 원하는 바람직한 모델을 정해놓고, 그 이미지를 현실화하기 위해 본인의 잠재능력을 최대한 발휘하여 자신이 원하는 가장 훌륭한 모습으로 만들어가는 의도적인 변화과정이라고 할 수 있다. 이러한 변화과정은 본인의 성장과 혁신을 목표로 하는 사람들의 평생과업이라고 하겠다.

이미지 메이킹은 모방에서 시작하여 이를 바탕으로 본인의 것으로 만들어가는 과정이므로 그 벤치마킹 대상에 맞추고자 노력하는 부분을 하나씩 적어서 실천할 방향을 잡도록 한다.

| 표 7-2 | **본인의 역할모델 설정**

분석요소	분석 내용
본인이 하고 싶은 일은 무엇인가?	
본인이 하고 싶은 일을 직업으로 가진 사람들의 이미지는?	
현재 그 직업의 이미지와 본인을 비교하고 분석	
본인이 보완해야 할 이미지는? 어떤 이미지로의 전환을 원하는가?	
본인에게 맞는 전략적 이미지는?	

제8장

객실서비스

제 8 장 객실서비스

돌아오지 않는 고객

나는 딩신의 고객입니다.
나는 절대로 화를 내는 법이 없습니다.
나는 당신이 나의 요구를 무시해 버린다거나,
부주의함을 보이거나,
관심을 보이지 않더라도 결코 화를 내지 않습니다.
지금 나는 당신의 고객입니다.
당신의 서비스가 만족스럽지 못해도,
당신들이 내 불만의 원인을 해결해 주지 않아도
정말 화를 내지 않겠습니다.
왜냐하면 다시는 당신의 호텔을 찾지 않으면 그만이니까요!

– 웨스틴조선호텔 서비스 매뉴얼에서

제1절 프런트 데스크 서비스

1. 입숙과정(Check-In) 서비스

1) 사전준비

(1) 준비물

도착고객 명단, VIP 명단, 등록카드, Key Packet, 각종 프로그램에 의한 Packet, Insert, Breakfast Coupons 등

(2) 준비작업

▣ 준비내용

- 상급자로부터 받은 주요 업무지침을 인계받는다.
- 원활한 근무를 위하여 그날의 일정 및 계획을 점검한다.
- Current Status를 확인하고, 사전에 숙지한다.
  - Arrival List
  - VIP Guest List
  - Trace Report
  - Special by Special
  - Arrival Guest

▣ 업무분담

- 근무에 들어갈 인원들은 각자 내지 모두가 해야 할 일들을 숙지한다.
- 전 근무자에게 인계받은 사항 중 문제 있는 것은 해결방안을 숙지한다.

▣ 주의사항

- 투숙률보다 예약률이 높은 경우의 근무에 있어서는 더욱 긴장된 마음으로 근무에

임해야 하며, No Show 가능성이 있는 예약고객을 찾는다든가, 항공편의 정시운항 여부, 주변 호텔의 객실상황을 확인해 둔다.

▣ 등록카드

• 야간 근무조가 할 일
  - 다음날 투숙예정고객의 등록카드를 출력한다.
  - 단체의 경우는 단체별로 모아두고, 단체예약에 대한 준비내용을 함께 붙여놓는다.
  - Fax나 Mail은 미리 와서 보관되어 있는 것을 확인하여 당일 도착예정고객의 것을 등록카드에 붙여놓는다.

• 오전 근무조가 할 일
  - 예약된 객실의 경우 미리 배정해 놓는다. (VIP, Executive Club, Chain Hotel Programs, Nonsmoker, 각종 Amenity가 제공되는 고객 등)
  - 단체는 가능한 같은 층으로 객실을 배정한다.
  - 외국인과 여성 손님의 방을 좀 더 신경을 써서 배정하도록 한다.
  - 여성은 엘리베이터와 가까운 곳으로 배정한다.
  - 여성고객에게 절대 Connecting Room을 배정하지 않도록 하고, 일본인 손님의 경우 욕조가 없는 방의 배정은 불가피한 경우가 아니면 하지 않는다.
  - 장기 손님은 구석지고, 조용한 곳으로 배정한다.
  - 특별한 요구가 없는 경우 Connecting Room 배정은 배제한다.
  - 객실 배정이 변경되는 경우 하우스키핑과 룸서비스에 통보하여 Amenity 및 전달물 등을 변경된 객실로 옮긴다.

• 오전 근무조가 할 일
  - 미리 배정된 객실 중에서 아직 Check-Out을 하지 않았거나 연장된 방이 있을 때는 즉시 다른 객실을 이용한다.
  - 미리 배정된 객실의 입실 예정시간과 그 객실고객의 퇴실시간이 비슷한 경우, 사

전에 객실을 바꾸어야 한다. (손님이 Check-In 시 설명을 드리고 다음 날 원하시는 경우 Room Change를 해드린다.)

그림 • 8-1 프런트 오피스의 서비스 구역

그림 • 8-2 객실서비스상품

2) 서비스 방법

(1) 단체고객(Group Guest)

- 단체고객이 도착하면 먼저 안내원(Tour Guide)과 예약된 고객의 인원 수 및 객실 수를 점검한 뒤 실제 도착한 고객 수와 필요한 객실 수를 확인하고, 예약조건(객실료, 식사 등)을 재확인한 뒤 입숙절차에 들어간다.
- 단체고객의 명단이 사전 입수되어 있을 경우 또는 확실한 경우가 아니면 전화상으로 고객과 단체의 이름을 외부에 안내할 때 주의해야 한다.
- Tour Guide가 Rooming List를 가지고 왔을 때에는 명단에 객실번호를 적고 2부를 복사하여 1부는 Master Folio에 1부는 Group File에 보관한다.
- 단체고객의 Rooming List에는 반드시 고객의 주소, 여권번호, 생년월일이 기재되어 있는지를 확인한다.
- 후불계약조건이 아닌 경우에는 먼저 Credit Card나 현금을 받고 객실카드키를 가이드에게 건넨다.
- 식사가 포함된 단체는 카드키 봉투에 있는 식권을 고객들이 다시 확인하도록 한다.
- Guest List가 없는 단체의 경우에는 여권 내에 소지하고 있는 출입국 카드를 대신 복사해서 명단 대신 사용한다.
- 객실 배정이 끝난 후에는 Bell Attendant에게 짐을 객실로 옮기게 하고, 식권을 사용할 식당과 시간, 위치에 대해 고객 또는 Tour Guide에게 설명해 준다.
- 그 외 고객이 필요로 하는 것을 안내한다. (본국으로의 전화방법, 환전에 대한 안내, 호텔 주변에 대한 간단한 설명, 호텔 부대시설 및 영업시간 등).

(2) 개인고객 중 일반고객(Customer)

- Check-In 여부를 묻고 등록카드에 고객의 성명, 주소, 여권번호 등의 기재를 정중히 요청한다.
- 가능한 한 즉시 안내하여 객실에서 등록받는다.
- 접객할 때는 반드시 미소를 지으면서 고객의 눈을 마주보고 대화한다.

– 가능한 고객의 성명을 많이(3번 이상) 불러준다.
– 고객을 즐겁게 맞이하는 마음의 준비가 되어야 하며 미소의 생활화가 잘 이뤄져야 한다.
– 고객이 등록카드에 기재하는 동안 컴퓨터로 고객의 방을 찾아서 적당한 객실을 배정하여 모니터에 Check–In을 한 후 카드키를 등록하여 Key Packet에 넣는다.
– 등록이 끝나면 고객에게 지불방법을 묻고, Credit Card로 지불하는 경우 고객에게 Imprint할 것을 요청하고 복사한 것은 등록카드에 같이 붙여놓는다.
– 등록카드에 고객을 Check–In한 근무자의 서명을 하고 고객이 등록한 것을 다시 확인하도록 해서 나중에 누락된 내용이 발견될 경우에 고객에게 다시 부탁하지 않도록 한다.
– 고객의 퇴숙일자를 재확인하여 실제 퇴숙일을 기록해 둔다.
– 입숙 시 객실요금과 퇴숙일자를 고객에게 확인하도록 한다. 등록 시 고객에게 'MSG'가 와 있을 경우 지체하지 말고 'Message'를 고객에게 전해 준다.
– 고객에게 즐거운 체류가 될 것을 말하고 카드키가 들어 있는 Packet을 고객 혹은 Bell Attendant에게 전해주고 고객을 안내하도록 한다.
– 고객에게 짐의 숫자가 맞는지 확인한 후 객실로 안내되도록 한다.
–

(3) **일반고객 중** Chain Hotel Privilege Program Card **소지자**

– 고객에게 Chain Hotel Privilege Program Card를 요구해서 Membership Number를 확인한다.
– Express Check–In으로 가능한 한 빠른 Check–In을 하여야 하며, Credit Card Imprint만 부탁한다.
– 되도록 많은 고객을 객실로 안내해 드린다.

(4) **일반 고객 중** Executive Club**에서** Check–In

– 등록방법은 Executive Club Lounge에서 Express Check–In을 하도록 한다(안내하여 객실에서도 등록이 가능함).

- Executive Club의 고객에게는 EC Lounge 위치와 이용시간 등을 안내하고, 등록할 때 간단하게 설명한다. EC Lounge가 있는 층이 아닌 Executive Club 고객에게는 반드시 EC Lounge의 위치를 알려준다.
- EC Lounge가 위치한 층에 머물기를 원하는 고객에게 객실배정을 하지 못했을 경우에는 가능한 한 다음날이라도 방을 옮길 수 있도록 조치한다. 전혀 가능하지 않을 경우 고객에게 정중히 사과하고, 다음 방문 시 고객이 원하는 층으로 객실을 배정할 것을 약속하고 Guest History–Comment난에 기록을 남겨서 다음 방문 시 꼭 원하는 방을 배정하도록 한다.

Fidelio System에서 일빈고객의 Check-In 방법

첫째, FRONT 화면에서 ARRIVAL 화면으로 들어간다.

둘째, NAME FIELD에서 고객의 SIR NAME의 알파벳 3자 정도를 넣고 ENTER KEY를 누른다.

셋째, 객실이 미리 배정돼 있는 방은 ESC KEY를 누르면 CHECK–IN이 된다.

넷째, CHECK–IN 화면에 'DIRTY'가 나오면 바로 HOUSEKEEPING에 전화해서 정소 유무를 확인하고, 청소가 됐다고 하면 CHECK–IN시킨다.

다섯째, DIRTY인 경우, 다른 객실이 가능하면 객실을 바꾸어드리고 빈방이 없으면 손님을 로비라운지, EC LOUNGE 또는 다른 장소로 안내하여 FRONT LOBBY에서 기다리지 않도록 배려한다. 만약 SHOWER를 하고 바로 일하러 가야 한다면 SAUNA로 안내해 드린다.

여섯째, 객실이 미리 잡혀 있지 않을 경우에는 F3 KEY(VACANT ROOM)를 누르고 고객에 적당한 객실(금연실, 높은 층, 해변 또는 도심 전망)이 나오면 ROOM #(화면 속의) 내에 객실번호를 넣고 ENTER KEY를 친다.

일곱째, CHECK–IN 화면에서 ESC KEY를 누르면 "CHECK–IN?" MASSAGE가 나오고 YES를 치면 CHECK–IN이 된다.

(5) VIP(Very Important Person)

- Housekeeping에 전화해서 VIP고객의 객실이 잘 정돈되어 있는가를 재확인해 둔다.

- VIP고객의 입숙예정시간, 항공기 도착시간을 확인한 다음 현관에서 Assistant Manager나 Concierge가 고객을 안내하여 객실에서 등록을 받도록 한다.
- 고객이 객실로 안내된 후 Bell Attendant에게 짐을 옮기도록 한다.
- 컴퓨터에서 고객을 Check-In시키고, 등록카드의 내용은 Concierge가 카드를 가지고 온 다음에 입력시킨다.
- VIP고객의 도착 시 부서책임자에게 즉시 알려서, Concierge와 함께 고객응대를 하여야 하지만 사정상 그렇게 하지 못했을 경우에는 나중이라도 VIP고객에 대한 도착시간을 부서장에게 알려야 한다.

(6) **단골고객**(Repeat Guest, Client)

- 단골고객은 객실이 Overbooking되어 있지 않는 한 미리 방을 배정해 둔다.
- 고객이 피곤해 보일 경우 가장 중요한 것은 최대한 빠르게 고객을 투숙시켜 객실로 모시는 것이다.
- 고객이 도착하면 성함을 부르면서 따뜻한 인사를 한다.
- 등록카드를 고객에게 보여드리고 미리 출력되어 있는 고객의 주소가 정확한가를 확인하고 그대로인 경우는 고객의 여권번호, 서명을 받고, Credit Card를 Imprint하고 Card Key를 바로 내주어서 짧은 시간 내에 입숙하도록 한다.
- 고객의 주소, 여권번호, 회사가 바뀌었을 경우에는 다시 등록을 받고 Computer System의 Guest History로 가서 내용을 바꿔놓으면 다음 방문 시 새로운 기록을 이용할 수 있다.
- 고객인지를 위하여 고객에게 양해를 구하고, 사진을 찍어 Front Office에 보관한다.
- 고객이 피곤하여 사진을 찍기가 곤란할 경우 시간이 가능할 때 Front Desk에 들려달라고 부탁드린다.
- 객실이 배정된 경우 Computer로 Check-In된 것을 확인한 후 카드키를 고객 혹은 Bell Attendant에게 내주어 객실로 안내하도록 한다.

(7) **처음 오시는 고객**(First Visit Guest)

- 우리 호텔에 처음 오시는 고객일 경우, 고객에게 더욱 따뜻하게 인사하며, 우리 호텔에 오신 것에 감사한다. 첫인상이 좋으면 체류기간 내내 제공하는 서비스에 긍정적인 반응을 보일 수 있다.
- 등록절차는 일반고객의 개인등록과 같다. (손님을 안내하여 객실에서 등록을 받는다. 다만 Front Desk에서 Credit Card를 Imprint해야 한다.)
- 처음 호텔을 이용하는 고객에게는 객실뿐만 아니라 호텔시설들에 대해서도 안내하여 준다.

3) 문제발생 시 처리방법

(1) **화면에 예약이 없는 고객**

- 먼저 성으로 찾아봐서 예약을 확인할 수 없으면 Check-In화면에서 이름으로 찾아본다.
- 회사명과 성명을 다시 한 번 찾아본다.
- 위의 방법으로도 예약 내용이 없고, 객실이 여유가 있는 경우에는 우선 사과하고 예약을 받는다.
- 계약관계 회사의 고객인 경우에는 계약된 요금을 적어준다.
- 계약된 회사는 없지만 Corporate Discount Card를 소지하고 있으면 그 할인카드에 해당하는 할인을 해드린다.
- 상기 내용에 부합되지 않을 경우는 Rack Rate를 적용한다.
- Guest History가 있는 경우 가급적 지난번 가격을 적용한다(당해연도에 한함).
- 입숙절차가 끝난 후 예약한 것이 확인된 경우, 왜 예약을 찾아내지 못했는지를 고객에게 알려드리고, 사과한다.

(2) **원래 예약이 없는 고객**

- Front Desk나 화면에서 Walk-In으로 들어간다.

– Walk–In 화면이 나오면 고객의 이름을 입력하고, 투숙한 적이 있는 고객은 Guest Profile을 이용한다. 퇴숙일자, 세분시장별 고객, 고객 수, 객실요금 코드를 입력시키고 F3 Key로 Room Search하여 객실을 찾아서 배정하고 Credit Card, History, Passport#, Visa#(생년월일 입력), No Tax의 여부를 넣는다.
– Special난에는 Walk–In을 뜻하는 'WN'을 입력해 넣는다.

(3) Front에서 고객의 Information 요청 시

– 항공기의 예약확인, 시내관광 등에 관한 문의전화 : Concierge Desk 직원이 있을 경우에는 즉시 연결해 주고, 그렇게 할 수 없을 때는 Concierge가 곧 객실로 연락하겠다고 Memo를 남기도록 한다. 고객이 직접 Front에 와서 문의하면 항공기의 경우에는 항공기명, 출발일, 시각 등을 Memo해서 Concierge에게 전달한다. 관광안내의 경우에는 Concierge를 부르도록 한다.
– Morning Call 요청은 고객이 원하는 시각을 듣고, 객실번호와 요청시간을 재확인한 후 Service Express에게 전화를 걸어서 알려주도록 한다.
– Morning Call은 Service Express로 연결하지 말고, 바로 고객의 요청대로 듣고 직접 Service Express로 인계한다.
– 고객이 외출하면서 행선지를 남기려고 할 때는 Computer의 전화화면으로 들어가서 고객의 객실번호나 성명으로 입력해서 해당되는 번호를 넣고, Enter Key를 누른다. 고객의 행선지나 돌아오시는 시간이 변경되면 반드시 Front나 Service Express에게 고객이 연락해 주도록 요청한다.

(4) 투숙객의 체류기간 연장

– 객실이 있는 경우 : 바로 고객이 원하는 날로 Computer와 Registration Card상의 퇴숙일을 바꾸어둔다.
– 객실예약이 Overbooking되어서 객실에 여유가 없는 경우 : No Show를 예상하고도 객실이 모자라는 경우는 투숙고객과 연락해서 퇴숙일의 연기가 어려우니 Waiting List에 올려놓거나 다른 호텔로 예약해 드리겠다고 말하고 정중히 사과한다.

4) 인수인계사항

- 당일 도착예정 고객 중에서 VIP, 특별한 요구가 있는 고객은 인계하여 Check-In Service를 보다 각별하게 신경 쓸 수 있도록 한다.
- 인수인계 파일에 적혀 있는 것을 숙지하고, 그대로 시행하도록 한다.
- 완료된 것과 처리해야 할 일을 구분하여 인수인계한다.
- 당일이나 다음 날의 주요 업무를 동료직원에게 인수인계하고, 담당부서장으로부터 업무지시를 받고, 이를 다시 보고한다.

2. 퇴숙과정(Check-Out) 서비스

1) 사전준비

(1) 준비물

- 컴퓨터, 프린터, 계산기, 위폐식별기 등

(2) 준비작업

- 전 근무자에게 인수인계사항을 접수하고 점검을 완료한다.
- 당일 퇴숙예정 객실 수를 파악하고, 근무인원을 재배치하고 근무태세를 강화한다.
- 퇴숙시간을 확인한다.
- 실시해야 할 사항이 기재된 Trace의 내용에 따라 Report를 준비하고, 이를 처리한다.
- Front Office Agent의 업무를 근무인원에 따라 서로 분담하여 실시한다.

2) 서비스방법

(1) 개인

- 퇴숙절차를 위해 접근하는 고객에게 30도 정도 허리를 굽혀 인사한다.
- 퇴숙과정에서 고객에게 Massage가 있는가를 확인하여 전달토록 한다.
- 표정은 항상 밝고 자연스러운 미소를 띠도록 한다.
- 퇴숙과정에서 가능하면 고객의 이름을 자주 불러준다.
- Mini-Bar나 추가로 사용한 항목이 있으면 계산하여 청구한다.
- 출력되어 나온 Guest Folio와 볼펜을 함께 고객에게 드린다.
- 고객이 Guest Folio를 점검하는 동안 고객등록카드를 찾아 신용카드로 계산할 경우 등록카드에 붙어 있는 Card Slip을 떼어 준비한다.
- 고객내역서의 잔액이 -0-인 마지막 장을 출력해 드리고 Card Slip(회원용)과 내역서를 함께 Check-Out 봉투에 넣어 드린다.

(2) 단체

- 단체의 경우도 개인 서비스 절차와 동일하다.

(3) Voucher Payment

- Voucher Payment는 대개 세 가지로 나누어지며, 퇴숙 시에는 항상 Voucher Payment 계정을 먼저 Check-Out시키면서 개인이 지불해야 할 금액이 잘못 Charge되었는가를 확인하여 조치를 취해야 한다.
- Voucher로 지불하는 경우에는 ①객실료 ②객실료+조식, ③모든 비용 등이 있다.

(4) Bill to Company

- 모든 비용을 회사에서 지불하는 경우에 사전준비가 되어 있어야 한다.
- 예약 시 후불처리되었거나 투숙 중 회사에서 Fax로 후불처리 요구가 Credit

Manager에게 도착하여 승인된 것은 후불로 처리한다.

- 내역서에 고객서명을 받고 영업장에서 발생한 계산서와 후불요청 문서를 함께 여신부로 보낸다.

(5) **장기투숙객 – 개인 지불**

- 장기투숙객으로 개인 지불인 경우에는 주 단위 정산이나 월 단위 정산을 하게 된다.
- 본인 계정관리를 위해 주 단위 계산하는 고객은 계산시점까지 내역서를 출력해 드린다.
- Credit Card 혹은 현금으로 계산하면 컴퓨터상으로도 –0–잔액을 만들어 드리고 계정을 새로 가지실 것인지, 계속 이어갈 것인지에 따라, 새로운 계정을 원하면 새로운 계정을 Check–In시켜 주고 계속 이어가기를 원하면, 그 계정을 그대로 사용하면 된다. 개인지불 시 지불금액이 많으면 중간계산을 하도록 연락하여 지불받든지 Credit Card 지불이면 적당한 예상금액을 카드회사에서 승인받아 준비해 둔다.

(6) Express Check–Out

- Express Check–Out은 Executive Club Guest, Chain Hotel Privilege Program Card Guest, Express Check–Out을 원하는 고객에게 준비하여 준다.
- 투숙 시 혹은 퇴숙 전 Credit Card를 Imprint해야 하고, 등록카드의 주소가 정확해야 한다.
- 퇴숙 전날 객실료가 포함된 고객내역서(Guest Folio)를 Express Check–Out 봉투에 넣고 오전 5시 전에 객실 출입문 밑으로 넣어드리도록 한다.
- 이를 위해 사전에 고객 Credit Card Number 유효기간과 고객성명을 재확인해야 한다.

3) 문제발생 시 처리방법

(1) Credit Card **승인이 나오지 않는 경우**

- 고객에게 상황을 설명 드리고 다른 카드나 현금으로 계산하도록 한다.
- 다른 카드나 현금이 없으면 Credit Manager에게 연락하여 지시에 따르거나 부재 시 당직지배인의 지시에 따른다.
- 상급자가 모두 부재 중일 경우에는 고객이 속한 한국 주재 사무소나 거래처에서 지불하게끔 연락하여 지불받도록 하고 추후 상급자에게 보고한다.

(2) **영업장에서 A고객에게 발생된 금액을 객실번호를 잘못 보고, B고객에게 청구한 경우**

- A고객이 투숙 중인 경우는 B고객의 계정에서 잘못된 금액을 A고객 계정에 이체한다.

  예) 양식당인 경우 커서를 옮겨 양식당을 선택한 후 "+" Key를 누르고 "D" Key를 눌러서 Transfer to Another Guest를 선택한 후 객실 번호를 입력하여 All Marked Posting을 선택하면 Transfer가 된다.
- A고객이 퇴숙했을 경우 B고객의 계정에서 잘못된 금액을 Transfer하고, 그 업장에서 서명한 Bill과 내역서, 등록카드 사본을 함께 여신부 담당직원에게 넘겨 추징토록 한다.

(3) **퇴숙일 후 발생한** Bill

- 퇴숙을 마치고 업장을 사용하여 발생하든지, 영업장에서 Bill 발생 직후 업장 회계원이 객실 Charege로 처리하기 직전에 퇴숙절차를 마치는 경우로 고객등록카드 사본, 서명한 계산내역서를 여신부 담당 직원에게 보내어 추징하게 한다.

(4) Skipper **발생의 경우**

- 예약부서에 연락하여 고객일정에 관해 문의하고 출국한 것이 확인되면 등록 시

Imprint시켜 놓은 신용카드전표에 청구하고 등록카드사본, 내역서를 함께 여신 담당 직원에게 보내어 처리한다.

- 신용카드전표가 없으면 고객의 Fax, 전화번호를 받아서 고객과 연락하여 지불 받을 수 있도록 Credit Manager에게 보고한다.
- Skipper 발생으로 인한 손실을 방지하기 위해서는 정확한 예약처와 투숙 시 신용카드로 Imprint시켜 놓으면 된다.

(5) 컴퓨터 고장인 경우

- 최근 준비된 Emergency Report상에 있는 고객잔액을 근거로 그 시간 이후 사용된 것은 고객에게 문의하여 고객잔액과 이후 발생된 금액을 피하여 청구한다. 그러나 정확한 금액이 되기 어렵기 때문에 고객에게 추후 추가되는 금액이 있을 수 있다고 말씀드리고 Fax번호를 받아두고, 컴퓨터 작동 시 차액을 추정하여 Fax로 최종 내역서를 보내드린다.
- 명함과 신용카드전표에 서명을 받고 컴퓨터가 작동된 다음 최종 발생된 금액을 신용카드전표에 적어 내역서와 신용카드전표를 Fax로 보내고 원본 내역서와 전표는 우편으로 보내드린다.

(6) 사전에 준비된 것이 없어 퇴숙 시 고객이 "모든 비용을 회사에서 지불하게 되어 있다"고 하는 경우

- 지불할 회사와 담당직원 이름, 전화번호를 받아서 즉시 연락하여 사무실 유무를 확인하고 회사 지불인 경우 회사 지불보증서를 Fax로 바로 보내달라고 하여 Fax와 내역서를 함께 여신부로 보내 후불 처리한다.
- 회사 지불이라 할지라도 우리 호텔과 거래상 신용에 문제가 있거나 소규모 회사일 경우, 상대 회사와 연락이 되지 않을 경우는 고객의 신용카드를 Imprint하고 만약 회사 지불이 가능하지 않을 경우 본인 신용카드로 청구해도 좋다는 내용의 서면 확인을 받고 퇴숙시킨다.
- 후불 처리의 가능 여부는 Credit Manager의 업무로서 임의로 Agent나 Cashier

가 처리해서는 안된다. 상기 처리방법은 Credit Manager나 당직지배인 부재 시 Cashier가 할 수 있는 방법이지만 사후 즉시 보고하여 차질이 없도록 한다.

(7) Rebate**하는 경우**

- Rebate는 고객계정에서 해당 금액을 빼주는 경우이다.
- 당직지배인의 승인하에 이루어질 수 있으며, 해당 금액을 빼주는 이유와 금액, 객실번호, 고객의 이름, 취급자 서명을 Adjustment Form에 기재해야 한다.

4) 마무리 사항

(1) Audit Balance

- Cashier 화면에서 "Close-Cashier"를 선택한 후 Password를 입력하여 본인의 당일 Transaction을 화면으로 볼 수 있고, 입금해야 할 금액을 확인 후 "Page Down" Key를 누르면 마감된다.
- 현금 입금은 현금봉투에 현금 종류별로 기재하고, 최종 입금금액을 기재하고, General Cashier에게 입금시킨다.
- Credit Card는 카드 종류별로 전체금액과 Credit Card 총액을 기재하여 여신부 카드 담당자에게 입금시킨다.
- 단말기상으로 마감을 위해 각 코드별 금액을 정확하게 계산한다.

(2) **현금 입금 시 초과, 부족액**

- Overage는 현금이 입금시켜야 할 금액보다 초과되어 남는 경우이다.
- 고객에게 돈을 더 받았거나 거스름돈을 덜 주었을 경우
- 고객에게 현금을 받았거나 컴퓨터상으로 현금을 빼주지 않았을 경우
- 컴퓨터상으로 처리 시 지불한 금액보다 적은 금액을 빼주었을 경우
- Shortage는 현금이 입금시켜야 할 금액보다 부족한 경우
- 고객에게 현금을 덜 받았거나 거스름돈을 더 내주었을 경우

- 고객이 현금으로 지불하지 않았는데 현금 계산한 것으로 컴퓨터상으로 처리한 경우
- 컴퓨터상으로 처리 시 지불한 금액보다 많은 금액을 빼준 경우
- 모두 점검한 결과 원인이 규명되지 않으면 Overage & Shortage Report를 작성한다.
- 객실부장에게 보고하고, 서명을 받은 후 현금 초과, 부족액으로 입금시킨다.
- 주임이나 계장에게 보고하고, 현금 계산을 다시 해보며, 이상이 없으면 Check-Out with Balance Report, Cash Report, Guest Balance를 점검해 본다.
- 환전담당 직원과 함께 근무를 하기 때문에 현금의 초과, 부족액이 발생하면 환전담당 직원에게 중간마감을 하도록 하여 환전자금의 초과, 부족액이 발생했는지 여부도 확인해야 한다.

(3) 환전자금

- 환전담당 직원이 업무마감을 하면 오후근무 회계원이 환전업무를 맡기 위해 환전담당 직원에게 환전자금을 받는다.
- 오후 회계원은 근무 마감 시 환전자금 마감업무도 추가된다.
- 외화 총액과 한화 잔액을 합한 금액이 환전자금이 되도록 마감한다.
- 오후 근무자가 회계업무를 마감하는 동안 등록카드를 정리, 보관하도록 도와준다.

(4) 인수인계 상황

- 신용카드 승인 신청
- 정산에 문제가 있어 가이드와 나중에 오는 경우
- 호텔비용 내역서 준비
- 객실료 청구한 것
- Day-Use 객실

3. 우편물과 메시지 서비스(Mail & Message Service)

1) 우편, 소포, Fax 및 Message 처리

(1) 투숙객에 우편

① Front Desk 화면 → In House 선택 → Enter Date

② Front Desk 화면 → "D" Key 누름

③ Message 화면 → Message 남김. 이때 객실 전화기에 MSG Lamp ON

(2) 투숙예정 손님에게 우편 및 소포가 왔을 때

① RSN화면 → "7"Key → MSG 남김

② Check-In 시 → MSG 확인 → Mail을 Guest에게 전달 → "*"Key로 MSG 지움

(3) Check-Out한 손님에게 우편 및 소포가 왔을 때

① Guest의 Check-Out 확인

② 주소, 전화번호, Recheck-In, Reservation 확인

③ Holding Log Book 기재 우편 및 소포는 일주일 보관 후 발신인에게 반환시킨다.
(Return 시 Holding Log Book에 필히 기록한다.)

(4) 투숙객에게 외부에서 전화상으로 MSG를 남기는 경우

① Front Desk 화면 → "7"Key를 누름 → MSG 남김 → Enter 누름. 이때 객실 전화기에 MSG Lamp가 자동으로 켜짐

(5) Front Desk 화면에 Writing MSG 남기는 경우

① Memo 접수 후 → Computer 화면에서 Rm No. 성명 조회 → "7"Key 누름 → MSG 남김 → Enter. 이때 MSG Lamp가 자동으로 켜짐

(6) 투숙객이 외부인에게 남기는 경우

① Computer System의 Telephone Operator 화면에서 Rm No. or Name 조회 후 → Guest Location에 MSG남김 → Enter

② 내용이 긴 경우 Writing MSG로 받아 Key Box 보관. 이때 남긴 시간은 자동 기록됨 외부손님이 투숙객을 문의하면 이름으로 조회해야만 손님이 남긴 MSG판독이 가능하다.

(7) In-Coming Fax의 투숙객인 경우

① Guest Name으로 Rm No. 조회 후 Computer System 단말기 중 "7"Key 누름 → MSG 남김 → Enter 누름

(8) In-Coming Fax의 예약손님인 경우

① Computer System의 예약과 화면에서 Guest Name 조회 후 → "7"Key 누름 → MSG 남김 → Enter 누름

② Front Desk 화면에서 Check-In 일자 기록 → Arrival Holding Box 보관, 고객 Check-In 시 MSG 유무 확인 → 전달

(9) Out-Going Fax

① 컴퓨터에서 Rm No., Guest Name 조회 → MSG 남기지 않고 → Bell Attendant를 통해 전달

② Log Book 기재, MSG Light 자동으로 꺼짐

(10) 손님이 MSG Lamp가 켜져 있음을 보고하도록 요구할 때

① 컴퓨터상에서 Rm No. Guest Name 조회

② MSG화면 나타나면 → 천천히 정확하게 읽어줌 → "+"Key 누름 → Concierge Desk에 준비된 Printer로 나옴

③ "*"Key 누름 → MSG 자동 지워짐

(11) **컴퓨터상 지워진** MSG **다시 보고자 할 때**

① 컴퓨터상 "7"Key 누름 → 모든 MSG 등장
② 원하는 MSG 찾아 전달

(12) MSG**가** Voice Mail MSG**인 경우**

① 손님 MSG 확인요구 시 → Voice Mail MSG로 나타나면 → "7000"을 전화기에 입력 → 손님께 연결한다. 손님의 MSG가 재생된 후 자동으로 MSG가 꺼짐

(13) **당일 접수된** Mail, **소포,** Fax**를 손님이 찾아가지 않을 경우**

① 당일 오후 9시까지 미전달된 우편물은 모두 수거한 후 Log Book에 기재→ Concierge Desk를 통하여 전달하고 난 후에 MSG Light를 꺼야 함

(14) **컴퓨터상에서 기록된** MSG **내용의 전달**

① Front 화면에서 MSG 선택 → All Not Received MSG 화면 → MSG Print를 누름
② 모든 MSG가 Print Out된 후 → "8"Key를 눌러 Received로 바꿈
③ 모든 MSG를 정리 → Log Book에 기재 → 객실로 전달
  – Fax, Mail, 소포가 있다는 내용으로 Print된 것은 전달하지 않음

(15) **긴급우편, 소포 및** Fax

① 07:00~21:00까지 손님에게 알릴 것
② 무응답 시 MSG를 남기고 Front Desk에 보관
③ Fax는 항상 객실로 전달, MSG를 남김
④ 상기 시간 이외의 우편, Mail 등은 상황판단 후에 전달 또는 Front Desk에 보관
  – 전달받은 내용 외에 다른 것이 있는지 알고 요구하는 손님 있음

(16) Out-Side Pick-Up

① 모든 전달물은 Log Box에 기재 → Concierge Desk로 인계

(17) **속달 및 특수우편물**

A) In-House Guest에게 온 경우

① Computer상 이름 확인 → "7"Key로 MSG를 남김 → 배달원에게 수취 Sign→ In-House Box에 보관

② 손님에게 전달 시 서명받고, 복사하여 F6서랍에 3개월간 보관한다.

B) 예약 손님에게 온 경우

① 예약화면에서 다른 MSG와 같은 방법으로 MSG 남김

② "7"Key를 누르고 입력시킴 → Enter

③ Check-In 시 전달

C) Check-Out한 손님에게 온 경우

① Check-Out한 손님의 연락처 유무 확인 → Recheck-In 예정인지 확인

② 차기 예정지가 기록에 남겨진 고객은 연락처를 배달원에게 알려주고, 직접 연락한다.

③ Check-Out 손님의 메시지는 배달원을 보내기 전에 수취 여부를 결정

2) 문제발생 시 처리

(1) **투숙객에게 잘못 전달**

① 정중히 사과 → 신속하게 조사하여 전달할 것을 약속하고 난 후,

② 컴퓨터로 재조회하여,

③ Concierge Desk의 Log Book 기록과 Front Desk Log Book에 기록을 조회→ 배달한 직원과 확인 → 주변객실 또는 그 시간대에 함께 배달했던 객실을 조사한다.

④ Fax는 부피가 적어서 Bell Attendant 주머니에 넣고 잊을 수 있으므로 주의 → 발견 즉시 손님에게 알림. Bell Attendant를 통해 배달

(2) Check-Out한 경우

① Check-Out 후 Concierge Desk에 짐을 보관한 후 늦게 공항으로 출발하는 경우가 있으므로 Door Desk의 짐이 있는지를 확인한다.
② Luggage가 없을 시 먼저 예약한 회사의 예약과를 통해서 확인해 본다.
③ 예약한 곳과 연락하여 손님에 대한 정보를 얻고 전달 또는 우편으로 보낸다.
④ 재투숙 예정 유무를 확인한다.

3) 손님이 Fax 또는 MSG가 있는 것을 알고 찾으러 왔으나 메시지가 없는 경우

① 컴퓨터에서 Deleted MSG를 보고 어떤 것인지를 확인한다.
② Fax는 Business Center, Service Express 유무를 확인한다.
③ Concierge Desk의 Log Book을 확인 → 손님이 내려오는 동안 배달했는지 확인

4. 환전서비스(Money Exchange)

투숙객의 편의를 도모하기 위하여 각종 외국환 및 여행자수표를 환율표에 근거하여 원화로 환전해 주므로 고객에게 편리를 제공하고, 환차이익을 도모하는데 그 목적을 둔다.

1) 환전서비스 절차 및 방법

(1) 환전자금 점검

전날 작성된 Exchange House Fund Daily Sheet를 보고 실물을 확인한다.

(2) 환전업무 준비

외환은행으로부터 공급받는 외국환 매각신청서에 Room Number, Guest Name을 기입받을 수 있도록 스탬프를 찍어 일련번호를 붙여서 준비한다.

(3) 대고객 환전

고객이 환전을 요구하면 친절하게 맞이하고 외환의 액수와 종류를 정확히 확인한 후에 매각신청서를 작성하고, 고객 기입 항목에 기입받은 후 원화와 고객영수증을 드리고 확인을 권유한다.

(4) 완선장부 정리

사용한 매각신청서를 일련번호대로 정리하고, 환전장부에 기록한다(Void 처리된 경우는 별도 보관한다). 손님에게 매입한 외화를 은행의 매각률로 적용시키면 환율에 따라 수수료나 손실이 발생한다. 대체로 수수료가 발생하므로(매각 원화액 합계 지급 원화액 합계 = 수수료) 매일매일 회계부서에 입금한다.

2) 환전상 매입률 산출 및 일일환율표 작성

오전 외환은행으로부터 새로운 고시환율을 Fax로 받고 일일환율표에 Cash, Traveller'S Check 순으로 기록하고, 고객이 잘 볼 수 있는 곳에 게시한다.

동전은 매주 특정요일에 필요한 금액을 종류별로 파악하여 외환은행을 통해 매입한다.

마지막으로 Exchange House Fund Daily Sheet를 작성하여 시재를 파악하고 마감한다.

제2절 고객서비스

1. 고객서비스 시 종업원의 기본자세

1) 로비어텐던트의 마음가짐

현관 영접을 통해 고객이 호텔에 도착하여 출발할 때까지 친절, 신속, 정확하게 최상의 서비스를 제공함으로써 고객과 호텔의 첫 만남을 성공적으로 이끌어간다. 이렇게 잘 이뤄진 첫인상은 체류기간 동안 호텔서비스에 호의적인 태도를 보이는 데 중요하게 작용하게 된다.

① 항상 친절해야 한다

- 친절은 서비스의 생명이다.
- 어떤 경우든지 손님의 입장에서 세심하게 정성을 다한다.

② 미소를 잊지 않는다

- 모든 서비스 시 미소 띤 표정을 하고 손님에게 접근해야 한다.

③ 고객 이름을 외워서 호칭하며 인사해야 한다

- 대고객 접근 시 가장 중요한 포인트이다.

④ 말씨를 정중하게 한다

- 호텔에 어울리는 아름다운 말씨, 공경어를 사용해야 한다.
- 언어는 자신의 내면을 나타내는 거울이다.

⑤ 몸가짐을 단정하게 한다

- 자신은 물론 월드베스트호텔의 인상을 결정하는 중요한 요소이다.

⑥ **남을 배려하는 마음을 갖는다**

– 서비스는 나보다 남을 생각하고 배려하는 마음과 행동에서 시작된다.

⑦ **적극적으로 일에 충실하라**

– '누군가 하겠지' 하는 마음을 가지면 안된다. 눈에 띄는 일은 남보다 먼저 솔선해서 하는 마음가짐을 갖도록 한다.

⑧ **일에 책임을 갖는다**

– 손에 댄 일은 최후까지 실시하며 완벽하게 완수하고 부득이 다음 근무조에게 인계하게 될 때에는 정확하고 자세하게 인계되도록 한다.

⑨ **직장 내의 질서를 지킨다**

– 팀워크가 중요하다.
– 상사에게는 경의를 동료에게는 협조정신을 갖는다.

⑩ **업장의 정리정돈에 노력한다**

– 무엇이 어디에 있는가를 항시 명확하게 해둔다.
– 정리정돈은 일의 흐름을 부드럽게 한다.

⑪ **사담을 하지 않는다**

– 사담은 손님에게 불쾌감과 불성실을 보여줄 따름이다.

2) 로비 관리

호텔의 로비는 그 호텔의 얼굴이므로 항상 청결해야 하며, 다음 사항을 규칙적으로 순찰하여 이상 유무를 확인하고 이상이 있을 때에는 즉시 해당 부서에 통보하여 조치할 수 있도록 한다.

① 바닥의 얼룩 및 오물 제거
② 공중전화 고장 확인(메모지, 필기구)
③ 팸플릿 진열 정돈
④ 세계현지시각 시계 확인
⑤ 현관가구 정리정돈
⑥ 로비소파 및 커튼 정리
⑦ 화장실 내부 청결상태 및 꽃 점검
⑧ 재떨이 청결상태
⑨ 식물상태 점검
⑩ 연회장 입구 청결상태 확인
⑪ 단체고객 데스크 정리정돈
⑫ 짐수레 청결 및 정돈상태
⑬ 천장 샹들리에 이상 유무

3) 로비어텐던트의 정위치

- 각 위치에 있는 안내원의 부재시에는 즉시 배치한다.
  (오전, 오후 Check In, Out에 따른 배치)
- 오전에는 체크아웃, 오후에는 체크인에 치중한다.
- 체크인, 체크아웃의 흐름에 따라 유연하게 배치한다.

① 현관을 출입하는 모든 고객에게 친절히 인사한다.
② 현관 밖의 상황을 항시 주시하여 고객의 짐을 들어준다.
③ 투숙객의 짐이 많을 때에는 다른 짐과 섞이지 않게 고객의 짐 숫자를 반드시 확인하고 카트나 왜건에 싣고 자동문을 통하여 들어온 후 안내데스크 옆에 가지런히 놓는다.
④ 대규모 연회 등으로 인하여 많은 인원이 동시에 현관을 출입할 경우 회전문을 사용치 않도록 여닫이문을 열어주어 신속하고 편하게 출입할 수 있도록 한다.
⑤ 벨 캡틴과 가장 가까운 거리에 있으므로 캡틴의 지시사항을 받아 신속히 처리한다.

⑥ 자동문, 회전문에서의 사고에 대비하여 항상 주의를 기울인다.
⑦ 문 옆에 여러 명이 모여서 다른 고객의 통행에 방해가 되지 않도록 한다.
⑧ 로비 전체를 주시하는 한편 프런트와의 업무에 신속히 대처할 수 있도록 한다.
⑨ 엘리베이터에서 나오는 고객의 짐을 받아주도록 한다.

4) 손님에게 유의시켜야 할 점

호텔맨이 손님에게 좋은 서비스를 제공할 의무가 있듯이 호텔에서는 손님에게 방해가 되지 않도록 또 호텔 품격을 하락시키는 일이 없도록 손님에게도 지켜야 할 규칙이 있다. 만약 호텔규칙을 지키지 못하는 손님이 있어 부득이 주의시키지 않으면 안될 경우 손님의 기분이 상하지 않도록 공손하게 대처해야 한다.

① 로비 내에서 슬리퍼 및 장화의 사용
② 로비 내에서 조는 행위
③ 로비 내에서 음식물을 먹는 행위
④ 동물을 가지고 들어오는 것(당직지배인의 지시에 따라 동물집을 제공한다.)
⑤ 로비 내에서 라디오 등의 사용
⑥ 우천시 우산을 갖고 들어오는 행위
⑦ 잠옷차림 보행
⑧ 비옷 착용 및 비에 젖은 하의 차림으로 보행
⑨ 로비, 현관 등에서 놀고 있는 어린이 주의
⑩ 엘리베이터 내에서의 흡연
⑪ 23시 이후 숙박객의 방문객을 로비 내에서 면회토록 조치
⑫ 위험물을 가지고 들어오는 경우

5) 구내 안내

객실, 식당, 연회 등을 비롯 구내에서의 각종 안내가 포함된다. 식당에 관해서는 각 식당의 특색, 영업시간, 대표적 요리 등 손님에게 적절한 안내를 할 수 있도록 해야 한다. 연회에 관해서는 당일의 연회 스케줄이 데스크에 준비되어 있으므로 대연회는 물론 중

소연회까지 연회명, 장소, 시간 등을 머릿속에 기억함으로써 베스트 서비스를 제공할 수 있다. 또 아케이드에 관해서는 위치, 영업시간, 취급하는 상품 등을 기억하여 손님의 만족을 얻을 수 있도록 친절하게 안내해야 한다.

(1) **전화 안내**

① 객실 내선

객실 내선은 최근 서비스익스프레스제도의 도입으로 주로 "0"번을 이용하게 되며, 고객은 호텔이 제공하는 모든 서비스와 안내를 단 한번의 연결로 완성할 수 있게 된다.

② 업무용 내선

객실고객은 서비스익스프레스 종합안내센터와 연결되지만, 호텔마다 〈표 8-1〉과 같은 단축 직통번호를 부여하여 업무효율을 높이고 있다.

| 표 8-1 | **객실 내선번호**

통 화 선	번 호
룸서비스	2
세탁물 의뢰	3
객실관리부	4
프런트 데스크	5
현관 안내	6
당직 지배인	7
객실과 객실	8
국선 자동발신	9
종합안내센터	0

6) 페이징 서비스

- 외선 전화, 내선 전화에 의한 호출 의뢰
- 외상황판에 기입
- 외담당원에게 전달

- 외방울을 울리며 안내판이 손님에게 보이도록 친절히 로비지역을 순회한다.
- 발견하면 그 장소에서 통화가 가능하도록 무선전화기를 들고 다닌다.

1) 안내판은 어깨높이의 위치에서 바르게 든다.
2) 외국 손님의 경우는 단어의 철자 등을 확인한다.
3) 손님이 나타나면 "ㅇㅇ손님이십니까?"라고 물어본다.
4) 손님이 나타나지 않으면 "지금 로비에 ㅇㅇ손님이 계시지 않습니다"라고 정중히 손님의 부재를 알린다.

2. 서비스 절차 및 방법

1) 도착고객 환영서비스

☞ 인사방법

- 거수경례 : 모자를 착용한 종업원은 고객의 도착 시 거수경례를 한다.
- 허리굽힌 인사 : 모자를 착용하지 않은 종업원은 고객의 도착 시 허리를 굽혀 인사한다.
- 목례 : 바쁘거나 부득이한 경우에는 목례 또는 웃음띤 얼굴로 고객을 맞는다.

그림 • 8-3 도착고객의 환영서비스

그림 • 8-3 도착고객의 환영서비스(계속)

☞ **영접종업원**

- 일반고객 : 현관 종업원의 영접으로 맞이한다.
- VIP
  - 차량번호 및 사진을 암기한다.
  - 해당 임원 또는 간부의 영접을 받아 고객의 이용목적에 따라 해당업장까지 안내한다.

2) 도착고객 교통편에 따른 환영서비스

☞ **택시**

- 택시의 문을 열고 고객에게 환영인사를 한 후 고객이 차에서 내리면 차량의 문을 닫은 후 적정요금을 지불하는지 확인
- 휴대품의 유무 및 수량을 확인하고 휴대품을 하차한 후 고객이 이용하려는 목적에 따라 목적장소로 안내한다.

☞ **버스단체객**

- 버스의 기사가 문을 열고 문 앞에서 내리는 고객에게 환영인사를 하고 고객이 모두 내린 후, 고객을 지정된 장소로 안내하고, 버스기사에게 트렁크를 열도록 부탁하여 휴대품을 내려놓고 버스는 지정된 장소에 주차시키도록 안내한다.

☞ **리무진 이용고객**

- 무선 연락망을 통하여 버스기사로부터 연락받은 도착시간 직전에 지정된 도착 장소에 대기하고 있다가 버스가 도착하여 고객이 내릴 때 환영인사를 하고 버스 기사와 함께 고객의 휴대품을 하차하여 고객과 함께 확인한 다음 고객이 원하는 곳으로 안내한다.

☞ **승용차**

- 차량의 문을 열고 고객에게 환영인사를 한 후 고객이 차에서 내리면 차량의 문을 닫은 후
- 휴대품의 유무 및 수량을 확인하고 휴대품을 하차한 후 고객이 이용하려는 목적에 따라 목적장소로 안내한다.

☞ **자가운전**

⊙ 주차대행을 원하는 경우

- Valet Parking Ticket을 둘로 분리하여 윗장을 고객에게 드리고, 고객이 이용코자 하는 호텔의 시설로 안내한다.
- Valet Parking Ticket의 아랫장을 차량열쇠와 묶은 다음 차량번호를 기록한 후 신속히 주차대행한다.
- 주차대행 로그북에 차량번호, 입차시간, 주차대행원 이름 등을 정확히 기입한다.

⊙ 차량을 돌려드리는 경우

– 고객으로부터 Valet Parking Ticket을 받아 차량번호를 확인하고, 신속히 출차시켜 고객에게 인계한다.

그림 • 8–4 Valet Parking Ticket의 앞면과 뒷면

앞면	뒷면
○ Mr. / Ms.	○ The World Best Smile Hotel Busan
Room No.:	TEL:(82–51)749–5000
In: Out:	FAX:(82–51)749–6000
No. of Packages:	
The Hotel assumes nonliability for articles unclaimed for more than 90 days.	No 003506
Mr. / Ms.	No 003506
Room No.:	The World Best Smile Hotel Busan
In: Out:	TEL:(82–51)749–5000
No. of Packages:	FAX:(82–51)749–6000
The Hotel assumes nonliability for articles unclaimed for more than 90 days.	Please see conditions on revers side

☞ **주차요금 미지불**

⊙ 호텔이용고객

– 호텔이용 여부에 따라 이용객에게는 영수증, 객실번호 확인 등의 방법으로 이용 여부를 확인한 후 주차대행요금을 받고 신속히 출차시켜 고객에게 인계한다.

⊙ 외부업체 이용고객

– 외부업체 이용고객에게는 주차비 및 주차대행요금을 징수하여 주차관리원에게 정산한 후 출차시켜 주차비 영수증과 함께 차량을 고객에게 인계한다.

☞ **주차대행 미실시 차량**

고객에게 출차대행의사를 타진하여 원할 경우 주차대행실시차량과 같은 방법으로 출차시키고 그렇지 않은 경우 고객이 출차시키도록 한다.

⊙ 주차대행을 원하지 않는 경우

– 주차장의 위치 및 주차시설 관리원의 근무시간 등을 안내한다.
– 주차장은 (　　)에 있습니다.

☞ **운전기사운전**

– 차량의 조수석 및 뒷문을 같이 열어 환영인사를 한 다음 고객이 이용하고자 하는 호텔의 시설을 안내하고, 차량은 주차장으로 안내한다.

3) 도착고객에 대한 호텔이용형태별 안내

☞ **두숙객**

– 고객에게 환영인사를 한 다음 휴대품과 함께 Front Desk까지 안내하여 고객이 Check-In 수속을 마칠 때까지 대기한다.

☞ **식당이용고객**(연회장 포함)

- 고객이 이용하기 원하는 식당을 정확하게 안내한다.

☞ **부대시설 이용고객**

- 고객이 원하는 부대시설을 정확하게 안내한다.

⊙ 연회장 이용고객

- 행사예정표를 확인하여 고객의 해당 연회장소를 정확하게 안내한다.
- 연회판촉부서에서 발행한 Dally Event Schedule을 비치하여 숙지하고, 이를 고객 안내 서비스에 활용한다.

4) 방문횟수에 따른 안내서비스

☞ **첫 방문 고객**

⊙ 투숙객

- Name Tag을 찾아서 성함을 인지한다.
- 가능한 처음 맞이한 종업원이 Front Desk까지 안내하고, Front Desk 종업원에게 첫 방문 고객임을 주지시킨다.

⊙ 식당이용(연회장 포함)

- 가능하면 처음 맞이한 사원이 직접 식당입구까지 안내하며, 식당 종업원에게 첫 방문 고객임을 주지시킨다.

⊙ 부대시설 이용

- 가능하면 처음 맞이한 종업원이 고객이 원하는 부대시설 입구까지 직접 안내하여 부대시설 종업원에게 첫 방문 고객임을 주지시킨다.

☞ 2회 이상 방문 고객

– 가능하면 고객의 성함을 불러주며, 성명을 모를 경우 고객을 기억하고 있다는 것을 언어 또는 표정으로 나타낸다.

5) 예약상태에 따른 안내서비스

⊙ 예약고객

– 이용 목적에 따라 신속히 안내한다.

⊙ 미예약고객

– 투숙 : Front Desk에 즉시 연락하여 고객이 원하는 방의 이용이 가능한지 여부를 확인토록 한다.
– 식당이용 : 즉시 고객이 원하는 식당에 연락하여 이용이 가능한지 여부를 확인하고 이용가능 시 식당으로 안내하고, 이용이 불가능하면 다른 식당을 이용할 수 있도록 편의를 제공한다.

6) 휴대품 운반 서비스

⊙ 고객승인이 있는 경우

– 고객이 원할 경우 고객이 지정하는 장소까지 운반해 준다.

⊙ 고객승인이 없는 경우

– 고객이 원치 않는 휴대품은 운반하지 말고 고객이 직접 운반토록 한다.

☞ 무게에 따른 서비스

⊙ 가벼운 휴대품

– 손으로 직접 운반하여도 무방하다.

◉ 무거운 휴대품

– 반드시 Luggage Cart를 사용하여 운반토록 한다.

☞ **도착순서에 의한 서비스**

◉ 휴대품이 먼저 도착할 경우

– 휴대품의 종류, 수량 및 고객의 성명 등을 정확히 파악하여 보관한 후 고객이 도착하면 확인 후 운반한다.
– 고객의 신원을 확인한다.
– 휴대품의 종류와 수량을 확인하고, 고객의 승인하에 운반한다.

◉ 휴대품이 고객보다 늦게 도착

– 고객으로부터 휴대품의 종류 및 수량 등을 연락받은 후 휴대품이 도착하면 고객이 원하는 곳으로 운반한다.

☞ **고객에 따른 휴대품 운반 서비스**

◉ 개인

– 손 또는 Luggage Cart를 사용하여 고객이 원하는 곳까지 운반한다.

◉ 단체 이름표가 붙어 있는 휴대품

– 휴대품을 한곳에 모아놓고, 각 휴대품의 Luggage Tag을 부착한 다음 Front Desk로부터 전달받은 명단으로 객실번호와 휴대품 소유자의 이름을 대조하여 Luggage Tag에 객실번호를 기록한 후 운반한다.

☞ **이름표가 없는 휴대품**

– 한곳에 모아놓고 단체의 리더 또는 안내원의 도움을 받아 소유자의 객실번호를

확인한 후 운반한다.

⊙ 고객과 객실에 동행하는 경우

- 가능하면 고객과 함께 같은 엘리베이터를 이용하여 운반토록 하며,
- 그렇지 못할 경우, 고객에게 양해를 구한 다음 서비스 엘리베이터를 이용하여 방까지 운반하고,
- 객실시설 이용법 및 호텔시설에 대해 설명한다.
- 휴대품의 수량을 한 번 더 확인한다.

⊙ 고객과 객실에 동행하지 않는 경우

- 고객으로부터 객실키를 받아서 지정된 방까지 정확히 운반하고,
- 나오면서 객실의 잠금상태를 확인하고,
- 열쇠를 고객이 원하는 곳에 전달한다.

⊙ 식당 및 부대시설

- 고객이 원하는 장소로 휴대품을 운반한다.
- 가능하면 고객에게 직접 확인시키고 그렇지 못할 경우 식당 및 부대시설 책임자에게 확인시킨 뒤 인계한다.

☞ **휴대품 종류에 따른 서비스**

⊙ 일반휴대품

- 손 또는 Luggage Cart를 이용하여 안전하게 운반한다.

⊙ 취급주의 휴대품

- 일반휴대품에 비하여 좀 더 섬세한 주의를 기울여 떨어뜨리거나 충격을 받지 않도록 운반한다.

⦿ 위험물

– 위험물의 성질, 이름 등을 확인하여 운반하고 상급자에게 보고한다.

☞ 휴대품 보관 및 반출 서비스

⦿ 보관

– 보관품의 수량, 기간 등을 확인 후, 물품보관증을 기록하며, 물품보관증을 2등분하여 고객용은 고객에게 전달하고, 보관품의 물품보관표를 부착시킨 후 창고로 옮긴다.

⦿ 반출

– 고객이 제시한 물품보관증과 보관품에 붙어 있는 물품보관표를 대조 확인하고, 고객에게 이상 유무를 확인한 다음 고객에게 보관품을 전달해 주며, 고객이 원할 경우 운반해 준다.

⦿ 단기보관

– 단기간 보관할 물품은 단기보관창고에서 보관 및 반출한다.

⦿ 장기보관

– 장기간 보관할 물품은 장기보관창고에서 보관 및 반출한다.

⦿ 일반보관품

– 보관기간 등에 따라 안전한 곳에서 보관 및 반출한다.

⦿ 부패성 보관품

– 고객의 요구에 따라서 냉장실 및 냉동실에서 보관 및 반출한다.

⊙ 취급주의 보관품

– 일반보관품에 비해 좀 더 안전하고 견고한 장소에서 보관 및 반출하며 세심한 주의를 기울인다.

⊙ 위험물

– 상급자에게 보고하여 안전관리부서의 협조를 얻어 안전한 곳에서 보관 및 반출한다.

7) 정보매체 제공 서비스

– 고객이 특별히 주문하지 않은 정보매체를 무료로 제공한다.
– 신문, 메시지 등 고객의 필요정보를 방으로 전달 또는 고객이 원하는 장소로 배달한다.
– 신문, 관광안내책자, 호텔안내 팸플렛 등을 레스토랑, 부대업장, 로비 등 고객이 많이 모이는 곳에 비치하여 고객이 직접 꺼내 볼 수 있도록 한다.
– 각종 정보매체를 매일 정해진 시간에 취합하여 배달 또는 필요량을 비치한다.
– 메시지 등의 정보매체를 고객의 요구된 시각에 맞춰서 전달한다.

☞ **신문**

⊙ 영자신문 : 외국인 또는 원하는 내국인에게 제공한다.
⊙ 한글신문 : 내국인, 교포 또는 원하는 외국인에게 제공한다.
⊙ 기타 신문 : 고객이 특별히 원하는 신문이 있을 경우 국내에 있는 신문사의 본사 또는 지국에 연락하여 받아볼 수 있도록 한다.

☞ **메시지**

– 고객의 방 또는 고객이 원하는 장소로 배달한다.

☞ **관광안내책자**

– 고객서비스부서에 보관하여 고객의 요구 시 배달 또는 직접 전달한다.

☞ **호텔안내팸플릿**

– 고객이 많이 모이는 곳에 비치하여 고객이 직접 볼 수 있도록 한다.

8) 교통편의 제공 서비스

☞ **택시**

– 고객이 택시를 원할 때에는 현관 및 택시 정류장 또는 큰 길에서 택시를 유도하여 제공하며 택시번호를 기록하여 고객이 보관토록 한다.
– 고객의 행선지를 확인하여 기사에게 간단히 설명하고 기사가 이해한 다음 출발시킨다.
– 고객의 행선지를 확인하여 Direction Card에 기록하여 고객에게 제공한 다음 기사에게 행선지를 자세하게 설명하여 확실히 이해한 후 출발시킨다.

그림 • 8-5 택시이용객에게 호텔을 안내하는 카드

The World Best Smile Hotel
Busan

Please show this card to your taxi driver.

기사님. 이분을 아래 장소로 안내해 주시기 바랍니다.

The World Best Smile Hotel
Busan

Your taxi number is

- Please retain this card in order to advise us of any loss, overcharging or discourtesy by the driver. Meter indicates appropriate charge.
- Please see the reverse side of this card for return address to the Hotel.

☞ **렌터카**

⊙ 자가운전

- 고객이 렌터카의 이용을 원할 때는 사내에 있는 렌터카 사무실에 의뢰하여 고객이 원하는 시간 및 장소에서 이용할 수 있도록 한다.
- 지리에 익숙한 고객에게는 행선지의 위치를 간단히 설명하여 준다.
  (　　)는 (　　)에 있으며 약 (　　)분 정도 걸립니다.
- 지리에 미숙한 고객에게는 행선지의 위치를 자세히 설명해 주고
- 가능하면 약도를 그려 소지하도록 하며 지도를 지참할 것을 권유한다.

⊙ 기사운전

- 고객이 운전기사를 포함한 렌터카의 이용을 원할 경우 사내에 있는 렌터카 사무실에 의뢰하여 고객이 원하는 시간 및 장소에서 이용할 수 있도록 한다.

⊙ 셔틀버스

- 고객이 셔틀버스의 이용을 원할 때에는 운행장소, 시간 등을 고객에게 설명해 주고 셔틀버스 안내문을 제공하여 고객이 이용에 불편이 없도록 한다.

⊙ 전철과 지하철

- 고객이 지하철의 이용을 원할 때에는 목적지의 역이름, 승차할 역이름, 위치, 요금, 표사는 법 등을 설명해 드린다.

⊙ 열차

- 고객이 열차 이용을 원할 때에는 해당 매표창구에 문의하여 고객이 원하는 날짜, 시간, 열차등급 등에 따른 예매를 할 수 있도록 도와드린다.

⊙ 항공기

- 고객이 항공기의 이용을 원할 때에는 고객이 원하는 항공사에 문의하여 날짜, 시간, 등급, 요금 등 고객이 필요한 정보를 제공하여 예매할 수 있도록 도와드린다.

⊙ 시내버스

- 고객이 시내버스의 이용을 원할 때는 목적지의 정류장명, 승차할 정류장 위치, 요금 등을 설명하여 준다.

9) 우산대여 서비스

⊙ 대여

- 필요량을 확보하여 우천 시 고객이 요구하면 대여하며, 우산 대여 로그북에 기록한다.

⊙ 회수

- 고객이 이용 후 직접 반납토록 하며, 이용 후 반납하지 않으면 확인하여 회수하고, 우산 대여 로그북에 기록한다.

⊙ 보관

- 우천 시 1회 이상 이용으로 우산이 젖은 상태로 반납된 경우 그 우산은 다음 이용에 불편하지 않도록 물방울을 제거한 후 물이 새지 않는 통에 모아서 보관한다.
- 비가 오지 않는 날 미사용한 우산은 잘 말려서 습도가 낮은 곳에 접은 상태로 보관한다.

3. 이상 시 처리방법

☞ **출발할 때**

⊙ 개인 V.I.P

- 도착예정고객이 도착하지 않으면 공항영접원 또는 기타 연락 가능한 곳에 확인한 후 상급자와 향후 대책을 논한다.

⊙ 차량

- 현관 앞의 교통량이 많을 경우 관련부서의 도움을 받아 차량의 흐름을 원활하게 한다.

☞ **날씨**

- 갑자기 눈, 비가 올 때 신속히 대여용 우산을 준비하고 우산커버 및 우산커버수거함을 지정된 곳에 비치한다.

☞ **주차대행**

- 한꺼번에 많은 주차대행 의뢰가 있으면 현관 앞 한쪽에 다른 차량의 방해가 되지 않도록 임시주차를 시킨 후 한 대씩 주차장에 입차시킨다.
- 주차대행의뢰를 받은 차에 이상이 있을 때에는 고객의 확인을 받고 그렇지 못한 경우에는 주위의 운전기사 또는 동료직원의 확인을 받아서 클레임에 대비한다.

☞ **주차공간**

- VIP 차량의 주차공간이 문제가 되면 현관 가까운 곳에 주차공간이 없을 때에는 고객의 차량이용시간을 확인한 후 주차장에 주차시키고 이용시간 전에 현관 가까운 곳에 주차공간이 생기면 출차시켜 대기시킨다.
- 일반차량의 주차장에 주차공간이 없을 때에는 교통소통에 지장이 없는 다른 장소로 안내한다.

☞ 교통상황

교통상황을 수시로 점검하여 이상이 있으면 공항영접원에게 연락하고 가능하면 고객에게 연락하여 양해를 구한다.

4. 업무마감과 인수인계

1) 업무마감

- 상급자에게 상황완료를 보고한다.
- 동료에게 남은 업무를 인수인계한다.

2) 인수인계

근무가 끝나면 근무시간에 있었던 내용을 정리하여 Log Book에 기록하여 다음 근무자에게 인수인계하여 고객서비스업무가 지속될 수 있도록 하여야 한다. 특이사항과 업무인수인계가 되어야 할 내용은 〈표 8-2〉와 같다.

| 표 8-2 | 고객서비스업무 인수인계 내용

번호	양식명	전달사항
1	예상 객실 점유율(컴퓨터)	예상 입숙 및 퇴숙 인원 현황
2	입, 퇴숙 V.I.P 명단(컴퓨터)	예상 입숙 및 퇴숙 VIP와 그 일정
3	주단위 행사일정표	행사장, 일시, 참여 인원
4	리무진 서비스 로그북	의뢰 고객일정 및 행선지
5	벨어텐던트 콜 레코드	입, 퇴숙 인원
6	우산대여 로그북	우산의 상태 확인 후 기록
7	메시지 로그북	잔여량
8	구두닦이 서비스 로그북	구두닦이 서비스량
9	관광안내책자	적정량
10	보관품 로그북	보관품 위치, 수량 및 특이사항

제 3 절 로비 컨시어지 서비스

1. 로비 안내서비스

1) 로비 안내데스크 운영

- VIP 고객, 일반고객의 입숙 안내서비스
- 각종 안내팸플릿, 브로슈어(brochure) 정리정돈
- 연회행사 안내

그림 • 8-6 Lobby Concierge Desk

2) 안내서비스(Information Service)

(1) 시내 및 근교 관광코스 안내

① Information Source

여행사 brochure, city life잡지, concierge information file, 인터넷 활용

② Tour 분류

크게 여행사를 통한 Group tour와 Individual tour가 있으며, 그 외에 Private tour 등이 있다.

③ Tour 예약

(2) 기차표 예약

① 고객이 직접 갈 경우

- 서울역으로 전화를 하거나 인터넷(철도청사이트)에서 손님이 가고자 하는 해당일 시간에 표가 있는지를 확인한다.
  "Let me check if tickets are available at first."
- 가능하면 서울역 혹은 가까운 여행사의 위치를 알려드려 손님이 직접 살 수 있도록 한다.
  "You can buy tickets at the Seoul station or the travel agency which is in Lotte department store."

② 고객이 직접 갈 수 없는 경우

- Messenger service를 이용할 수 있으며 이용요금에 대해 알려드린다.
  "You can use the messenger service."
  "If you want, I will arrange it for you."
  "Fee will be about ______."

- 손님이 원하시면 Messenger service 회사에 전화를 걸어 의뢰한다.
- 이용료를 지불하고 기차표를 받아 시간이 원하는 대로 되어 있는지 확인 후 고객 객실에 전달한다.

(3) 각종 이벤트 안내

① Information Source

신문, Seoul scope, city life 등을 토대로 일주일 단위로 한 주간의 주요공연, 행사 등을 정리한다.

② 예 약

- 손님이 관심 있어 하는 공연을 찾아 시간과 공연가격, 가능한 날짜를 설명한다.
  "This concert is available on ______."
- 표를 살 경우 가까운 예매처 위치를 알려주고 직접 구입하도록 한다.
  "The nearest ticket box which you want to buy concert ticket is at _____. It will takes about _______ on foot."
- 직접 구입하러 가지 못할 경우, Messenger service를 이용할 수 있다고 알려 드린다.
  "You can use messenger service if you want to arrange it. Fee is about ______."
- 원할 경우 Messenger service에 연락해서 구입토록 한다.
- 구입된 표의 날짜를 확인 후 손님객실에 전달한다.

③ 만족도 확인

권해드렸던 공연에 대한 만족도를 확인한다.

(4) 쇼핑 안내

① Information Source

Concierge information file, Newspaper, City life 잡지

② 안 내

- 손님이 관심 있어 하는 물건이 어떤 것인가를 여쭙는다.
  "What kind of products are you interested in ______?"
- 시내 지도를 펴고 적절한 장소를 몇 군데 권해 드린다.
- 이때 교통편, 적정 가격대, 할인 유무, 운영시간 등을 자세히 설명한다.

(5) 각종 식당예약

① Information Source

Concierge information file, 잡지, 인터넷(http//www.koreafood.co.kr) 활용

② 예 약

- 일반적인 식당예약
  - 어떤 종류(한식, 일식, 중식…), 어떤 목적(접대용, 관광식당)의 식당을 원하는지 묻는다.
    "What kind of food would you like to try? Korean? Italian?"
  - 유명한 곳을 몇 군데 추천한다.
  - 예약을 원하실 경우 시간, 날짜, 인원, 흡연 여부, 성함, 객실번호 등을 물어본 후 전화로 예약한다.
    "When would you like to go? / What time? / How many people are there going to be with you?"
  - 예약 후 손님께 식당의 위치를 자세히 설명한다.
    비고 : 호텔카드에 위치를 자세히 적어드린다.
  - 예약하고자 했으나 불가피하게 된 경우 손님께 공손하게 설명드린 후 같은 종류의 음식이 있는 다른 식당을 권해 드린다.

③ 식당에 대한 만족도

추천해 드렸던 곳에 대한 만족 여부를 꼭 확인한다.

"How was your dinner?"

(6) 객실예약

① Repeat Guest

원하시는 날짜의 객실상황을 확인한 후 정확한 날짜와 이름을 예약 slip에 적어 예약부에 올린다.

"Do you need a pick-up service? If so, I need your flight detail."

② 일반손님의 경우

예약부의 업무시간 중에는 손님이 직접 예약부와 Contact하도록 안내해 드리고, 업무시간 외의 경우는 예약 slip을 작성해서 예약부에 올리고 반드시 손님 연락처를 남겨 Confirmation Call을 할 수 있도록 한다.

"Please leave your phone number that I can give you a confirmation call."

③ 기타 호텔예약 시

전화나 Fax 또는 Internet을 통해 일단 예약 가능한지 확인 후 정확한 Schedule을 손님께 받아 예약하도록 한다.

(7) 렌터카 예약

① Pick-up Service 예약

도착하는 손님의 정확한 이름을 받아 객실예약이 있는지 확인하고 난 후 도착일과 정확한 비행스케줄을 받아 리무진 예약 slip을 작성해서 렌터카 desk에 전해준다.

"What is your flight schedule?"

비고 : 렌터카 사무실의 업무가 끝났을 경우는 Bell Desk에 연락해서 예약 및 확인업무를 할 수 있다.

② Sending Service 예약

Check-Out하실 손님이 공항까지 차량을 예약할 경우, 손님의 정확한 객실번호와 떠나실 시간을 정확히 받아 예약하도록 한다.

"What time do you want to leave the hotel?"

"How would you like to pay for the rent-a-car service?"

비고 : 예약사항은 항상 Log Book에 기록한다.

③ 각종 시내사용 렌터카의 경우도 위의 방법과 마찬가지로 처리한다.

(8) **셔틀버스 스케줄 안내 및 운영**

(9) **병원예약**

① 일단 손님이 의사를 만나고 싶어할 경우 손님의 상태를 확인한 뒤, 호텔 내 간호사에게 먼저 알리고, 당직에게도 보고한다.

② 개인적으로 손님이 의사와의 주선을 원할 경우는 의료원 국제클리닉으로 연락해서 예약하도록 한다.

"If you need to see a doctor, I can arrange an appointment at International Clinic at Hospital."

③ 응급상황이 발생하면 당직의 지휘하에 필요한 일들을 지원한다.

2. 귀빈객실 점검업무

1) 수행절차 · 작업단계

① 객실의 청소상태를 객실 점검 List를 통해 꼼꼼히 확인한다.

② 당일 VIP Arrival List를 보고 객실의 청소상태와 Assign되어 있는 방에 들어간 Amenity, Welcome Letter 등을 확인한다.

특별히 손님이 요구하신 내용이 있으면 Check-In하기 전까지 준비되도록 각 관련

부서에 연락해서 조치하도록 한다.

③ 여성고객이 투숙한 객실에는 Female Basket이 들어가 있는지 확인하고, Basket에도 빠진 품목이 있는지 확인한다.

④ 객실의 수리를 요하는 경우 Work Form을 작성해서 시설부에 Order하도록 한다.

⑤ 객실에 들어가는 모든 인쇄물(Amenity Card, Welcome Letter)의 철자를 확인하고, 특히 일본인 투숙객의 경우는 일본어 안내책자가 들어가 있는지, 욕실에 욕조가 없는 방으로 Assign되어 있지는 않은지 확인한다.

⑥ 2인 이상 숙박하는 경우 Extra슬리퍼와 목욕 가운이 들어가 있는지 확인한다.

⑦ 확인한 Check List의 한 부는 HouseKeeping에 보내고 다른 한 부는 라운지에 File해 두도록 한다.

비고 : 처리해야 할 관련 부서

청소상태－H/K

조명 및 전기 작동 여부－시설부

TV, 라디오 작동－음향실

투숙객 문구류 및 잡지구비, 시계작동 여부－H/K

냉, 난방－기계실

3. 고객인지 프로그램 운영

1) 사 진

Repeat Guest의 Recognition

① Check In 시 Trace에 '사진촬영'이 있는 경우 손님께 목적을 설명해 드린다.

② "Can I take a Picture of you, Mr. ______?"

③ Polaroid camera로 사진 촬영

④ 사진에 Name, Company를 기록한 후 Front 뒤 Office에 알파벳 순으로 정리한다.

⑤ 손님의 다음 번 도착 날 Arrival guest Board에 사진 부착, Check in 후 In-house Guest Board로 사진을 옮겨 부착한다.

⑥ Check out 후 다시 사진함에 보관한다.

비고 : 손님이 원치 않을 경우 Trace 등에 남겨서 다음에는 요청하지 않도록 조치 한다.

2) MD's Reception

In-house VIP 및 그 외의 조건에 따라 선별된 손님을 초청해 칵테일파티를 개최한다.

① 한 달에 1회

② 날짜 결정 후 List를 작성한다.

- Report 작업
  - Long stay GST(1달 이상)
  - Ex-inhouse GST
  - VIP GST
  - SCI Member
  - Ex arrival GST
  - Repeat GST

용어(표준상태) : Can you come to the MD's cocktail reception on?
Let me introduce our general manager Mr. ______.

③ 겹치지 않도록 리스트를 작성 후 invitation card를 객실에 전달한다.

④ 참석 여부를 확인한다.

⑤ Party 당일 참석하여 MD(Managing Director)와 Guest를 소개시켜 드리고 가능한 여러 손님과 대화를 나누도록 한다.

비고 : List 작성 시에 다양한 손님이 올 수 있도록 신경 쓴다.
참석 여부를 확인하여 준비할 수 있도록 한다.
손님들의 반응을 듣고 다음에 참고할 수 있도록 한다.

3) 명함관리

손님에 대한 정보를 지속적으로 up-date한다.

① ex-fl. guest, VIP, repeat guest의 명함을 받아 알파벳 순으로 보관한다.
② 오랜만에 온 손님, 혹은 그 외 주소나 회사의 변경사항이 있는 손님의 경우 새 명함으로 교체한다.

4) Departure Call

① lobby 오전조가 출근 후 다음 날 check out 예정인 손님의 list를 작성한다.
용어(표준상태) : Good evening!
This is a departure call.
② 오후조가 8pm경 room No.와 퇴숙일을 다시 확인 후 객실로 전화한다(전화벨을 너무 여러 번 울리지 않도록 주의한다).
용어(표준상태) : Have you enjoyed stayin with us?
Did you arrange the transportation to the airport?
③ 불편사항이나 교통편 예약, 퇴숙시간, 항공사 터미널, 공항세 등에 관해 간단히 알려드리고 인사한 후 전화를 끊는다.
용어(표준상태) : Thank you again and hope to see you soon!
④ 특이사항이나 예약관련 등에 대해서는 log book에 기입한다.
비고 : 9시 이후는 전화하지 않는다.
통화는 간단히 한다.
Comment는 즉시 기입하고 특이사항은 보고한다.

4. 항공관련 업무

1) 비행기 재확인

① 확인 Slip 용지를 이용하여 손님이름, 객실번호, 출발날짜, 목적지, 비행기번호, 시간, Class를 기입한다.
"Would you like to reconfirm your flight?"
"Please tell me your flight details."

② 해당 항공사에 전화를 걸어 재확인을 한 후 예약번호를 받는다.

"I'll leave a message in your room."

③ 손님 객실에 Message를 남긴다.

비고 : 중국인 고객의 경우 영어 이름과 중국 이름을 같이 사용하므로 항상 Ticket 상의 Full Name을 받아야 한다.

2) 비행기 예약

① 확인 Slip 용지에 가고자 하는 날짜, 목적지, 비행기편, 방 번호, 등급을 기재한다.

"I'll call the airline to make a reservation, and then I'll leave a message in your room."

② 해당 항공사에 전화를 걸어 손님이 원하는 날 좌석이 있는지 알아보고 예약한다.

③ Business Class 이상은 좌석 지정이 가능하므로 사전에 특별한 특별석요청이 있는지 확인한다.

④ 예약한 내용은 예약번호와 함께 메시지를 남긴다.

비고 : 만일 예약이 Full일 경우에는 손님과 확인 후 대기명단에 올려놓은 뒤 확인해서 원하는 비행기를 탈 수 있도록 도와드린다.

3) 비행기 변경

① 날짜만 바꿀 경우에는 해당 항공사에 변경사항을 알려주고 변경해 준다. 변경 후 메시지를 남긴다.

"How do you want to change your flight schedule?"

"In case you take another airline with your ticket, the ticket is needed an endorsement from the airline who issued your ticket."

비고 : 항공사가 바뀔 경우 손님 티켓을 복사해서 팩스로 보낸 후 가능 여부를 확인한다.

② 다른 항공으로 바꿀 경우에는 원래 스케줄과 어떻게 바꾸고 싶어 하는지 적는다. 본래 예약된 항공사로부터 승인 도장이 필요하다고 말씀드리고 항공사에 전화해서 새로 예약해 드린다. 새 예약 후에는 본래 예약을 취소한다.

③ Endorse 도장이 필요할 경우에는 Messenger Service를 Arrange해서 받은 후 새 예약 항공사에 가서 Sticker를 받는다.

"You can use our messenger service."

"After setting an endorsement on your ticket, we will let you know."

④ 손님이 직접 항공사로 가실 경우에는 위치를 잘 설명해 드린다.

⑤ 변경된 티켓은 객실로 넣어 드리고 메시지를 남긴다.

4) 비행기표 구입

① 티켓이 없는 손님에게는 공항보다 시내에서 구입하는 것이 훨씬 가격이 저렴하다고 알려드린다.

② 구입을 원하는 손님의 티켓은 스케줄과 신용카드번호를 받은 후 여행사를 통해서 구입해 드린다.

5. 안내업무

1) VIP 안내

① 당일 VIP List를 보고 항공편수 확인 후 도착시간을 Check한 후 호텔 도착시간에 맞춰 대기한다.

"Welcome to our hotel."

"How was your trip?"

"Would you mind registering this card?"

② Room Inspection을 미리 해둔다.

"I will explain about our hotel's facilities briefly."

③ 공항의 Representative와 협조하여 손님의 공항 출발시간, 차량번호를 미리 알아두면 편리하다.

"Have a pleasant stay with us."

④ 대기하고 있다가 도착하면 반갑게 Greeting하고 미리 준비해 놓은 Key Pocket을 들고 객실로 직접 안내한다.

⑤ 올라가는 중에 여행은 어떠했는지 웃으며 공손히 여쭈어본다.

⑥ 방에 도착하면 등록카드를 작성해 달라고 부탁한다.

⑦ 등록카드 작성하는 동안 방안이 잘 정돈되어 있는지 둘러본다.

⑧ 간단히 호텔시설물(Fitness Center, Restaurant, etc.)에 관해 설명을 드린다.

⑨ Laundry, Shoe Shine이 필요한지도 물어본다.

⑩ 편히 쉬시라는 인사를 드리며 방을 나온다.

비고 : 도착시간이나 비행기 편수가 없는 경우에는 예약한 회사에 확인하여 미리 도착시간을 확인한다. 너무 피곤해 하시면 가급적 간단하게 설명하고 바로 나온다. 짐이 안 왔을 경우에는 문을 열어놓은 채 나온다.

2) 멤버십 고객 안내업무

① 월드베스트 스마일 전용 Check-In Desk로 안내한다.

② Pre-registered Check-In Service로 Sign만 부탁한다.

"How was your flight?"

"Is there anything you need?"

③ 손님의 이름을 불러주며 방으로 안내한다.

"Have a pleasant stay with us."

④ 방으로 올라가는 동안 여행이 어떠했는지 여쭙는다.

⑤ 자주 오시는 분이 많으므로 그동안 바뀐 시설물이나 식당 프로그램이 있으면 간단히 설명해 드린다.

⑥ 방에 도착한 후에는 필요한 것이 없는지 여쭙는다.

3) 귀빈층 고객안내 업무

① Check-In 절차가 끝나면 Key Pocket을 들고 이름을 불러주면서 방으로 안내한다.

"Welcome to our hotel. How was your flight to Seoul?"

② 방으로 가는 동안 여행이 어떠했는지 여쭙는다.

"The Exec. Club is located on the 17th floors."

③ 처음 오시는 분에게는 Lounge에 관해 간단히 설명해 드린다(시설과 서비스 시간 등).

"It's open from 7am to 10pm."

④ 편히 쉬시라는 인사와 함께 필요한 사항은 Concierge에게 Contact하라고 하고 방에서 나온다.

"If you need any help, please contact the Exec.-Club concierge. Have a pleasant stay with us."

제4절 귀빈층 컨시어지 서비스

토막상식 비서의 유래

비서란 말은 후한(後漢) 무제(武帝) 때 임금님의 기밀 문서나 비장하는 서책들을 관장하는 직책에서 비롯되었다. 그 후 임금님뿐 아니라 고관대작들의 기밀을 관장하는 벼슬이 되고 있다. 국가 존망이 아침이슬 같았던 춘추전국시대에는 상전이 죽으면 그 기밀을 지키고자 비서도 따라 죽어야 하는 것이 도리가 되었을 정도로 동심이체(同心二體)의 요직이었다.

서양의 비서는 동양의 비서보다 한결 지체가 높다. 미국에서 세크러터리(Secretary)라고 하면 장관을 뜻한다. 국무장관도 세크러터리 오브 스테이트(Secretary of State)라고 한다. 영국에서도 장관 내지는 차관을 뜻하며 공산당의 당비서는 최고의 지위를 뜻한다. 대사관에 근무하는 외교관들도 세크러터리라 하고 제너럴 하면 사무총장을 뜻한다.

우리 속담에 "승지댁 사촌 강아지에게도 길을 비킨다"는 것이 있는데, 승지가 비서요, 비서의 힘이 그 집 사촌의 강아지에게까지 미쳤으니 비서의 힘이 막강하다 할 수 있을 것이다. 옛날보다 지위가 낮아졌지만 지금도 비서의 힘은 막강하다. 닉슨 전 미국 대통령은 "남자의 생애에서 아내 다음으로 중요한 것은 비서다"라고 했다.

– 이규태 코너(조선일보)

귀빈층(executive floor)은 잦은 사업여행객(frequent business traveller)을 표적시장으로 온종일 바쁘고 복잡한 사업여행에 시달린 고객에게 가정을 떠난 가정(a home away from home)에서의 안락감을 느낄 수 있도록 하고 있다. 따라서 고객접점종업원의 인간미 넘치는 고급스럽고 차별화된 서비스를 바탕으로 하는 특정 객실층을 '호텔 내의 작은 호텔(a small hotel within a hotel)의 개념'으로 지정하여 운영하고 있다. 이는 항공사의 비즈니스 클래스와 비슷한 등급의 객실로 이해될 수도 있으며, 이들 층을 출입하기 위해서는 허용되는 객실카드키를 소지해야 한다. 우리나라는 대부분의 특1등급 호텔과 일부 특2등급 호텔이 이를 운영하고 있는데, 호텔의 매출 증진보다는 이미지 제고에 도움이 되고 있다. 이들 호텔들은 별도의 라운지에서 고객관리를 하며, 주된 서비스로 클럽 라운지를 운영하고, 아침에는 대륙식 조반(continental breakfast), 저녁에는 간단한 칵테일 파티(happy hours), 커피서비스(all day coffee service), 홍차, 주스, 과일, 쿠키 등이 제공되고, 미팅룸의 무료 사용,

특급 입 · 퇴숙절차, 항공예약 및 확인 등 개인 비서급 서비스가 제공된다. 이 부서를 중심으로 고객서비스를 하는 종업원은 귀빈층 컨시어지(executive club concierge), 버틀러(butler)가 있으며, 고객관리담당(guest relations officer)을 같은 조직에 포함시켜 운영하는 호텔도 있다. 호텔의 귀빈층 고객과 보통객실 고객 입 · 퇴숙절차를 비교하면 [그림 8-7]과 같이 나타낼 수 있다. 귀빈층 서비스는 발전가능성이 매우 높은 분야로써 최근 몇몇 선두 호텔들이 귀빈층 서비스를 통합운영하려는 시도를 하고 있다. 이는 호텔의 궁극적 목표인 내부고객만족과 이를 통한 고객만족을 위해서는 시스템의 통합적 운영이 필요하다고 보여진다. 뿐만 아니라 귀빈층 통합서비스시스템을 통해 종업원의 직무만족을 높이고, 이에 따라 고객만족을 달성함으로써 궁극적으로 호텔의 이미지를 제고하는 데 도움이 될 것으로 본다.

그림 • 8-7 귀빈층 고객과 보통객실 고객의 입 · 퇴숙절차 비교

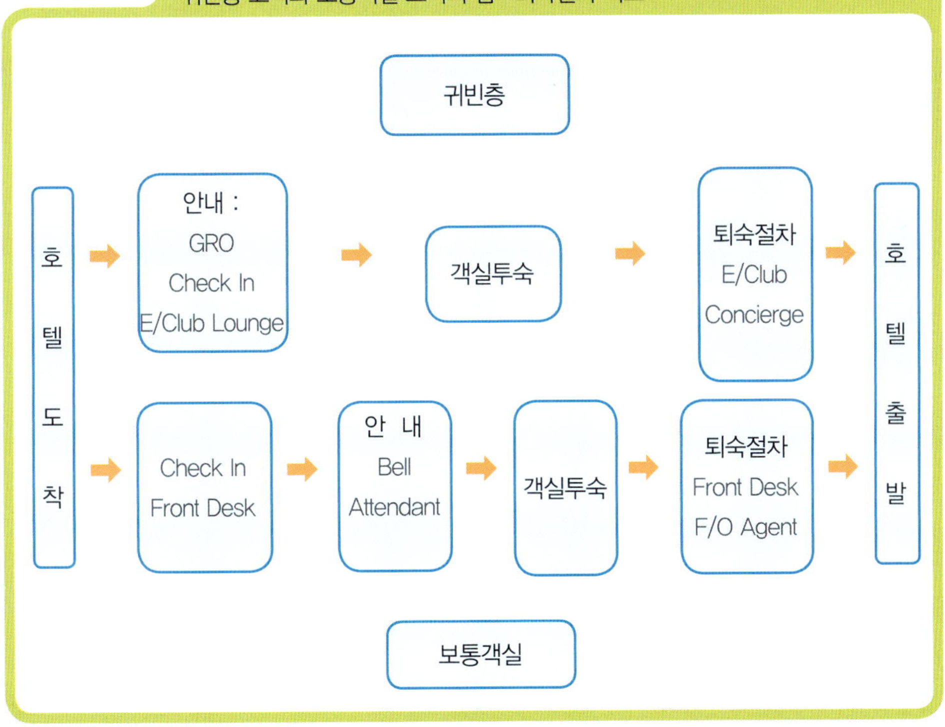

1. 입숙서비스

1) Airport Pick-Up Service를 요청한 Guest Escort

① Airport Pick-up List에 나와 있는 항공편 도착시간을 참고하여 호텔 도착시간을 계산하여 미리 대기한다.

"Welcome to the World Best Smile Hotel.

How was your trip?

Did you have any problems meeting the driver at the airport?"

② 입숙절차가 끝나면 방으로 친절히 안내해 드린다.

"Have an enjoyable stay with us."

비고 : 공항파견원(airport representative)은 손님이 출발한 후 Concierge에게 전화를 걸어 알려준다.

그림 • 8-8 Executive Club Concierge Desk

2) 체크인

① 반갑게 맞이하며 인사한다.

- 처음 오시는 고객
- 자주 오시는 고객 : 이름을 불러주며 맞이한다.

"Welcome to the Word Best Smile Hotel!"

"Welcome back Mr. Smith."

② Check-In 고객의 이름을 확인하고 HIS Computer System 화면상의 도착명단에서 찾는다.

(Front desk → Arrival → Name → 고객의 이름을 Type한다)

"May I ask your last name, sir?"

③ 등록카드를 프린트한다(프린터 앞쪽에 있는 Tray를 열고 등록카드를 뒷면이 보이도록 넣고 R : Registration card → Print? Yes or No → Yes 선택).

④ 고객에게 프린트된 등록카드를 드리고 주소, 생년월일, 여권번호 기재와 서명을 부탁한다.

Repeat Guest인 경우는 고객 Profile에 변경사항이 없는지 물어보고 등록카드에 서명만 받는다.

"Would you please fill-out your address, passport number, date of birth and signature on the bottom?"

"Would you check if your profile is correct?"

⑤ 예약사항과 실제의 영문 Full Name, 회사명, 투숙기간, 객실요금 등을 고객과 확인한다.

"Are you going to stay for 3 nights with us?

If there is any changes, please, let us know."

⑥ 고객의 흡연 여부와 기타 객실 선호도에 맞게 Room을 Assign한다. 고객이 선호하는 객실이 있을 경우 우선적으로 배정한다(1 : Correction → F3 → Page Down → Available한 Room list 중에서 원하는 Room, number에 Enter).

"Do you prefer smoking or nonsmoking room?"

⑦ Computer상으로 Check-In시킨다.

(Esc → Check in guest now? Yes or No에서 yes 선택)

⑧ Card Key를 발급한다.

(Check-In을 시키면 Number of Keys for Room 1234? 0 or 1에서 1을 선택한 후 "삐" 소리가 나면 Card Key를 발급기의 Card Here 위에 살짝 올려놓으면 다시 "삐" 소리가 나면서 Card Key가 만들어지며 Computer 화면에는 Check-In Successful이라는 표시가 나타난다.

⑨ 고객이 Check-Out 시 계산할 신용카드를 미리 받아서 신용카드조회기에 등록시킨 후 프린트된 전표는 등록카드 뒷면에 첨부한다(신용카드조회기 사용법 : IN 신용카드 → 1. 조회 → 오른쪽 감지선에 신용카드를 넣고 쭉 긋는다 → 카드번호가 화면에 나타나면 '입력' → 할부개월수? 0월 '입력' → 판매금액? 0원 '입력' → 일련번호와 확보금이 표시되고 전표가 인쇄되어 나온다).

"How would you like to settle your bill?
May I imprint your credit card?"

⑩ 호텔 VIP 카드 또는 항공사의 상용고객 카드를 소지한 고객은 카드의 종류와 번호를 입력한다.

"Do you have the Hotel card or any frequent flyer mileage plus cards?"

⑪ Key Pocket 안에 Card Key, 부대시설 무료 이용권과 숙박일수만큼의 조식권을 만들어서 넣은 후 고객에게 드리고 객실로 안내한다.

"Here you are your key and breakfast coupons.
Let me escort you to your room.
This way please."

⑫ 객실로 안내하면서 아침식사 장소, 부대시설 무료이용권, Exec. Club 등에 대해 설명해 드린다.

⑬ 등록카드에 기재된 내용을 고객 Profile에 입력하고 등록카드는 프런트 데스크의 Regi-Card Box에 객실번호 순으로 정리하여 보관한다.

2. 퇴숙서비스

① Check-Out 고객의 객실번호를 입력하고 Message와 Trace를 확인한다. (Cashier → Billing → Password 입력 → Room number).

용어(표준상태) : Are you checking out, sir?

② 투숙하는 동안 불편한 점이 있었는지 물어본다.

용어(표준상태) : Have you enjoyed staying with us?

③ Mini-Bar에서 드신 것이 있는지 물어본다. 있을 경우에는 각 Item의 요금을 더하고

10% Tax를 추가해서 Posting한다.

용어(표준상태) : Did you sue Mini-Bar since last night?

④ 공항까지의 교통편과 공항세 필요 여부를 여쭤본다.

용어(표준상태) : Did you arrange transportation to the airport?

- 공항리무진버스와 공항세의 Room Charge를 원할 경우 : 804.Paid-Out. others로 Posting하고 영수증에 고객의 서명을 받는다.

  용어(표준상태) : You can charge a KAL shuttle bus ticket to the hotel bill and airport tax as well.

- Hotel Car를 원할 경우 : Rent Car에 전화해서 가능 여부를 확인하고 571.Misc. Rent Car로 30,000원을 Posting한다.

  용어(표준상태) : Airport sending service by hotel car is 30,000 won.

- 공항 Pick-up & Sending Service가 무료로 제공되는 고객인 경우 : 예약할 때 Rent Car Office에 알려주고 이미 Charge되어 있을 때에는 Posting된 날짜에 관계없이 571.Misc. Rent Car로 Correction한다.

  용어(표준상태) : You have a free airport transfer service per your contract.

⑤ Folio를 프린트해서 고객에게 보여드리고 이상유무를 확인하게 한다.

용어(표준상태) : Would you check your bill?

⑥ 지불방법을 다시 확인한다.

- Check-In 시 등록된 신용카드로 계산할 경우

  Check-In 시 신용카드 확인기에 등록시킨 일련번호를 이용해서 매출전표를 프린트하고 우측 하단에 고객의 서명을 받는다.

  (신용카드 확인기 사용법 : OUT → 1.Check-Out → 판매금액? 원'입력' → 일련번호(Fidelio Cashier화면에서 8.Optional fields를 누르면 Approval Code난에 있는 번호) '입력' → Folio No.에는 객실번호 '입력')

  용어(표준상태) : How would you like to pay your account?
  Will you pay in 0000 card?
  We have your credit card number.
  Would you sign on the bottom?

- 다른 종류의 신용카드로 계산할 경우

신용카드 확인기의 IN → 3. 신용 일반조회를 이용해 매출전표를 인쇄하고 등록되어 있던 신용카드는 OUT → 2.취소 → 일련번호 '입력'으로 취소시킨다.

용어/표준상태 : Would you like to pay in another credit card?

- 현금으로 계산할 경우

등록된 신용카드는 취소시키고 Cash로 Credit한다. 원화 현금과 US Dollar Cash & T/C로 지불 가능하며, 환율은 전날의 호텔 US T/C Exchange Rate에서 소수점 첫째 자리 반올림한 House Rate를 적용한다.

용어/표준상태 : Would you like to pay in cash?

- 현금 + 카드로 계산할 경우

현금에 해당하는 금액을 먼저 Credit하고 남은 잔액을 신용카드로 Credit한다.

- Company Pay인 경우

Remark 또는 Trace에 Company Pay에 관련된 내용이 있는지 확인하고 City Ledger로 Credit한 후 Folio를 한 부 더 프린트해서 서명받은 Folio와 Trace Copy, 고객이 사용한 Bill의 영수증을 모두 함께 Attach시켜서 Front Desk의 City Ledger 서랍에 넣는다.

용어(표준상태) : Is this your bill to company?
Would you sign on the bottom of folio?

- VIP Free Night Award를 사용한 경우

VIP Award로 Posting된 Room Charge를 City Ledger로 후불처리하고 당직 데스크에 보관된 VIP Room Award Confirmation Fax를 Copy해서 첨부한 후 City Ledger 서랍에 넣는다.

• Room Upgrade Instant Award를 사용한 경우

Room Category와 숙박일수에 따라 상환해야 하므로 고객을 Check-Out시키고 보낸 후 Instant Award를 사용하기 시작한 날의 US T/T RATE에 $ 18.75와 숙박일수를 곱한 총금액을 1.21로 나누어서 Manual로 Room charge, Service charge, Room tax를 Posting한다. 총금액을 VIP Service Award로 Credit한 후 Folio와 Instant Award Order Form을 Fax로 VIP Program Services Center(Fax : 1-512-834-0656)로 보낸다. Fax Confirmation Sheet, Folio, Instant Award Order Form 원본을 첨부하여 City Ledger 서랍에 넣는다.

• US T/T 처리 사례

• Rate가 1203이고 6 Nights를 사용한 경우 :

1203 × 18.75 × 6 = 135,337	
135,337 /	1.21 = 111,848.76
101. R/C	111,849
110. S/C	11,185
120. R/T	12,303
Total	135,337

• Rebate 발생 시

Mini-Bar와 Access charge는 고객이 지불을 거절할 경우 즉석에서 그 외의 항목은 당직 지배인에게 보고하여 승인을 받은 후 Rebate하고 Adjustment Form을 작성하여 Folio와 해당 Bill의 영수증을 첨부하여 당직 지배인의 Sign을 받아서 Rebate 서랍에 넣는다.

• F&B Discount가 있을 경우

Total F&B 요금의 10% 또는 15%(회사별 Contract에 따라)를 619. Misc-Rebate(All)로 Credit하고 Adjustment Form을 작성하여 Folio와 Contract Copy, 해당 Bill의 영수증을 모두 Attach해서 당직 지배인 Sign을 받은 후 Rebate 서랍에 넣는다.

⑦ Computer상으로 Check-Out시키고 서명받은 신용카드 매출전표의 마지막 장과 Folio를 봉투에 넣어서 손님께 드린다.

용어(표준상태) : Here you are your receipt.

⑧ 객실에 짐이 있는지 물어보고 Bell Man에게 전화해서 내려가도록 한다.

용어(표준상태) : Did you bring down your luggage? If not, let me have bell man bring your luggage down to the lobby.

⑨ 객실 Key를 돌려받고 다음번 방문을 위한 예약을 원하는지 물어본다. 원할 경우 Reservation Slip을 작성하여 예약과 Mail Box에 넣는다.

용어(표준상태) : Would you like to make reservation for your next visit?

비고 : 예약을 받을 때에는 고객이 원하는 날짜와 Room Type이 Available한지 먼저 확인한다.

⑩ 투숙해 줘서 고맙다는 인사를 하고 다시 만나기를 바란다는 작별인사를 한다.

용어/표준상태 : Thank you for staying with us and hope to see you again.

3. 라운지 운영

1) 서비스 종업원

그림 • 8-9 Executive Club Lounge

Lounge에서는 오전, 오후 각각 Concierge 1명과 Room Service 1명, 총 2명의 직원이 근무하며 F&B Service는 6:30am~10pm, Concierge Service는 7am~10pm까지 가능하다. 서비스 인원의 배치는 객실 점유율과 행사에 따라 유연성이 높다.

(1) Concierge **오전근무 :** 7am~3pm

① 근무시간 전

출근 시 Time Keeper에서 F3 Key를 수령하고 유니폼 착용 후 3층 Mail Box에서 신문, 우편물, Report 등을 Pick-Up한다.

② Lunch Time : 11:20am~12:00

Lobby Concierge가 먼저 식사를 하고 Lounge로 와서 교대해 준다.

③ 인수인계 : 2pm

오후 근무사가 오기 전에 Cashier Audit을 내고 오후 근무자에게 인계시항을 전달한다.

④ 마 감

Accounting에 가서 카드와 현금을 입금한 후 Front Desk에 들러서 Cashier Audit, Rebate, City Ledger 등을 정리하고 Airport Tax & KAL Bus Ticket을 산다. Lounge로 올라와서 Cashier Fund 200,000원을 맞춰 놓는다.

비고 : Lobby 근무자의 식사시간이 지연될 경우, Lounge에 미리 알려준다.
Master Key도 반드시 인계한다.
토요일과 일요일은 Front Office에 있는 금고에 입금한다.

⑤ Meeting : 2:30pm

Lounge & Lobby의 오전, 오후 근무자가 모두 모여서 Chief Concierge로부터 전달사항, 공지사항을 듣고 모든 직원이 정보를 공유할 수 있도록 중요한 사건, 사고, 불평 또는 칭찬 사례 등을 Review한다.

(2) Concierge **오후근무 :** 2~10pm

① 인수인계 : 2pm

오전 근무자로부터 오후에 처리해야 될 사항을 인계받는다.

② Meeting : 2:30pm

③ Dinner Time : 5:20~6pm

오후에는 Room Service 직원과 식사교대를 해야 하므로 Lobby Concierge와 식사시간이 겹치지 않도록 한다.

비고 : Chief Concierge 부재 시 Senior Concierge가 Meeting을 주재하고 Meeting 내용을 기록하여 Off인 직원이 다음날 확인할 수 있도록 한다.

④ 마감 : 8:30pm

Happy Hour가 끝나면 Audit을 내고 Front에 가서 마감을 한다. 다음날 오전 근무에 차질이 없도록 Airport Tax & KAL Bus Ticket을 충분이 구입해 놓는다.

비고 : Lounge에서 Late C/O을 요청한 고객이 있을 경우 Lobby와 협조하여 식사시간을 조정한다.

⑤ 근무 마친 후

Computer, Printer, 신용카드 확인기, Fax, Copy Machine, audio, 에어컨 등을 모두 끄고, Lounge에 남아 있는 고객이 없을 경우는 전등도 50% 소등한다.

F3 Key를 Time Keeper에 반납하고 퇴근한다.

비고 : 남아 있는 고객이 있을 경우는 퇴근 전에 더 필요하거나 도와줄 일이 없는지 물어본다.

2) Lounge 관리

(1) 청 소

Housekeeping Maid 중 한 명이 매일 오전 중 고객이 가장 적은 시간을 택해 Lounge와 화장실을 청소하며 Concierge가 수시로 점검하여 청결상태를 유지한다.

(2) Table **정리**

Table 위에 남아 있는 신문, 잡지 등을 진열대에 가지런히 정리하고 사용한 컵, 접시, 재떨이 등을 치우고 최종적으로 Table 및 의자를 정돈한다.

3) Room Service 직원과의 협조

① 자리를 비울 때에는 서로 알려주어 Lounge를 비우는 일이 없도록 한다.
② 전화가 올 경우는 부서에 관계없이 전화벨이 3번 울리기 전에 받는다.
③ Room Service 직원이 없거나 바쁜 경우는 Concierge가 대신 Soft Drink를 Service 한다.

4) 신 문

(1) 7am : Mail Box**에서** Pick-Up

① Korea Herald, Korea Times, International Herald Tribune, USA Today 각 5부
② 중앙일보, 한국일보 각 1부

(2) 8am : Bell Desk**에서** Delivery

Asian Wall Street Journal은 Lounge 입구와 각 Executive Floor Elevator 옆에 비치

(3) 3pm : Lobby Concierge Desk**로 배달**

Financial times, 일본신문 아사히 각 1부
비고 : 전날 신문은 종류별로 한 부씩 Lounge 사무실에 하루 동안 보관한다.

5) 잡 지

고객들이 선호하는 경제 및 시사 잡지를 구비하여 비즈니스 정보를 제공한다.

(1) 주 간

Times, Newsweek, Der Spiegel, Paris Match

(2) 격 주

Forbes, Fortune

(3) 월 간

National Geographic, Vogue, Reader's Digest

비고 : 잡지가 배달되면 File에 Check하고 최근 것을 전시해 놓고 지나간 것은 버린다.

4. 귀빈층 라운지의 식음료서비스

Lounge에서는 Executive Floor 투숙객을 대상으로 아침식사를 포함해 하루 5회 음식이 준비되며 Coffee, Tea, Soft Drink는 하루 종일 무료로 제공된다.

1) 시간대별 서비스 내용

① 6:30~10am : Continental Breakfast

② Noon~14:30pm : Luncheon

③ 15~17pm : Afternoon Snack

④ 17:30~20pm : Happy Hour
Include Hard Liquor

⑤ 21~24pm : Night Snack

2) Outside Guest에 대한 Charge

(1) 대상

① 귀빈층 투숙객이 아닌 타층 고객 및 외부 고객이 식음료를 이용한 경우

② 투숙객이 지불할 경우

먼저 Charge에 대한 양해를 구한 후 Room Service Bill에 Item을 적고 고객의 객실번호와 서명을 받아서 Room Service 직원에게 준다. 외부 고객의 방문이 많은 고객인 경우는 고객 동의하에 Bill을 Open시켜 두었다가 나중에 Sign을 받도록 한다.

용어(표준상태) : We are supposed to charge for your invited guests.
Would you like to charge to your account?
Thank you for your understanding.

비고 : 고객의 Check-Out 날짜를 확인해서 Late Bill 발생을 막는다.

③ 외부 고객이 지불할 경우

Concierge가 각 Item의 가격에 세금과 봉사료를 더해서 현금 또는 신용카드로 지불받고 고객이 영수증을 요구하면 1층 Lobby에서 기다리시라 하고 Room Sewrvice 직원이 Bill을 가지고 내려가서 Posting한 후 고객에게 영수증을 전달해 드린다.

비고 : Bill에 잘못 기재되었거나 Item이 잘못된 경우 절대로 Bill을 버리지 말고 한 줄로 긋거나 지운 뒤 다시 사용한다.

5. 귀빈층 라운지의 비서업무

1) Fax

용어(작업단계) : Would you like to send a fax?

비고 : 글씨가 흐리거나 종이가 얇은 경우는 복사해서 보낸다.

(1) Outgoing Fax

① 보내는 나라, fax번호, 고객이름과 객실번호, page수를 확인한다.

용어(작업단계) : I am sorry. Your fax is not going well. Could you check your fax No.?

② 외국으로 보낼 시 통신사 번호, 국가번호, 지역번호, 팩스번호 순으로 입력한다.

용어(작업단계) : We will try is later.
Basic charge is ₩________ by 3 mins.

비고 : Manual 방법으로 수화기를 들고 걸어서 확인한다.

③ 통화 중일 경우나 error가 발생하면 시간차를 두고 보내고 wrong No.일 경우 손님께 번호를 다시 확인한다.

비고 : Late bill이 나지 않도록 주의한다.

④ Cofirm이 나면 손님께 돌려드리거나 방으로 배달하고, bill을 작성한 후 posting한다.

⑤ 요금은 가격표를 참고하여 3분을 기본으로 계산한다.

⑥ Cashier가 마감했을 경우 손님의 check-out 날짜를 확인해서 그 다음날인 경우는 당일 프런트로 인계하고, 그렇지 않을 경우 다음날 오전조에 인계한다.

(2) Incoming Fax의 경우

전달한 손님의 이름, 번호를 확인 후 lounge에 계실 경우 직접 드리고, 아닐 경우 Incoming fax 봉투에 넣어 방으로 delivery한다.

2) Copy

용어(표준상태) : How many piece do you want to make a copy?

① 고객이름, 객실번호, 매수를 확인 후 복사한다.

② A4용지의 경우 장당 275원으로 계산한다.

③ B/Z center bill 작성 후 posting한다.

3) Meeting Room Arrangement

용어(표준상태) : May I have your Rm. No. & No. of guest who will be with you?

비고 : 현재 Exec. Lounge에는 Meeting Room이 없음을 설명드린다.

① B/Z center로 예약 가능한지 확인한다. : Meeting 시간, 인원 수, 날짜 확인

② 가능할 경우 Exec. Club Guest는 2시간까지 Free로 이용 가능하며, 그 외에는 Charge한다고 Inform드리고 B/Z center에 예약한다.

ex) 4Pax : ₩30,000/h

6Pax : ₩40,000/h

12Pax : ₩60,000/h

4) Location 안내

용어(표준상태) : Please go down the road and turn left. It's on your left.

① 위치를 잘 알고 있는 경우

지도 등을 참고해 안내해 드리며 먼 거리에 있을 경우 위치를 적은 Taxi card를 만들어 드리고, 대강의 요금 및 소요시간에 대해 알려드린다.

용어(표준상태) : I will give you a taxi card. Please show this to the driver.
It is 30 min. away from the hotel by taxi.

② 정확한 위치를 모를 경우

손님이 명함이나 전화번호를 가지고 있으면 그 번호로 전화해서 위치를 문의하고 그렇지 않을 경우 전화번호를 114나 그 외 Information book에서 확인한 후 위치를 알려드린다.

제5절 객실관리부서 고객서비스

객실관리부서의 중요한 업무 중 하나가 깨끗하고 안락한 객실상품의 생산이다. 객실상품은 아래의 절차에 의해 이뤄지며 객실정비원은 고객접점에 있는 최일선 종사원이므로 호텔의 예절과 숙련된 실무를 몸에 익혀 항상 명랑하고 즐거운 마음으로 업무에 임하도록 교육이 잘 되어 있어야 한다.

객실청소는 객실정비원에 의해 이루어지는데, 주간에 근무하는 객실정비원을 룸 어텐던트(room attendant) 또는 룸메이드(room maid)라고 하며, 오후에 출근하여 야간 객실정비 및 잠자리 준비업무를 수행하는 객실정비원을 야간 담당(night duty), 또는 턴다운 어텐던트(turn down attendant)라고 한다. 객실정비업무는 간단치가 않아서 객실에 들어가는 편의품(amenities)의 종류와 명칭, 침대 꾸미기(bed making), 타월 비치(towel set-up), 세제 사용법 등 많은 부분을 이해하고 익혀야 한다. 객실정비 시 객실정비원과 객실점검원(room inspector)은 먼저 객실상태를 점검하여 퇴실과 재실로 구분하고 그중에서도 미리 청소해야 하는 방의 순서에 의해 정비를 하게 된다. 객실 청소의 우선순위는 호텔마다 조금씩 다를 수도 있지만, 호텔은 대부분 고객이 요구하는 객실, VIP 객실, 퇴숙된 객실, 고객이 사용 중인 객실, 퇴숙이 예상되는 객실, 그 외 고객이나 객실영업부서 또는 객실관리부서에서 필요로 할 때 청소를 하게 된다. 또한 그들은 정비업무가 끝나면 일일점검표에 의해 청소상태를 확인하여 객실상품의 품위를 유지하는 데 최선의 노력을 다하게 된다. 우리나라 호텔들은 객실정비원에게 하루 작업량을 15실 정도로 배정하며, 객실 평수가 넓거나 특실, 온돌방 등은 작업량을 조금씩 감해주고 있다.

1. 객실정비원의 일일업무 준비사항

객실정비원은 객실정비를 하기 위해 출근과 동시에 객실정비 주임(floor supervisor or room inspector supervisor)으로부터 전일, 당일 객실상황과 특이사항 및 전달사항을 듣고 업무에 임하게 된다. 이때 객실의 담당구역에 대한 마스터 키(master key)를 수령하고 대장에 서명하게 된다. 객실 마스터키는 고객의 생명과 재산을 보호하기 위해 매우 소중히 관리해야 하며, 이로 인한 사고는 즉시 보고되어야 더 큰일을 방지할 수 있다. 마스터키를 인수하고 객실정비원 청소차(room attendant's cart)에 객실소모품과 침대보(bed sheets), 편의품, 청소용구 및 세제를 싣고 담당구역으로 가게 된다. 일부 체인호텔에서는 프로 호스트 시스템(ProHost System)을 이용하여 리넨을 중앙공급식으로 보급하는 곳도 있다.

| 표 8-3 | 마스터키 관리대장

번 호	불출시간	서 명	반납시간	서 명
RA 01 ~ 01				
RA 01 ~ 02				
RA 01 ~ 03				
RA 02 ~ 01				
RA 02 ~ 02				
RA 02 ~ 03				
RA 03 ~ 01				
FM 01				
FM 02				

2. 객실출입절차

① 객실에 들어갈 때에는 꼭 노크를 하고, 인기척을 기다렸다가 객실문을 열고 들어간다.

② 노크하기 전에 필히 더블 록(double lock)인지 디앤디(DND : do not disturb) 표시가 붙어 있는지 꼭 확인한다.

③ 손님의 요구가 있을 경우를 제외하고는 디앤디 표시가 걸려 있는 방은 절대로 노크를 해서는 안된다.

④ 디앤디 카드가 오후 4시까지 걸려 있고 청소가 안되었을 경우는 객실관리부서장이나 주임에게 보고하여 객실정비를 언제 해야 되는가를 알아본다.

⑤ 노크 시에는 항상 손가락 뒷면의 뼈부분을 사용하도록 하며, 절대로 열쇠나 다른

금속 등을 사용해서는 안된다(객실 출입문 앞에 똑바로 서서, 작은 구멍으로 객실 안에서 손님이 볼 수 있게 선다).

⑥ 노크는 객실의 손님이 충분히 들을 수 있도록 하고 대답이 즉시 없을 때에는 마음 속으로 1~5까지 센 다음 다시 노크하도록 한다.

⑦ 손님이 객실 안에 있으면 들어가 인사를 하고(Good-morning, Good-afternoon, Good-evening sir or madam) 청소를 해도 좋은지(혹은 턴다운 서비스를 해도 좋은지) 물어본다.

⑧ 객실 안에서 청소 중일 때에는 객실 문을 닫지 않아야 한다.

- 개인의 보안문제를 위해서
- 객실의 공기소통을 위해서(냄새 제거 및 환기)
- 문은 안전고리에 걸어놓고, 계속 열어둔다.

⑨ 객실을 떠날 때에는 필히 문이 잘 잠겼는지를 확인한다.

⑩ 손님이 투숙 중인 객실을 떠날 때에는 절대로 객실문을 열어놓아서는 안된다.

3. 턴다운 서비스(Turn Down Service)

턴다운 서비스는 호텔이 가정과 같은 친근감을 고객에게 제공하기 위해 특급호텔을 위주로 개발한 서비스의 일종이다. 고객의 잠자리를 돌봐주는 방법으로 침대 깃을 벗기고, 고객이 침대에 쉽게 들어갈 수 있도록 할 뿐만 아니라 조식주문, 그린카드 활용, 호텔이나 호텔 주변의 각종 행사 등에 대한 정보를 제공한다. 세계 제일의 호텔서비스를 자랑하는 방콕 오리엔탈 호텔에는 턴다운 서비스와 함께 매일 색다른 과일과 총지배인의 감사편지를 함께 제공하고 있어 매우 인상적이다. 발 깔개를 침대 옆에 펴놓음으로써 최상의 공손함을 표현하기도 한다.

1) 턴다운 서비스의 일반적인 요령

① 턴다운 서비스는 2인 1개조로 오후 6시부터 통신장비를 휴대하고 VIP, 장기 투숙객, 이그제큐티브클럽(executive club), 각층 특실(suite room) 순으로 서비스를 한다.

② 턴다운의 요령은 베개를 덮었던 베드 스프레드(bed spread)를 침대의 1/3가량 접는다. 다시 침대 끝까지 접는다. 침대 끝에 늘어졌던 스프레드를 위로 접고 좌 · 우

1/3가량 침대 중앙을 향해 접는다. 다시 중앙으로 포개어 접는다.

③ 턴다운 서비스를 할 때에는 손님이 쓰고 난 소모품의 교환 및 타월 보충, 비누, 로션 등을 충분하게 공급한다.

④ DND 또는 이중잠금(double lock)이 되어 있는 방은 퇴근 전에 한 번 더 확인하여 턴다운 서비스가 빠지지 않도록 한다.

⑤ 턴다운 서비스를 하기 전에 필히 객실의 손님 수를 확인하여 두 사람인 경우 더블침대는 양쪽, 트윈침대는 두 침대 모두 턴다운을 해야 한다.

⑥ 트윈침대 방을 손님 한 사람이 쓰는 경우 턴다운 서비스는 화장실 쪽에 가까운 침대를 턴다운한다.

⑦ 트리플이나 엑스트라 침대가 있는 방에는 객실소모품을 3명이 쓸 수 있도록 충분히 넣는다.

⑧ 늦게 퇴숙한 객실, 룸 체인지된 객실의 경우 객실점유율이 높은 날에는 이 객실들을 다시 판매해야 되므로 그 방부터 정비해 놓고, 턴다운 서비스를 한다. 객실점유율이 낮은 날에는 턴다운 서비스를 우선으로 한다.

⑨ 턴다운 서비스가 일찍 끝났을 때에는 각층의 재떨이 청소, 서비스 에어리어에 문이 꼭 닫혀 있는지 확인하고, 그래도 시간이 남으면 사무실에 대기하면서 객실관리와 사무실 청소 및 소모품 정리를 한다.

⑩ 턴다운이 끝나면 "좋은 꿈꾸세요(have a nice dream, have a good night)"라는 메시지와 조식 메뉴를 베개 위에 보기 좋게 놓아둔다.

제6절 객실서비스 표준체크리스트

호텔관광서비스기업은 고객에게 제공하는 서비스품질관리를 위해서 전 구성원이 부난하게 노력해야 한다. 그 과업 중에서도 서비스 전(before service) → 서비스 중(in service) → 서비스 후(after service)의 전 과정을 신속, 정확하게 관리해야 한다. 따라서 아래 제시된 '객실서비스 표준체크리스트(1~10)'를 활용하여 경영진의 책임 아래 일별, 주별, 월별, 분기별, 반기별, 연별로 확인해 나가야 할 것이다.

1. RESERVATION

	STANDARDS-SWITCHBOARD	MEET	BELOW	N/A
1	전화벨이 3번 울리기 전 또는 15초 안에 받아졌는가?			
2	직원은 알맞은 인사말(Good morning/afternoon)과 호텔명을 말하며 수신전화에 응대하였는가?			
3	만약 전화 대기가 되었다면 30초를 넘지 않았는가?			
4	직원은 정확한 부서로 전화를 연결시켰는가?			
5	만약 (돌려드린 전화가) 응답이 없었다면 벨이 6번 울리기 전 다시 고객에게 응대하였는가?			
6	직원은 영어로 업무를 수행할 수 있는 능력을 갖고 있는가?			
7	주위 환경은 잡음이나 소음 없이 조용하였는가?			
8	직원은 정확한 발음으로 명랑하게 말하였는가?			
9	직원은 전화를 연결시켜 주기 전에 연결해 드릴 부서를 말하였는가?			
	STANDARDS-TAKING A RESERVATION			
1	전화벨이 3번 울리기 전 또는 15초 안에 받아졌는가?			
2	직원은 알맞은 인사말(Good morning/afternoon)과 호텔명을 말하며 수신전화에 응대하였는가?			
3	만약 전화 대기가 되었다면 30초를 넘지 않았는가?			
4	주위 환경은 잡음이나 소음 없이 조용하였는가?			
5	직원은 체크인, 체크아웃 날짜를 확인하였는가?			
6	직원은 요구되는 모든 사항과 관련하여 손님에게 다양한 객실 종류를 설명하였는가?			
7	직원은 객실종류별 차이점을 설명하였는가?(예: 위치, 크기, 내부시설)			
8	직원은 적용되는 모든 요금을 안내하고 추천하였는가?			

	STANDARDS-SWITCHBOARD	MEET	BELOW	N/A
9	직원은 즉시 객실예약 가능 여부를 확인하였는가?			
10	만약 (예약이) 불가능한 날짜라면 직원은 다른 날을 권유하였는가?			
11	직원은 전화자(손님)의 이름을 메모하였는가?			
12	직원은 전화자(손님) 이름의 철자를 확인하였는가?			
13	직원은 전화자(손님)의 주소를 받았는가?			
14	직원은 전화자(손님)의 전화번호를 받았는가?			
15	직원은 전화자(손님)의 이메일이나 팩스번호를 받았는가?			
16	직원은 예약이 개인적(사적)인지 회사 예약(공적)인지 확인했는가?			
17	직원은 명확하게 객실료를 설명하고 포함된 사항(예: 봉사료, 세금, 식사 등)을 말하였는가?			
18	직원은 금연실 또는 흡연실의 선택을 여쭈었는가?(100개 객실보유 호텔)			
19	직원은 예상 도착시간을 확인하였는가?			
20	직원은 체크인 시간을 설명하였는가?			
21	만약 고객이 픽업을 필요로 하는지를 확인하였는가?			
22	직원은 통화 중 또는 통화를 끝내기 전 예약의 모든 세부사항을 반복해서 확인하였는가?			
23	직원은 예약번호를 제공하였는가?			
24	직원은 고객에게 감사의 표현을 하였는가?			
	THE EMPLOYEE			
25	직원의 목소리는 명확하고 듣기에 알맞았는가?			
26	직원은 업무수행에 있어 영어회화능력을 갖추었는가?			
27	직원은 예약에 관한 사항을 확인하는 동안 예의 바르고 성의 있는 자세였는가?			
28	직원은 대화를 하는 동안 적어도 한 번 이상 손님의 이름을 불렀는가?			

	STANDARDS–SWITCHBOARD	MEET	BELOW	N/A
29	직원은 전화를 끊기 전 향후 필요한 도움에 대비하여 자기의 이름을 밝혔는가?			
	ACCOUNTING			
30	직원은 예약을 확실하게 하기 위한 선수금이나 개런티를 요구하였는가?			
31	만약 Deposit을 위해 신용카드 번호가 불려졌다면 직원은 번호를 반복하였는가?			
32	직원은 cancellation policy를 설명하였는가?			
	CONFIRMATION			
33	Confirmation을 보내주었는가?(손님에게)			
34	Confirmation은 24시간 내에 (손님에게) 전달되었는가?			
35	모든 세부사항은 회사 로고가 찍힌 종이에 처리되었는가?			
36	Confirmation의 정보는 정확했는가?			
37	Confirmation에는 호텔 내 식음료업장의 시설에 대한 promotion이 포함되어 있는가?			
38	Confirmation에는 cancellation charge가 설명되어 있는가?			

2. LOBBY RECEPTION

	STANDARDS–SWITCHBOARD	MEET	BELOW	N/A
1	고객 도착 30초 내에 직원이 응대하였는가?			
2	체크인 절차는 5분 내에 마무리되었는가?			
3	손님은 친절하고 따뜻한 환대를 받았는가?			
4	직원은 고객이 도움이 필요한지를 여쭈었는가?			
5	직원은 고객의 성함을 확인하고 대화 중 한번이라도 불러드렸는가?			
6	등록카드는 고객이 예약 시 밝힌 정보와 함께 미리 준비되어 있었는가?			

	STANDARDS-SWITCHBOARD	MEET	BELOW	N/A
7	등록카드의 모든 정보는 정확한가?			
8	퇴숙 날짜는 확인하였는가?			
9	고객이 등록카드에 기타 사항을 기입할 때 호텔용 볼펜이 제공되었는가?			
10	직원은 고객에게 흡연, 금연 여부를 확인하였는가?(예약 시 확인되지 않은 경우)			
11	직원은 국제/국내 신문을 원하는지 여쭤보았는가?			
12	직원은 저녁식사의 확인 또는 예약을 권하였는가?			
13	직원은 porter service를 도와드렸는가?			
14	직원은 고객이 객실까지 에스코트를 받을 수 있도록 준비해 드렸는가?			
15	직원은 고객에게 즐거운 투숙이 되시라는 인사를 하였는가?			
16	만약 고객 도착 시까지 객실이 정비되지 않았을 때 라운지에서 무료 음료를 권했는가?			
17	객실정비를 기다리는 동안 고객은 수시로 진행상황을 보고받았는가?			
	THE EMPLOYEE			
18	직원은 깨끗하고 잘 다려진 유니폼을 착용하였는가?			
19	모든 직원은 명찰을 달았는가?			
20	직원의 용모는 단정하였는가?			
21	직원은 고객과 시선을 맞추었는가?			
22	직원은 미소와 함께 친절하게 응대하였는가?			
23	직원은 업무수행을 위한 영어회화능력을 갖추었는가?			
24	다른 직원과의 업무수행 중 고객이 나타났을 때 고객에게 관심을 집중하였는가?			
	PRODUCT-RECEPTION DESK			
25	리셉션 데스크는 깨끗하게 정돈되어 있었는가?			
26	리셉션 데스크의 뒷부분은 어질러지지 않고 단정하였는가?			

3. ROOMING THE GUEST

	ROOMING THE GUEST	MEET	BELOW	N/A
1	직원은 고객을 객실까지 에스코트하였는가?			
2	직원은 객실까지 이동하는 동안 공손하고 예의 바른 대화를 나누었는가?			
3	직원은 식음료업장을 안내하고 영업시간을 설명하였는가?			
4	객실에서 직원은 객실이용에 관한 설명을 하였는가?			
5	직원은 에어컨 작동법을 설명하였는가?			
6	직원은 전화 거는 방법을 설명하였는가?			
7	직원은 modem/ISDN 라인에 대한 설명을 하였는가?			
8	직원은 미니 바의 위치를 설명하였는가?			
9	직원은 valet service 또는 세탁 서비스를 설명하였는가?			
10	직원은 조명을 위한 마스터 스위치를 설명하였는가?			
11	직원은 헤어 드라이어의 위치를 설명하였는가?			
12	직원은 디렉토리/룸 서비스 메뉴를 설명하였는가?			
13	직원은 헬스 스파 시설을 설명하였는가?			
14	직원은 객실 내 금고를 설명하였는가?			
15	아이스 서비스를 하였는가?(만약 얼음통이 객실 내에 있는 경우)			
16	직원은 다른 추가 서비스가 필요한지를 여쭈었는가?			

4. DOORMAN/PORTER

	STANDARDS-ON ARRIVAL	MEET	BELOW	N/A
1	도착 시 도어맨이나 포터(수발담당직원)가 보였는가?			
2	직원은 (손님이) 도착 시 차량문 여는 것을 도와주었는가?			
3	직원은 따뜻하고 우호적으로 인사를 하였는가?			
4	직원은 짐 드는 것을 도와주었는가?			
5	직원은 고객을 위해 출입문을 열어주었는가?			

	STANDARDS-ON ARRIVAL	MEET	BELOW	N/A
6	직원은 고객의 이름을 알고 리셉션까지 안내해 주었는가?			
7	그렇지 않다면 직원은 리셉션 데스크까지 가는 방향을 안내해 주었는가?			
8	출입구(호텔현관)는 깨끗하였는가?			
	STANDARDS-PORTERAGE			
9	포터(짐을 들고)는 체크인 후 10분 내에 객실에 도착하였는가?			
10	직원은 방문 시 노크를 공손하게 하였는가?			
11	직원은 고객에게 공손하게 하였는가?			
12	직원은 대화 중 한번이라도 고객의 이름을 불렀는가?			
13	직원은 고객의 짐을 luggage bench 혹은 rack 위에 올려놓았는가?			
14	직원은 옷을 옷장에 걸어드리겠다고 하였는가?			
15	직원은 고객에게 감사의 표현을 하였는가?			
	THE EMPLOYEE			
16	직원들은 한 팀으로 잘 구성되어 일하였는가?			
17	직원은 깨끗하고 잘 다려지고 손질된 유니폼을 착용하였는가?			
18	직원은 규정에 맞는 구두(유니화)를 신고 있었는가?			
19	직원은 명찰을 달고 있었는가?			
20	직원의 머리는 단정했는가?			
21	직원은 고객과 시선을 맞추었는가?			
22	직원은 미소를 지으며 친절한 태도를 보였는가?			
23	직원은 업무수행에 있어 영어회화능력을 갖추었는가?			
24	직원은 다른 직원과의 업무 중에도 고객이 나타나면 관심을 보였는가?			
25	직원은 항상 고객의 요구를 주의 깊게 경청하였는가?			

5. GUEST SERVICE

	STANDARDS-GUEST SERVICES	MEET	BELOW	N/A
1	전화는 3번 울리기 전 15초 내에 받아졌는가?			
2	전화 받을 때 적절한 인사말과 함께 부서를 말하였는가?			
3	직원은 고객과의 대화 도중 고객의 성함을 알고 불러드렸는가?			
4	고객의 전화는 30초 이상 대기되지 않았는가?			
5	고객이 데스크에 다가갔을 때 직원은 30초 내에 인지하였는가?			
6	직원은 상냥하고 친절한 태도로 인사하였는가?			
7	직원은 즉각적으로 렌트/택시 서비스를 하였는가?			
8	직원은 레스토랑을 이용하도록 적극적으로 추천하였는가?			
9	직원은 고객을 대신하여 저녁식사를 레스토랑에 예약해 드릴 것을 제안하였는가?			
10	직원은 인근지역을 잘 알고 있었는가(극장, 관광지, 스포츠시설 등)?			
11	직원은 여행일정 계획을 도와주었는가(비행기, 택시, 보트 등)?			
12	컨시어지 데스크는 최신의 안내문이 갖추어져 있었는가?			
13	직원은 인근지역의 지도와 함께 정확한 방향을 설명하였는가?			
14	모든 팩스/메시지/요구사항 등은 15분 내에 전달되었는가?			
15	모든 기록(문서화)된 정보는 호텔용지에 깔끔하고 읽기 쉽게 되어 있는가?			
16	직원은 고객의 요청을 돕기 위하여 모든 노력을 다하였는가?			
17	모든 요청사항은 이루어졌는가?			
18	고객에게 다른 필요사항이 있는지 주의를 기울였는가?			
19	직원은 항시 근무지를 정리정돈된 상태로 유지하였는가?			
	THE EMPLOYEE			
20	직원은 깨끗하고 잘 다려진 유니폼을 입고 있었는가?			
21	직원은 규정에 맞는 신발(유니화)을 신고 있었는가?			
22	직원은 명찰을 달고 있었는가?			
23	직원의 두발은 단정하였는가?			

	STANDARDS-GUEST SERVICES	MEET	BELOW	N/A
24	직원은 고객과 시선을 마주쳤는가?			
25	직원은 미소 지으며 고객에게 친절한 태도를 보였는가?			
26	직원은 업무수행을 위한 영어회화능력을 갖추었는가?			
27	직원은 다른 직원과의 업무 중 고객이 나타나면 고객에게 관심을 집중하였는가?			

6. SWITCHBOARD(SERVICE EXPRESS)

	STANDARDS WAKE UP CALLS	MEET	BELOW	N/A
1	전화는 벨이 3번 울리기 전 또는 15초 내에 받아졌는가?			
2	직원은 적절한 인사말(Good evening)과 소속을 밝히며 전화에 응답하였는가?			
3	직원은 대화도중 한번이라도 고객의 이름을 불렀는가?			
4	직원은 정확한 이해를 위하여 세부사항(객실/시간) 등을 반복하였는가?			
5	직원은 안녕히 주무시라는 인사를 하였는가?			
	THE EMPLOYEE			
6	직원의 목소리는 명확하고 듣기 좋았는가?			
7	직원은 해박한 업무지식을 보유하고 영어로 구사하였는가?			
8	직원은 wake up call에 관하여 고객의 요청을 받는 동안 공손하고 예의 바른 태도를 보였는가?			
	STANDARDS RECEIVING THE WAKE UP CALL			
9	개별적인 wake up call이 받아졌는가?			
10	wake up call은 요청시간 5분 내에 이루어졌는가?			
11	wake up call을 받았을 때 직원은 적절한 인사를 하였는가?			
12	wake up call을 받았을 때 직원은 고객의 이름을 불렀는가?			
13	wake up call을 받았을 때 직원은 날짜와 시간을 확인했는가?			

7. HOUSEKEEPING : ROOM & BATHROOM

	STANDARDS-ON ARRIVAL	MEET	BELOW	N/A
1	카펫과 타일은 찌꺼기 없이 깨끗이 청소되었는가?			
2	객실 도착 시 냄새 없이 적정한 실내온도를 유지하고 있었는가?			
3	침대(시트)는 단정하게 준비되었는가?			
4	헤드 보드(침대머리)는 깨끗하고 잘 수리되어 있었는가?			
5	BED는 보푸라기 없이 깨끗한 리넨으로 준비되어 있었는가?			
6	베드 스프레드(천)/깃털이불/담요는 깨끗하였는가?			
7	가구를 씌운 천은 오점 없이 깨끗하였는가?			
8	가구의 표면은 먼지 없이 깨끗하였는가?			
9	액자/도어의 프레임(틀)은 깨끗하고 먼지가 없는가?			
10	창문은 더럽지 않았는가?			
11	커튼은 깨끗하고 잘 끼워져 있었는가?			
12	천장과 환기구는 먼지 없이 깨끗하였는가?			
13	벽은 얼룩 없이 깨끗하였는가?			
14	모든 조명은 깨끗하고 먼지가 없었는가?			
15	휴지통은 깨끗한 상태였는가?			
16	발코니는 청소되어 있으며 깨끗하였는가?			
17	발코니의 가구는 깨끗하고 제자리에 있었는가(날씨가 허락한다면)?			
18	DAD카드/MAKE UP ROOM SIGHT/LIGHT는 있었는가?			
19	흡연실이라면 재떨이와 성냥은 깨끗이 준비되어 있었는가?			
20	모든 거울은 얼룩 없이 깨끗하였는가?			
21	옷장은 부서진 곳이나 먼지, 발자국 없이 깨끗하였는가?			
22	전화와 노트 패드/연필은 침실 전화기 옆에 놓여 있었는가?			
23	모든 서랍은 부서진 곳 없이 깨끗하였는가?			
24	텔레비전은 깨끗하고 정확한 채널에 고정되어 있었는가?			
25	객실 내 시계의 시간은 정확하였는가(TV의 시간과 일치하는지)?			

	STANDARDS-ON ARRIVAL	MEET	BELOW	N/A
26	침실과 화장실의 조명은 제대로 작동하였는가?			
	BATHROOM			
27	화장실의 몰딩은 완벽하게 되어 있었는가?			
28	모든 천장과 벽은 깨끗하였는가?			
29	샤워/욕조/세면대는 깨끗하였는가?			
30	샤워/욕조/세면대는 잘 닦여 있었는가?			
31	샤워커튼과 도어는 깨끗하였는가?			
32	세면 카운터는 깨끗하고 건조한 상태였는가?			
33	화장실 바닥은 부스러기 없이 깨끗하였는가?			
34	변기는 깨끗하고 잘 수리되어 있었는가?			
35	휴지통은 깨끗하였는가?			
36	여분의 화장지는 준비되어 있었는가?			
37	휴지는 휴지걸이에 걸려 있었는가?			
38	목욕용 가운은 깨끗하고 양호한 싱태인가?			
39	2개의 유리컵이 캡이 씌워진 상태로 코스터 위에 놓여 있었는가?			
40	모든 타월은 깨끗한 상태였는가?			
41	모든 비품류는 단정히 놓여 있었는가?			
42	꽃병의 꽃은 싱싱한 상태였는가?			

8. HOUSEKEEPING : TURNDOWN

	STANDARDS-URNDOWN	MEET	BELOW	N/A
1	턴다운 서비스는 18시에서 22시 사이에 이루어졌는가?			
2	만약 DNS카드가 걸려 있었다면 Calling card/도어 손잡이 카드를 문 밑이나 객실문에 남겨두었는가?			
3	직원은 단정한 유니폼을 입고 있었는가?			
4	직원은 상냥하고 적극적이었는가?			

	STANDARDS–URNDOWN	MEET	BELOW	N/A
5	베드 스프레드는 접혀 있거나 정리되어 있었는가?			
6	베드 스프레드가 개어져 있었다면 단정하게 개어져 있고 바닥에 떨어져 있지는 않았는가?			
7	직원은 시트를 단정히 개어놓았는가?			
8	침대 곁에 매트와 슬리퍼는 놓여 있었는가?			
9	직원은 커튼을 단정하게 완전히 닫았는가?			
10	직원은 침대맡 전등을 켜놓았는가?			
11	직원은 룸 서비스 아침식사 카드를 눈에 띄는 곳에 놓아두었는가?			
12	직원은 휴지통을 비웠는가?			
13	직원은 재떨이를 비웠는가?			
14	객실 내 비품은 제위치에 돌려놓았으며 평상시처럼 정리해 놓았는가?			
15	고객의 옷은 단정히 개어져 있었는가?			
16	모든 신발은 가지런히 놓여 있었는가?			
17	모든 잔돈과 보석은 손대지 않은 상태인가?			
18	문구류는 다시 채워져 있었는가?			
19	사용한 글라스나 룸서비스 시 사용한 접시와 수저는 치워졌는가?			
20	신문이나 잡지는 가지런히 정돈되어 있었는가?			
21	고객을 위하여 텔레비전 캐비닛은 열어놓았는가?			
22	TV 리모콘은 침실 옆 테이블에 놓여 있었는가?			
23	사용한 타월을 새것으로 바꿔놓았는가?			
24	화장실 내의 유리 글라스는 깨끗한 새것으로 교체하였는가?			
25	요구한 대로 화장실 비품류들을 교체하였는가?			
26	고객의 개인세면도구는 깔끔하게 정돈되어 있었는가?			
27	세면대를 청소해 놓았는가?			
28	변기가 깨끗한지를 확인하였는가?			
29	화장실 바닥을 청소하였는가?			
30	샤워부스와 욕조를 청소하였는가?			

9. HOUSEKEEPING : SERVICING

	STANDARDS-SERVICING OF GUEST'S ROOM	MEET	BELOW	N/A
1	객실정비서비스는 매일 오후 2시까지 끝내졌는가?			
2	직원은 유니폼을 착용하고 단정한 모습이었는가?			
3	직원은 상냥하고 프로적인 태도를 갖추었는가?			
4	특정시간에 재방문을 청했을 경우 직원은 이를 수락하였는가?			
5	만약 DNS 사인이 걸렸다면 직원이 이를 인지하였는가?			
6	카펫/타일은 부스러기 없이 깨끗이 청소되었는가?			
7	객실의 모든 비품은 제자리에 놓여 있고 평상시처럼 정리정돈이 잘되어 있었는가?			
8	침대는 얼룩이나 찢어진 곳이 없는 새 리넨으로 잘 덮여 있었는가?			
9	커튼은 단정하게 드리워져 있었는가?			
10	휴지통은 깨끗이 비워져 있었는가?			
11	발코니는 깨끗하였는가?			
12	사용된 문구류는 교체되어 있었는가?			
13	사용된 세탁물 봉투는 채워져 있었는가?			
14	모든 재떨이는 비워져 있고 치워져 있었는가?			
15	퓨즈가 끊긴 전구는 교체되어 있었는가?			
16	고객의 옷은 접어서 잘 정리되어 있었는가?			
17	모든 신발은 나란히 단정하게 놓여 있었는가?			
18	모든 잔돈이나 보석류는 손대지 않았는가?			
19	모든 신문이나 잡지는 잘 정돈되어 있었는가?			
20	사용한 글라스나 룸서비스에서 사용한 접시와 수저는 치워졌는가?			
21	도어 손잡이의 카드는 제자리에 다시 놓여 있었는가?			
22	사용한 타월은 모두 교체되었는가?			
23	새 타월은 모두 깨끗하고 양호한 상태였는가?			
24	목욕 가운은 다시 걸려 있었는가?			
25	부분적으로 사용한 비품은 채워져 있었는가?			

	STANDARDS-SERVICING OF GUEST'S ROOM	MEET	BELOW	N/A
26	화장실의 유리컵은 다시 교체되어 있었는가?			
27	화장지는 다 채워져 있었는가?			
28	직원은 고객의 개인 세면도구를 정리하여 주었는가?			
29	샤워커튼/도어는 깨끗하였는가?			
30	욕조/샤워/세면대는 깨끗하였는가?			
31	바닥은 오물 없이 깨끗하였는가?			
32	변기와 변기 세트는 깨끗하였는가?			
33	화장실 세면대 주위는 건조한 상태로 깨끗하였는가?			
34	욕조/샤워기, 세면기는 닦여 있었는가?			
35	모든 거울은 얼룩 없이 깨끗하였는가?			

10. HOUSEKEEPING : LAUNDRY

	PRODUCT-VALET AMENITY TRAY/PACK	MEET	BELOW	N/A
1	세탁 서비스 리스트에는 서비스 시간이 기재되어 있었는가?			
2	세탁 리스트에는 접수 및 배달 절차가 기재되어 있었는가?			
3	직통번호가 적혀 있지 않다면 수거 전화번호가 기재되어 있었는가?			
4	세탁 리스트에는 요금이 기재되어 있었는가?			
5	리스트에는 셔츠를 접어줄지 걸어야 할지 기재되어 있었는가?			
6	세탁 봉투에는 옷걸이, 팩 등이 들어 있었는가?			
	STANDARDS-COLLECTION			
7	세탁물 및 다림질할 것은 10분 내에 수거되었는가?			
8	직원은 노크를 하였는가?			
9	직원은 공손하고 예의 바르게 인사를 하였는가?			
10	직원은 한번이라도 고객의 이름을 불러드렸는가?			
11	직원은 세탁리스트와 봉투 안의 세탁물을 확인하였는가?			
12	직원은 고객에게 감사의 표현을 하였는가?			

	PRODUCT–VALET AMENITY TRAY/PACK	MEET	BELOW	N/A
	STANDARDS–DELIVERY AND PRESENTATION			
13	모든 세탁물은 지정된 시간에 배달되었는가?			
14	만약 늦어졌다면 고객은 즉시 연락을 받았는가?			
15	다림질은 수거된 지 한 시간 내에 배달되었는가?			
16	모든 아이템은 되돌려졌는가?			
17	만약 청구서가 세탁물과 함께 도착했다면 모든 것은 아이템별로 모아져 있었는가?			
18	모든 세탁물은 적절히 세탁되었는가?			
19	모든 아이템은 다림질되었는가?			
20	민약 의싱의 얼룩이 제거되지 않았다면 고객은 프린드된 기드로 통보받았는가?			
21	걸어두어야 모든 의상들은 고급 행거에 걸려 배달되었는가?			
22	행거에 걸린 모든 아이템들은 비닐봉투에 기재되어 있었는가?			
23	접힌 의상은 박스/바구니/트레이 등으로 배달되었는가?			
24	만약 단추가 떨어졌다면 단추는 다시 달아져 있었는가?			
25	프렌치 커프스의 경우 클립이 이용되었는가?			
26	의상에 핀이나 스테이플 등은 없었는가?			
27	모든 세탁물에서 laundry tag은 제거되었는가?			
28	양말은 짝을 맞추어 잘 접혀 있는가?			
29	만약 DND 카드가 걸려 있다면 calling 카드가 문 밑으로 넣어져 있는가?			
30	만약 구두를 맡겼다면 구두는 깨끗하게 닦여 있는가?			

제9장

식음료서비스

제1절 영업 전 준비업무

제2절 식탁과 기물

제3절 식탁의 세팅방법

제4절 예약 및 전화 서비스

제5절 레스토랑의 고객영접과 테이블 서비스

제6절 장애가 있는 고객을 맞이하는 법

제7절 POS 사용법

제8절 식음료서비스 표준체크리스트

그림 • 9-1 식음료 서비스상품

그림 • 9-1 식음료 서비스상품(계속)

제 9 장 식음료서비스

제 1 절 영업 전 준비업무

1. 홀과 룸

① 의자를 털어주고 예약 인원 수에 따라 제 위치에 놓여 있는지 확인하고, 단체고객일 경우 식탁을 붙여 함께 식사하는 분위기를 만들어드린다.

② 바닥은 수동청소기로 깨끗이 청소하고 식탁 밑 등은 젖은 물걸레로 닦아낸다.

③ 벽면 액자의 먼지를 깨끗이 닦는다.

④ Station을 깨끗이 닦아주고, 필요한 기물을 챙겨 가지런히 품목별로 정돈해 둔다.

⑤ Wine cellars는 항시 확인하여 떨어지는 품목이 없도록 채운다.

⑥ 식탁의 정돈상태를 점검한다.

- 청소 및 준비는 영업 전후로 하며 손님께 방해되지 않도록 조용히 행한다.

2. 메뉴 확인

① Menu Stand 위에 메뉴가 잘 붙어 있는지 확인한다.

② 지저분한 메뉴는 빼낸다.

③ 식음료 메뉴에서 빠진 품목이 없는지 확인하고 캡틴은 모든 사원에게 알려준다.

④ 뷔페 품목에 변동사항이 있는지 확인하여 품목과 일치하는 품목별로 뷔페테이블에 세팅한다.

- 항상 깨끗한 메뉴를 증정함으로써 고객께 좋은 이미지를 제공하는 한편, 뷔페 메뉴의 변동사항을 항시 확인하여 차질이 없도록 준비한다.

3. 준비실

① 사용한 소스 체크 및 점검

② 리넨 반납 및 교체

③ 사용한 기물의 정리 및 세척

④ Wine trolley container에 백포도주를 얼음과 함께 준비하고 적포도주(red wine)는 찾기 쉽게 상표가 앞으로 오도록 가지런히 정돈한다.

⑤ Ice box에는 항상 깨끗한 얼음을 준비한다.

- 고객에게 제공되는 모든 기물과 모든 유형의 소스를 항상 깨끗하게 유지하기 위함이다. 또한 소스를 점검할 때는 보관에 유의하여 변질된 것이 없는지 항상 확인해야 한다.

4. 뷔페 테이블

① 뷔페 테이블의 전원스위치를 켠다.

② 뷔페스테이션 청소상태를 확인한다.

③ 쟁반과 그릇은 제 위치에 있는지 확인한다.

④ 서빙 스푼과 집게가 제자리에 놓여 있는지 확인한다.

제 2 절 식탁과 기물

1. 유리컵류

유리컵(glass ware)의 종류는 크게 두 가지로 구분되는데, 원형으로 되어 있는 실린드리컬 글라스(cylindrical glass)와 목(stem)이 있는 스템드 글라스(stemmed glass)이다.

1) 유리컵의 종류

① Water glass : 일반적으로 폭이 넓고 깊으며, 위가 아래보다 약간 넓다. 물은 글라스의 80% 정도 채운다. 용량은 10온스 정도가 일반적이다.

② Champagne glass : 원래 saucer형이었으나, 거품이 흘러내리지 않도록 Tulip-shaped glass를 많이 사용한다. 용량은 5온스가 일반적이다.

③ Wine glass : 폭보다 길이가 길고 위와 아래의 넓이가 비슷하다. 일반적으로 red wine glass는 white wine glass보다 크며 다른 유리컵류보다 새고파악이 쉽고, 보관할 때 공간을 적게 차지한다.

④ Cocktail glass : 대개 삼각형(V-shaped)으로 되어 있으나, 크기나 모양은 여러 가지로 변하고 있다. 일반적인 용량은 3~4온스이다.

⑤ Whisky sour glass : 목(stem)이 길고, 위는 좁고 깊다. 일반적인 용량은 3~5온스이다.

⑥ Sherry glass : 위가 넓고 밑으로 갈수록 폭이 좁아지면서 깊다. 일반적 용량은 2~3온스 정도이다.

⑦ Brandy snifter : 브랜디 글라스 혹은 브랜디 인헤일러(brandy inhaler)라고도 부르며, 튤립이나 전구와 같은 모양을 하고 있다. 이것은 브랜디의 독특한 향기가 밖으로 쉽게 나가지 않도록 하기 위해서이며, 절대 술을 가득 채워서는 안된다. 1~2온스 정도 채우며, 용량은 6~8온스 정도이다.

⑧ Liqueur glass : 여성용 혼성주를 마실 때 사용하며, 목(stem)이 짧고, 작은 튤립형이다. 용량은 3온스이나 일자로 쭉 빠진 1온스들이가 있다.

⑨ Tom collins glass : 실린드리컬 글라스(cylindrical glass)형으로 워터글라스와 비슷하며, 용량은 12온스이다.

⑩ Old fashioned glass : 높이가 낮고 목줄기(stem)가 없고 둘레가 약간 넓으며, 두터운 글라스로 되어 있다. 용량은 4~6온스 정도이다.

⑪ High ball glass : 톰 콜린스 글라스보다 작으나 모양은 같으며, 용량은 5~10온스 정도이다.

이 밖에 맥주 글라스(beer glass)와 좀비 글라스(zombie glass) 등 글라스의 종류는 다양하다.

그림 • 9-2 유리컵의 종류

① Delmonico Glass ② Collins Glass ③ Shot Glass ④ High Ball Glass
⑤ Old Fashioned Glass ⑥ Irish Coffee Glass ⑦ Pilsner Glass ⑧ Beer Mug Glass
⑨ Pousse Cafe Glass ⑩ Parfait Glass ⑪ Flip Glass ⑫ Red Wine Glass
⑬ White Wine Glass ⑭ Sherry Wine Glass ⑮ Flute Champagne Glass ⑯ Brandy Glass
⑰ Cocktail Glass ⑱ Sour Glass ⑲ Liqueur Glass

좀비(Zombie)란?

칵테일 이름으로 남태평양제도에서 단(don)이라는 백인에 의해 만들어졌으며, 원래 뜻은 마법으로 죽은 사람을 되살리게 한다는 초자연의 힘이나 그렇게 되살아난 사람을 의미한다.

2) 유리컵 취급요령

① 유리컵은 깨지기 쉬우므로 상당한 주의를 요한다.

② 유리컵은 손으로 운반하는 방법, Tray로 운반하는 방법이 있는데, 어떠한 경우라도 손가락이 유리컵 안으로 들어가면 안된다.

③ 유리컵을 잡을 때에는 항상 아랫부분을 잡도록 하며 손잡이가 달린 잔은 반드시 손잡이를 잡도록 한다.

④ 손으로 운반할 때에는 손잡이부분(stem)을 손가락 사이에 끼워서 윗부분이 아래쪽을 향하도록 한다.

⑤ Tray로 운반할 때에는 항상 유리컵이 미끄러지지 않도록 냅킨을 깔고 그 위에 올려놓는다. 또한 한쪽으로 쏠리지 않도록 하며, 한꺼번에 많은 양을 운반할 때에는 글라스 용기(glass rack)를 사용하기도 한다.

2. 은기물류

1) 은기물(Silver Ware)의 종류

① Service tray : 쟁반은 그 모양에 따라서 원형 쟁반(round tray), 사각형 쟁반(square tray), 타원형 쟁반(oval tray), 직사각형 쟁반(rectangular tray)으로 나누어진다.

② Knife : 나이프는 그 용도에 따라 전채 나이프(appetizer knife), 샐러드 나이프(salad knife), 휘시 나이프(fish knife), 고기 나이프(meat knife), 혹은 앙뜨레 나이프(entree knife), 후식 나이프(dessert knife), 과일 나이프(fruit knife), 카빙 나이프(carving knife), 버터 나이프(butter knife), 테이블 나이프(table knife) 등으로 나뉜다.

③ Fork : 포크는 그 용도에 따라 에스카르고 포크(escargot or snail fork), 칵테일 포크(cocktail fork), 전채 포크(appetizer fork), 샐러드 포크(salad fork), 휘시 포크(fish fork),

고기 포크(meat fork), 후식 포크(dessert fork), 과일 포크(fruit fork), 카빙 포크(carving fork), 서빙 포크(serving fork) 등으로 나뉜다.

④ Spoon : 부용 스푼(bouillon spoon), 수프 스푼(soup spoon), 디저트 스푼(dessert spoon), 티스푼(tea spoon), 멜론 스푼(melon spoon), 아이스크림 스푼(ice cream spoon), 서빙 스푼(serving spoon), 소스 래들(sauce ladle), 슈거 래들(sugar ladle) 등이 있다.

이 밖에 은기물의 종류로는 수프 튜린(soup tureen), 냅킨 홀더(napkin holder), 소스 보트(sauce boat), 워터 피처(water pitcher), 샴페인 쿨러(champagne cooler), 커피포트(coffee pot), 아이스 패일(ice pail) 등이 있다.

2) 은기물류 세척요령

① 은기물은 식기세척기에 뜨거운 물을 넣고 세척액을 사용하여 충분히 씻어낸다.

② 세척된 은기물을 종류별로 모은다.

③ 종류별로 분류된 은기물을 왼손에 적당량 잡고, 핸드타월(hand towel)을 오른손에 쥐고 뜨거운 물을 사용하여 신속하고 깨끗하게 닦아낸다.

④ 물기 없이 잘 닦인 은기물을 종류별로 가지런히 정리해 둔다.

3) 은기물류 취급요령

① 여러 종류의 은기물을 닦을 때에는 큰 기물부터 닦는다.

② 테이블을 세팅할 때에는 음식이 닿는 기물부분을 손으로 잡거나 만져서는 안된다.

③ 손잡이부분을 모로 잡아 가능한 한 지문이나 손자국이 나지 않도록 해야 한다.

그림 • 9-3 은기물류(Silver Ware)

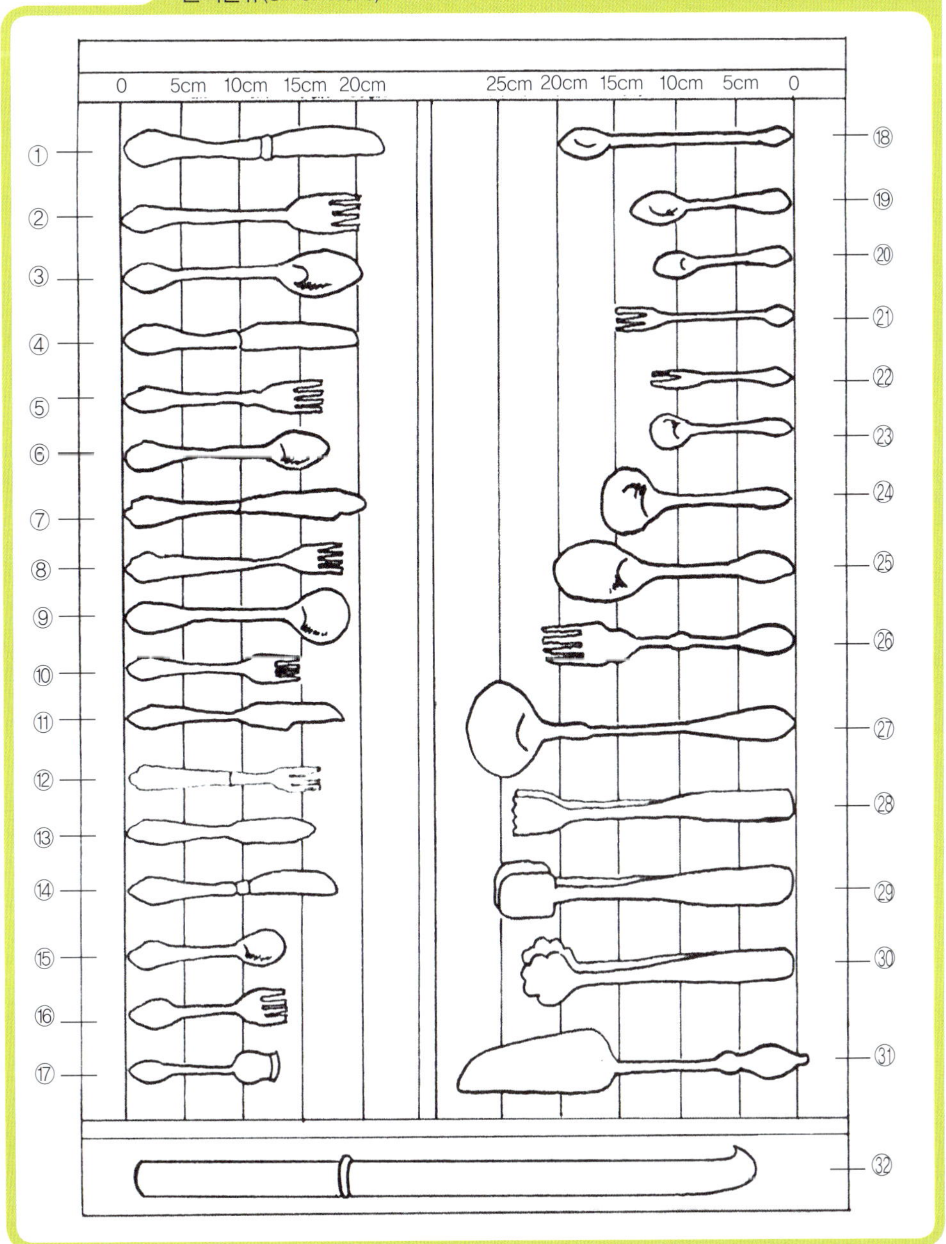

① Table Knife ② Table Fork ③ Table Spoon ④ Dessert Knife ⑤ Dessert Fork ⑥ Dessert Spoon ⑦ Fish Knife ⑧ Fish Fork ⑨ Fish Spoon ⑩ Salad Fork ⑪ Fruit Knife ⑫ Fruit Fork ⑬ Butter Knife ⑭ Bread Knife ⑮ Bouillon Spoon ⑯ Oyster Fork ⑰ Ice Cream Spoon ⑱ Long Spoon ⑲ Tea Spoon ⑳ Coffee Spoon ㉑ Cocktail Fork ㉒ Snail Fork ㉓ Sugar Ladle ㉔ Sauce Ladle ㉕ Serving Spoon ㉖ Serving Fork ㉗ Soup Ladle ㉘ Ice Tongs ㉙ Bread Tongs ㉚ Food Tongs ㉛ Cake Server ㉜ Wedding Cake Knife

3. 도자기류

1) 도자기류(China Ware)의 종류

(1) **플레이트**(Plate)

플레이트의 종류는 크기나 용도에 따라 구분되며, 그 종류는 다음과 같다.

① Service plate는 대형접시로, 기본 세팅 시 냅킨을 세워놓는다.

② B&B plate는 빵과 버터를 같이 올려놓아도 무방하다.

③ Appetizer plate

④ Salad plate

⑤ Entree plate

⑥ Dessert plate

⑦ Show plate

(2) **볼**(Bowl)

접시와 컵의 형식이 혼합된 것을 볼(bowl)이라 하며, 손잡이가 없는 것을 말한다. Salad bowl, Soup bowl, Cereal bowl, Sugar bowl 등이 있다.

(3) **컵과 밑받침**(Cup & Saucer)

컵을 제공할 때에는 반드시 밑받침(saucer)을 받친다.

이 밖에 Butter dish, Coffee pot, Cream pitcher 등이 있다.

그림 • 9-4 도자기류(China Ware)

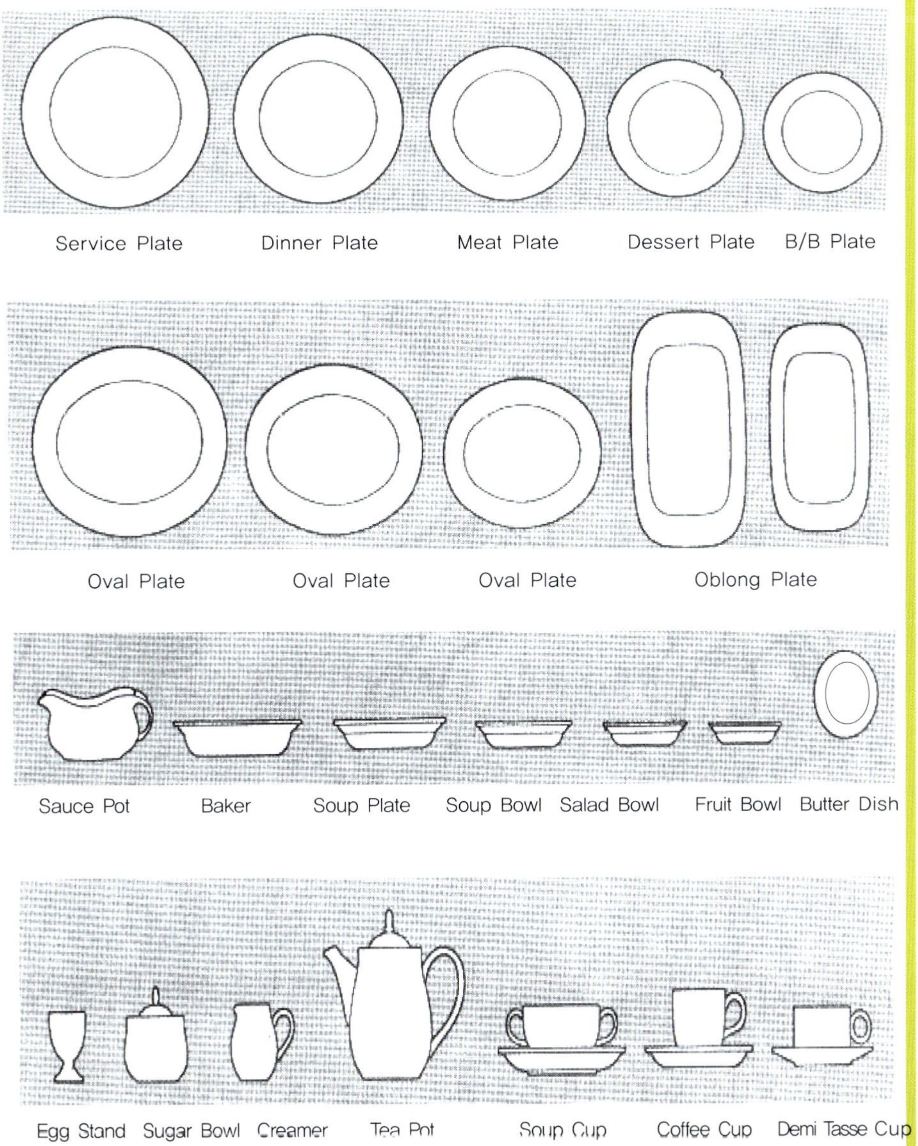

2) 도자기류의 취급방법

① 이가 빠지거나 오점이 있는지 주의 깊게 살핀다.

② 엄지손가락이 접시 안쪽부분에 들어가면 안되고 끝부분에 갖다 대어야 한다.

③ 접시에 로고가 있을 경우 고객의 시각에서 바로 보이도록 놓아야 한다.

④ 운반할 때 보통 왼손에 3개, 오른손에 1개의 접시를 드는 것이 좋으나, 남이 보았을 때 불안하지 않을 정도로 드는 것이 좋다.

4. 서비스용 장비

식음료 서비스용 장비의 종류는 사용목적에 따라 다양한 편이나, 일반적으로 많이 사용되는 장비들은 다음과 같다.

① Service wagon : 서비스 왜건은 신속한 서비스를 위해 고객용 음식을 운반할 때 주로 사용하는 것으로 보통 가로의 길이와 높이가 고객의 테이블과 비슷하다.

② Gueridon : 최고급 서비스를 하는 데 필요한 비품으로 고객 앞에서 직접 카빙(carving)하고 와인을 서비스할 때 사용된다.

③ Roast beef wagon : 요리된 로스트 비프가 식지 않도록 뚜껑이 있으며, 밑에는 연료를 사용하여 적당한 온도를 유지할 수 있게 되어 있다. 고객 앞에서 직접 로스트 비프를 카빙하여 제공할 때 사용된다.

④ Flambee wagon : 고객에게 직접 전채, 앙뜨레, 후식 등을 요리할 때 사용하는 것으로 가스나 알코올 레인지 및 간단한 조리용 양념 등을 갖추고 있다.

⑤ Liqueur trolley : 고객에게 코냑(cognac) 및 리큐어를 직접 제공할 때 사용하는 장비이다.

⑥ Dessert trolley : 디저트 트롤리는 냉장설비가 되어 있는 것과 되어 있지 않은 것으로 구분되는데, 디저트의 종류를 고객이 잘 볼 수 있도록 되어 있다.

⑦ 기타 : 이 밖에 Bar wagon, Room service wagon, Bread trolley, Service station, Tray stand 등이 있다.

그림 • 9-5 서비스용 장비

5. 리넨류

① Table cloth : 보편적으로 백색 리넨이 주종을 이루고 있으나, 업장의 분위기에 맞도록 유색 리넨에 무늬를 넣어서 사용하는 경우도 많다.

② Under cloth : 사일런스 클로스(silence cloth) 혹은 테이블 패드(table pad)라고 부르기도 하는데, 테이블 클로스 밑에 깔아서 식기나 기물류 놓는 소리를 줄여주는 역할을 하며, 테이블 클로스의 수명을 연장시켜 준다.

③ Meeting cloth : 주로 천(felt)으로 만들어져 있으며 초록색과 갈색을 많이 사용하고 있다. 회의 및 리셉션에 주로 사용되며, 촉감 및 색상이 부드러워 장시간 앉아 있을 때도 피로하지 않아야 한다.

④ Napkin : 냅킨은 고객의 입을 닦을 때 사용하는 것이므로 특히 위생적으로 잘 관리해야 한다. 냅킨은 접는 모양에 따라 레스토랑의 전체적인 분위기를 잘 나타낼 수 있으며, 고객에게 새로운 인상을 주기 위해 여러 가지 모양을 바꾸어 세팅하는 것도 바람직하다.

⑤ Service towel : 암 타월 혹은 핸드 타월이라고도 부르는데, 접객원이 사용하는 타

월이다. 서비스 타월은 뜨거운 접시나 플래터 등을 운반할 때나 부주의로 음식을 쏟았을 때 신속하게 사용해야 하므로 항상 몸에 지니고 있어야 한다.

⑥ Wash cloth : 기물이나 집기류를 닦을 때 사용하며 별도의 색상 및 디자인으로 구분하여 사용하는 것이 바람직하다.

이 밖에 꽃병이나 장식용 받침으로 사용되는 도일리(doily), 접객원이 즉석요리를 만들 때 사용하는 앞치마 등이 있다.

그림 • 9-6 장미형 냅킨

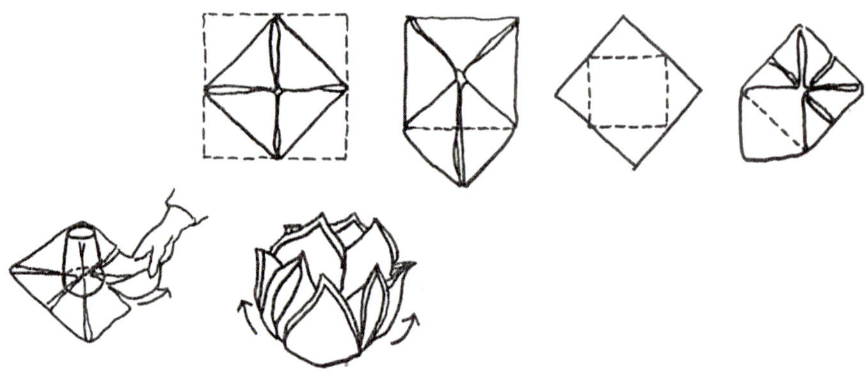

그림 • 9-7 백합형 냅킨

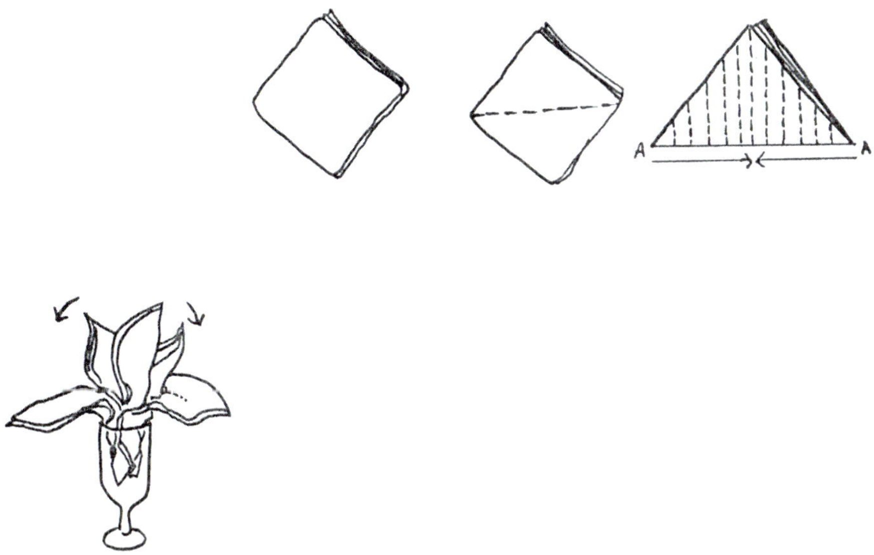

그림 • 9-8 별형 냅킨

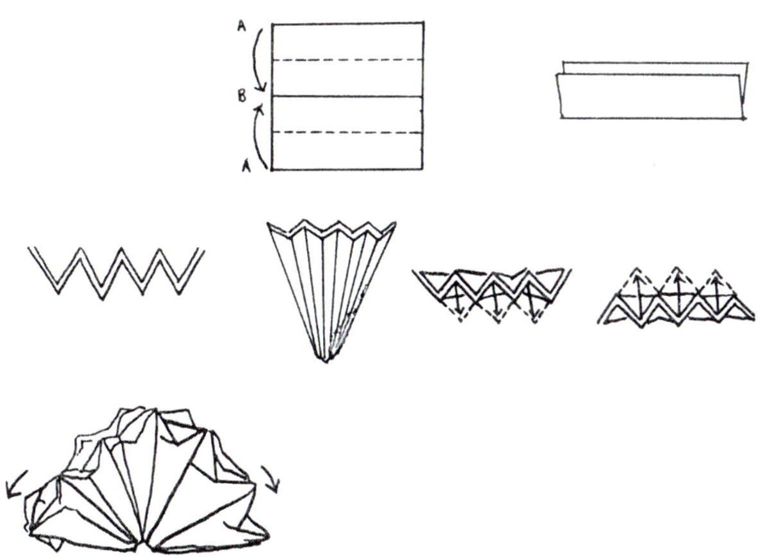

그림 • 9-9 벼슬형 냅킨

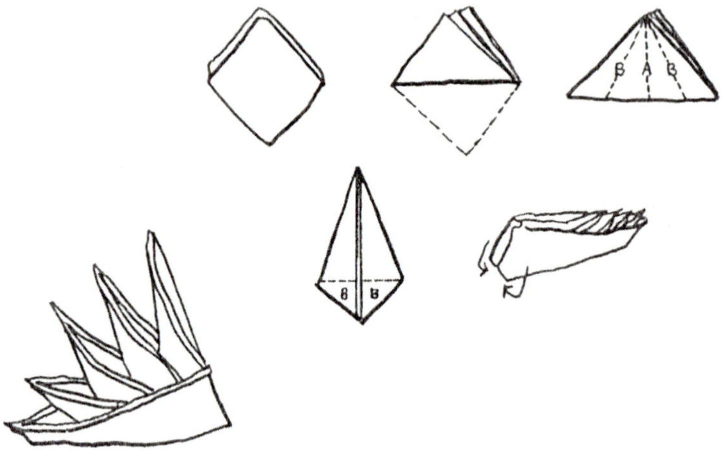

그림 • 9-10 주교모자형 냅킨

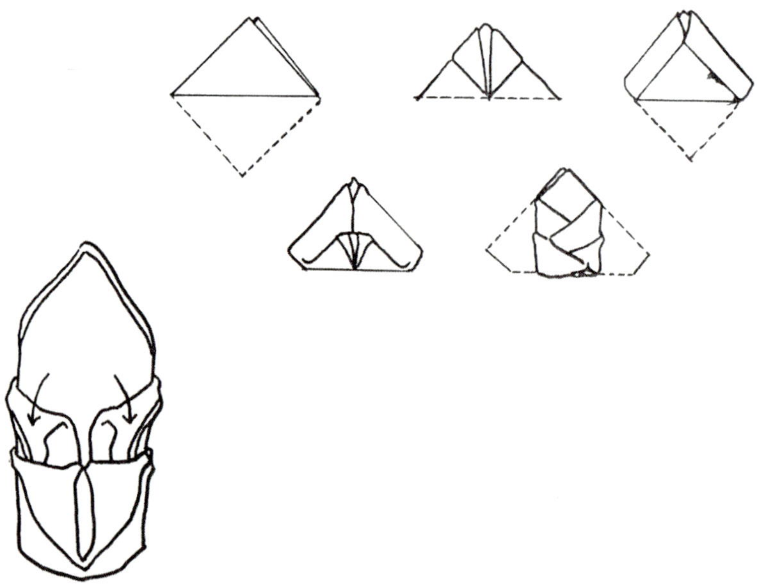

그림 • 9-11 왕관형 냅킨

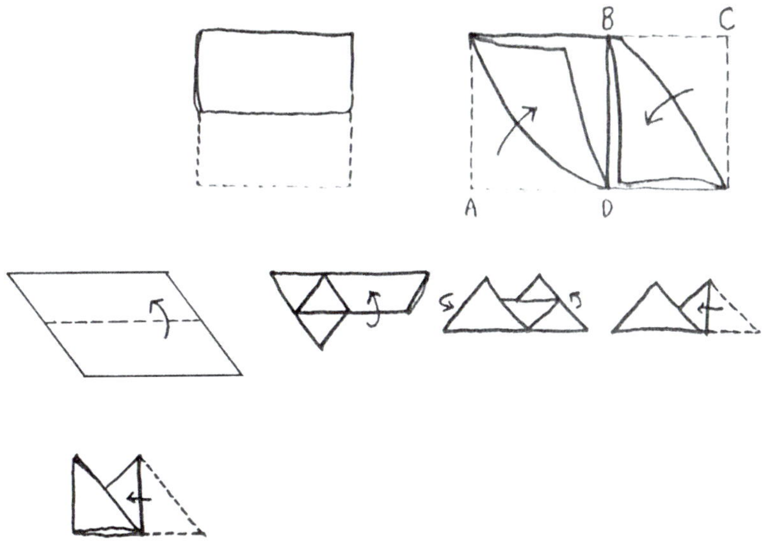

그림 • 9-12 정장모자형 냅킨

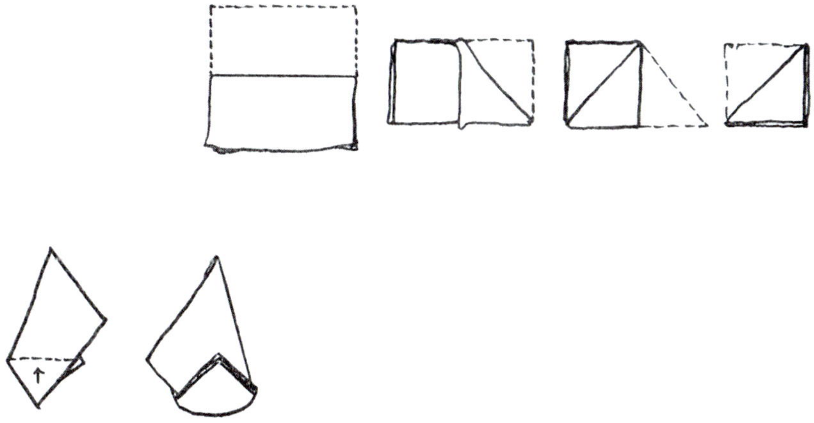

제3절 식탁의 세팅방법

1. 센터피스

① 센터피스란 식탁의 중앙에 놓는 집기를 말한다.

② 식탁을 돋보이게 하기 위한 Salt & pepper, Sugar bowl, Non-smoking tent card 등이 비치된다.

③ 센터피스는 테이블의 종류와 세팅 인원에 따라 배열이 달라질 수 있으나, 전체적인 균형을 맞추어 적당한 간격으로 보기 좋게 놓는다.

④ 꽃병은 식탁 중앙에 놓고 꽃병 앞에 소금과 후추를 놓고 그 앞에 설탕, 금연석 카드를 놓는다.

• 식사 중 고객께서 입맛에 맞게 드실 수 있도록 하기 위함이며 아늑한 분위기를 연출하는데, 센터피스는 하루 세 차례 즉 아침, 점심 및 저녁 영업시작 전에 깨끗이 닦고 내용물은 충분히 담아놓는다.

2. 테이블 세팅

① 식탁과 의자를 점검한다.

② 식탁보(Table cloth)를 깐다.

③ 센터피스를 놓는다.

④ 냅킨을 편다.

⑤ 식탁의 세팅에 사용할 Silver ware, Glass ware, China ware를 깨끗하게 세척하여 얼룩진 곳이 없도록 닦아놓아야 한다.

⑥ Silver ware를 취급할 때에는 지문 등이 묻지 않도록 손잡이나 바깥쪽을 잡는다.

⑦ Fork & knife는 napkin을 기준으로 양옆으로 1cm 정도 간격으로 놓는다.

⑧ Bread plate는 fork 바깥쪽으로 1cm 정도 띄어서 놓고, 그 위에 butter knife를 우측으로 3분의 1 지점에 놓는다.

⑨ Water glass는 meat knife로부터 1cm 정도 위에 놓는다.

⑩ Wine glass는 water glass의 좌상 방향으로 1cm 정도 띄어서 놓는다.

⑪ 기물류의 배열 시 전체적인 균형을 이룰 수 있도록 적당한 간격으로 보기 좋게 놓는다.

- 기물 setting 시 항상 반대쪽 setting과 대칭이 되도록 정렬한다.
- Fork setting 시 포크 날 안쪽에 이물질이 끼지 않았는지 확인한다.

고객에게 편안하고 안락한 분위기를 부여함과 동시에 식사 편의를 최대한 제공하기 위한 기본준비작업이며 짜임새 있고 모양 좋은 테이블이 되게 하기 위함이다.

그림 • 9-13 기본식 세팅

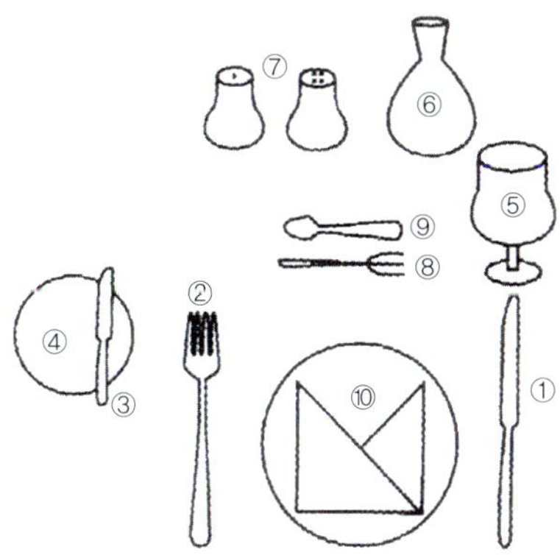

① Dinner Knife ② Dinner Fork ③ Butter Knife ④ B&B Plate
⑤ Water Goblet ⑥ Flower Vase ⑦ Castor Set ⑧ Dessert Fork
⑨ Dessert Spoon ⑩ Service plate & Napkin

그림 • 9-14 정식 세팅

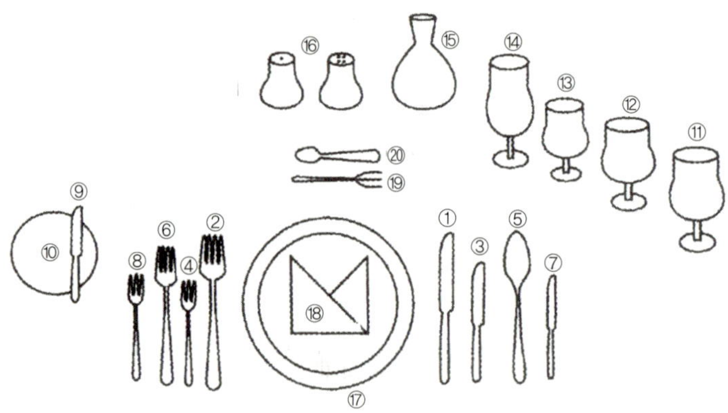

① Meat Knife	② Meat Fork	③ Fish Knife	④ Salad Fork
⑤ Soup Spoon	⑥ Fish Fork	⑦ Appetizer Knife	⑧ Appetizer Fork
⑨ Butter Knife	⑩ B&B Plate	⑪ Water Goblet	⑫ White Wine Glass
⑬ Red Wine Glass	⑭ Champagne Glass	⑮ Flower Vase	⑯ Castor Set
⑰ Service Plate	⑱ Napkin	⑲ Dessert Fork	⑳ Dessert Spoon

그림 • 9-15 조식 세팅

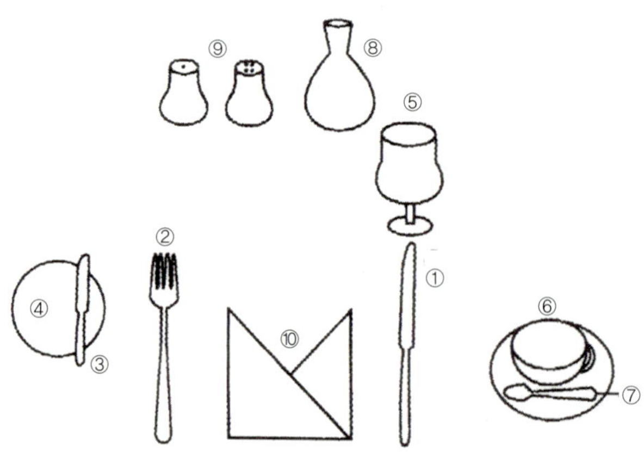

① Table Knife	② Table Fork	③ Butter Knife	④ B&B Plate
⑤ Water Goblet	⑥ Coffee Cup & Saucer	⑦ Coffee Spoon	⑧ Flower Vase
⑨ Castor Set	⑩ Napkin		

그림 • 9-16 일품요리 세팅

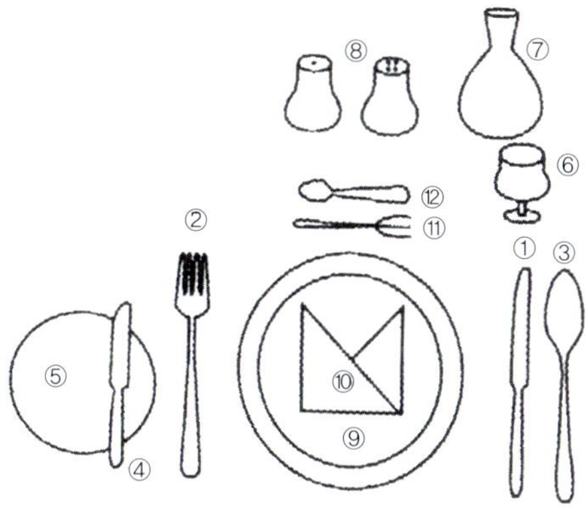

① Dinner Knife	② Dinner Fork	③ Soup Spoon	④ Butter Knife
⑤ B&B Plate	⑥ Water Goblet	⑦ Flower Vase	⑧ Castor Set
⑨ Service Plate	⑩ Napkin	⑪ Dessert Fork	⑫ Dessert Spoon

제4절 예약 및 전화 서비스

1. 예약 서비스

① 세 번 이상 전화벨이 울리지 않도록 즉시 받는다.

② 수화기를 들면 먼저 인사말과 업장명, 이름을 밝힌다.

③ 고객의 이름, 전화번호, 시간, 인원을 기록하고, 가능하면 회사명, 특별한 사항 등을 공손하게 여쭈어본다.

예) • 블루마운틴 ○○○ 입니다.
• 예약은 어느 날로 하시겠습니까?
• 시간은 언제쯤이 좋으십니까?
• 존함이 어떻게 되십니까?
• 몇 분이십니까?

- 연락처를 주시면 감사하겠습니다.
- 특별한 날(생일, 기념일)이시면 말씀해 주십시오. 저희가 기념케이크를 준비해 드리겠습니다.

④ 다시 한 번 반복하여 이상이 없는지 확인하고 본인 성명을 말씀드리고 감사의 인사를 잊지 않는다.

예) "○월 ○일, ○요일, 저녁 ○시에 ○○○사장님 앞으로 8분, 룸으로 예약되셨습니다. 저는 ○○○입니다. 예약해 주셔서 대단히 감사합니다."

⑤ 예약이 불가능할 경우 시간대 조정이 가능한가를 여쭈어보고 다른 시간대로 예약을 유도한다.

⑥ 예약이 불가능할 경우 호텔 내의 다른 식당을 권유한다.

예) "대단히 죄송합니다. 그 시간에는 모든 좌석이 예약되어 있습니다. 8시 이후에는 예약이 가능합니다만, 어떠신지요?"

"대단히 죄송합니다만, 지금 빈 좌석이 없습니다. 괜찮으시다면 저희 호텔의 ○○ 식당을 알아봐 드리겠습니다."

⑦ 예약취소는 빨간색 펜으로 두 줄을 그어 예약이 취소된 것임을 표시한다.

⑧ 예약취소자의 성함과 담당자의 이름을 쓰고 지배인의 사인(sign)을 받는다.

⑨ 열 분이 넘는 예약은 필히 확인함을 원칙으로 하며 확인되었다면 재확인되었다는 기록을 남겨야 한다.

예) "확인드리려고 합니다."

"○월 ○일, ○○○ 분 앞으로, ○ 분 되어 있습니다."

"변동사항이 없으신지요?"

"감사합니다."

비고 : 예약받은 후 누가 예약을 받았는지 확인할 수 있도록 예약받은 사람의 서명이나 성명을 남겨야 한다. 단골고객의 경우 성함만으로도 연락처 등 신상을 알 수 있는 고객카드를 작성하여 예약할 때마다 매번 묻는 불편을 없애야 한다.

2. 전화 서비스

1) 전화를 받을 때

① 세 번 이상 벨이 울리지 않도록 즉시 받는다.

② 수화기를 들면 먼저 감사의 말과 업장명, 자신의 이름을 밝히고 고객의 성함과 용건을 듣는다.

예) "안녕하십니까? 블루마운틴 ○○○입니다."

③ 전언을 받았을 경우 내용과 성함(전화 거신 분, 메시지 받을 분)을 정확히 메모하여 전달한다.

④ 표준어를 사용하며 경어의 사용, 음성의 고 · 저, 전문용어, 내국인의 경우 외국어를 남발하여 사용하지 말고 애매한 답변은 하지 않는다.

⑤ 통화 후 감사의 말을 잊지 않는다.

⑥ 전화를 끊을 때는 상대방이 수화기를 놓은 다음 수화기를 조용히 내려놓는다.

⑦ 잘못 걸려온 전화는 해당 부서로 연결해 드린다.

예) "제가 그쪽 부서로 전화를 연결하겠습니다."

비고 : 시간이 걸리는 용건의 질문을 받았을 경우 상대방에게 들리지 않도록 상사나 동료와 의논한 후 즉시 답변한다. 또한 통화 시 이 사람 저 사람에게 돌려서는 안된다.

2) 페이징 서비스

① 페이징을 원할 때 페이징 보드에 성함을 적고 무선전화기를 들고 리셉션에 들어가 고객을 찾는다. 이때 단정한 걸음걸이로 이동하며, 고객이 쉽게 볼 수 있도록 페이징 보드가 가슴 정도에 위치하도록 한다.

② 원하는 고객이 계시면 단체고객일 경우 식탁에서 받으실 건지, 리셉션데스크에서 조용히 받으실 건지 여쭈어보고 전화기를 공손하게 드린다.

예) "실례합니다. ○○○분 되십니까?"

"전화 왔습니다."

"테이블에서 받으시겠습니까?"

③ 단골고객이나 이름을 알고 있는 고객은 직접 알려드린다.

비 고 : 고객이 잘 볼 수 있도록 크고 정확하게 쓴다.

제5절 레스토랑의 고객영접과 테이블 서비스

1. 고객영접 서비스

① 고객영접은 지배인과 리셉셔니스트 등 모든 직원이 담당한다.

② 영접담당자는 항상 식당 입구에서 단정한 자세로 대기한다.

③ 미소 띤 얼굴로 공손한 인사와 함께 명랑한 인사말로 고객을 맞이한다.

예) "안녕하십니까, 어서 오십시오."

④ 손님의 이름을 아는 경우에는 이름을 불러드리면서 인사를 한다.

예) "안녕하십니까, 김 사장님."

"어서 오십시오."

"Good morning, Mr. Smith."

⑤ 예약고객의 경우 사전에 성명, 예약사항을 숙지하여 영접 시 불러드리고 예약테이블로 안내한다.

⑥ 예약고객이 아닌 경우 먼저 인원 수를 여쭈어보고 고객이 원하는 테이블의 가능여부를 확인한 후에 만족할 수 있는 자리로 안내한다.

예) "안녕하십니까."

(일행이 셋일 경우) "세 분이십니까?"

"이쪽 창가 쪽 자리는 어떻습니까?"

⑦ 테이블이 없을 때는 정중하게 양해를 구하고 사용가능한 시간을 알려드림과 아울러 예약 북에 기록한다.

예) "손님 죄송합니다만 지금 테이블이 모두 예약되어 있습니다."

"그렇지만 약 30분 후면 자리가 마련되겠습니다."

⑧ 대기하실 수 있는 장소로 모시고 자리가 마련될 때까지 기다릴 수 있도록 하고 좌석배정이 가능한 예상시간을 알려드리고, 테이블이 마련되는 즉시 제공한다.

⑨ 식탁의 배정에 따라 식당분위기가 좌우되므로 고객의 특성을 잘 파악하여 적절한 장소에 배정한다.

예1) 외국인은 식당 중앙이나 다른 고객이 잘 보이는 곳으로 배정한다.

예2) 노약자나 신체 부자유자는 출입이 용이하도록 입구 가까운 쪽으로 모시도록 한다.

예3) 젊은 남녀, 혼자 온 고객은 전망이 좋은 쪽으로 배정하여 조용하고 안정된 분위기를 제공한다.

예4) 단체손님은 식당분위기가 산만해지고 다른 고객에게 불쾌감을 초래할 우려가 있으므로 구석진 곳 또는 분리된 장소로 배정한다.

예5) 저명인사나 남의 시선으로 주목받을 수 있는 고객은 다른 고객의 이목이 신경쓰이지 않는 곳으로 모신다.

예6) 어린이 동반고객은 가능한 룸이나 다른 테이블에 피해를 주지 않는 쪽으로 배정하고 어린이용 의자(baby chair)를 준비한다.

비고 : 형식적이거나 기계적이라는 느낌이 들지 않도록 마음을 담아 정중하게 인사해야 한다.

2. 식탁안내 및 착석보조 업무

1) 좌석안내 서비스

① 지정된 장소로 모실 때 손바닥을 펴고 손등이 아래로 오도록 하여 방향을 제시한다.

예) "손님, 제가 모시겠습니다."

"이쪽으로 오시겠습니까?"

② 고객의 통행에 방해되지 않도록 고객의 우측 2~3보 앞에서 고객과 보조를 같이하

며 자리로 안내한다.

③ 리셉셔니스트는 호텔 내의 모든 정보를 항상 숙지하여 고객이 질문할 때 즉시 제공할 수 있도록 만반의 준비를 갖추어야 한다. 또한 기다리는 손님이 줄을 섰을 경우 지정된 식탁까지 안내하지 않고 중간에 식탁담당자에게 손님을 인도한 후 다음 손님을 서비스하도록 한다.

비고 : 혼자만 가지 않도록 고객을 주시해야 한다.

2) 착석보조업무

① 식탁에 도착하면 고객이 자리에 앉기 쉽게 두 손으로 의자를 가볍게 빼고 앉으실 때 두 손과 한쪽 무릎을 사용하여 살며시 밀어드린다.

주의 : 의자를 너무 많이 빼거나 너무 힘껏 밀지 않는다.

② 착석순서는 노약자, 어린이, 여성 순으로 앉도록 돕고 호스트(Host)가 마지막으로 착석하도록 돕는다.

③ 착석이 끝나면 식탁담당자에게 인계하고 즐거운 시간이 되기 바란다는 정중한 인사를 한 후 제 위치로 돌아온다.

예) "김 사장님! 즐거운 시간 되시기 바랍니다."

④ 식탁담당자가 손님께 다가가서 먼저 자기 소개를 한다.

예) "안녕하십니까."

"어서 오십시오. ○ ○ ○입니다."

⑤ 냉수(ice water)는 고객의 우측에서 제공하고 잔에 7부쯤 따른다.

⑥ 물을 따르기 전에 워터 피처(water pitcher) 표면에 묻어 있는 물방울이 흘러 떨어지지 않도록 반드시 암 타월(arm towel)로 닦아내야 한다.

비고 : 물을 따를 때 잔을 손으로 들고 따르면 안된다.

⑦ 물을 따를 때에는 워터 피처가 잔에 닿지 않도록 2cm 정도 위에서 따른다.

비고 : 고객이 나가실 때까지 물은 계속 제공되어야 한다.

3. 고객물품 보관업무

① 고객의 물건이 있을 경우 보관해 드릴지 여쭈어본다.
예) "손님의 모자(우산, 외투 등)는 저희가 보관해 드리겠습니다."

② 고객의 물건을 보관해야 할 때에는 지정된 꼬리표 중 하나를 보관물에 부착하고, 다른 하나의 택은 고객에게 드린다.
예) "손님, 보관표를 받으십시오."
"맡기신 물품은 저희가 잘 보관하겠습니다."

③ 보관요청을 하지 않을 때에는 고객의 외투, 짐 등을 고객이 편리하도록 식탁 옆 또는 고객의 주위에 놓아드린다.
예) "외투는 옷걸이에 걸어드리겠습니다."

④ 손님의 외투, 우산, 가방 등을 놓는 일을 돕도록 하나, 손님의 허락 없이 핸드백을 만지는 일은 절대 삼간다.

⑤ 나가실 때는 맡기신 물건이 있는지 상기시켜 드리고, 보관표의 번호를 확인 대조하여 다른 보관품과 바뀌지 않도록 돌려드린다.
예) "손님, 맡기신 물건은 없으십니까?"
"손님의 보관품 여기 있습니다."
비고 : 귀중품, 지갑, 현찰, 중요한 서류 등은 보관물에서 제외한다.

4. 메뉴 제공

① 손님이 모두 착석하고 나면 캡틴이나 담당이 손님께 인사를 드리고 일품요리와 뷔페에 대해서 설명해 드린다.

② 고객이 일품요리를 원할 경우 고객의 우측에서 메뉴를 드린다.
예) "실례합니다."
"메뉴를 보여드리겠습니다."

③ 고객이 계속 이야기 중일 경우에는 방해하지 말고 조금 기다리다가 말씀이 끝나면 메뉴를 제공한다.

④ 오른손으로 노약자, 어린이, 여자손님 순으로 드린다.

⑤ 메뉴 제공 시 가능한 호스트가 누구인지 초대받은 손님이 누구인지 미리 파악하여 초대받은 손님에게 먼저 메뉴를 제공한다.

비고 : 메뉴는 식당의 얼굴이라 할 수 있으므로 고객에게 드리기 전 메뉴 속의 이상 유무를 확인한 후에 드린다.

5. 메뉴 추천요령

① 상품을 추천하기 전에 가능한 신속하게 고객의 유형을 파악하여 고객으로 하여금 구매의욕을 최대한 유발시킬 수 있도록 한다.

② 단골고객인 경우 사전에 기호를 암기하여 고객의 기호에 맞는 품목을 추천하여 고정고객과의 호의적인 관계를 돈독하게 한다.

예) "김 사장님, 지난번에는 바비큐를 드셨는데, 오늘은 아주 맛있는 연어요리가 있습니다. 한번 드셔보시겠습니까?"

③ 고객에게 고가품을 강매하는 인상을 주어서는 안된다.

④ 추천상품은 주로 그날의 특별요리, 수익성 높은 상품을 선택한다. 이런 상품들이 수익증대에 크게 기여한다.

⑤ 음료주문과 추가주문은 매출증대와 이윤증대에 많은 비중을 차지하므로 적극적으로 추천 판매하도록 한다.

예) "와인을 다 드셨습니다. 한 병 더 준비해 드릴까요?"

"식사하시기 전에 입맛을 돋워드리는 샴페인 한잔씩 드시겠습니까?"

비고 : 추천 시 손님께 너무 아는 척을 하여 불쾌감을 주지 않도록 주의해야 한다.

6. 주문받는 요령

1) 주문받기 전 판매자의 기본자세

① 고객에게 상품을 팔기 전에 가능한 상품지식과 세련된 판매기법을 습득하고 있어야 한다.

② 항상 미소 띤 얼굴로 서비스와 친절, 분위기를 함께 판다는 것을 잊어서는 안된다.

2) 주문받는 요령

① 항상 오더 빌(order bill)과 볼펜을 지참하여 즉시 주문을 받아 적는다.

② 주문기록은 통일된 약사로 정확히 기재하며 반드시 복창하여 확인한다.

③ 주문은 고객의 좌측에서 받는다.

④ 주문받을 때에는 양발을 모으고 양팔을 겨드랑이에 자연스럽게 붙이며 양손은 주문서와 볼펜을 쥐고 가슴 앞으로 하며 허리를 15° 정도 숙이고 고객의 좌측에서 얼굴을 주시하며 공손한 자세로 임한다.

예) "식사주문을 받겠습니다."

⑤ 주문은 시계바늘 방향으로 노약자, 어린이, 여자, 남자, 호스트 순으로 받는다.

⑥ 고객의 특별한 주문이 있을 경우 주방과 신속히 연락하여 확인한 후 주문을 결정한다.

⑦ 시간이 오래 걸리는 요리는 주문받을 때 소요시간을 반드시 말씀드려야 한다.

예) "주문하신 요리는 ○○분 정도 걸립니다."

"괜찮으시겠습니까?"

⑧ 만약 손님이 주문할 준비가 되지 않은 상태라면 양해를 구하고 자리를 비운다.

예) "죄송합니다."

"아직 준비가 안되셨으면, 천천히 메뉴를 보십시오. 잠시 후에 다시 돌아오겠습니다."

⑨ 성급하게 주문받지 않도록 하며 손님이 궁금한 사항을 물어볼 시간을 주고 질문에 대해서는 정확히 대답한다.

⑩ 만약 손님이 결정하는 데 어려움을 겪고 있다면 육류 혹은 어류 혹은 짜고 맵게 드시는지 등 손님의 기호를 물어 몇 가지 요리를 추천해 드린다.

예) "손님, 제가 추천해 드리겠습니다."

"손님, 육류를 좋아하십니까? 생선류를 좋아하십니까?"

⑪ 종사원은 영업 전에 주방과 긴밀하게 연락하여 판매품목 중 품절품 주문으로 인한 착오가 없도록 한다.

예) "맛있는 훈제연어요리를 추천해 드리겠습니다."

⑫ 메뉴는 항상 소중하게 깨끗이 취급해야 하며, 고객에게 드리기 전에 메뉴 속의 이상유무를 확인한 후 드리도록 한다.

⑬ 메뉴 설명 시 고객이 이해하기 힘든 전문용어는 사용하지 않는다.

⑭ 메뉴 설명 시 절대 손가락으로 가리켜서는 안되며, 손을 펴서 손바닥이 위로 오도록 하여 메뉴의 품명을 가리킨다.

⑮ 스테이크(steak) 주문 시 필히 고기의 굽는 정도를 여쭈어보아야 한다.

예) "고기는 어느 정도 익혀 드릴까요?"

비고 : 식탁의 상황에 따라 달라질 수 있다.

7. 음식 서비스

1) 샐러드 서비스

① 샐러드는 고객의 우측에서 드린다.

② 드레싱은 반드시 고객의 좌측에서 어떤 드레싱을 드실 것인지 여쭈어본 후 샐러드 위에 얹어드린다.

예) "어떤 드레싱으로 하시겠습니까?"

"What kind of dressing would you like, sir?

비고 : 드레싱을 흘리지 않도록 한다.

2) 수프 서비스

① 고객의 우측에서 드린다.
② 국자를 사용할 때에는 고객의 좌측에서 담아 드린다.
③ 수프볼은 미리 뜨겁게 준비한다.
비고 : 수프를 언더라인에 흘리지 않도록 주의한다.

3) 주요리 서비스

① 뜨거운 요리는 뜨거운 식기에 차가운 요리는 차가운 식기에 담아 서브한다.
② 고객의 우측에서 서브한다.
③ 생선요리는 레몬을 준비한다.
④ 소스는 고객의 왼편에서 서브한다.
⑤ 음식을 2~3점 드셨을 때 음식의 만족도를 체크한다.
예) "송아지요리입니다."
"맛있게 드십시오."
"손님, 접시가 뜨겁습니다. 조심하십시오."
"송아지요리가 어떻습니까?"
"감사합니다. 맛있게 드십시오."
비고 : 뜨거운 접시는 고객에게 주의시켜 드린다.

4) 디저트 서비스

① 디저트 나이프와 스푼은 고객의 오른쪽, 포크는 왼쪽에 세팅하고, 포크만 세팅할 때에는 고객의 오른쪽에 놓는다.
② 케이크나 파이 등을 서브할 때에는 뾰족한 부분이 고객 앞으로 오도록 한다.
예) "디저트는 ○ ○ ○이 있습니다."
"후식은 어떤 것으로 하시겠습니까?"
"맛있는 피칸파이가 있는데 드셔보시겠습니까?"
비고 : 아이스크림류는 녹지 않게 하고 과일류는 신선하게 서브해야 한다.

8. 빵, 버터 서비스

① 빵은 신선한 상태로 보관하고 고객이 착석하시면 빵 바구니(bread basket)에 골고루 담아서 테이블 위에 놓는다.

② Butter bowl은 B&B plate에 담아 고객이 쉽게 드실 수 있도록 놓는다.

③ Bread cart나 tray에 담아서 제공할 때에는 고객의 좌측에서 보여드리고, 원하는 빵을 B&B plate 위에 올려드린다.

예) "방금 구워낸 신선한 여러 가지 빵이 준비되어 있습니다. 어떤 빵으로 하시겠습니까?"

④ 빵을 집을 때는 반드시 빵 집게(bread tong)나 serving spoon과 fork를 사용한다.

비고 : 빵은 절대 손으로 집으면 안된다.

9. 손님 착석 중의 테이블 처리

① 그릇을 치우는 것은 손님의 그릇이 비었거나 그릇에 뼈와 같은 나머지가 있을 때, 그리고 손님이 그릇을 옆으로 치운 상태에서만 가져가도록 한다.

예) "실례합니다. 식사 맛있게 드셨습니까? 빈 접시 치워드리겠습니다."

비고 : 꼭 손님께 치워도 된다는 양해를 미리 얻어야 한다.

② 사용된 그릇, 유리잔(컵), 수저 등은 손님의 오른쪽에서 오른손으로 가져간다.

비고 : 손님이 진지한 대화를 하는 중일 경우 적당한 시간을 택하여 그릇과 테이블을 치운다.

③ 여자손님의 것부터 치우도록 하며, 나머지 손님은 시계방향으로 한다.

비고 : 가능한 달그락거리는 소리를 내지 않는다.

④ 빈 접시를 치울 때는 큰 접시부터 작은 접시 순으로, 같은 크기의 접시를 통일해서 치운다.

비고 : 빈 접시 등은 손님으로부터 멀리 떨어질 수 있게 손을 쭉 펴서 들어 고객의 머리나 몸을 치거나 닿는 일이 없도록 한다.

⑤ 고객이 남긴 음식과 포크(fork), 나이프(knife)는 분리해서 한 접시에 모으고 고객께

보이지 않도록 고객 뒤쪽에서 소음이 나지 않도록 조용히 정리한다.

⑥ 가져가는 그릇의 수는 최대 4개를 넘지 않아야 한다.

⑦ 작은 그릇은 반드시 트레이를 이용하여 품목별로 담아서 치운다.

⑧ 테이블 위에서 그릇을 끌거나 포개서는 안된다.

⑨ 컵을 잡을 때는 바닥이나 중간부분을 잡도록 한다.

⑩ 각 코스가 끝나 그릇을 치우는 경우에는 되도록 한번에 치우도록 한다.

⑪ 요청이 있는 경우를 제외하고 냅킨은 손님이 식당을 나가기 전까지 가져가지 않는다.

⑫ 주요리 코스가 끝나고 후식이 제공되기 전에 식탁 위의 빵 부스러기 등을 깨끗이 제거한다.

⑬ 식탁 위를 치워드리기 전에 고객에게 반드시 양해를 구한 후 방해가 되지 않도록 고객의 좌측에서 조심스럽게 치운다.

예) "실례합니다. 테이블 치워드리겠습니다."

10. 음료 서비스

① 음료 제공 시에도 반드시 트레이를 이용한다.

② 바(bar) 직원은 음료에 딸린 장식을 담당하며 손으로 만지거나 하면 안된다.

③ 병 뚜껑이 있는 음료는 테이블로 가져오기 전에 미리 따서 가져와 서브한다.

④ 와인시음을 제외한 모든 음료의 서비스 역시 여성손님을 우선으로 한다.

예) "○○입니다. 맛있게 드십시오."

⑤ 모든 음료수는 손님의 오른쪽에서 오른손으로 대접한다.

⑥ 잔(glass)은 위생상 반드시 3분의 1 하단 쪽을 손끝으로 가볍게 쥐어야 한다.

⑦ 식탁에 잔을 놓을 때 절대 소리가 나면 안된다.

⑧ 다른 손님의 얼굴을 가로막으며 음료를 따르는 일이 없어야 한다.

⑨ 맥주병이 잔에 닿지 않도록 1~2cm 정도 띄어서 따른다. 따르고 남은 병은 잔 위쪽에 놓는다.

⑩ 맥주와 맥주잔은 반드시 차갑게 보관된 것을 제공한다.

⑪ 맥주를 따를 때에는 넘치지 않게 조심하여 잔에 7부쯤 채우고 나머지 3부 정도는 거품이 솟아오르도록 붓는 것이 가장 이상적인 방법이므로 병을 천천히 잘 조절하여 따르도록 한다.

⑫ 샴페인 서브 시 한번에 끝까지 서브하여 거품이 넘치지 않도록, 처음에는 글라스의 3분의 2 정도 따르고, 거품이 줄어들고 나면 다시 따른다.
비고 : 손님이 대화 중이라면 불편을 주면서 꼭 오른쪽 서비스를 고집하지 않는다.

11. 와인 서비스

① 와인병 확인 : 와인을 주문한 손님에게 라벨이 잘 보이도록 위로 오게 하여 병을 보여주고 그 와인이 주문한 것인지를 확인할 수 있도록 한다.
예) "주문하신 ○○ 와인입니다."

② wine opening : 손님의 확인이 끝난 후 코르크를 싼 호일의 윗부분을 제거하는데, 이때 병목의 아랫부분을 경계로 하여 제거한 다음 코르크를 빼고 깨끗한 냅킨으로 병 입구를 닦아준 다음 와인을 제공한다.
비고 : 코르크도 함께 제공한다.

③ 와인 코르크는 코르크홀더에 안쪽이 위로 향하게 꽂은 다음 손님이 후각으로 테스트할 수 있도록 식탁에 올려놓는다.
예) "와인을 테이스팅하시겠습니까?"

④ 찌꺼기가 많은 좋은 와인은 병을 세워서 찌꺼기가 병 밑바닥에 완전히 가라앉게 되면 흔들리지 않게 조심스레 코르크(cork)를 제거한 후 decanter에 옮겨 붓는다.

⑤ 와인 따르기
- 와인을 주문한 손님이 먼저 1온스 정도의 양을 시음한 후 그 결과가 만족스럽다면 다른 손님에게 와인을 제공한다.
- 와인잔에 2분의 1 정도(백포도주), 3분의 2 정도(적포도주) 채우고 와인 서브가 끝날 때까지 같은 양을 유지한다.
- 테이블 클로스에 와인 방울이 떨어지지 않도록 조심해서 서브한다.

비고 : 와인을 식탁에 set-up 시 병목을 손님을 향하여 놓지 말아야 한다.

⑥ 레드 와인(red wine)의 경우 고객에게 여쭈어보고 미리 opening해 놓는 것이 좋다.
⑦ 서브하고 남은 white wine은 wine cooler에, red wine은 basket채로 테이블 한쪽에 가만히 놓는다.
⑧ 와인을 따를 때 잔에 와인병이 닿지 않도록 조심해서 서브(serve)하고 잔을 쥘 때는 하단을 쥐도록 한다.

12. 커피 서비스

① 커피 혹은 차 주문 때 어떤 종류의 커피를 드시겠는지 여쭈어본다.
예) "어떤 차를 드시겠습니까?"
비고 : 커피기계의 이상유무를 항상 확인해야 한다.
② 커피는 각 개인별 컵에 서브한다.
③ 서브하는 찻잔은 항상 뜨겁게 데워진 것을 사용한다.
비고 : 커피 한잔을 서브하더라도 반드시 트레이를 사용한다.
④ 준비된 sugar, cream set의 양이 충분한지 확인한 뒤 손잡이를 고객 쪽으로 향하여 놓는다.
⑤ sugar set에는 white sugar, crystal-sugar, sweet and low, cream 등이 꼭 담겨 있어야 한다.
비고 : coffee cream은 항상 냉장고에 보관하여 신선도를 유지한다.
⑥ coffee cup은 고객의 우측에서 손잡이가 오른쪽을 향하도록 놓아드리며 tea spoon은 cup의 앞부분에 손잡이와 평행하게 얹어놓는다.
⑦ 고객이 커피를 다 마셔갈 즈음에 더 드실 건지 여쭈어보고 더 원하실 경우 second service를 한다.
예) "커피 더 드시겠습니까?"
또한 more coffee인 경우에는 커피포트로 따라드려도 무방하다.
⑧ 차는 아주 뜨거운 상태에서 제공되어야 한다.
⑨ milk 또는 lemon을 하실 것인지 여쭈어보고 tea와 함께 준비한다.
예) "주문하신 tea에 milk나 lemon을 곁들여드릴까요?"

⑩ 티백 하나를 pot에 넣고 여분의 티백 하나는 under line에 올려드린다.
⑪ 저녁인 경우 쿠키를 제공하기도 한다.

13. 핑거볼 서비스(Finger Bowl Service)

① 물을 담을 때에는 미지근한 물로 1/2 정도 담고 레몬을 띄운다.
예) "핑거볼이 준비되어 있습니다."
비고 : 너무 차거나 뜨겁지 않도록 주의한다.
② 손을 사용해야 하는 뼈나 껍질 있는 요리, 과일 등을 먼저 제공한 후 핑거볼을 제공한다.

14. 빌 서비스

① 식사가 끝나면 테이블로 계산서를 갖다드린다.
예) "지금 계산해 드릴까요?"
비고 : 손님께서 식별하기 쉽도록 깔끔한 계산서를 제공한다.
② 계산서는 반드시 bill cover에 끼워서 보여드린다.
③ 계산서를 식탁에 놓기 전에 기재사항을 확인한다.
④ 고객이 수표로 계산할 경우, 수표 뒷면에 고객의 성함과 주민등록번호 등을 기재한 후 받도록 한다.
⑤ 신용카드로 계산 시 승인번호를 꼭 받고 청구서에 금액을 기재하여 계산서와 함께 서명을 받는다.
⑥ 서명 후 카드청구서 중 고객용과 계산서의 영수증을 곱게 접어서 영수증 봉투에 넣어 드린다.
⑦ 후불로 할 때에는 고객의 명함 등을 받아 지배인의 허락을 받는다.
⑧ 후불일 때에는 계산서에 성함을 받고 가격을 말씀드리고 영수증은 드리지 않는다.
⑨ 현금계산일 때 거스름돈과 영수증을 곱게 접어 잔돈봉투에 함께 넣어드린다.
예) "여기 거스름돈과 영수증이 있습니다."

"감사합니다."

⑩ room sign 시에는 room number를 확인하고 full name과 서명을 정확히 받는다.

⑪ 팁(tip)은 no tipping policy를 참조한다.

15. 고객 술보관 서비스

① 먼저 고객이 술보관을 원하시면 술보관 캐비닛에 보관해 드린다.

② 이때 고객이 맡기신 술의 양을 정확히 산출하여 술보관 카드에 기록한다.

③ 술보관 기록카드에는 고객의 성함과 맡기신 술의 이름을 기입한다.

④ 또한 날짜, 남은 술의 양, 담당자의 이름을 서명해 놓음으로써 고객으로 하여금 신뢰를 갖게 한다.

⑤ 전용 술보관 꼬리표(tag)에 고객의 성함을 적어 고객께서 맡기신 술에 걸어놓는다. 이때 고객의 명함이 있으면 한 장을 받아 이력카드에 활용한다.

⑥ 3개월이 경과하면 처분됨을 알려드린다.

⑦ 보관된 술을 드시러 오실 경우 본인만 드실 수 있다고 사전에 말씀드린다.

⑧ 타인이 술을 마시고자 할 경우 지배인께 보고 후 명함을 받아두고 정확히 기입한다.

16. 환송서비스

① 접객담당자는 고객이 일어날 때 즉시 의자를 빼드리고 테이블 주위에 빠뜨린 물건이 없는지 확인한다.

② 떠나실 때는 이용해 주신 데 대한 감사를 표시하며 출구 쪽을 향해 방향을 제시하고 정중히 인사드리며 배웅한다.

③ 환송담당자는 고객 퇴장 시 계산되어 있지 않았다면 신속하게 계산할 수 있도록 한다.

④ 리셉셔니스트나 지배인은 맡기신 보관품을 찾아드리고 이용해 주신 데 대한 감사를 표시한다.

예) "식사는 맛있게 하셨습니까?"
"불편한 점은 없으십니까?"
"다음에 또 뵙겠습니다."
"감사합니다."
비고 : 성의 있는 자세로 인사를 드린다.

17. 고객이 떠난 후 테이블 치우는 방법

① 손님이 떠난 후 남겨진 접시들은 2분 내에 치우는 것이 원칙이나 스테이션이 바쁠 경우 5분 내에 다 치울 수 있도록 한다. 치우는 일은 위생적이고 청결하며 빠르게 이루어져야 한다.
② 손님이 테이블을 떠나 식당 밖으로 나가는 즉시 의자 혹은 테이블에 음식이 묻어 있는지 확인한다.
③ 사용된 모든 그릇 종류와 냅킨을 테이블에서 치운다.
④ 저녁의 경우 손님이 나가시면 즉시 치운 뒤 테이블을 정돈하고 나서 즉시 다음 손님을 받을 수 있도록 정돈한다.
⑤ 다음 손님이 자리에 앉을 때 기분이 상하지 않게 빠른 속도로 테이블 위를 치운다.
⑥ 가능하다면 사용된 기물들은 스테이션을 거치지 않고 곧바로 세척하는 곳으로 가져간다.
⑦ 사용되어 더러워진 스푼은 트레이 옆부분에 놓는다.
⑧ 유리컵은 트레이의 다른 옆부분에 놓도록 하고 접시들은 트레이의 가운데 부분에 쌓도록 한다.
⑨ 트레이에 접시를 쌓을 때에는 큰 접시를 밑에 놓고 음식이 남아 있는 접시를 가장 위에 놓는다.
⑩ 모든 빈병은 쟁반에 눕혀 가져가도록 하며 더러운 냅킨은 트레이 위에 올려놓지 말고 말아서 들고 간다.
⑪ 냅킨과 테이블 클로스는 리넨카에 넣기 전에 음식 부스러기를 제거한다.
⑫ 세척기에 보낼 컵은 같은 종류의 정확한 랙에 꽂아두고, 접시에 남은 음식은 쓰레

기통에 버리고 같은 접시끼리 쌓아둔다.

⑬ 은기류는 구분하여 기물통에 살며시 넣는다.

18. 테이블 기물 다루는 방법

① 접시요리를 다루거나 서브할 때는 접시의 가장자리나 날개부분을 잡도록 한다.

② 유리잔을 잡을 때는 바닥이나 중간부분을 잡도록 한다.

③ 손가락을 유리컵 안에 넣거나 컵의 가장자리를 손으로 만지는 일은 서브할 때나 치울 때라도 절대 있을 수 없다.

④ 맥주잔이나 컵을 다룰 때는 컵의 윗부분을 잡는 일이 있어서는 안된다.

⑤ 은기류를 다룰 때는 컵의 윗부분을 잡는 일이 있어서는 안된다.

⑥ 고객이 기물 등을 떨어뜨렸을 경우에는 깨끗한 기물로 바꾸어 서브해 드린다.

⑦ 손님께 기물을 서브하기 전에 항상 청결을 습관적으로 체크한다.

⑧ 얼음이나 음식 종류를 서브할 경우에는 얼음 집게나 적당한 기물을 사용하도록 한다.

제 6 절 장애가 있는 고객을 맞이하는 법

1. 청각장애가 있는 고객

① 청각장애는 알아보기가 힘들다. 따라서 청각 잃은 사람을 알 수 있는 몇 가지 단서를 알아두는 것이 좋다(질문에 답을 못 하는 등등).

② 청각장애가 있는 고객의 주의를 끌기 위해서는, 그 고객의 팔을 가볍게 치거나 손동작을 사용한다. 절대 소리를 질러서는 안된다.

③ 청각장애가 있는 고객 중에는 입 모양을 보고 말을 이해할 수 있는 사람도 있다. 그러므로 이야기할 때에는 똑바로 마주 보고 서서 천천히 분명하게 말해야 한다.

④ 입 모양으로 말을 이해하지 못하는 고객에게는 종이와 펜을 주어서 글을 통해 이야기할 수 있도록 한다.

⑤ 청각장애가 있는 고객을 시끄럽거나 넓게 개방된 장소에 앉혀서는 안된다. 이런 곳은 소리가 울려서 더 알아듣기 힘들기 때문이다.

2. 시각장애가 있는 고객

① 평상시의 어조로 시각장애가 있는 고객을 맞이하며, 자신이 누구인지를 밝히고 테이블에 앉을 때 도움이 필요한지를 물어본다. 만일 고객이 도움을 원한다면, 팔을 내밀어 도와드려야 하며, 함께 걸어가면서 계단이 있는 곳이나 혼잡한 곳에서는 발밑을 조심하도록 알려드려야 한다.

② 시각장애 고객에게 가격까지 포함하여 메뉴를 읽어드려야 한다. 페이지마다 음식 카테고리를 알려주고, 각각의 카테고리별로 메뉴 아이템 몇 가지를 설명해 드린다. "이 페이지는 버거(burger)에 대한 부분입니다. 햄버거 고기 위에 미국산 치즈만을 올린 아메리칸 버거와 ○○가 있습니다."

③ 시각장애가 있는 고객은 환한 장소에 앉히는 것이 좋다.

④ 테이블에 왔다 갈 때는, 언제나 오고 가는 것을 알려야 하는데, 시각장애가 있는 고객은 도움이 필요할 때 볼 수 없으므로 자주 신경을 써야 한다.

⑤ 주문한 음식을 테이블에 가져올 때, 음식의 위치를 설명해 줄 필요가 있는지 물어본다. 고객이 그렇다고 하면, 시계바늘 방향을 사용하여 음식의 위치를 다음과 같이 알려드린다. "와인은 1시 방향에 있고, 계산서는 3시 방향에, 그리고 야채는 8시 방향에 있습니다."

⑥ 안내견은 주인을 안내하기 위해 레스토랑 안으로 들어올 수 있게 되어 있다. 개에게 음식을 주거나 쓰다듬거나, 혹은 가는 방향을 방해하지 않도록 해야 한다.

⑦ 시각장애가 있는 고객에게 거스름돈을 전달할 때에는 금액단위별로 지폐를 분리한 후, 하나하나 세어서 드린다.

3. 휠체어를 타거나 행동장애가 있는 고객

① 고객의 휠체어를 무작정 밀어드리려 하지 말고, 그전에 도움이 필요한지를 반드시 물어본다.

② 장애가 있는 고객을 바깥쪽이나 통로쪽에 앉혀서는 안된다.

③ 금연석과 흡연석 중 쉽게 앉을 수 있는 테이블이 있는지를 확인한다.

④ 뇌성마비 같은 상태나 신경계의 발작이 있는 고객은 몸을 자유로이 움직일 수 없고 쉽게 말할 수도 없다. 고객에게 음식을 작은 조각으로 잘라서 제공하기를 원하는지 미리 물어보고, 음료도 쉽게 마실 수 있도록 스트로를 제공하도록 한다. 그들의 행동을 보고 무작정 그들이 술에 취했다거나 술을 마실 수 없다고 선불리 판단해서는 안된다.

⑤ 신체적 행동에 장애가 있다고 해서 정신적으로도 이상이 있다고 판단해서는 절대 안된다.

제 7 절 POS(Point Of Sale) 사용법

최근 대부분의 식음료 영업장에서는 서빙을 담당하는 웨이터와 웨이트리스, 캡틴, 지배인 등 모든 구성원이 고객의 식음료를 접대하기 위한 예약, 주문, 조리주문, 서빙, 계산 등을 할 수 있는 기본적인 기능을 갖추고 있다. 따라서 고객에게 서빙을 할 때, 별도의 캐셔를 배치하지 않음을 전제로 업무를 익히는 것이 중요하다. 이 절에서는 식음료 영업장에서 이뤄지는 계산방법과 영업회계 처리에 대해 익히도록 한다.

1. 처음 시작하는 방법

1) 초기화면(Sing-in)에서 Period NO(LN49, DN50)를 입력 후(ENTER)

2) Open하고자 하는 Table NO를 입력 후 (Begin Table)을 친다.

3) Cover 화면에서 (L/Guest)Key 혹은 (F/Guest)Key를 친다.

4) Guest Cover를 전부 입력하였으면(ORDER)Key를 친다.

5) 화면에 Ready for your next entry가 보이면 다음 작업할 준비가 되어 있다는 뜻이다.

2. Menu Posting 방법 3가지

1) DIRECT MENU ITEM: 기존의 POS와 같이 화면에 바로 MENU ITEM KEY가 있는 경우이며 바로 해당 MENU KEY를 누르면 MENU가 Posting된다.

2) SLU(Screen Look-Up): 화면에 해당 Screen을 치고 다시 해당 Group을 정의하여 그 Group Key를 치면 기본 바탕 위에 보여지는 MENU Item들이 나타난다.

3) NlU(Number Look-Up)

① MENU입력 화면에서 해당 NLU Group을 누르면 그 Group에 해당되는 Menu Item이 화면에 보인다. 그 상태에서 해당 Menu Item의 NLU번호를 친 후, ENTER를 친다.

② 치고자 하는 Menu의 NLU NO를 아는 경우 바로 NLU NO를 친 후 해당 NLU Group을 치면 된다.

3. Menu Posting의 실제

1) 숫자 입력

위의 Posting에서 수량을 입력하고자 하는 경우 숫자화면에서 수량을 입력한 뒤 (@/FOR)Key를 친 후 해당방법으로 Menu Item을 Posting하면 된다.

2) 메뉴품목 입력

Open Price(Market Price)인 Menu Item인 경우 위와 같이 Posting한 후 다음 화면에 금액을 입력하는 화면이 나온다. 이때 금액을 입력하면 된다. (금액 입력 후 OPEN PRICE인 MENU ITEM을 입력해도 된다.)

3) 중간마감(PRT/SEND)

• 중간마감하는 방법에는 아래의 2가지가 있다.

① PRINT하기

입력한 MENU와 함께 Service Charge와 VAT를 합한 SUBTOTAL이 함께 Bill에 Print된 후 중간마감하면 된다.

② SEND로 보내기

입력한 MENU ITEM만 BILL에 찍히면 중간마감이 된다.
(Subtotal이 필요한 경우 해당 BILL을 Pick-up하여 [PRT]Key를 치면 됨)

4) 중간마감한 BILL을 Pick-up하는 방법

• Pick-up하려는 BILL의 Check NO를 친 후 Pick up key를 누른다.

5) Discount방법

• Discount방법에는 2가지가 있으며, 각각의 방법에는 금액 혹은 5%가 고정되어 있는 Key와 Open되어 있는 Key가 있다.

① PRICE DISCOUNT: 해당 금액을 입력 후 해당 DISCOUNT Key를 누른다. (Open인 경우 다음에 금액을 입력하는 화면이 나오면 그때 금액을 입력하고 [ENTER]를 치면 된다.)

② % DISCOUNT: 해당 %를 입력 후 해당 DISCOUNT Key를 누른다. (Open인 경우 다음에 %를 입력하는 화면이 나오면 그때 %를 입력하고 [ENTER]를 치면 된다.)

6) BILL을 나누거나 합치는 방법

(1) BILL을 나누는 방법(Separate Check)

① 나누려는 BILL을 PICK-UP한다.

② (PAY)화면으로 들어간 후 (1.SEAT #)를 사용하여 현재의 SEAT NO와 다르게 SETTING한다(화면 오른쪽 위 반전된 화면 참조).

③ SEAT NO가 바뀐 상태에서 나누려는 MENU의 LINE NO를 누른 후 (EDIT LINE#)을 누르면 해당 LINE에 있는 MENU의 SEAT NO가 바뀐다.

④ 해당 SEAT NO의 MENU만 보려 할 때에는 해당 SEAT NO를 누른 후 (3.FILTER SEAT) Key를 누르면 해당되는 SEAT의 MENU 내용만 화면에 보인다.

⑤ 화면에 보이는 내용이 나누려는 BILL의 내용과 일치하는 경우(4.SPLIT CHECK)Key를 누른 후 [ENTER]를 친다.

⑥ SLIP Print에 새로운 BILL(나누어진 BILL)을 넣고 Print를 하면 다시 한 번 바른 BILL을 넣으라는 Message가 나온다. 그때 원래의 BILL을 Print하면 된다.

* 나누려는 BILL은 항상 중간마감이 되어 있어야만 한다.

(2) BILL을 합치는 방법(Add Check)

① 실제로 계산할 BILL을 먼저 PICK-UP한다.

② [PAY]화면으로 들어가서 입력한 후 ADD CHECK Key를 누른다.

③ 더해질 BILL의 CHECK#을 입력 후 [ENTER]를 친다.

④ 더해질 BILL을 먼저 Print한 후 실제로 계산되어질 BILL을 Print한다.

7) 완전 마감하는 방법

(1) 해당 마감 Key(CASH, CARD, CITY LEDGER, ROOM CHARGE)를 누르면 마감된다.

(2) 해당 마감 Key가 Information을 원하는 경우(예: ROOM NO, 직원 번호 등) 그 Key를 치면 다음 화면에 해당 Information을 입력하는 화면이 나온다. 그때 해당 Information을 입력한다.

(3) 마감방법이 2개 이상인 경우 먼저 금액을 누른 후 해당 마감 Key를 누르면 아직 계산되지 않은 금액이 남은 상태에서 다음 조작을 기다리게 된다(완전 마감되지 않음).

(4) 계속하여 다음 마감 Key를 누르면 완전 마감한다.

8) 마감된 BILL을 다시 OPEN하는 방법

• **마감된** BILL**을 다시** OPEN**하는 방법에는 아래의** 2**가지가 있다.**

(1) ADJUST CLOSED CHECK[AD]CLSD CHECK#

① 마감된 BILL이 금액의 변동 없이 지불방법만 바뀌는 경우에 사용

② BEGIN화면에서 왼쪽 아래에 [ADJ CLOSED CHECK]KEY를 친 후 수정할 BILL의 CHECK NUMBER를 입력한 후 [ENTER]를 친다.

③ 지불방법을 전부 LINE VOID한 후 다시 해당 마감 KEY를 사용하여 완전마감을 한다.

(2) REOPEN CLOSED CHECK RE–OPEN CLSD CHK#

① 마감된 BILL에서 금액의 변동이 있을 때 사용(예: DISCOUNT의 잘못 입력, MENU의 추가 삭제 등)

② BEGIN화면에서 왼쪽 아래에 [REOPEN CLOSED CHECK]KEY를 친 후 수정할 BILL의 CHECK NO를 입력한 후 [ENTER]를 친다.

③ 지불방법을 전부 LINE VOID한 후 계속하여 DISCOUNT와 정정할 ITEM도 VOID 혹은 추가한 후 다시 해당 마감 KEY를 사용하여 완전마감을 한다.

- 지불방법을 VOID하지 않을 경우 바꾸려는 지불수단 등은 수정되지 않는다(0으로 마감).

9) 마감 REPORT PRINT방법

(1) BEGIN**화면에서 왼쪽의** [REPORT PROCESS]KEY**를 치면 아래의 내용들이 나온다.**

☞ OPEN TABLES: 현재 업장에 OPEN되어 있는 TABLE을 보여준다.

☞ CASHIER RESET: SHIFT 시 다음 CASHIER를 위하여 대금의 종류별 합계를 RESET(0DMFH AKSEMA)

☞ OUTLET REPORT : 업장 전체의 판매금액 및 대금 종류별 합계

☞ CLOSED CHECK REPORT : 현재의 업장에서 마감되어진 BILL을 보여줌

☞ PERIOD REPORT : PERIOD별 REPORT

(2) 보고자 하는 REPORT를 선택한 후 아래의 내용 중 하나를 치면 PRINT 혹은 화면에 보여줌

① 1을 친 후[ENTER] → PRINT의 ROLL용지에 REPORT를 출력

② 2를 친 후[ENTER] → 화면에 REPORT의 내용을 보여줌

10) DISCOUNT

제휴를 맺었거나 PROGRAM에 의해서 특별히 할인해 드려야 하는 고객에게 미리 여쭤서 할인을 제공한다. 이때 해당되는 카드를 IMPRINT하고 GUEST HISTORY FILE MANAGEMENT를 잘 이행하도록 한다.

제8절 식음료서비스 표준체크리스트

호텔관광서비스기업은 고객에게 제공하는 서비스품질관리를 위해서 전 구성원이 부단하게 노력해야 한다. 그 과업 중에서도 서비스 전(before service) → 서비스 중(in service) → 서비스 후(after service)의 전 과정을 신속, 정확하게 관리해야 한다. 따라서 다음에 제시된 '식음료서비스 표준체크리스트(1~6)'를 활용하여 경영진의 책임 아래 일별, 주별, 월별, 분기별, 반기별, 연별로 확인해 나가야 할 것이다.

1. BREAKFAST

	STANDARDS-GUEST ARRIVAL & SITTING	MEET	BELOW	N/A
1	영업장 입장 시 15초 내에 직원이 인사를 하고 고객을 알아보았는가?			
2	영접하는 직원의 태도는 다정스럽고 친절했는가?			
3	직원은 고객의 이름을 확인하고 대화를 나누는 동안 계속해서 불러드렸는가?			
4	테이블로 안내할 때 고객에게 자신이 안내해 주겠다고 하였는가?			
5	직원은 고객이 도착해서 1분 이내에 좌석으로 안내하였는가?			
6	직원은 세팅되어 있는 테이블에 고객을 안내하였는가?			
7	직원은 고객이 착석할 때 chair SVC를 해드렸는가?			
8	만약 필요한 경우, 직원이 테이블 세팅을 치워주었는가? (인원 수에 맞는 좌석 조정관련)			
9	직원은 고객에게 메뉴를 제공하였는가?			
10	직원은 조식을 이용하는 절차에 대하여 간단한 설명을 하였는가?(예: 고객이 직접 뷔페음식을 이용하시면 됩니다.)			
	STANDARDS-SERVICE			
11	좌석에 착석을 하고 3분 이내에 커피나 차를 제공했는가?			
12	좌석에 착석을 하고 3분 이내에 과일 주스를 제공했는가?			
13	주문하고 나서 3분 이내에 커피/차/주스를 제공했는가?			
14	(만약에 조식 주문에 포함되어 있다면) 패스트리 바구니를 가져와서 테이블의 왼편에 놓았는가?			
15	직원이 주문을 받을 때 메뉴에 대한 지식과 내용물에 대해서 능수능란하게 설명을 했는가?			
16	주문받을 때 여자 손님부터 주문을 받았는가?			
17	주문받는 동안 계속해서 고객과 시선을 유지하면서 주문을 받았는가?			
18	직원의 메뉴 이외의 요청에 대해서도 합리적으로 고객에게 배려를 하였는가?			

	STANDARDS-GUEST ARRIVAL & SITTING	MEET	BELOW	N/A
19	직원은 전체적이고 완벽하게 주문을 받았는가? (예: 조리된 조식메뉴에 따라 나오는 부산물들까지)			
20	토스트를 주문했을 때, 직원은 토스트 종류에 대한 고객의 선택(빵을 굽는 정도 – Light or Dark)을 확인하였는가?			
21	조식메뉴는 주문하고 10분 이내에 제공되었는가?			
22	접시의 상태가 뜨겁다는 것(주의할 것)을 말하였는가?			
23	제공된 접시의 문양이 6시나 12시 방향과 일치하게 배치되었는가?			
24	주문의 내용은 정확하고 완벽하게 처리되었는가?			
25	만약 고객이 다른 향신료나 소스를 요구하면 직원이 확인을 하였는가? (예: 브라운 소스, 케첩, 후추 간 것 등)			
26	향신료나 소스는 적절한 용기에 담겨져 제공되었는가? (예: 병에 담지 않고, 병이나 작은 용기로부터 따로 담아서 제공했는가?)			
27	직원은 기물의 교체 요구에 응해주었는가?			
28	만약 테이블을 잠시 떠났을 때, 직원이 테이블 위 고객의 냅킨을 단정하게 접어서 팔걸이의자 위에 올려두었는가?			
29	모든 고객이 식사를 마치면 3분 이내에 사용한 접시를 치웠는가?			
30	커피/차의 리필(REFILL)을 요청했을 때 받아들여졌는가?			
31	서비스에 대한 만족유무를 파악하기 위해 직원이 테이블로 다가와 확인을 하였는가?			
32	고객이 담배를 끄고 나면 늘 재떨이를 치워주었나?			
33	고객이 영업장을 떠날 때 직원이 감사의 뜻을 표시하였는가?			
	ACCOUNTING			
34	계산서를 요청했을 때 3분 이내에 제공되었는가?			
35	제공된 계산서는 호텔 펜과 함께 깨끗한 Bill Pad에 담겨 제공되었는가?			
36	제공된 계산서는 항목별로 분명하고 정확하게 기재되어 있었는가?			

	STANDARDS–GUEST ARRIVAL & SITTING	MEET	BELOW	N/A
37	직원이 지불금액을 곧바로 수령했었는가?			
38	직원이 지불금액에 대한 거스름돈을 정확하게 돌려주었나?			
39	만약 현금계산일 경우, 영수증 요청을 안 해도 당연히 제공되었는가? (예: 현금 마감 처리로 표시된 계산서를 제공하였는가?)			
40	만약 카드로 지불한다면 직원은 카드 서명의 본인 여부를 확인하였는가?			
	THE EMPLOYEE			
41	직원들은 체계적인 시스템을 통해 팀원으로서 근무하는 것으로 보여지던가?			
42	직원들의 유니폼은 깨끗하고, 다림질이 잘 된 상태로 완벽하게 착용하고 있었는가?			
43	직원들은 회사가 지정한 기준의 구두를 착용하고 근무하고 있었는가?(유니화)			
44	직원들은 명찰을 착용하고 근무에 임하고 있었는가?			
45	직원들은 깔끔하고 단정하였는가?			
46	직원은 고객에게 시선을 지속적으로 유지하였는가?			
47	직원들은 미소를 지으며 따뜻하고 우호적인 태도를 취하였나?			
48	직원들의 영어어휘 구사능력은 우수하였는가?			
49	직원들은 다른 동료와 함께 근무할 때 고객에 대해서 배려를 하였는가?			
50	직원들은 항상 고객의 요구에 주의 깊은 관심을 보였는가?			
51	뷔페는 매력적으로 진열되어 있었는가?			
52	뷔페는 깨끗하고 음식물 부스러기는 없었는가? (예: 뷔페 테이블 뒤쪽과 위의 상태)			
53	뷔페에 나온 알 수 없는 음식과 음료별로 정확하게 메뉴 설명이 되어 있었는가?			
54	음식 설명을 위한 표시판이 외관상 깨끗하고 규격화되어 있었는가?			
55	모든 접시는 최소한 1/3 정도 준비되어 있었는가?			

	STANDARDS-GUEST ARRIVAL & SITTING	MEET	BELOW	N/A
56	뷔페 음식은 적절한 용기에 담겨 제공되었는가?			
57	뜨거운 뷔페 음식의 경우, 따뜻한 접시가 제공되었는가?			
58	따뜻한 접시를 위해서 냅킨이 제공되었는가? (*뜨거운 접시를 집을 때 사용할 수 있는 냅킨 제공 관련)			
59	뷔페에 준비된 서비스 도구는 적절하고 청결한 상태로 제공되었는가? (예: 뷔페 집기 – Tong, Serving Spoon 등)			
60	주방장은 항상 뷔페 음식 주변에서 대기하였는가?			
61	주방장은 뷔페 음식에 대해 고객에게 안내를 잘하였는가?			
62	뜨거운 음식의 경우, 주방장은 깨끗하고 따뜻한 접시를 냅킨으로 받쳐 고객에게 제공하였는가?			
63	만약 접시가 뜨거우면 주방장은 손님에게 주의를 주었는가?			
64	주방장은 깨끗하고 완전한 복장을 입고 단정한 모습으로 보였는가?			
	PRODUCT-MENU & FOOD			
65	메뉴의 상태는 깨끗하고 보관 유지상태가 양호했는가?			
66	제공된 음식은 보기 좋은 방식으로 준비되어 있었는가?			
67	조식 뷔페로 제공되는 음식의 선정은 잘 되어 있었는가? (예: 생과일주스, 시리얼, 냉음식, 계란요리, 기타 등등)			
68	음식은 영업장의 메뉴 설명 내용과 차이가 없었는가?			
69	음식의 상태는 신선하고 풍미가 좋았는가?			
70	제공된 음식은 정확한 온도로 제공되었는가? (예: 뜨거운 음식은 뜨겁게 – 차가운 음식은 차갑게)			
71	음식의 짜임새(구성)와 색깔의 조화는 마음에 들었는가?			
72	제공된 음식은 만족스러운 크기와 양이었는가?			
73	제공된 음식은 조리가 올바르게 되었는가?			
74	오렌지와 자몽주스는 신선하게 제공되었는가? (예: 바로 짜서 제공됨을 의미)			
75	커피와 차는 뜨겁고 신선하게 끓여서 제공되었는가? (예: 기계에서 바로 뽑아서 제공했느냐는 의미)			

	STANDARDS-GUEST ARRIVAL & SITTING	MEET	BELOW	N/A
76	식당에 있는 모든 테이블은 일관되게 배치되었는가?			
77	테이블 클로스는 깨끗하고, 잘 다려져 있으며 얼룩졌다거나 찢어지지 않았는가?			
78	메뉴에 따른 기물은 올바르게 선정되었으며 기물의 상태는 깨끗하고 영업장의 분위기와 어울렸었나? (영업장에 어울리는 기물선정의 문제)			
79	격식 있는 식당은 은식기류를, 일반 식당에서는 재질이 좋은 스테인리스를 사용하였는가?			
80	접시의 상태는 깨끗하고 이가 나간 것이 없으며 영업장의 분위기와 어울렸었나?(영업장에 맞는 접시의 선정)			
81	글라스의 상태는 깨끗하고 이가 나간 것이 없으며 영업장의 분위기와 어울렸는가?(영업장에 맞는 글라스의 선정)			
82	테이블에 까는 매트는 깨끗하고 음식물 부스러기는 없었는가?			
83	제공된 버터는 말라 있거나/잘라서 준비되어 있으며 신선하고 보기 좋은 모양이었는가?			
84	제공된 버터는 접시에 가득 채워서 나왔는가?			
85	냅킨은 깨끗하고, 다림질되어 있으며 어떤 오점이나 천이 찢어진 부분은 없었는가?			
86	테이블 위에서 소금과 후추의 사용은 가능했으며 깨끗하고 양은 채워져 있었는가?			
87	테이블에 설탕은 백설탕/흑설탕/파인 스위트(무가당)이 준비되어 있었는가?			
88	각설탕이 제공될 경우, 설탕 집게/스푼이 제공되었는가?			
	PRODUCT-FACILITY			
89	영업장의 입구에 신문은 준비되어 있었는가?			
90	카펫/타일은 오점이나 음식물 부스러기 없이 깨끗했나?			
91	모든 조명설비에는 불이 다 들어왔는가?(전구의 상태)			
92	내/외부 벽의 상태는 흠집이나 긁힌 자국 혹은 자국 없이 깨끗했었는가?			

	STANDARDS-GUEST ARRIVAL & SITTING	MEET	BELOW	N/A
93	모든 유리는 얼룩 없이 잘 닦여 있었는가?			
94	모든 창문에는 줄무늬나 손을 댄 자국 혹은 자국 없이 깨끗했는가?			
95	모든 실내/외의 화분과 꽃 장식은 신선하게 관리되고 있었는가?			
96	서비스 스테이션은 항상 청결하게 유지되고 있었는가?			
97	테이블의 상태는 안정감이 있었는가?			
98	테이블과 의자 다리는 어떤 긁힘으로 인한 흠집이 없었으며 색깔이 영업장과 조화를 이루었나?			
99	의자의 천상태는 깨끗하고 영업장과 어울렸으며 수리하기에 용이한 제품이었나?			
100	주방으로부터의 소음이 영업장으로 흘러나오지는 않았는가?			

2. RESTAURANT

CATEGORY : RESTAURANT

	RESERVATION STANDARD	MEET	BELOW	N/A
1	전화는 벨이 3번 울리기 전 혹은 15초 이내에 받았는가?			
2	종업원은 전화를 받을 때 환영인사와 업장소개를 했는가?			
3	손님의 이름을 물어보고 대화 중 적어도 한 번 이상 사용하였는가?			
4	직원은 식사손님이 몇 명인지 물어보았는가?			
5	직원은 식사시간을 몇 시인지 물어보았는가?			
6	직원은 전화번호나 방 번호를 물어보았는가?			
7	직원은 자세한 내용을 반복하며 확인하였는가?			
8	직원은 손님께 감사의 인사를 하였는가?			
	ARRIVAL AND SITTING THE TABLE			
9	손님이 식당에 들어서자마자 30초 안에 인사하거나 맞이하였는가?			

	RESERVATION STANDARD	MEET	BELOW	N/A
10	반갑고 친절하게 손님을 맞이하였는가? (혹은 인사하였는가?)			
11	안내담당은 손님의 성함을 확인하고 서비스하는 동안 불러드렸는가?			
12	직원은 손님께 자리안내에 대해 물어보았는가?			
13	직원은 손님이 도착한 지 1분 이내에 자리를 안내하였는가?			
14	직원은 손님을 완벽하게 세팅된 테이블로 안내하였는가?			
15	직원은 체어서비스를 해드렸는가?			
16	직원은 필요한 경우 테이블 위의 불필요한 커버 같은 것들을 치워드렸는가?			
17	지원은 메뉴 및 와인리스트를 제공하였는가?			
18	그날 제공이 가능한 스페셜을 설명하였는가?(수프, 생선 등)			
	SERVICE STANDARD			
19	착석 후 5분 안에 식전주가 제공되었는가?			
20	직원은 10분 안에 음식주문을 받기 위해 인사를 하며 다가갔는가?			
21	직원은 음식과 메뉴재료에 관한 어떤 질문에도 대답이 가능하였는가?			
22	여자손님부터 주문을 받았는가?			
23	직원이 주문을 받는 동안 손님과 시선을 마주하였는가?			
24	직원은 메뉴에 없는 요구사항에 대하여 적절히 대응하였는가?			
25	직원은 완벽하게 주문을 받았는가?(조리방식, 첨가물 등)			
26	직원은 손님께 감사의 인사를 하였는가?			
27	음식 주문 후 와인과 음료가 2분 안에 제공되었는가?			
28	직원은 와인과 음료에 관한 지식을 가지고 있는가?			
29	와인과 음료는 주문 후 5분 안에 제공되었는가?			
30	빵/롤과 버터는 당연하게 제공되었는가?			
31	직원은 주문에 따라 기물을 바꿨었는가?			
32	첫 코스는 주문 후 15분 이내에 제공되었는가?			
33	메인 코스는 첫 코스를 치운 후 20분 이내 또는 첫 코스를 주문한 뒤 30분 내에 제공되었는가?			

	RESERVATION STANDARD	MEET	BELOW	N/A
34	첫 코스 요리 혹은 메인요리가 주고객의 불평 없이 제공되었는가?			
35	2명의 고객이 함께 식사할 경우, 음식이 동시에 제공되었는가?			
36	접시가 뜨거울 경우 손님께 주의를 드렸는가?			
37	음식이 담긴 접시는 가능한 손님과 약간의 간격을 두고 놓였는가?			
38	접시의 문장(그림)이 6시 또는 12시 방향에 맞게 잘 놓였는가?			
39	주문은 정확하고 완전하였는가?			
40	적절한 양념류가 당연하게 제공되었는가? (설탕, 호스래디시, 머스터드, 케첩 등)			
41	양념류는 알맞은 용기에 담겨 제공되었는가?			
42	접시는 모든 고객이 식사를 마친 후 3분 이내에 치워졌는가?			
43	직원은 메인코스가 끝난 후 사이드 접시, 사이드 나이프, 버터 그리고 양념병들을 치웠는가?			
44	직원은 테이블 위에 부스러기를 훔쳐냈는가?			
45	직원들은 요청하지 않아도 스스로 디저트를 제공하였는가?			
46	디저트는 지연이 예상된다는 양해가 없었을 경우, 주문 후 10분 이내에 제공되었는가?			
47	직원은 곧바로 커피 또는 차를 제공하였는가?			
48	직원은 손님의 커피 또는 차의 선택사항을 분명히 확인하였는가?			
49	커피나 차는 주문받거나 디저트가 치워진 후 5분 안에 제공되었는가?			
50	커피 또는 차를 직원이 따르는 서비스를 하였는가?			
51	커피나 차를 서브할 때 우유나 크림을 함께 제공하였는가?			
52	커피/차와 함께 작은 페티포아/민트/패스트리의 주문을 받았는가?			
53	별도로 요구하지 않아도 커피/차를 리필해 주었는가?			
54	손님이 담배를 끌 때마다 재떨이를 교체해 주었는가?			

	RESERVATION STANDARD	MEET	BELOW	N/A
55	서비스가 충분하였는지 확인하기 위해 테이블을 방문하였는가?			
56	고객이 식당을 떠날 때 감사의 표시를 하였는가?			
57	손님께 와인을 보여드렸는가?			
58	손님 앞에서 와인을 오픈하였는가?			
59	와인을 주문한 분이 테이스트할 수 있도록 작은 양의 와인을 따랐는가?			
60	여자손님부터 와인을 서브하였는가?			
61	글라스의 2/3를 채웠는가?			
62	화이트 와인은 아이스 바스켓에 넣어 제공되었는가?			
63	레드 와인은 실내온도로, 화이트 와인은 칠링되어 제공되었는가?			
64	직원은 글라스의 2/3가 비었을 때 채워주었는가?			
65	음료의 경우 알맞게 장식이 이루어졌는가?			
66	캔, 병, 또는 mix된 음료일 경우 손님 앞에서 따랐는가?			
67	글라스를 다룰 때 스템부분 혹은 하단부분을 잡았는가?			
68	음료가 비워지면 2분 이내에 추가로 제공하였는가?			
	SALES			
69	각각의 손님께 스스로 전채요리를 제안하였는가?			
70	자발적으로 곁들일 만한 음식을 제안하였는가?(가능한 경우)			
71	식사와 어울리는 와인을 판매하였는가?(식사와 어울리는 와인 추천)			
72	서브한 와인/물병이 비었을 때 즉시 보충하였는가?			
73	식사와 함께 당연히 생수를 제공하였는가?			
74	만약 디저트를 주문하지 않았다면 직원은 다른 것으로 제공하였는가?			
75	직원은 식후 음료/담배를 권하였는가?			
76	계산서는 손님이 요구하신 후 3분 이내에 준비하였는가?			
77	계산서는 깨끗한 폴더 또는 트레이에 담겨 호텔 필기구와 함께 제공하였는가?			

	RESERVATION STANDARD	MEET	BELOW	N/A
78	계산서에는 또렷하고 정확하게 (내용이) 기재되었는가?			
79	직원은 즉시 계산하였는가?			
80	거스름돈을 정확히 내주었는가?			
81	계산했을 경우 영수증이 자동적으로 제공되었는가?			
82	신용카드로 계산할 경우 서명을 확인하였는가?			
	THE EMPLOYEE			
83	직원들이 팀워크를 갖고 조직적으로 일하는 것으로 보였는가?			
84	유니폼을 깨끗하고 깔끔하게 갖추어 입었는가?			
85	규격에 맞는 신발(유니화)을 신었는가?			
86	명찰을 패용하였는가?			
87	용모는 단정하였는가?			
88	손님들과 시선을 유지하였는가?			
89	미소와 친절한 매너를 보여주었는가?			
90	업무를 위한 영어회화능력을 갖추었는가?			
91	직원끼리 업무를 볼 때 손님 앞에서는 예를 갖추었는가?			
92	손님의 필요사항이 무엇인지 항상 관심을 갖고 있었는가?			
	MENU AND FOOD			
93	메뉴는 깨끗하게 잘 정리되어 있었는가?			
94	다양한 요리를 제공하고 있었는가? (애피타이저, 메인, 디저트 등)			
95	채식자가 2종류의 요리 선택을 할 수 있었는가?			
96	음식은 호감을 살 수 있도록(식욕을 느낄 수 있도록) 제공되었는가?			
97	메뉴의 설명대로 실제음식이 제공되었는가?			
98	음식은 신선하였으며 맛이 좋았는가?			
99	음식은 정확한 온도로 제공되었는가?			
100	음식의 색상과 구성은 마음에 들었는가?			
101	음식의 크기는 먹기에 적당하였는가?			

	RESERVATION STANDARD	MEET	BELOW	N/A
102	요구한 대로 음식이 조리되었는가?			
	SETTING TABLE			
103	식당 안의 테이블은 일정하게 구성되어 있는가?			
104	테이블 천은 깨끗하고 잘 다려져 있으며 얼룩이나 찢어진 곳은 없었는가?			
105	용도에 따라 정확하게 기물이 사용되었으며 깨끗하고 분위기에 맞게 조화를 이루었는가?			
106	격식 있는 레스토랑일 경우 은식기류를 사용하였으며, 대중 레스토랑일 경우 양질의 스테인리스 기물을 사용하였는가?			
107	도기류들은 이 나간 곳 없이 깨끗하고 영업장과 잘 조화를 이루었는가?			
108	유리제품은 이 빠진 곳 없이 깨끗하였으며 분위기에 잘 조화되었는가?			
109	아이스 바스켓은 깨끗하고 잘 닦여 있었는가?			
110	버터 조각들은 신선하고 잘 비치되어 있었는가?			
111	버터 접시는 잘 채워져 있었는가?			
112	냅킨은 깨끗하고 잘 다려져 있으며 얼룩이나 찢어진 곳은 없었는가?			
113	소금과 후추가 제공되었으며 깨끗하고 가득 채워져 있었는가?			
114	설탕의 종류는 white, brown, sweetener가 모두 제공되었는가?			
115	설탕의 경우 tong이나 스푼과 함께 제공하였는가?			
	RESTAURANT FACILITIES			
116	카펫 또는 타일에 어떤 얼룩이나 파편들 없이 깨끗하였는가?			
117	모든 조명기구들은 잘 점등되어 있었는가?			
118	모든 벽은 어떤 자국이나 닳아 없어진 곳 없이 깨끗하였는가?			
119	모든 거울들은 얼룩이나 흐린 자국 없이 깨끗이 닦여 있었는가?			
120	모든 창문들은 금이 가거나 얼룩 없이 깨끗하게 닦여 있었는가?			
121	모든 화분이나 꽃 장식들은 싱싱하였는가?			
122	사이드 스테이션은 항상 깨끗하였는가?			

	RESERVATION STANDARD	MEET	BELOW	N/A
123	테이블은 잘 정리되어 있었는가?			
124	테이블이나 의자의 다리들은 긁히거나 닳아 있었는지 그리고 색상은 잘 조화를 이루고 있었는가?			
125	의자의 장식용품들은 깨끗하고 조화롭게 잘 조화하며 손질되어 있었는가?			
126	주방으로부터 소음이나 악취가 없었는가?			

3. LIGHT MEALS

CATEGORY : LIGHT MEALS
OUTLET : LOBBY LOUNGE

	SERVICE STANDARD	MEET	BELOW	N/A
1	손님이 도착한 지 1분 이내에 응대가 이루어졌는가?			
2	직원은 손님을 친절하고 상냥하게 맞이하였는가?			
3	직원은 1분 이내에 메뉴를 제시하였는가?			
4	직원은 그날의 특별메뉴를 알려주었는가?(데일리 수프 등)			
5	음료주문은 손님이 착석한 지 3분 이내에 받았는가?			
6	주문된 음료는 3분 이내에 서브되었는가?			
7	음료는 트레이에 의하여 서브되었는가?			
8	음료주문접수는 정확하였는가?			
9	음료는 알맞은 가니쉬와 함께 제공되었는가?			
10	웨이터는 글라스의 스템부분 혹은 그 아랫부분을 잡았는가?			
11	캔이나 병, 혹은 믹스음료인 경우 손님 앞에서 따랐는가?(아니면 미리 부어서 오지는 않았는가?)			
12	직원은 여자손님부터 주문을 받았는가?			
13	직원은 주문을 접수하는 동안 손님과 시선을 마주하였는가?			
14	직원은 메뉴와 관련하여 충분한 지식을 가지고 있었는가?			

	SERVICE STANDARD	MEET	BELOW	N/A
15	직원은 주문을 완전하고 정확하게 받았는가?(요리방법, 빵의 종류 등)			
16	주문과 어울리는 알맞은 기물이 제공되었는가?			
17	간단한 식사는 주문된 지 15분 안에 제공되었는가?			
18	접시에 담긴 것들은 가능한 한 손님과 약간의 거리를 두었는가?			
19	주문은 완벽하고 정확했는가?			
20	적당한 양념류를 자동으로 제공하였는가?(케첩이나 마요네즈 등)			
21	양념들은 적당한 용기를 사용했는가?(마개 있는 유리병, 미니어처 등)			
22	손님이 음료를 다 마신 후 2분 내에 추가음료가 제공되었는가?			
23	모든 손님이 식사를 마치고 나서 3분 이내에 접시를 치웠는가?			
24	웨이터는 자동으로 디저트를 제공했는가?			
25	디저트는 주문받고 10분 안에 제공되었는가?			
26	웨이터는 자동으로 커피나 티를 제공하였는가?			
27	직원은 손님의 커피 혹은 티 종류의 주문을 정확히 접수하였는가?			
28	커피나 티는 주문받은 지 5분 안에 혹은 디저트를 치운 지 5분 안에 제공하였는가?			
29	손님에게 커피나 티를 따라주면서 서브를 하였는가?			
30	커피와 티는 우유, 크림 등과 함께 제공되었는가?			
31	설탕은 화이트, 브라운, 스위트너가 함께 제공되었는가?			
32	설탕용기에는 설탕용 스푼이나 기물 등이 있었는가?			
33	담배를 피우고 나서 즉시 재떨이를 교체하였는가?			
34	손님이 서비스에 대해 만족하는지를 확인하기 위해 직원이 테이블에 들렸는가?			
35	손님이 나갈 때 감사하다는 예의를 보였는가?			
	PREPARING BILL AND PAYMENT			
36	계산서는 손님의 요청 후 3분 내에 제공되었는가?			

	SERVICE STANDARD	MEET	BELOW	N/A
37	계산서는 호텔의 펜과 함께 깨끗한 트레이나 홀더에 의해 제시되었는가?			
38	계산서에는 명확한 명세가 적혀 있고 또한 정확하였는가?			
39	직원은 신속하고 정확하게 계산하였는가?			
40	직원이 잔돈을 정확히 거슬러주었는가?			
41	현금계산 시 당연하게 영수증을 제공하였는가? (예를 들어 현금이었음을 명시하는 계산서)			
42	카드계산 시 직원이 사인을 확인하였는가?			
	THE EMPLOYEE			
43	직원 간에 조직화되어 근무하는 것처럼 보였는가?			
44	직원의 유니폼은 깨끗하고 잘 다림질되어 있었는가?			
45	직원의 유니화는 호텔의 기준에 맞는 것이었는가?			
46	직원이 명찰을 패용하였는가(알아볼 수 있도록)?			
47	직원은 용모를 잘 가꾸었는가?			
48	직원은 손님과 함께할 때 시선을 마주하였는가?			
49	직원은 미소를 띠며 친절히 대해주었는가?			
50	직원의 영어실력은 좋았는가?			
51	직원은 다른 직원과 상대할 때 손님에게 지속적인 관심을 가졌는가?			
52	직원은 손님이 필요한 것이 있는지 항상 주의깊게 살폈는가?			
53	메뉴는 깨끗하였는가 혹은 잘 손질되어 있었는가?			
54	메뉴의 내용은 다양하였는가?			
55	채식가를 위한 선택에 있어 2가지의 요리선택이 가능했는가?			
56	음식은 호감(식욕)을 느끼도록 제공되었는가?			
57	음식은 메뉴에 설명되어진 그대로 제공되었는가?			
58	음식은 신선하고 맛이 좋았는가?			
59	음식은 정확한 온도에 맞게 서브되었는가?			
60	음식의 구성과 색은 좋았는가?			

	SERVICE STANDARD	MEET	BELOW	N/A
61	크기는 적당하였는가?			
62	음식은 요청한 대로 조리되어 제공되었는가?			
	TABLE ARRANGEMENT			
63	라운지/식당의 테이블은 모두 일정하게 위치하고 있었는가?			
64	기물들은 용도에 맞게 알맞은 것이었고 깨끗하고 분위기에 어울리는 것이었는가?			
65	식기들은 깨끗하고 이 나간 것이 없으며, 분위기와 잘 어울렸는가?			
66	유리잔 종류는 깨끗하고, 이가 나가지 않았으며, 분위기와 어울렸는가?			
67	냅킨은 깨끗하였고, 잘 다려졌으며, 얼룩이나 찢어진 부분이 없었는가?			
68	소금이나 후추병이 제공되었으며 깨끗하고 잘 채워졌는가? (음식에 첨가하여 이용할 수 있도록)			
	OUTLET FACILITIES			
69	카펫과 타일은 깨졌거나 부스러진 조각 없이 깨끗하였는가?			
70	모든 조명 기구들은 완전 점등되어 있었는가?			
71	모든 벽은 청결하며 닳은 부분이나 상처, 흠집 등은 없었는가?			
72	모든 벽의 거울은 깨끗하며 더럽혀지지 않았는가?			
73	모든 창은 청결하며 닦은 후 선과 얼룩이 남아 있지 않았는가?			
74	모든 화초와 꽃은 싱싱했는가?			
75	테이블은 삐걱거리지 않았는가?			
76	테이블과 의자 다리에 상처는 없었는가, 혹은 색상은 잘 어울렸는가?			
77	의자 커버(천)는 깨끗하고 무늬가 일치하며 손질이 잘되어 있었는가?			

4. DRINKS SERVICE

CATEGORY : DRINKS SERVICE

DATE AND TIME :

	SERVICE STANDARD	MEET	BELOW	N/A
1	손님 도착 후 1분 이내에 응대가 있었는가?			
2	직원은 손님을 반갑고도 친절한 태도로 영접하였는가?			
3	손님이 착석하고 3분 이내에 주문을 받았는가?			
4	주문을 받을 때 직원은 상품에 대한 지식이 충분했는가?			
5	여자손님부터 주문을 받았는가?			
6	음료에 얼음을 넣을 것인지를 물어보았는가(가능하다면)?			
7	직원은 주문받는 동안 손님과 시선을 마주하였는가?			
8	웨이터는 호텔에서 제공되는 메뉴대로 식사하는지 확인하였는가?			
9	음료는 주문 후 5분 이내에 제공되었는가?			
10	모든 음료는 트레이 위에서 제공되었는가?			
11	와인을 잔으로 주문 시 와인의 병을 고객에게 보여드리고 그 병에서 직접 따라드렸는가?			
12	웨이터는 항상 잔의 스템 혹은 밑부분을 잡았는가?			
13	웨이터는 음료 서브 시에 coaster를 사용하는가?			
14	주문한 음료는 정확히 나왔는가?			
15	캔이나 병으로 된 음료인 경우 고객의 앞에서 따라드렸는가?			
16	음료는 용도에 맞는 잔에 제공되었는가?			
17	글라스는 금이 가거나 이가 나간 것이 없고 깨끗하고 말끔한가?			
18	가니쉬는 신선하고 적합하였는가?			
19	음료는 적당히 차가웠는가?			
20	혼합음료의 경우 저을 수 있는 스틱(stick)이 준비되었는가?			
21	웨이터는 자동적으로 스낵을 제공하였는가?			
22	스낵볼에는 스낵이 가득 채워져 있었는가?			
23	웨이터는 냅킨과 함께 음료와 스낵을 제공하였는가?			

	SERVICE STANDARD	MEET	BELOW	N/A
24	스낵은 신선하였는가?			
25	올리브와 견과류 주문 시 조그마한 볼을 준비하여 드렸는가?			
26	고객이 간 테이블은 즉시 치워드렸는가?			
27	모든 음료는 깨끗한 트레이 위에서 제공되었는가?			
28	잔을 비운 지 2분 내에 웨이터는 추가주문을 받았는가?			
29	바텐더나 웨이터는 항상 눈에 띄었는가?			
30	담뱃불 끄자마자 재떨이를 교체해 드렸는가?			
31	고객은 (영업장을) 떠날 때 감사의 인사를 받았는가?			
32	고객의 요청 3분 이내에 계산서가 제공되었는가?			
33	계산서는 빌트레이와 호텔펜과 함께 제공되었는가?			
34	계산서는 깨끗하고 항목별로 정확하였는가?			
35	웨이터는 계산 시 지불금을 즉시 수거해 갔는가?			
36	웨이터는 정확한 잔돈을 가지고 돌아왔는가?			
37	현금계산 시 영수증과 잔돈 등을 당연하게 제공하였는가?			
	THE EMPLOYEE			
38	직원은 조직적으로 구성되어 일하였는가?			
39	직원의 유니폼은 깨끗하게 다림질되고 손질된 옷을 입고 있었는가?			
40	직원의 신발은 규격화된 것을 신고 있었는가?			
41	직원은 명찰을 패용하고 있었는가?			
42	직원은 용모가 단정하였는가?			
43	직원은 고객에게 eye contact를 계속 유지하였는가?			
44	직원은 미소와 함께 친절한 예의를 보여주었는가?			
45	직원은 업무수행을 위한 영어회화능력을 갖추었는가?			
46	고객이 다른 고객의 영향을 받을 때 그 고객이 존중(보호)되었는가?			
47	직원은 고객의 요구사항에 대해 세심한 배려를 보였는가?			
	BAR & LOUNGE FACILITIES			

	SERVICE STANDARD	MEET	BELOW	N/A
48	바 내부의 테이블들은 일정하게 자리를 잡았는가?			
49	카펫은 흠집이나 얼룩이 없었는가?			
50	모든 조명은 불이 나간 것 없이 골고루 다 점등되어 있었는가?			
51	모든 벽은 닳거나 흠집, 낙서 등이 없이 모두 깨끗하였는가?			
52	모든 거울은 흠집 없이 말쑥하였는가?			
53	창문은 점이나 선의 얼룩 없이 깨끗하였는가?			
54	모든 식물은 향과 신선함으로 장식되어 있었는가?			
55	대형 재떨이를 사용할 수 있도록 되어 있었는가?			
56	음료메뉴가 준비되어 있다면, 깨끗하고 손질이 잘되어 있었는가?			
57	테이블은 흔들리지 않고 고정적이었는가?			
58	테이블과 의자 다리에 닳거나 긁힘 없이 색상은 조화로운가?			
59	의자의 장식이 깨끗하고 손질이 매우 조화로운가?			
60	바 카운터는 부스러기가 전혀 없이 건조하며 깨끗한가?			
61	상표가 붙은 모든 병들은 라벨이 앞으로 향하고 먼지 없이 잘 보이게 진열되어 있는가?			
62	음악은 즐거운 분위기에 맞게 들렸는가?			

5. IN ROOM DINING

CATEGORY : IN ROOM DINING
DATE AND TIME :

	ORDER TAKING STANDARD	MEET	BELOW	N/A
1	전화벨이 3번 울리기 전(15초 이내) 직원이 받았는가?			
2	직원은 인사말과 함께 전화를 받고 자신의 소속을 밝혔는가?			
3	전화가 보류 중일 때 그 시간은 30초를 넘지 않았는가?			
4	직원은 손님의 이름을 불러주고 대화하는 동안 적어도 한번은 그 이름을 불러주었는가?			

	ORDER TAKING STANDARD	MEET	BELOW	N/A
5	직원의 영어구사능력이 좋았는가?			
6	대화 중 어떤 잡음이나 주위의 소음은 없었는가?			
7	직원은 또렷하고 친절하게 전화응대를 했는가?			
8	직원은 메뉴에 대한 어떤 질문에도 답변할 수 있었는가?			
9	직원은 빵의 종류 선택 또는 음식 익힘의 정도 등 모든 주문을 완전하게 받았는가?			
10	직원은 메뉴에 없는 음식의 주문도 받아들여주었는가?			
11	디저트메뉴가 있다면 직원은 손님의 주요리 주문 후 디저트메뉴에 대해 언급했는가?			
12	직원은 주문을 다 끝낸 후 다시 반복해서 언급했는가?			
13	직원은 얼마나 시간이 소요되는지 언급했는가?			
14	직원은 감사의 인사를 손님께 했는가?			
	SALES			
15	직원은 애피타이저를 제안했는가?			
16	직원은 추가주문을 제안했는가?			
17	직원은 식사와 함께 음료를 자동적으로 제공했는가?			
18	직원은 와인에 대한 충분한 지식을 가지고 있었는가?			
19	직원은 식사와 함께 디저트를 제안했는가?			
20	직원은 식사와 함께 커피/차를 제안했는가?			
21	주문한 음식은 다음의 기준시간 내에 제공했는가? 조식사전 주문카드 이용 시 : 5분 이내 또는 요청된 시간 조식 : 25분 이내 스낵 : 25분 이내 점심/저녁 : 30분 이내			
22	직원은 벨을 누르거나 가볍게 노크를 했는가?			
23	직원은 친절하고 공손하게 손님께 인사를 드렸는가?			
24	직원은 서비스하는 동안 적어도 한 번 이상 손님의 이름을 불러주었는가?			
25	객실문에 걸려 있는 신문을 직원이 가져다주었는가?			

	ORDER TAKING STANDARD	MEET	BELOW	N/A
26	직원은 손님에게 트레이를 어디에 둘 건지 물어보았는가?			
27	룸서비스카를 이용했을 경우 직원은 카트를 안전하게 펼쳤는가?			
28	직원은 테이블을 세팅해 주었는가?			
29	직원은 의자를 적절하게 놓아주었는가?			
30	직원은 캐비닛에서 뜨거운 음식을 꺼내어 서빙하였는가? 이때 캐비닛 불은 꺼져 있었는가?			
31	직원은 덮개를 벗겨주었는가?			
32	직원은 접시가 뜨겁다고 손님께 주지시켜 드렸는가?			
33	직원이 음료를 따라주었는가?			
34	직원은 다양한 양념류에 대한 설명을 해주었는가?			
35	조식주문을 받을 때, 직원이 객실의 커튼을 걷어주었는가?			
36	주문된 대로 음식은 정확하고 완벽했는가?			
37	손님에게 트레이를 픽업해 가는 과정을 설명했는가?			
38	손님에게 감사의 인사는 있었는가?			
39	영수증은 호텔펜과 함께 말끔한 홀더나 트레이에 받쳐져 제공되었는가?			
40	계산서의 명세는 정확하고 명확한 명세가 기재되었는가?			
41	직원은 손님께 사인하여 줄 것을 요청하였는가?			
	THE EMPLOYEE			
42	직원은 깨끗하게 잘 다려진 유니폼을 착용했는가?			
43	직원의 유니화는 호텔용 기준에 적합했는가?			
44	직원은 이름표를 패용했는가?			
45	직원은 단정한 용모였는가?			
46	직원은 손님과 눈을 마주쳤는가?			
47	직원은 미소를 짓고 친절한 태도를 보였는가?			
48	직원의 영어구사는 좋았는가?			
49	직원은 언제나 손님의 요청을 경청하고 세심하게 응대하였는가?			
	MENU & FOODS			

	ORDER TAKING STANDARD	MEET	BELOW	N/A
50	룸서비스용 메뉴는 깨끗하게 잘 정리되어 있었는가?			
51	채식가를 위하여 적어도 두 가지의 선택사항이 있었는가?			
52	음식은 호감을 갖도록 제공되었는가?			
53	음식은 메뉴에 설명된 것처럼 제공되었는가?			
54	음식은 신선하고 맛이 좋았는가?			
55	음식은 알맞은 온도로 제공되었는가?			
56	음식의 맛과 색상은 적절하였는가?			
57	음식의 절단된 크기는 적당하였는가?			
58	음식은 요청된 대로 요리되었는가?			
59	커피와 차는 따뜻하고 바로 준비된 것이었는가?			
60	커피와 차는 우유나 크림과 함께 제공되었는가?			
61	식사와 함께 신선한 빵이 제공되었는가?			
	ARRANGEMENT OF TRAY AND TROLLY			
62	룸서비스용 트레이와 카트는 깨끗하고 잘 손질되었는가?			
63	트레이 및 카트 천은 깨끗하며 잘 다려져 있고 얼룩은 없었는가?			
64	식사용 기물은 용도에 맞게 적절한 것이었고, 깨끗하며 조화를 잘 이루는 것이었는가?			
65	실버기물이 사용되었는가?			
66	도기류 그릇은 깨끗하고 이가 나간 것들은 없었는가?			
67	유리제품은 깨끗하고 흠집이 없었는가?			
68	모든 음료는 커버가 덮여 있었는가?			
69	화병에 꽃이 담겨 식사와 함께 제공되었는가?			
70	뜨거운 음식에는 음식 덮개가 사용되었는가?			
71	음식 덮개는 깨끗하게 잘 손질한 것이었는가?			
72	주문음식과 함께 버터가 제공되었는가?			
73	제공된 버터는 제대로 커팅되어 있었고 신선하였는가?			
74	주요리와 함께 양념류가 제공되었고 적절한 용기에 담겼는가?			
75	냅킨은 깨끗하고 잘 다려졌으며 찢어지거나 흠은 없었는가?			

	ORDER TAKING STANDARD	MEET	BELOW	N/A
76	소금과 후추가 제공되었으며, 가득 채워졌는가?			
77	모든 음료는 적절히 장식된 것이었는가?			
78	모든 음식은 랩이 완전히 제거된 후 제공되었는가?			
79	설탕은 화이트, 브라운, 스위트너가 함께 제공되었는가?			
80	가루 설탕용기에 스푼이나 설탕용 기물이 함께 제공되었는가?			
81	조식의 경우 적어도 3가지의 잼이 제공되었는가?			

6. IN ROOM BAR

CATEGORY : IN ROOM BAR
OUTLET :
DATE AND TIME :

	ORDER OF SERVICE	MEET	BELOW	N/A
1	객실의 'MINI BAR'는 매일 체크되었는가?			
2	'MINI BAR'를 체크하는 직원은 잘 손질된 유니폼으로 단정하였는가?			
3	직원은 명랑하고 능숙한 매너를 보였는가?			
4	'MINI BAR'의 모든 품목은 다시 채워졌는가?			
5	사용한 글라스는 새것으로 교체해 놓았는가?			
6	ICE BASKET은 매일 가득 채워져 있었는가?			
	PRODUCT			
7	MINI BAR 진열대는 깨끗하고 먼지가 없었는가?			
8	MINI BAR의 냉장고는 항상 잘 준비되어 있었는가?			
9	MINI BAR의 냉장고를 이용하는 데 어렵지는 않았는가?			
10	MINI BAR의 냉장고는 깨끗하였으며 악취가 없었는가?			
11	MINI BAR의 냉장고는 (고장 없이) 정상적으로 가동되고 있었는가?			
12	MINI BAR의 냉장고 내부에 성에나 얼음벽은 끼지 않았는가?			

	ORDER OF SERVICE	MEET	BELOW	N/A
13	MINI BAR에는 우량상품들로 채워졌는가?			
14	미네랄 워터는 최소한 2병 이상이 채워졌는가?			
15	MINI BAR의 FOOD(식품류)는 먹을 만한 것이었는가?			
16	MINI BAR의 가격표가 잘 명시되어 있었는가? (인쇄된 가격표가 없거나 셀프로 이용할 수 없지는 않았는지)			
17	MINI BAR의 음료/식품 품목은 리스트에 명시된 그대로였는가?			
18	냉장고 내의 품목들은 상표가 정면으로 보이도록 진열되었는가?			
19	캔 종류는 녹슨 것이 없었는가?			
20	유효기간이 지난 것은 없었는가?			
21	음료의 종류에 어울리도록 서로 다른 종류의 글라스가 2개씩 비치되어 있었는가?			
22	유리제품들은 깨끗하고, 윤이 났으며, 깨진 것 없이 객실분위기와 조화를 이루는 것이었는가?			
23	글라스는 받침대 위에 비치해 놓았는가?			
24	코르크 마개와 병마개를 따도록 오프너가 모두 준비되어 있었는가?			
25	머들러와 컵 받침대가 모두 비치되어 있었는가?			
26	냅킨종류는 비치되어 있었는가?(천 혹은 종이 제품)			
27	얼음통과 집게가 비치되어 있었는가?			

제10장

부대영업장서비스

제 10 장 부대영업장서비스

제 1 절 사우나영업장서비스

1. 남녀 사우나 어텐던트

1) 오픈 준비

- 모든 전원을 켠다(전구상태도 이때 확인한다). 각 장소 입구에 스위치가 있으며 미리 확인한다.
- 사우나 내부(건식 스토브만 빼고 빨간 버튼의 스위치를 올린다), 화장실 내부, 발 닦는 물도 가동한다.
- 파우더룸은 빗 소독기 및 드라이어 등의 코드도 꽂아둔다.
- 신문과 잡지의 세팅상태를 확인한다.
- 로커룸에 리넨상태를 점검하여 부족분을 보충한다.

2) 업장 정리정돈

① 입구 신발장

– 슬리퍼는 앞쪽이 보이도록 신발장에 비치한다.

② Daily Locker

– 가운은 5개씩 5줄로 접힌 마지막 부분이 안으로 들어가도록 세팅한다.

– 양말은 세로로 놓고 발꿈치가 오른쪽이 되도록 세팅한다.

– 열려 있는 로커는 내용물의 유무를 확인하여 사용 중인 경우 대기하여 회원에게 그대로 인계하며 빈 로커인 경우는 잠근다.

③ 파우더룸

– 화장품은 상표와 펌프 부분이 앞쪽으로 보이도록 세팅한다.

– 퍼프는 5~7장씩 퍼프통 4면을 채운다. 의자는 안쪽으로 붙여놓는다.

– 빗통은 큰 칸이 오른쪽으로 가도록 비치한다.

– 드라이어의 줄은 늘어지지 않도록 감아 올려놓는다.

④ 휴게실

– 잡지는 맨 위칸에 비치한다.

– 신문은 하단의 접힌 부분이 오른쪽이 되도록 한다.

– 이어폰은 줄을 감아서 걸이에 걸되 이어폰 뒤로 가도록 걸어놓는다.

– 돋보기는 유리면이 앞을 향하게 하고 선반에 가지런히 놓는다.

⑤ 리넨 정리 선반(사우나 입구)

– 가운은 사이즈별로 10개씩 접힌 부분이 앞쪽을 향하게 세팅한다.

– 작은 줄무늬 타월은 30개씩 가운데 띠를 맞추어서 세팅한다.

– 흰 타월은 40개씩 앞선을 깨끗하게 맞추고 접힌 부분이 중앙에 보이게 한다.

⑥ 사우나 내부

– 바디로션과 치약은 상표와 입구가 모두 앞을 향하게 한다.

– 흰 매트는 치약 받침대 밑과 옆, 리넨통, 사우나 입구 리넨통 앞에 1장씩 깔아놓는다.

– 흰 타월은 30장씩 앞선을 깨끗하게 맞추고 접힌 부분이 중앙에 보이게 한다.

- 줄무늬 큰 타월은 위칸은 3장, 아래칸은 7장씩 가운데 띠를 맞추어서 세팅한다. (시접은 아래를 향하게 한다.)
- 바가지는 클라라통에 기대어 엎어놓는다.
- 클라라는 상표와 입구가 앞을 향하게 비치한다.
- 좌식 샤워대 의자는 밀어붙여 놓는다.
- 샤워기 헤드는 중간걸이에 걸어놓으며 방향은 왼쪽을 향하게 놓는다.
- 바닥은 물을 뿌려 항상 젖은 상태를 유지한다.
- 사우나 흰 의자는 마사지룸 옆 3개, 스탠딩 샤워룸 옆 2개, 스팀사우나 옆에 2개를 비치한다.
- 드라이 사우나는 지정된 매트를 깔며 사용한 타월은 즉시 회수한다.
- 스팀 사우나는 타월 없이 유지한다.

그림 • 10-1 호텔사우나 내부

3) 사우나 온도점검

① 적정온도 유지
- 드라이 사우나 : 100~110℃
- 스팀 사우나 : 58~60℃
- 냉탕 : 16~18℃
- 온탕 : 42℃
- 열탕 : 45℃

② 매일 8회에 걸쳐 온도를 점검하며 이상 시 기계실에 점검을 요청한다.

4) 청결 유지

① 일일 청소점검
- 입구 : 소화기, 게시판
- 파우더룸 : 화장품용기, 빗통, 선반, 액자테두리, 빗 소독기, 휴지통겉면, 의자테두리, 테이블, 안경세척기 용액 교환, 얼굴보호기, 스탠드 등받이
- 로커 : 정리정돈
- 휴게실 : TV화면, 대리석 선반, 탁자
- 사우나 : 야간청소 점검일지 활용

② 주단위 청소점검
- 입구 : 슬리퍼장 청소
- 파우더룸 : 선풍기 먼지 제거, 빗통 및 쓰레기통, 물통 물받이 세척, 티슈통 내부 먼지 제거, 빗 소독기 내부 점검
- 로커 : 로커 홀더 윗부분
- 휴게실 : 선반 위
- 사우나 : 물품 손상 여부 확인

③ 월단위 청소점검
- 입구 : 신발장 안 점검
- 파우더룸 : 스탠드 갓, 개인사물함 홀더 윗부분 헤어 드라이어 내부

- 로커 : 내부와 옷걸이 점검
- 사우나 : 내부

④ 두 달 단위 청소점검

- 입구 : 환기통 청소
- 파우더룸 : 환기통 청소, 의자, 샴푸
- 로커 : 환기통 청소, 카펫 청소
- 사우나: 환기통 청소

5) 비품관리

① 리넨 Inventory

- 매월 전체 리넨의 재고, 공급량, 사용량 등을 파악하여 부족분과 재고를 위해 구매를 요청한다.
- 분실, 판매, 마모량도 매월 1회 파악한다.

② 소모품

- 매월 25일경 구매요청을 하여 10일경에 입고토록 관리한다.
- 판매, 분실량도 매월 1회 파악한다.

③ 자산

- 관리부서의 자산목록과 현재 추가자산까지 점검한다.

6) 업무 및 서류 작업

① 일일 점검

- 오전, 오후 근무자 모두 작성하여 업무의 효율을 높이고 의사소통을 원활히 한다.

② 주간 계획

- 매주 토요일, 다음 주의 계획을 지배인에게 제출하여 점검받도록 한다.

③ 월간, 연간 계획 수립

④ 보수공사 체크리스트

- 휴관 등을 이용하여 대대적인 보수공사에 대한 계획서를 미리 작성하여 효율을 높인다.

⑤ 시설작업요청서

- 자체 처리가 어려운 시설적인 부분을 시설팀에 의뢰하여 처리한다.

⑥ 예산 수립

- 3/4분기에 1차 예산을 수립하고 부서장의 승인을 득한 후 관리부서의 통제하에 2차 예산 점검 후 확정한다.

⑦ 커뮤니케이션 기록장

- 교대근무의 단점을 보완코자 일상업무 외에 직원 간의 의견교환, 문제점 및 개선점에 관한 세부사항을 기입하여 활용한다.

7) 고객불만 처리

- 고객의 불만을 토로하는 경우 즉각적인 처리가 가능한가, 서비스에 관한 부분인가, 시설적인 부분인가 등에 대한 판단을 한다.
- 되도록 보고 후 조치보다는 정확한 상황판단하에 즉시 처리토록 한다.
- 상급자에게 보고절차를 거치며 고객에게도 피드백한다.
- 각 업장에서는 고객이 의견을 수렴할 수 있는 제안서를 항시 비치하며, 구두로 제시된 의견도 고객불만 리스트를 통하여 수렴한다.

8) 습득물(Lost & Found) 처리

① 발견 및 신고

- 시니어에게 즉시 신고하며 부재 시 보관장소, 품목 및 신고자의 성명을 통보하여 분실물 일지에 기록한다.
- 시니어는 접수대장과 습득물을 인수한다.

② 접수 및 보관

- 분실물일지에 습득일자, 품목, 습득자, 장소 등을 기입한다.
- 귀중품, 소모품, 일반품 등을 구별하여 관리한다.

- 일반품목은 장기보관과 일반보관으로 구분하여 관리하고 음식물, 일회용품은 즉시 폐기할 수 있다.
- 습득물 관리기록은 주단위로 한다.
- 습득물 보관은 확인이 용이하도록 종류별로 보관한다.

③ 습득물 반환

- 고객이 요청한 분실물인지 확인절차를 거친 후 회원은 회원카드를, 기타 고객은 신분증을 제시하도록 하고 사본을 보관한다.
- 대리인인 경우 위임장과 신분증을 확인하고 사본을 첨부한다.

9) 도난, 안전, 화재

① 도난

- 수시로 업장을 순회하며 투숙객 및 무료이용객, 문제회원을 중심으로 자연스럽게 관찰한다.

② 안전

- 특히 사우나 이용객을 중심으로 안전사고에 유의하며, 지병이 있는 회원은 공동시설임을 감안하여 적절한 시설이용을 안내한다.

③ 화재

- 정기적인 소화기 점검과 소방교육을 통하여 비상시에 대비한다. 화재발생 시 단풍이란 단어를 사용하며, 0번과 7333번에 연락하며 지시에 따른다. 각종 전열기구 및 수분이 많은 시설이므로 화재에 각별히 유의한다.

10) 외국인 응대

① 영어권 외국인

- 각 영업장에서 개발한 영어 매뉴얼을 완전히 숙시하고 테이프를 통하여 발음교정을 받은 후 서비스에 응한다.

② 일본인

- 스크러핑, 마사지, 사우나 서비스에 관한 부분을 일차적으로 숙지한다.

11) 룸 서비스

① 모든 음식의 반입이 금지된다.

② 소프트 드링크와 과일 주스를 룸서비스를 통하여 제공할 수 있다.

제2절 회원관리서비스

1. 회원관리

1) 입회절차 안내

① 입회신청서 작성

② 입회심의: 자체심사를 거쳐 총지배인의 승인을 득한다.

③ 입회결정

④ 입회통보: 1주일 이내에 희망자에게 통보한다.

⑤ 입회비 및 연회비 납부: 카드, 무통장, 현금 등 다양한 방법으로 입금한다.

⑥ 카드발급: 사진이 부착된 마그네틱카드를 발급한다.

⑦ 현장을 안내하면서 필요한 정보를 제공하고, 클럽 이용을 허용한다.

2) 입회 시 구비서류 안내

① 회원가입신청서

② 가족이력카드 1부

③ 인감증명서 1부

④ 사진 3장

⑤ 법인인 경우 재직증명서 회원별 각 1부

⑥ 법인사업자등록증 1부

⑦ 부부인 경우 증빙서류 첨부

3) 취득세 안내

① 평생회원 입회 시, 가입비에 대해 안내한다.
② 가입 후 1개월 이내 해당 구청에 클럽이 발행한 입금표와 계약서를 첨부하여 자진 납부할 것을 안내한다.
③ 가입비와 연회비의 2.2%가 부과되며, 기간 내에 납부하지 않으면 별도의 연체료가 부과된다. 양수인 경우는 가입비에 대해서만 취득세가 부과된다.

4) 탈회 절차

① 탈회신청서 작성
② 반환금액 확인, 이때 경리계에서 후불이 있으면 공제하도록 요청해 옴
③ 탈회에 따른 보고
④ 결재가 끝난 서류는 경리계에 보내어 2주일 이내에 탈회 회원의 계좌로 입금케 한다.

5) 탈회신청 시 반환 확인

① 탈회신청서
② 회원카드 반납
③ 발급된 주차스티커 반환
④ 사용했던 개인사물함키 2개

6) 명의변경사항

① 양도자와 양수자 확인
② 입회금액 확인
③ 경리부서, 여신에 연회비 및 이용료의 미납분에 대한 사항을 확인한다.
④ 입회신청서 작성
⑤ 입회심의입회 결정

⑥ 입회 통보
⑦ 양수자 입금 확인
⑧ 회원카드 발급

7) 명의변경 구비서류 안내

① 양도양수신청서
② 양도자는 신규와 같은 입회절차를 거친다.
③ 양수인은 클럽에 명의변경 수수료를 납입토록 한다.

8) 휴회절차 안내

① 휴회신청서 작성
② 휴회 결정
③ 휴회기간 및 회원카드 기록

9) 휴회신청 구비서류 안내

① 휴회신청서와 증빙서류를 제출한다(예: 장기출장인 경우는 출장증명서, 건강은 병원에서 발급하는 진단서를 첨부한다).
② 회원카드, 주차스티커, 사물함키 2개를 반납

10) 회원 분양 마감에 따른 안내

① 회원권 거래소의 양도의사가 있는 회원권을 파악하여 안내한다.
② 대기자 리스트
- 탈회가 예상되는 회원이 있는 경우 대기를 권유하여 구좌가 발생하면 즉시 가입을 유도한다.

③ 연회원으로의 유도 입회
- 회사나 직업, 보증이 확실하며 빠른 시일 내의 클럽 사용을 원하는 경우 부서장

에게 구두결제 후 가입을 유도한다.

2. 리셉션 데스크 서비스

① 일일영업 준비

- 해당일이 인쇄된 Guest Daily Log로 17장씩 패드에 끼워 금고에 보관된 고객용 펜과 함께 세팅한다.
- 링크맨, 포스, 이지체크 등의 전원과 리셉션 지역의 조명상태를 확인하여 조치한다.
- 소파와 기프트 숍을 세팅하고 간단한 청소를 실시한다.
- 리셉션 로그를 숙지하여 서비스가 연계하여 이루어지도록 한다.
- Background music도 함께 준비한다.

② Guest Daily Log 관리

- 회원과 비회원의 구분, 성별, 시설이용장소, 지급된 데일리 로커번호, In & Out 시간, 서명 등을 기입한다.
- 오후 근무자는 소요분을 파악한다.
- 1년간 보관 후 폐기한다.

③ Daily Locker 키 관리

- 수영장만 별도의 로커를 사용한다.
- 여자사우나 00개, 남자사우나 000개, 수영장 남녀 00개로 운영한다.
- 입장 시 불출했다가 퇴장 시 회수토록 한다.
- 파손 및 분실의 경우는 키 제작 비용(10,000원)을 부과한다.
- 주 3회 Daily check up list를 이용하여 관리한다.
- 키에 붙은 번호는 수분에 의해 쉽게 떨어지므로 번호 스티커를 별도로 구매하여 사용한다.
- 회원별로 선호하는 번호 및 위치가 있으므로 사전에 숙지하도록 한다.

④ 포스 사용법

- Lunch(35), Dinner(36)의 표기로 오전, 오후 Shift를 마감한다.

- 시작화면에서 Ready for your next entry를 확인한다.
- Cover Key를 누른 후 Local Guest, Foreign Guest를 구분하고 인원도 지정한다.
- Cover Key를 눌러 아이템을 지정한다.
- Cover Charge 카테고리는 모든 연회비와 동반객 요금이 있으며 기타 비용발생은 Others 카테고리에 있다.
- Pay Key를 누른다. (또는 PRT Key로 중간마감을 한다.)
- Printer bill을 Setting한다.
- 결재방법에 따라 키를 누른다.
- Cash – Cash Key
- Card – Credit Card – 카드종류 – 카드를 Swipe 후에 두 번 엔터한다.
- Dir – 회원번호를 두 번 엔터한다.
- Room Charge – Room NO. – Guest name
- Check 후 Enter한다.
- 모든 화면에서 전 화면으로 가는 경우는 DONE Key를 누른다.
- 영수증은 고객께 드리고, Room Charge와 증빙 영수증은 각각 보관한다.
- 중간마감된 빌은 Check No – Pick up check – Pay과정을 거쳐 정리한다.
- Shift별 매상을 확인하려면 Cover – Report – Period report를 하며 프린트한다.
- 일일 총매상을 확인하려면 Cover–Report–Outlet Report 순이며, 프린트한다.
- 품목별 매상을 확인하려면 Cover–ReportOutlet–Clear–32 순으로 확인한다.

⑤ 회계원 보고서(Cashier Report)

- 항목별로 인원 수와 매출액을 작성한다. 소계가 나오면 포스와 대조하여 이상 없는지 확인한다.
- 지불방법별로 확인한다.
- 잔여 빌과 사용 빌을 확인하여 적는다.
- 카드와 현금은 각각 리포트한다.
- 고정펀드의 금액도 확인한다.
- 오전 근무자는 경리부서에 리포트하고 오후 근무자는 Front Office에 리포트 한다.

- Room Charge 빌은 Front Office에 있는 빌 박스 해당일에 넣어둔다.

⑥ 클럽 이용 안내

- Room Guest : 체련장과 수영장은 무료이며 사우나의 경우 11,000원의 이용료가 부가된다.
- Visitor : 회원과 투숙객의 동반인 경우만 최대 2인까지 허용한다.
- 16세 미만은 체련장 및 사우나 이용이 허용되지 않으며 수영장은 가능하다.
- 정기 휴관은 매월 첫째 월요일이며 추석 당일, 설 당일도 휴관한다.
- 시설의 개보수에 의해 일부 또는 전체가 사용이 불가할 수 있으므로 안내에 유의한다.

⑦ Massage & Scrub 서비스 안내

- 정규시간은 11:00am~07:00pm이며, 최소 하루 전에 요청이 있는 경우 09:00am~09:00pm까지 서비스가 가능하다.
- 사우나 안에 마련되어 있는 마사지 룸에서 서비스가 가능하며 남자는 남자, 여자는 여자 스크러버가 한다.
- 국정 공휴일과 일요일에는 서비스가 없으므로 주의한다.
- 사전 예약제를 원칙으로 하며 취소 시 연락하도록 권유한다.
- 마사지 시트를 활용하여 원활한 서비스가 이루어지도록 한다.

⑧ 회원가입 안내

- 사용경험이 없는 경우 투어를 통하여 클럽을 안내한다.
- 희망 회원 타입을 확인하고, 그에 따른 회비 규정을 안내한다.
- 바로 가입치 않는 경우는 명함을 보관하여 Potential Guest List에 기재하고 지속적인 Follow up을 통하여 회원가입을 유도한다.
- 브로슈어와 클래스 스케줄 등 클럽과 호텔의 다양한 서비스정보를 제공한다.
- 회비에 관한 할인을 요청하는 경우 부서장, 해당 마케팅 직원, 총지배인 승인하에 진행한다.

⑨ Gift Shop 관리

- Sales Item 안내서를 리셉션 데스크에 항시 비치하여 고객 구매를 돕는다.
- 진열장 세팅상태는 수시로 점검한다.

- 판매용품은 로커 시니어에게 의뢰하여 충분한 양을 공급토록 한다.
- 포장용 백은 매주 수요일 Store Room에서 공급받도록 한다.
- 수영레슨의 경우 선물로 가글과 수영모가 제공되므로 재고조사 시 유의한다.
- 사우나와 수영장 관리품목을 정확히 구분지어 오후 근무자는 빌을 인계토록 한다.

⑩ Daily 데이터 관리

- Membership Daily Log 작성 세부사항
  - ☞ Daily Log : 매 시간별 입장객을 회원 남녀, 투숙객 남녀, 방문객 남녀, 무료이용객 남녀로 구분하여 인원을 파악한다. 또한 무료이용객은 Coupon, Verandah, Amcham, Foreign staff, Front office & Others로 세분화한다.
  - ☞ Revenue : 품목별로 파악하고 시프트별로 소계를 기입한 뒤 1일 매출 합계를 낸 후, 월 누계를 낸다.
  - ☞ On Process : 회원현황에 따른 진척사항을 기록한다.
  - ☞ Works for tomorrow : 회원관리에 관해 내일 해야 할 일을 기입한다.
  - ☞ Membership Details : 매월 말 현재 회원현황을 기록한다.
- 체육진흥기금
  - ☞ 매일 시프트별로 기금 발생현황을 작성한다.
  - ☞ 월별로 집계하여 경리자료와 확인한다. (Rebate도 포함한다.)
  - ☞ 체육진흥공단 명의로 된 지로용지에 송금금액을 기입·입금하며 부가금징수 내역서는 해당부서에 팩스를 통해 발송한다.
- Massage & Scrub Fee 정산
  - ☞ 매일 시프트별로 마사지 스크럽 요청을 남녀 사우나로 구분하여 기입한다.
  - ☞ 오후 마감 시 포스와 스크러버 빌이 일치하는지 확인한다. 매월 26일부터 익월 25일까지를 정산한다. 경리부서의 자료와도 일치하는지 확인한다.
- 클럽분, 스크러버분, 세금분 등을 정산하여 Check Request를 작성하여 결재를 득한다.
- 스크러버에게는 매월 10일 수표로 수입이 전달된다.

⑪ 기타

- 청결유지 : 매일 먼지 제거를 비롯한 청소를 실시하며, 월 1회 의자 샴푸와 바닥 왁스작업을 요청한다.
- 비품 및 자산관리 : 3개월에 한 번씩 비품재고 조사서를 활용하며 자산은 관리 담당자의 리스트와 확인하고 추가품목의 Update 여부를 확인한다.
- 이벤트 안내 : 계절별, 아이템별 이벤트가 진행되는 대로 숙지하여 홍보에 주력하며 참가비가 있는 경우 회비접수도 병행한다.
- 전화응대
  - ☞ 클럽 내는 물론 호텔 주요번호는 숙지하여 연계 서비스가 원활하도록 한다.
  - ☞ 호텔 내 다른 장소를 요청하는 전화가 잘못 연결된 경우에는 호텔 고객임을 인식하여 사과드리며 통화 중이거나 연결이 원활치 않은 경우를 대비해 정확한 전화번호를 알려드리고 연결한다.
  - ☞ 목소리는 밝고 경쾌하며 부드러운 어조를 사용하고 전화상이지만 미소를 머금고 응대한다.
  - ☞ 벨은 3번 울리기 전에 받는다.
- 룸서비스
  - ☞ 메뉴 매뉴얼을 통하여 숙지한다.
  - ☞ 오더한 회원 앞에서 다시 한 번 확인한다.
  - ☞ Service Express에 요청할 때는 시간과 수령한 직원을 메모하여 착오가 없도록 한다.
  - ☞ 수영장에서만 식사가 가능하고 다른 장소에서는 간단한 음료만 허용된다.
  - ☞ 음식이 배달된 후 지불 여부를 확인하여 Direct Bill, Room Charge, Card, Cash 등으로 처리한다.
- 고객 메시지 전달 및 연계 서비스를 위한 로그 북 : 모든 사항을 기입하여 근무가 아닌 경우라도 회원 관련사항을 모두 숙지토록 한다. (예: 회원 간의 메시지 전달, 물건전달, 약속시간 변경, 문의사항에 대한 해답 등)
- 회원 사진의 파일화 : 모든 회원의 사진을 파일화하여 회원을 빠르게 숙지토록 한다. 변동이 있을 시 즉시 Update한다.

3. 사무실 업무(Office Work)

1) Attendance Record : 매월 25일, 27일쯤 2차례에 걸쳐 근태사항을 입력한다. 최종 출력자료를 직원에게 공지한다.
2) 식권 : 회수한 잔여분과 신청서를 작성하여 결재를 득한 후 인사팀에 제출하고 수령한다.
3) 오픈조 택시비 처리 : 매월 25일까지의 IN/OUT Sheet를 근거로 각 개인의 금액을 산출한다. Expense Account Summery를 작성하고 Details, In out sheet 사본을 첨부하여 결재를 득한다.
4) 각종 비용처리 : P/O, P/C 등을 이용하여 처리하고 필요에 따라 사전에 요청서를 작성한다.
5) Office Supplies : 매 홀수월 10일까지 신청서를 Accounting에 제출한다.
6) 사무실 정리정돈 : 생수 보급 및 점검, 오디오 점검, CD정리, 냉장고와 주변, 바닥 및 의자, 리넨장, 직원사물함 위와 벽면 책장, 컴퓨터를 포함한 기기, 책상 등을 수시로 정리정돈함은 물론 오후 근무자는 최종점검을 실시한다.
7) 게시판 이용 및 정리 : 월례회 내용, Work In Out Sheet, 근무 스케줄, 각종 공지사항을 게시하며 기간이 종료된 자료는 In Memo 파일에 정리한다.
8) 각종 서류파일 정리 : 근무변경신청서, 각종 정산서, 품의서, 월훈, 매뉴얼, 자격증 보유현황, 사무용품, 공문서, 호텔 내 전화번호 등을 수시로 관리 점검한다.

제3절 체련실서비스

1. 개장 준비

- 각종 기기 및 운동기구, 조명의 전원을 올린다(Treadmill 7개, Bike 6대, VR Climer 2개, Life Power 1개, Stepper 2개, Stretching Lift 1개, 혈압계, 체성분 분석기, 공기청정기 등).
- 각종 비품 및 소모품을 확인한다(헤드폰, 타월, 냉온수기, 종이컵, 레모네이드 등).

2. 기구 및 기기 관리

1) Leg curl : Weight plat 핀의 위치는 첫째 칸에 고정시킨다. 발목 패드의 위치는 8의 숫자에 맞추어 고정시킨다. Extra plate는 고리에 걸어놓는다.
2) Leg press : Weight plate 핀의 위치는 첫째 칸에 고정시킨다. 등 패드의 위치는 8의 숫자에 맞추어 고정시킨다. Extra plate는 고리에 걸어놓는다.
3) Leg extension : Weight plate 핀의 위치는 첫째 칸에 고정시킨다. 발목패드의 위치는 1의 숫자에 맞추어 고정시킨다. Extra plate는 고리에 걸어놓는다.
4) Multi hip : Weight plate 핀의 위치는 첫째 칸에 고정시킨다. 대퇴 안쪽에 대는 패드는 지면과 평행이 되는 7의 숫자에 맞추어 고정시킨다. Extra plate는 고리에 걸어놓는다.
5) Stand calf M/C : Weight plate 핀의 위치는 첫째 칸에 고정시킨다. 승모근에 대는 패드는 1의 숫자에 맞추어 고정시킨다. Extra plate는 고리에 걸어놓는다.
6) Chest press : Weight plate 핀의 위치는 첫째 칸에 고정시킨다. 의자의 높이는 4숫자 앞에 똑같은 방법으로 놓는다.
7) Sit up board : 발목걸이의 높이가 1의 숫자에 오도록 놓는다. 벤치의 경사도는 바닥과 평행이 되도록 경사조절발판을 눌러 조절한다.
8) Cable press down : Weight plate 핀의 위치는 첫째 칸에 고정시킨다. Rope는 위의 고리에 걸어놓고 스트레이트 바는 밑의 고리에 걸어놓는다.
9) Back extension : 대퇴부에 대는 패드의 높이는 1의 숫자에 맞춘다.
10) Modular low lat row : Weight plate 핀의 위치는 첫째 칸에 고정시킨다. V-bar는 머신 벽면의 고리에 걸어놓는다.
11) Rowing M/C : Weight plate 핀의 위치는 첫째 칸에 고정시킨다. 가슴을 대는 패드의 위치는 1의 숫자에 맞추어 놓는다. Extra plate는 고리에 걸어놓는다.
12) Back extension M/C : Weight plate 핀의 위치는 첫째 칸에 고정시킨다.
13) Fly M/C : Weight plate 핀의 위치는 첫째 칸에 고정시킨다. 의자의 높이는 6의 숫자에 맞추어 고정시킨다. Extra plate는 고리에 걸어놓는다.
14) Lat pull dow : Weight plate 핀의 위치는 첫째 칸에 고정시킨다. 의자의 높이는 6의

숫자에 맞추어 고정시킨다. Extra plate는 고리에 걸어놓는다.

15) Pull over M/C : Weight plate 핀의 위치는 첫째 칸에 고정시킨다. 의자의 높이는 6의 숫자에 맞추어 고정시킨다. Extra plate는 고리에 걸어놓는다. Extra plate V-bar는 삼각형 모양이 정면으로 보이도록 위의 고리에 걸어놓는다.

16) Chin & Dip : Weight plate 핀의 위치는 첫째 칸에 고정시킨다. Dip 바의 발판은 안쪽으로 접어서 놓는다.

17) Arm curl M/C : Weight plate 핀의 위치는 첫째 칸에 고정시킨다. 의자의 높이는 5의 숫자에 맞추어 고정시킨다. 손잡이는 위쪽으로 당겨놓는다.

18) Smith M/C bench press : 바의 안전고리는 제일 밑의 바에 걸어놓는다. 바는 10번째 칸에 걸어서 넣는다. 벤치는 머신 안쪽의 중앙에 다리부분이 안쪽을 향하도록 놓는다.

19) Bench press : 바는 위의 첫 번째 고리에 중심을 맞추어 놓는다. 벤치는 사람이 들어가서 보조할 수 있는 정도만 벽에서 떼어놓는다. Clasp는 벤치 앞면과 옆면이 만나는 모서리 쪽에 조임나사가 위쪽을 향하게 하여 바닥과 평행하게 놓는다.

20) Plate rack : 정면에서 보았을 때 Plate rack에 H자가 되도록 놓는다. Weight plate는 중량별로 kg이 보이도록 밀착시켜 놓는다. Clasp는 조임나사가 안쪽을 향하도록 Plate rack의 옆면 제일 앞에 놓는다. E-Z bar는 Plate rack의 정면에 W자가 되도록 놓는다.

21) Dumbbell rack : 덤벨은 위칸의 오른쪽부터 가벼운 순서대로 놓는다. 뷰티 덤벨은 왼쪽부터 초록, 핑크, 초록색 순으로 놓는다.

22) A. B trainer : 스텝박스 위에 A B trainer라는 록패드의 상표가 보이도록 올려놓는다.

23) Abdominal M/C : Weight plate 핀의 위치는 첫째 칸에 고정시킨다. 발판의 높이는 7의 숫자에 맞추어 놓는다.

24) Bike : Regular 자전거는 높이를 5에 맞추고 Recumbent 자전거는 12에 맞춘다.

25) Head phone : 마른 수건으로 귀마개 부분, 선, 머리부분을 닦은 후 좌우 균형을 확인하고 스펀지를 교체한다. 줄은 시계 반대방향으로 겹치지 않도록 하고 마무리할 때 잭부분이 스펀지와 스펀지 사이에 오도록 한다.

26) 헤드폰 연결선 : 잭으로부터 50cm 정도 매듭을 지어 벽면의 고리에 건다. 잭의 끝선을 트레드밀, 자전거, 스테퍼 손잡이에 10cm 정도의 길이가 되도록 매듭을 짓는다.

27) Lemonade container : 레몬 원액 1봉지에 설탕 200g, 물 3리터를 넣고 저은 후 얼음으로 가득 채워서 쿨링을 한다. 세팅은 컨테이너 밑부분에 얼음을 채우고 수도꼭지 부분이 정면으로 오도록 한다.

28) 정수기 : 내부 청소는 한 달에 한 번 하고 물받이는 1주일에 한 번 실시한다. 물통의 4분의 1 정도 남았을 때 교체한다.

29) Mat : 1주 2회 이상 물걸레로 닦아준다. 항상 초록색이 보이도록 포개어 거울 앞걸이에 걸어둔다.

30) 라운드 컵/ 페이퍼 컵 : 수시로 점검하여 3분의 1 이내로 줄지 않도록 한다.

31) 쓰레기통 : 주 2회 이상 마감 후 닦는다. 남녀 모두 정수기 옆에 발판이 오도록 신경 쓴다.

32) Beauty bar : 스미스 머신 옆 기둥구석에 가지런히 정리해 놓는다.

33) 소화기 : 주 2회 이상 물걸레로 닦아준다. 남녀 체련장 입구 쪽에 보관하고 소화기의 글자가 정면으로 오도록 한다.

34) 타월 : 줄무늬를 맞추어 남녀 입구 쪽에 두 줄씩 세팅한다.

35) 리모콘 : Treadmill 위, Bike, Stepper 옆에 세팅한다. 충전은 1주에 한번씩 3시간 한다.

36) 청소기 : 항상 충전시키고 월 1회 먼지를 제거한다.

그림 • 10-2 체련실 기구와 장비

3. 신체 부위별 운동방법

1) 어깨

① Front press : 바를 어깨 넓이로 잡고 벤치에 앉아서 바를 쇄골부분으로 지탱한다. 등과 허리는 곧게 펴고 바를 머리 위로 들어 올린다. 이때 팔꿈치를 완전히 펴고 상체를 앞으로 밀어 시작자세로 돌아올 때 팔꿈치를 모아서 삼각근에 긴장감을 주면서 실시한다. 운동부위 – 삼각근 전면, 삼두근, 승모근, 전거근

② Behind press : 바벨을 어깨보다 약간 넓게 잡고 벤치에 앉아서 등은 곧게 펴고 바를 머리 위로 올리며 약간 앞쪽으로 민다는 느낌으로 실시한다. 운동부위 – 삼각근 전면, 삼각근 측면

③ Dumbbell : 벤치에 앉아서 덤벨을 양손으로 들고 허리와 등은 곧게 펴고 손바닥이 얼굴을 향하게 해서 머리 위로 들어 올린다. 이때 팔꿈치를 완전히 편다.

④ Side lateral raise : 벤치에 앉아서 손등을 위로 향하게 하여 덤벨을 들어 등은 펴고 시선은 전면을 보고 들어 올린다. 이때 손목을 약간 내전시켜 새끼손가락이 위로 향하게 하여 삼각근 측면과 후면 쪽에 느낌을 준다.

⑤ Bent over lateral : 상체를 구부려 앞으로 기울이고 등은 곧게 펴고 덤벨을 들어 올리면서 손목을 틀어 삼각근 후면에 긴장감을 준다. 운동부위 – 삼각근 후면

⑥ Dumbbell front raise : 덤벨을 대퇴부 앞에 놓고 손등이 하늘을 향하게 하여 팔꿈치를 약간 구부린 상태에서 손을 번갈아 가면서 들어 올린다. 운동부위 – 삼각근 전면

⑦ Upright row : W–Bar를 좁게 잡고 다리를 약간 중앙으로 들어 올린다. 운동부위 – 삼각근 전면

⑧ Shrug : 덤벨을 몸 옆쪽으로 들고 다리를 약간 벌려 팔꿈치를 약간 구부린 상태에서 어깨를 앞에서 뒤로 돌리면서 올리는 느낌으로 들어 올린다.

2) 상완 삼두근

① Laying triceps extension : By EZ–bar 벤치에 누워 다리를 약간 벌려서 하체의 중심을 잡고 팔꿈치를 고정시키고 팔꿈치를 펴면서 머리 위로 들어 올린다. 이때 상완은 팔꿈치를 모아서 고정시키고 바를 이마 위로 밀어서 삼두근에 긴장감을 준다.

② Cable press down : 등을 펴서 상체를 앞으로 약간 기울여 팔꿈치는 옆구리에 붙여 고정시키고 양팔을 곧게 편다. 서서히 시작자세로 되돌아온다.

③ Cable press down rope : 등을 펴서 상체를 앞으로 약간 기울여 팔꿈치는 옆구리에 붙여 고정시키고 엄지와 검지만을 이용하여 가볍게 손잡이를 잡는다. 양팔을 펼 때는 손목을 내전시키며 케이블의 간격이 벌어지면 안된다.

④ One arm dumbbell extension : 의자 위에 앉아서 한 손으로 덤벨을 들고 머리 위로 팔을 뻗는다. 이때 손바닥이 머리 뒷부분을 향하여야 하고 시작자세로 되돌아올 때 서서히 내려서 상완 삼두의 긴장감을 느낀다. 운동부위 – 삼두근

⑤ Kick back : 덤벨을 들지 않은 쪽의 무릎을 구부려 벤치에 올려놓고 등은 곧게 펴

며 시선은 앞을 향한 자세를 한다. 덤벨을 든 팔의 팔꿈치는 옆구리에 붙여 고정시키고 팔을 자연스럽게 구부려 아래를 향하게 한 다음 등보다 약간 높은 위치까지 팔을 곧게 뒤로 뻗었다가 시작자세로 되돌아온다. 운동부위 – 삼두근과 삼각근의 분리

3) 상완 이두근

① Barbell curl : by EZ Bar 바벨을 잡고 약간 다리를 벌린 상태로 선다. 바벨을 컬할 때 되도록이면 상완이 따라 올라오지 않도록 주의하고 컬할 때 상체의 중심을 앞으로 주어 수축을 많이 시키고 이완시킬 때 상체의 중심을 뒤쪽으로 준다. 운동부위 – 이두근

② Dumbbell curl : 벤치에 앉아서 상체를 펴고 덤벨을 든다. 컬할 때 상완은 고정시키고자 하는 팔에 시선을 주어서 집중한다. 운동부위 – 이두근

③ Cable curl : 케이블 바를 잡고 다리를 약간 벌리고 서서 상완은 옆구리에 고정하고 컬을 한다. 이때 손목의 힘을 이용하면 안된다.

④ Arm curl M/C : 의자의 높이와 가슴패드를 조절하여 등을 펴고 앉아서 팔꿈치를 패드 중심에 두고 손잡이를 잡는다. 힘은 뒤로 빼고 허리는 아치형으로 하고 가슴은 앞 패드에 밀착시킨다. 손잡이를 가슴 쪽으로 당긴다. 이때 손목을 구부려서 컬해서는 안되며 이두근만을 사용하여 실시한다.

⑤ Concentration curl : 벤치에 앉아서 덤벨을 든 팔의 삼두근에 반대쪽 손을 고여 무릎에 고정시키고 상체를 약간 뒤로 젖힌 상태에서 컬을 한다. 운동부위–이두근의 높이를 만들어준다.

4) 다리

① Squat : 다리를 어깨보다 약간 넓게 벌리고 앞꿈치는 약간 밖으로 향하게 하고 바를 승모근 위에 올려놓고 서서히 앉는다. 이때 등은 곧게 펴고 시선은 정면을 보고 힘은 뒤로 많이 빼서 뒤쪽에 둔다. 일어날 때는 상체부터 일어나지 말고 다리부터 일어난다. 운동부위 – 대퇴사두근, 대둔근, 내전근

② Leg press : 머신의 등받이에 등을 대고 누워서 발을 중간 높이 정도에 맞추고 앞꿈치를 약간 밖으로 향하게 하고 다리의 힘으로 민다. 무릎이 펴진 상태에서 앞꿈치를 들어서 대퇴에 긴장감을 준다. 운동부위 – 대퇴사두근, 내전근, 대둔근

③ Leg extension : 등받이와 발목패드를 조절하여 앉아서 옆에 있는 손잡이를 잡는다. 상체는 벤치에 직각이 되게 하고 무릎을 펴서 바를 들어 올린다. 대퇴에 긴장감을 주기 위하여 내릴 때는 천천히 내리며 대퇴에 정신을 집중한다. 운동부위 – 대퇴사두근의 무릎 주위

④ Leg curl : 발목패드의 높이를 조절하여 레그컬 벤치에 엎드려서 밑의 손잡이를 잡는다. 최대한 다리를 끌어올려 굽혀서 이두근을 수축하고 내릴 때에는 천천히 내려서 대퇴이두의 긴장감을 유지한다. 운동부위 – 대퇴이두

⑤ Lunge : 바벨을 승모근에 올려놓고 발을 모으고 똑바로 선다. 시선은 정면을 보고 등은 곧게 펴고 가슴은 젖히고 한 발을 앞으로 딛는다. 앞발은 직각을 이루도록 하고 뒷발은 마루에 닿을 정도로 굽힌다. 운동부위 – 대퇴사두근, 내전근, 대둔근

⑥ Standing calf M/C : 발판에 앞꿈치를 올려놓고 양 어깨를 패드 밑에 넣고 손잡이를 잡은 후 무릎을 펴서 뒤꿈치를 든다. 운동부위 – 하퇴 삼두근

5) 가슴

① Bench press : 벤치에 누워 다리를 마루에 붙여 안정시킨다. 허리는 주먹하나 들어갈 정도로 들어서 흉근을 긴장시키고 양손으로 바벨 잡을 넓이를 정한 후 바벨을 들어 호흡을 가다듬고 천천히 바벨을 가슴 쪽으로 내린다.

② Incline bench press : 인클라인 벤치에서 두 발을 바닥에 고정시켜 자세를 안정시키고 양손으로 바의 넓이를 정하여 바벨을 들어 호흡을 가다듬고 허리는 주먹 하나 들어갈 정도로 들어서 흉근을 긴장시키고 천천히 턱 쪽으로 바를 내린다. 흉근의 긴장감을 충분히 주기 위해서는 팔꿈치를 완전히 편다. 운동부위 – 대흉근 위쪽, 상완 삼두근, 전거근

③ Flat dumbbell press : 플랫 벤치에 덤벨을 들고 누워서 두 발을 바닥에 고정시켜 자세를 안정시키고 허리는 주먹 하나 들어갈 정도로 들어서 흉근을 긴장시키고 팔이

직각이 될 정도로 팔꿈치를 굽힌다. 서서히 올리면서 팔꿈치를 완전히 편다. 운동부위 - 대흉근, 상완 이두근, 삼각근, 전거근

④ Incline dumbbell press : 인클라인 벤치에 덤벨을 들고 바닥에 두 발을 고정시켜서 자세를 안정시키고 허리는 주먹 하나 들어갈 정도로 들어서 흉근을 긴장시키고 팔은 직각이 될 정도로 팔꿈치를 굽힌다. 서서히 올리면서 팔꿈치를 완전히 편다.

⑤ Chest press : 의자의 높이를 조절한 후 등받이에 등과 히프를 붙이고 허리는 주먹 하나 들어갈 정도로 들어서 흉근을 긴장시키고 손잡이를 잡고 민다. 팔꿈치는 완전히 펴고 직각이 되도록 팔꿈치를 세운다. 운동부위 - 대흉근, 삼각근, 전거근, 상완 삼두근

⑥ Fly M/C : 의자의 높이를 조절한 후 등받이에 등과 히프를 붙이고 허리는 주먹 하나 들어갈 정도로 들어서 흉근을 긴장시키고 손잡이를 잡고 민다. 팔꿈치는 완전히 펴고 직각이 되도록 팔꿈치를 세운다. 운동부위 - 대흉근, 삼각근, 전거근, 상완 삼두근

6) 등

① Chinning : 치닝 오버 그립으로 잡고 상체를 뒤로 약간 젖힌 상태에서 팔꿈치를 굽혀 바를 위로 끌어 올린다. 천천히 팔을 펴면서 이완을 많이 시킨다. 운동부위 –광배근, 상완근, 상완 이두근

② Lat pull down : 의자의 높이를 조절한 후 바를 어깨보다 약간 넓게 잡고 무릎을 패드 밑에 넣고 상체를 약간 뒤로 젖혀서 상완 이두의 쓰임을 최소화하고 등에 긴장감을 준다. 바를 턱 바로 아래까지 당기고 팔꿈치가 완전히 펴질 때까지 서서히 놓으면서 이완을 많이 시킨다. 운동부위 –광배근, 대원근, 상완 이두근, 상완근

③ Barbell row : 어깨 넓이 정도로 발을 벌리고 W-Bar를 언더 그립으로 잡고 무릎은 약간 굽히고 등은 곧게 편다. 바벨을 배꼽 쪽으로 당긴 후 서서히 넣으면서 이완시킨다.

④ Dumbbell row : 벤치 위에 한쪽 무릎을 얹고 구부린 쪽의 손을 벤치에 올려놓고 중심을 잡은 후 다른 한 손으로 덤벨을 잡고 팔꿈치를 구부려 덤벨을 겨드랑이 밑

까지 들어 올린다. 운동부위-광배근, 삼각근, 승모근, 상완 이두근, 상완근

⑤ Rowing M/C : 의자의 높이를 조절하여 앉은 후 가슴을 패드에 밀착시키고 손잡이를 잡고 팔로 당긴다. 서서히 놓는다. 운동부위-광배근, 상완근, 상완 이두근, 삼각근 후면

⑥ Deadlift : 다리를 어깨보다 약간 좁게 벌리고 바벨을 오버 그립으로 잡고 무릎을 펴서 상체를 들어 정면을 보고 천천히 내렸다 올렸다 한다. 운동부위-척추 기립근, 대퇴 이두근, 등 하단

7) 복근운동

① Crunch : 벤치 위에 발을 직각이 되게 올려놓고 손은 머리 뒤쪽에 대고 호흡을 뱉으면서 상체를 둥글게 하여 앞을 향하게 한다. 서서히 내려온다. 운동부위-내복사근, 외복사근, 복직근

② Knee up : 플랫 벤치에서 허리 밑에 두 손을 받치고 다리를 약간 구부려서 위로 들어 올린다. 이때 단순하게 들어 올리는 것이 아니라 히프를 둥글게 만다는 느낌으로 실시한다. 운동부위-내복사근, 외복사근, 복직근

③ Cable crunch : 케이블 프레스 다운에 있는 로프를 잡고 무릎을 구부려 인사하듯 깊이 숙인다. 흉곽을 골반 쪽으로 당기면서 상체를 크런치한다. 등을 최대한 동그랗게 말아서 복부에 힘을 주어 짠다.

④ Leg raise : 플랫 벤치나 경사진 벤치에 누워서 손으로 머리 밑에 있는 벤치를 잡고 다리를 90도 정도까지 올려서 복부에 긴장감을 준다. 운동부위-하복근

⑤ Hanging knees raise : Chin-up bar를 편한 자세로 잡고 몸을 곧게 편다. 가능한 몸이 흔들리지 않도록 고정시키며 무릎을 구부려 위로 끌어 올리며 가볍게 호흡을 내쉰다. 복부에 정신 집중을 하여 복부근육이 수축, 이완되는 느낌을 갖고 동작하도록 한다. 운동부위-하복근, 복직근, 내외 복사근

8) 체력관리시스템 이용안내

① 예약 : 사전예약을 원칙으로 하며 8시간 공복을 유지하도록 한다.

② 상담 및 체성분 분석 : 체위, 체력을 측정하고 기록표에 기록, 보관한다.
③ 기본 운동 프로그램 : 분석에 의한 적절한 운동기구, 시설에 대한 적응력을 길러 준다.
④ 체력측정 : 심폐, 체지방, 근력, 유연성 등을 측정한다.
⑤ 운동 처방 : 최종적으로 개인에게 맞는 운동 프로그램을 구성하여 실시한다.
⑥ 운동 지도 및 체력 관리 : 올바른 운동방법 지도와 적극적인 동기를 유발케 한다.

9) 이벤트

① 진행방법
- Event Plan Report를 제출하여 결재를 득한다.
- 각종 미팅시간에 전 직원에게 홍보를 위한 교육을 실시한다.
- 회원 게시판을 이용하여 공지하며 전 직원이 홍보에 들어간다.
- 행사요원은 답사를 실시한 후 답사보고서를 제출하고 드러난 미비점을 보완한다.
- 참가비는 출발 전 완전히 납입토록 하며 리셉션에 확인토록 한다.
- 인원, 날씨를 비롯한 최종점검을 실시한다.
- 이벤트 후에는 결과 보고서를 제출한다.
- 전반적인 진행에 대해 미리 미팅한다.

② Event Plan Report
- 제목 : 종류 및 차수
- 목적: 이벤트
- 기대 효과: 매출 증대 또는 호텔 이미지 향상
- 내용 : 날짜와 시간, 장소, 교통편, 참가비
  ☞ 세부사항 : 코스 및 예상경비, 지원

③ 결과 리포트 : 행사의 실질적인 진행과 보완점을 위주로 작성한다.
④ 종류 : Scuba, Water ski, Climbing, Golf, MTB, Wind Surfing, Rafting 등 이며 계절이나 기타 요인에 따라 다양한 이벤트를 기획한다.

10) 기타

- 항시 업장 내 정위치하여 회원 안전사고를 미연에 방지한다.
- 규정을 무시하는 고객에게 친절하고 예의 바르게 안내 및 설명을 해 드린다.
- 근무 중 발생한 모든 사항은 상급자에게 보고토록 한다.
- 업무 일지 작성(인수인계사항)
- 지속적으로 지도법 및 프로그램을 개발한다.
- 영업 종료 시 안전, 화재, 소등을 완벽하게 실시한다.

제 4 절 수영장서비스

1. 개장 준비

- 수영장 내 모든 전원을 켠다: 로카 & 사우나 등은 영업시간을 유지하고 실내등(천장등, 벽등, 간접등)의 일조량이 많은 날은 조명량을 조절한다.
- 자쿠지와 사우나 전원은 영업시간 내내 유지한다. 전원은 사우나실 옆 기계실 안쪽 벽면에 있다. 실내온도 100도가 넘는 경우 사우나문을 열어 환기한다.

2. 로커 점검

- 매시간 점검하며, Floor, 거울, 솜과 면봉, 클라라 및 화장품, 휴지, 핸드페이퍼, 비품은 여자 로커 1번에 비치한다.

3. 온도 점검

- 건습식사우나 온열탕 자쿠지, 풀의 온도를 체크한다. 점검 리스트에 기록하여 활용토록 한다. 냉탕 19~21℃, 온탕 38~40℃, 열탕 40~42℃, 고온탕 43~45℃, 습식사

우나 58~60℃, 건식사우나 100~110℃

4. 데크 점검

- 베드와 테이블의 세팅상태, 흡연구역의 재떨이와 바닥 등을 점검한다. 우천 시에는 베드나 테이블 쿠션이 젖지 않도록 창고에 보관한다.

그림 • 10-3 호텔의 실내, 실외 수영장

5. 기타 점검

- Kick board와 Helpa는 잘 정리하도록 한다.
- 로커 바닥에 물이 많을 때는 타월로 닦아 미끄럽지 않게 유지한다.
- 수영모자를 착용하도록 하고 샤워 후에 풀과 자쿠지를 이용하도록 한다.
- 룸서비스 ; 비치된 메뉴를 보여드리고 서비스 익스프레스에 연계하여 서비스한다.
- 물통은 바닥에 5cm 정도 남았을 때 교체한다.
- 일일 타월 수량 관리일지와 입장 누계일지를 매시간 작성한다.
- 비품의 세팅 매뉴얼은 로커나 체련장과 동일시한다.

6. 강습 프로그램

- 수영강습은 개인 레슨만 가능하다. 정규 클래스에는 아쿠아로빅이 있다.

제 5 절 에어로빅스튜디오서비스

1. 개장 준비

- 업장 청소상태 점검 및 확인(바닥, 거울, 유리), 각종 비품, 소모품 세팅 확인(음향기기, 매트, 덤벨, 냉온수기, 종이컵)

2. 에어로빅의 필요성

- 체력을 유지하고 증진하는 데 있다.
- 지방을 분해시킨다.
- 심폐지구력을 강화시킨다.
- 근지구력을 강화시킨다.

- 유연성을 기른다.
- 체형미의 향상효과를 기대한다.
- 스트레스를 해소시킨다.
- 신체균형을 유지한다.
- 골다공증 예방효과가 크다.

3. 클래스 운영

1) 빈도: 주 3~5회 이상일 때 최대의 효과를 얻을 수 있다.

2) 구성: 시간별로 구분됨

☞ 오전 : 신체의 감각을 느끼게 하여 하루 활동을 활발히 할 수 있게 하기 위한 운동
- 준비운동 : 천천히 신체를 활성화한다.
- 본운동 : 단순하고 깨끗한 동작을 반복
- 근육운동 : 피로가 쌓이지 않도록 주의하여 가볍게 실시한다.
- 정리운동 : 활성화된 신체를 진정시킨다.

☞ 오후 : 피로회복 및 에너지를 충전할 수 있도록 실시
- 준비운동
- 본운동
- 근육운동 : 부분적으로 강도 있게 실시
- 정리운동 : 긴장을 풀며 스트레칭 실시

3) 에어로빅 프로그램

① Warm-up : 5~10분간 실시. 균형을 이용한 정적 스트레칭을 4분 정도 행하고 리듬에 맞추어 유연성 운동을 함으로써 체온을 상승시켜 근육을 부드럽게 만들고 관절 가동범위를 넓게 행할 수 있도록 한다.

② Aerobic exercise : 약 20분간 실시. 천천히 시작하여 운동량과 동작을 점차 증가시

킨다. 발목과 발이 충분히 풀리도록 하며 팔다리 양쪽을 크게 움직여 근육이 많은 산소량을 필요로 하는 운동 약 3분간 실시. 동작의 강도를 조금씩 높이면서 계속되는 반복운동으로 유산소운동의 효과를 지속시킨다.

③ Muscles conditioning : 모든 근육의 지구력을 향상시키고 신체의 균형을 잡아주며 상해를 예방한다.

④ Stretching : 근육 유연성의 증가, 정신적 · 신체적 긴장감의 해소, 대사작용을 촉진시켜 노폐물 경감에 도움을 준다. 몸의 완력이나 반동을 이용하지 않으며 30초간 한 동작을 유지한다. 호흡을 내쉬면서 근육을 늘리며 정점에 이르면 천천히 원상태로 돌아온다.

제 6 절 기념품코너서비스

1. 고객맞이

① 미소 띤 얼굴, 공손한 인사와 명랑한 인사말로 고객을 맞이한다.

② 고객의 유형을 신속히 파악, 상품을 추천하여 구매의욕을 최대한 유발시킨다.

- 고객에게 고가품 강매하는 인상을 주어서는 안된다.

2. 판매자의 기본자세

① 상품에 대한 지식과 세련된 판매기법을 습득하고 있어야 한다.

② 항상 미소 띤 얼굴로 서비스와 친절을 함께 판다는 것을 잊어서는 안된다.

- 상품들이 용도별 세탁방법 및 브랜드의 장점을 충분히 설명하여 고객들로 하여금 구매결정을 할 수 있도록 돕는다.

3. 판매 시 주의사항

① 판매 시 고객의 눈을 통해 상품의 이상 여부를 확인시켜 드린다.

② 포장과 더불어 호텔 쇼핑백에 넣어드린다.

4. 완송요령

① 떠나실 때 구입해 주신 데 대한 감사를 표시하며 진심으로 정중하게 인사드린다.

– 성의 있는 자세로 인사드린다.

제7절 부대영업장서비스 표준체크리스트

호텔관광서비스기업은 고객에게 제공하는 서비스품질관리를 위해서 전 구성원이 부단하게 노력해야 한다. 그 과업 중에서도 서비스 전(before service) → 서비스 중(in service) → 서비스 후(after service)의 전 과정을 신속, 정확하게 관리해야 한다. 따라서 다음에 제시된 '부대영업장서비스 표준체크리스트'를 활용하여 경영진의 책임 아래 일별, 주별, 월별, 분기별, 반기별, 연별로 확인해 나가야 할 것이다.

1. PRODUCT : FITNESS FACILITIES

CATEGORY : FITNESS FACILITIES
DATE AND TIME :

	STANDARDS-RECEPTION	MEET	BELOW	N/A
1	도착 시 리셉셔니스트가 있었는가?			
2	직원은 상냥하고 따뜻하게 인사를 하였는가?			
3	직원은 유니폼을 입고 단정한가?			
4	직원은 고객의 객실번호를 확인하고 고객의 이름을 불렀는가?			
5	고객에게 시설의 오리엔테이션을 권하였는가?			
6	직원은 땀 닦는 수건을 권하였는가?			
7	직원은 로커 키를 주었는가?			
8	리셉션 데스크는 깔끔하고 정리되어 있었는가?			
	PRODUCT			
9	외관의 장식은 최신의 고급 수준인가?			
10	피트니스센터에서 냄새는 나지 않는가?			
11	피트니스센터는 여러 종류의 운동기구를 보유하고 잘 진열되어 있었는가?			
12	휘트니스 이용자는 기구에 붙어 있는 이용방법을 확실히 이용할 수 있게 되어 있는가?			
13	기구는 잘 작동되는가?			
14	벽시계는 잘 볼 수 있게 되어 있는가?			
15	만약 텔레비전 모니터가 있다면 작동이 잘되고 있는가?			
16	피트니스센터는 청결하고 정리정돈되어 있는가?			
17	정수기와 컵이 구비되어 있는가?			
18	깨끗한 땀 닦는 수건 사용이 가능한가(만약 리셉션에서 제공하지 않았다면)			
19	모든 거울은 얼룩 없이 깨끗한가?			
20	바닥은 깨끗하고 잘 수리되어 있는가?			

	STANDARDS-RECEPTION	MEET	BELOW	N/A
21	벽은 흠집 없이 깨끗한가?			
22	에어 컨디셔닝/히팅은 적절한가?			
23	모든 조명은 작동되고 있는가?			
24	신선한 과일이 준비된 과일 바구니가 있는가?			
	SWIMMING POOL/BEACH			
25	리조트 호텔에는 최소 1개의 수영장이 있는가?			
26	수영장의 온도는 적절한가?			
27	수심 사인이 표시되어 있는가?			
28	수영장/타일은 깨끗하고 물은 먼지 없이 깨끗한가?			
29	수영장 주위는 부스러기 없이 깨끗한가?			
30	수영장/해변에는 충분한 라운저(선베드)가 잘 정돈되어 있었는가?			
31	수영장/해변 모든 선라운저(선베드)는 깨끗하고 잘 수리되어 있었는가?			
32	수영장/해변 선라운저(선베드)에는 매트리스가 제공되었는가?			
33	사이드 테이블이 수영장/비치에 충분히 구비되어 있는가?			
34	파라솔이 수영장/비치에 충분히 구비되어 있으며 잘 작동되는가?			
35	타월은 준비되어 있었는가?			
36	타월 서비스가 가능한가?			
37	수영장/비치에는 개별 샤워시설이 가능한가?			
38	수영장/비치에서 웨이터 서비스를 제공받았는가?			
39	개별 비치에는 안전이 확실히 보장되어 있는가?			
	TENNIS COURTS/SQUASH COURTS			
40	테니스 코트는 부스러기 없이 깨끗한가?			
41	테니스 코트의 표면은 잘 유지되어 있고 라인은 명확히 그어져 있는가?			
42	투광조명이 준비되어 있는가?			

	STANDARDS-RECEPTION	MEET	BELOW	N/A
43	테니스 코트 네트는 좋은 상태로 되어 있는가?			
	SKI RESORT			
44	스키 리조트의 경우 개별 로커/창고가 준비되어 있는가?			
	SAUNA			
45	안전규칙은 정확히 명시되어 있는가?			
46	사우나는 적정온도를 유지하고 있는가?			
47	사우나는 잘 유지되고 있으며 부스러기 없이 깨끗한가?			
48	온도계와 타이머가 사우나 내에 비치되어 있는가?			
	STEAM BATH			
49	안전규칙이 명시되어 있는가?			
50	한증실은 잘 작동되고 있는가?			
51	한증실은 잘 유지되고 있으며 부스러기 없이 깨끗한가?			
	CHANGING ROOM			
52	실내장식은 고급 수준을 유지하며 최신의 것인가?			
53	모든 타일과 바닥 매트는 잘 수리되어 있는가?			
54	탈의실은 깨끗하고 부스러기가 없는가?			
55	탈의실의 환기는 잘 되는가?			
56	탈의실은 밝은가?			
57	깨끗한 수건이 비치되어 있는가?			
58	호텔 배스 가운이 있는가?			
59	세탁 바구니는 가득 차 있지 않은가?			
60	로커는 눈에 띄게 깨끗하고 잘 유지되고 있는가?			
61	헤어 드라이어 사용이 가능하고 작동은 잘 되는가?			
62	샤워기는 깨끗하고 작동은 잘 되는가?			
63	그라우팅은 잘 유지되고 틀이 무너져 있지는 않은가?			
64	샤워 커튼/도어/스크린은 깨끗하고 양호한 상태인가?			
65	샤워실 내에 샴푸, 비누 디스펜서가 있는가?			
66	모든 거울은 얼룩 없이 깨끗한가?			

	STANDARDS-RECEPTION	MEET	BELOW	N/A
67	모든 카운터는 깨끗한가?			
68	탈의실에 어메니티(보디로션, 데오도란트 등)가 있는가?			
69	충분한 휴지가 있으며 변기는 깨끗하고 작동은 잘되고 있는가?			

제3부 고객불만 처리와 서비스 성공사례 연구

제11장

호텔관광서비스 고객불만 처리방법

제 11 장 호텔관광서비스 고객불만 처리방법

제 1 절 불만고객의 대응방법

서비스 기업에서 "고객은 왕이다"라고 한다. 그러나 왕으로 대접을 해도 조용히 이탈하는 고객이 있기 마련이다. 고객과 서비스기업은 서로가 얻고자 하는 것을 향해 관계를 유지하게 된다. 이러한 관계를 잘 유지하기 위해서는 구성원이 고객지향적인 서비스를 제공하고자 하는 노력이 필요하다. 호텔관광기업 서비스접점에서 불평불만을 피력하는 고객은 고마운 고객으로서 잘못된 서비스를 회복할 수 있는 기회를 제공해 준다. 성공적인 호텔기업경영을 위해서는 그들의 불평에 귀를 기울여야 하며, 이에 적극적으로 대응하면 실패한 서비스를 제때 복구할 수 있는 기회를 제공하여 이익의 저하를 막아준다. 즉 보석이 있는 곳을 가르쳐주는 그들을 우리는 '불만고객'이라 부른다.

전통적인 호텔기업의 문화는 서양문화라고 할 수 있다. 그러나 우리나라 대부분의 호텔은 주고객이 한국인이다. 따라서 호텔기업의 생존을 위해서는 한국인의 서비스 문화를 잘 알아야 고객대응력을 높일 수가 있다. 한국인이 좋아하는 서비스를 알아보면 첫째, 융통성을 바란다. 고객은 자신을 위해 융통성을 발휘해 주는 것을 좋아한다. 둘째, 기분에 치우친다. 기분을 좋게 해주면 대부분의 문제가 해결된다. 셋째, 연고를 중요시한다. 고객과 학연, 지연, 혈연 등 당신과 연결될 수 있는 부분을 찾게 된다. 넷째, 권력지향적이다. 따라서 고객에 대한 호칭은 회장님, 사장님, 고문님, 선생님 등 가급적이면 높여서 호칭하는 것이 좋다. 다섯째, 쉽게 흥분하고 쉽게 식으며 공사를 혼동한다. 따라서 자존심을 상하지 않게 하며 열린 마음으로 접근해 친해지도록 한다. 앞에서 열거한 것을 종합해 보면 한국적인 서비스는 무조건 친절하기보다는 융통성 있게 고객을 특별대우하고 있다는 것을 암시해 주는 것이 가장 효과적이라고 할 수 있다. 즉 개개인의 취향과 바람에 맞는 것을 미리 준비하고, 이행하는 전사적 개별고객마케팅을 구사하는 것이다.

1. 불만고객 응대방법의 기본

1) 고객불만의 의미

- Complaint: 불평 또는 불만(거리)
- Claim: 권리의 주장, 당연한 권리로서의 요구, 주장, 청구

2) 고객불만의 발생 원인

- 퉁명스러운 말씨, 불친절
- 불결한 직원의 용모와 복장
- 고객의 기대에 못 미치는 서비스 제공
- 느린 서비스 제공
- 약속의 불이행
- 고객의 요청을 단정적으로 거절 또는 무관심
- 직원의 실수 또는 무례한 태도

3) 불친절 유형 알아보기

- 1위 프로판 가스형: 서비스는 이미 예전에 포기했다.
- 2위 개인업무 우선형: 일단은 나의 일이 먼저다.
- 3위 육법전서형: 안되는 이유를 규정에서 찾아낸다.

- 4위 방임형: 무조건 기다리게 하면서 무관심으로 일관한다.
- 5위 자동인형형: 기계인지 사람인지 마음에 없는 서비스를 제공한다.
- 6위 권위주의형: 내가 다 알아서 하니까 참견하지 마라.
- 7위 교통순경형: 여기로 가라, 저기로 가라.
- 8위 무책임형: 저는 시키는 대로 할 뿐이라 …, 방침이 그래서 …
- 9위 핀잔형: 그것도 몰라서 어떻게 살아요?
- 10위 바보온달형: 옆에 누군가 없으면 업무가 제대로 안되는 사람

4) 고객의 기본적 욕구

- 기억되기를 바라는 욕구
- 중요한 사람으로 인식되고 싶은 욕구
- 칭찬받고 존경받고 싶어 하는 욕구
- 환영받고 싶어 하는 욕구
- 편안해지고 싶어 하는 욕구
- 기대와 욕구를 수용해 주기 바라는 욕구

5) 불만고객 응대 시 PTM기법

- 장소(Place)를 바꾼다.
  - 다른 고객들까지 불만이 터져나온다.
  - 오래 서 있으면 화나기 마련
  - 다른 고객 선동을 미연에 방지
- 시간(Time)을 바꾼다.
  - 고객이 진정할 시간을 준다.
  - 직원 역시 진정할 시간을 준다.
- 사람(Man)을 바꾼다.
  - 불만고객의 최초 응대자를 교체
  - 되도록 상사가 응대

– 우리나라 사상에 의거 남자가 응대

6) 불만고객 응대 9단계

① 신속한 접수 ⇨ ② 먼저 사과 ⇨ ③ 경청 ⇨ ④ 원인 분석 ⇨ ⑤ 해결 방안 모색 ⇨ ⑥ 대안 제시 ⇨ ⑦ 고객 동의 ⇨ ⑧ 거듭 사과 ⇨ ⑨ 감사 표현

7) 불만고객 응대 십계명

- 무조건 잘 들어라.
- 끝까지 잘 들어라.
- 선입견에 사로잡히지 마라.
- 변명하지 마라.
- 감정을 앞세우지 마라.
- 고객의 요구를 최우선으로 처리하라.
- 3변(PTM기법)의 주의를 처리하라.
- 서비스를 성공의 기회라고 생각하라.
- 최대한 권한 내에서 처리하라.
- 항상 감사의 인사를 하라.

8) 고객에게 이런 말은 위험천만

- 고객님 잘못이잖아요.
- 고객님이 먼저 그러셨잖아요?
- 다른 분들은 아무 말씀 안 하셨단 말이에요.
- 고객님이 실수하신 거 아니에요?
- 알 만한 분이 그러시면 안되죠.
- 규정상 그런 건 안돼요.

2. 고객유형별 대응방법

1) 전문가형 고객

- 특징: 자신이 가지고 있는 확신에 대한 고집을 꺾지 않으려 하고 좀처럼 설득되지 않으며 권위적인 느낌을 상대에게 주어 상대의 판단에 영향을 미치려고 한다. 언어 예절을 깍듯이 지키며 겸손한 듯 행동하지만 내면에 강한 우월감을 갖고 있으므로 거만한 인상을 준다.
- 대응
  - 우선 고객의 말을 잘 경청하면서 상대의 능력에 대한 칭찬과 감탄의 말로 응수하여 상대를 인정하고, 높여주는 과정에서 친밀감을 조성한다.
  - 정면 도전을 피하고 고객 자신이 주장하는 내용의 문제점을 스스로 느낄 수 있도록 대안이나 개선에 대한 방안을 제안한다.
  - 대화 중 반론을 하거나 자존심을 건드리는 행위를 하지 않도록 주의하며, 자신의 전문성을 강조하지 말고 문제 해결에 초점을 맞추어 고객의 무리한 요구를 대체할 수 있는 내용을 언급하도록 한다.

2) 우유부단한 고객

- 특징: 즐겁고 협조적인 성격이나 다른 사람이 자신을 위해 의사결정을 내려 주기를 기다리는 경향이 있어, 주변만 빙빙 돌며 변죽만 올리고 요점을 정확히 말하지 않는다. 이러한 유형은 대부분 보상을 얼마나 받아야 할지 또는 요구하는 보상이 상식선보다 높다는 것을 자신이 잘 알고 있는 경우가 많다.
- 대응: 고객이 결정을 내리지 못하는 갈등요소가 무엇인지를 표면화시키기 위해 적절한 질문을 하여 상대가 자신의 생각을 솔직히 드러낼 수 있도록 도와준다. 따라서 피해보상 기준에 근거하여 적정 보상 기준과 이점 등을 성실히 설명하여 문제를 해결할 수 있도록 사후조치에 만전을 기하여 신뢰를 느낄 수 있도록 한다.

3) 빈정거리는 고객

• 특징: 빈정거리거나 비꼬며 말하는 사람이나 무엇이든 반대하는 사람은 열등감이나 허영심이 강하고 자부심이 강한 사람이다. 아무렇게나 말을 마구 내뱉듯이 말하다가 상대로부터 강한 추궁이나 반박을 당하면 자신이 한 말이 아무 의미 없는 것으로 책임을 회피하곤 한다. 문제 자체에 중점을 두어 이야기하지 않고 특정한 사람이나 문구, 심지어 대화 중에 사용한 단어의 의미를 꼬투리 잡아 항의하는 등 아주 국소적인 문제에 더욱 집착하여 말한다.

• 대응

– 정중함을 잃지 않고 냉정하고 의연하게 대처하는 것이 좋으나 상황에 따라 고객의 행동을 우회하여 지적해 줄 수도 있고, 때로는 가벼운 농담의 형식으로 응답하는 노련함이 효과적일 수 있다.

– 대화의 초점을 주제방향으로 유도하여 해결에 접근할 수 있도록 자존심을 존중해 주면서 응대하고 고객이 빈정거림을 적당히 인정하고 요령껏 받아줌으로써 고객의 불만을 해소하고, 타협의 자세를 보이게 된다.

– 무엇이든 반대하는 사람은 질문법을 활용하여 고객의 의도를 표면화하는 것이 좋으며, 감정조절을 잘 한다. 고객에게 휘말리지 않도록 주의한다.

4) 저돌적인 분위기의 고객

• 특징 : 상황을 처리하는 데 단지 자신이 생각한 한 가지 방법밖에 없다고 믿고 남으로부터의 피드백을 받아들이려 하지 않는 고객이 있다. 남에게 마구 질문공세를 펴면서 분위기를 압도하려 하고 상대방의 이야기를 끊고 마구 자신의 주장을 펴기도 하므로 버릇없고 거만하며 도발적인 느낌을 갖게 하는 고객이다.

• 대응

– 침착성을 유지하고 고객의 친밀감을 이끌어낼 마음의 준비를 하여 자신감 있는 자세로 고객을 정중히 맞이한다.

– 논쟁을 하거나 같이 화를 내는 일이 없도록 하여 상대방의 소재가 소진될 때까지 시간을 두고 기다리며 조심스럽게 고객의 주의를 끌어 상담자의 영역 내의 방

향으로 돌리도록 한 뒤에 조용히 사실에 대해 언급한다.

- 말하는 도중 고객이 방해를 하면 친절히 양보하여 충분히 말할 수 있는 편안한 분위기를 유지해 주면서 고객 스스로가 문제를 해결할 수 있도록 유도한다.
- 부드러운 분위기를 유지하며 정성스럽게 응대하되 음성에 웃음이 섞이지 않도록 유의한다.
- 고객이 흥분상태를 인정하고 직접적으로 진정할 것을 요청하기보다는 고객 스스로 감정을 조절할 수 있도록 유도하는 우회화법을 활용한다.

5) 같은 말을 장시간 되풀이하는 고객

- 특징: 자아가 강하고 끈질긴 성격을 가진 사람이다.
- 대응: 상대의 말에 지나치게 동조하지 말고 고객의 항의내용의 골자를 요약하여 확인한 후 고객의 문제를 충분히 이해하였다는 것을 알리고 문제 해결에 관한 확실한 결론을 내어 고객에게 믿음을 주도록 한다. 회피하려는 인상을 주면 부담이 가중될 수 있으나 가능한 신속한 결단을 내리는 것이 좋다.

6) 과장하거나 가정하여 말하는 고객

- 특징: 콤플렉스를 가진 고객일 수 있다.
- 대응: 상대의 진의를 잘 파악하여 말로 설득하려 하지 말고 객관적인 자료로써 응대하는 것이 좋다. 정면으로 부정하거나 확인하려 하면 커다란 마찰이 생길 수 있으니 우회화법으로 고객이 사실을 말하도록 유도하여 고객이 말한 내용을 잘 기록하고 정리하여 변동사항이 발생했을 때 대처하도록 하자.

7) 불평을 늘어놓는 고객

- 특징: 사사건건 트집 잡고 불평을 하는 고객이다. 아는 것도 없으면서 이러쿵 저러쿵 말이 많고 꼬투리 잡기를 즐기는 고객에게는 '맞장구 치고 치켜세우고 설득하기' 밖에 없다.

- 대응 : 고객이 불평을 하거나 따지고 들 때는 "제가 뭐 압니까? 법이 그렇고, 위에서 그렇게 하라니 할 수 없죠" 하는 식의 무책임한 말을 해서는 안된다. 또는 "그것은요~" "그건 아니죠" 하며 즉각 반론을 폈다가는 악화된 고객의 감정을 더욱 자극할 뿐. 그럴 때는 우선 그 이유를 재빨리 감지하여 고객이 오해를 하고 있다면 "고객님의 말씀도 일리는 있습니다만…" 하는 식으로 우선 고객의 입장을 인정해 준 후 차근차근 설명하여 이해시켜야 할 것이다. 그러나 고객의 요구가 정당하고 본인에게 잘못이 있었다면 앞 뒤 잴 것 없이 즉각 용서를 빌고 성의를 다하여 줌으로써 더 큰 언쟁으로 발전하는 일이 없도록 주의해야 한다.

8) 성급한 고객

- 특징: 조금만 사무처리가 늦어도 빨리빨리를 외치고 재촉이 심한 고객이다. 객장에 앉아 기다리지 못하고 안절부절 창구에 달라붙어 심지어 직원에게 "이렇게 하라, 저렇게 하라."고 업무지시까지 하는 고객에게는 말은 시원시원하게 행동은 빨리빨리하는 것이 상책이다.
- 대응: 늦어질 것 같을 때는 일방적으로 치켜세우고 사과하면서 다독거려 드려야 한다. 자칫하면 폭발하기 쉽고 조심해야 할 고객이다.

9) 비유를 잘하는 고객

- 특징: 머리가 좋은 사람일 경우가 많다.
- 대응: 논리적 화법으로 설득하여야 하며 약점을 잡히면 신뢰감을 잃을 수 있으니 세심히 대처해야 한다.

10) 이치를 따지기 좋아하는 고객

- 특징: 완고한 성격의 소유자이다.
- 대응: 이론적으로 맞서지 말고 상대의 의견에 동조하면서 꾸준히 설득하여 협조를 얻어내도록 하자.

11) 무리한 요구를 서슴지 않는 고객

- 특징 : 원칙에 어긋난 일을 부탁한다거나 터무니없이 물건값을 깎는 등 도저히 될 수 없는 일임에도 불구하고 고객이 무리한 요구를 하면 그처럼 답답한 일은 없다. 싸움을 걸기 위해 일부러 무리한 요구를 하는 못된 고객도 없지 않겠지만 대부분의 경우, 고객은 자신의 입장만을 생각할 뿐 그 요구가 무리하다는 것을 알지 못한다.
- 대응 : 이럴 때는 우선 고객의 입장을 충분히 이해하고 있음을 알려준 후 고객이 무리한 요구임을 납득할 수 있도록 차근차근 설명해야 한다. 답답하고 짜증이 난다고 해서 "모르는 소리하지 마세요" "아 이 양반이 이거 처음 보나" 식으로 면박을 주고 무안을 주는 일이 있어서는 결코 안된다.

12) 뽐내는 고객

- 특징: 자기 자랑이 심하고 거만하며 직원 따위는 거들떠보지도 않고 책임자에게만 접근하려 하고, 돈이 좀 있으면 있는 티를 내는 고객이다.
- 대응: 이런 고객을 다루는 유일한 방법은 마음껏 뽐내고 자랑하게 하는 것뿐. 아니꼽다고 맞부딪쳐 봤자 상담자만 마음을 다치게 된다. 반면 이런 고객들일수록 단순한 면이 있으므로 칭찬해 주고 맞장구쳐 주면 의외로 쉽게 문제를 풀어갈 수 있다.

13) 큰 소리로 말할 때

- 특징: 고객이 호텔의 서비스에 불만을 표하면서 큰 소리로 소란하게 하여 다른 고객에게 피해를 줄 수 있다.
- 대응: "저 죄송합니다만 목소리를 좀 낮추시지요." 할 수는 없는 노릇. 우선 자신의 목소리를 작게 하고 말을 천천히 이어감으로써 상대방으로 하여금 자기의 목소리가 지나치게 크다는 사실을 깨닫게 한다. 그래도 상대방이 계속 언성을 높일 때는 분위기를 바꾸는 것이 필요. 장소를 바꾸면 대화가 잠시 중단됨으로써 상대방의 기분을 전환시킬 수 있고 대화가 다시 새롭게 시작됨으로써 목소리를 낮추는 효과

를 거둘 수 있다.

14) 말 많은 고객

- 특징: 밑도 끝도 없이 "달달달~" 계속 말을 내뱉는 고객에게는 무책(無策)이 상책이다.
- 대응: 그저 참고 듣고 있는 수밖에 방법이 없다. 이런 고객의 말문을 노골적으로 막았다가는 금방 돌아서 버리고 만다. 말 많은 것만큼 기분 변화도 심하기 때문이다.

15) 말이 없는 고객

- 특징: 속마음을 헤아리기 어려운 고객이다.
- 대응: 조금 불만스러운 것이 있어도 잘 내색하지 않는 유형. 그러나 말이 없다고 해서 흡족한 것으로 착각해서는 안된다. 이런 고객은 한 번 마음에 들면 거래가 오래 계속되나 반면에 마음이 돌아서면 끝이기 때문이다. 말이 없는 대신 오해도 잘 한다. 정중하고 온화하게 대해주고 일은 차근차근 빈틈없이 처리해 주어야 한다.

16) 깐깐한 고객

- 특징: 별로 말이 많지 않고 예의도 밝아 직원에게 깍듯이 대해주는 반면 직원의 잘못은 꼭 짚고 넘어간다. 참으로 조심스런 고객이다.
- 대응: 정중하고 친절히 응대하되 만약 고객이 잘못을 지적할 때는 반론을 펴지 말자. 이런 고객일수록 자존심이 상당히 강하므로 "지적해 주셔서 감사합니다." 하고 받아들이는 자세를 보여야 내심 좋아한다.

17) 자신감이 없는 고객

- 특징: 처음 호텔에 왔다든가 특별한 서비스에 익숙하지 못해 주눅이 들어 있는 고객이다.
- 대응: 이런 고객에게는 안내단계에서부터 자세하고 친절히 대해주어 자신감을 북돋아주어야 한다. 이상한 눈초리로 쳐다보거나 또는 착 달라붙어 몸 둘 바를 모르게 할 것이 아니라 마음 편하게 응대해 주는 것이 좋다.

18) 의심이 많은 고객

- 특징: 이것저것 캐묻고 이리 갸우뚱 저리 갸우뚱 의심이 많은 고객.
- 대응: 의심 많은 고객에게는 자신감 있는 태도로 명확하고 간결한 응대를 하여야 한다. 너무 자세한 설명이나 친절도 의심의 대상이 되기 때문에 분명한 증거나 근거를 제시하여 스스로 확신을 갖도록 유도하여야 하며 때로는 책임자로 하여금 응대하도록 하는 것도 좋다.

19) 어린이 동반 고객

- 특징: 어린이에 대한 관심을 고객 자신에 대한 관심으로 여긴다.
- 대응: 어린아이의 특징을 재빨리 파악하여 적절한 찬사를 보내는 것이 좋다. 울거나 칭얼거린다 하여 윽박지를 것이 아니라 살짝 안아준다거나 다독거리는 재치를 보여야 한다. 어린이가 많이 오는 곳이면 사탕과 껌을 준비할 필요도 있다.

제2절 고객불만 처리사례

1. 피트니스센터

1) 회원자격심사에서 탈락한 신청자 문제

A씨가 당 호텔 피트니스클럽에 평생회원 가입신청을 하였다. 그는 필요한 모든 서류를 제출하고 연락을 기다렸는데 담당자로부터 가입할 수 없다는 연락을 받았다. A씨는 자신이 가입할 수 없다는 사실에 불쾌해 하며 이유 해명과 상급자와의 대화를 요구하였다.

■ 행동요령

① A씨의 요구를 들은 클럽의 멤버십 담당자는 클럽의 매니저에게 A씨의 문제를 보고한다. ⇨ 약식 서류보고

② 피트니스클럽 평생회원 가입에는 호텔의 심의절차가 필요한데 A씨는 자격심의에서 탈락한 경우이다. 이런 경우 대부분 신청자에게 탈락사유(자격미달)를 설명하지는 않는데 이 과정에서 신청자들이 명확한 사유를 알고 싶어하지만 고객의 기분이 상하지 않으면서 정확한 답변을 해주기란 곤란한 실정이다.

⇨ "먼저 저희 클럽에 회원가입을 신청해 주셔서 감사합니다. 그런데 회원의 관리를 위해 한정된 구좌만큼만 신청을 받다 보니 현재 남은 구좌가 없습니다."

③ A씨에게는 담당자가 다시 통화하여 신청자의 기분이 상하지 않도록 우회적인 이유를 설명(신청한 멤버십의 구좌가 모두 팔려 가입이 불가능하며 대기자 명단에 올려드리겠다는 등의 설명)하여 고객을 납득시키려고 노력을 한다.

⇨ "대단히 죄송합니다. 신청하신 멤버십의 구좌가 모두 팔려, 가입이 불가능하며 대기자 명단에 올려드리겠습니다."

④ 클럽 매니저가 친절히 상황을 설명드리고 전화상으로 예의를 갖추어 드린다. 이때 워낙 대기자가 많이 밀려 있음을 알려드린다.

⇨ "좋은 소식을 드리지 못한 것을 죄송스럽게 생각하며 많은 대기자가 기다리고 있으므로 시간이 좀 더 걸리겠습니다."

▶ 참고 및 주의사항

처음 신청받을 당시에 신청자에게 가입 승인에 대한 확답을 주지 말고 모든 서류를 제출한 후에 일단 기다리라고 안내한다.

2) 회원의 회비 할인 요청

D회원은 외국인으로 클럽의 연회원이다. 1년의 기간이 만료되어 새로 갱신을 하게 되었을 때 그는 많은 할인을 원했다. 할인은 이루어지지 않는 것이라고 설명을 했으나 그는 회사 경영진에게 직접 편지를 띄워 계속적으로 할인을 부탁하였다.

■ 행동요령

① D씨는 할인요구에 대한 사항을 매니저와 D씨의 편지를 받은 경영진에게 보고하고 현재 클럽의 정규금액을 일러준다.

⇨ 할인요구사항을 약식서류로 절차에 의하여 보고한다.

② D씨에게는 다시 한 번 1년 회원의 정규금액을 고지하고 할인은 곤란하다는 의사를 밝혔으나, D씨는 할인에 대한 강경한 입장을 나타내고 담당자는 품의하여 보겠다고 전달한다.

⇨ "회원님께서 말씀하고 계시는 1년 회원권은 할인을 해드릴 수가 없으며 현재 할인은 어떤 회원님도 해드리지 않고 있습니다. 하지만 회원님의 요구를 최대한 반영해 드릴 수 있도록 노력은 해보겠습니다."

③ D씨의 요구를 받아들이라는 품의 결정과 클럽의 영업이익에도 도움을 준다는 판단 아래 D씨의 제안을 긍정적으로 검토하여 D씨에게 적당한 할인을 주기로 결정한다.

⇨ "회원님께서는 저희 호텔의 VIP이시므로 특별히 요구가 받아들여졌습니다."

▶ 참고 및 주의사항

이 사례에서는 회원의 요구가 거의 받아들여졌지만(상부의 지시가 있었기 때문에), 여기에서 중요한 점은 회원의 원칙에 어긋나는 요구에는 정중하게 거절할 줄 알아야 한다는 점이다. 처음부터 예외를 인정해 주면 이는 잘못된 선례가 되어 고객에게 잘못된 습관을 길러줄 수 있기 때문이다.

3) 비회원의 클럽 사용 요청(외부에서의 요청 시)

C회사는 당 호텔에 기여도가 높은 회사로 어느 날 피트니스클럽에 8명여 정도의 임원들이 사우나 사용을 부탁하여 왔다. 당 클럽은 회원제로 운영되어 회원과 투숙객에 한해 이용할 수 있게 되어 있기 때문에 회원으로 등록되어 있지 않은 C회사의 임원들은 규정상 이용할 수 없게 되어 있다. 클럽의 매니저는 출장 등으로 부재 중인 경우 당일 사용을 부탁한 C회사에게는 될 수 있는 한 빨리 연락해 주어야 한다.

■ 행동요령

① 부탁을 받은 사원은 매니저가 부재 중이므로 상급자에게 보고하고 사용할 수 있도록 결정을 내린다.

⇨ "원칙은 회원제로 운영되고 있어 입장이 불가하나, 한번 이용해 보시고 기회가 되면 회원권을 하나 구입하여 주시면 감사하겠습니다."

② 사용시간은 회원이 비교적 없는 시간을 선택하게 하고 동반객 사용료를 부과한다.

⇨ "만약 가능하시면 1~4시 사이를 이용해 주시면 감사하겠습니다. 가격은 15,400원입니다."

▶ 참고 및 주의사항

모든 규칙을 원론적으로 철저하게 이행하는 것도 중요하지만, 때로는 융통성 있게 규칙을 운영할 줄 아는 것도 중요하다.

4) 비회원의 클럽 사용 요청(직접 방문 시)

외부 손님이 방문하여 사우나 사용을 원했으나 회원도, 투숙객도 아니었고 클럽베란다는 회원제로 운영되고 있는 클럽이기 때문에 사용이 불가하다고 설명을 드렸다. 그러나 손님은 다른 호텔에 묵고 있으나 평소에 좋은 이미지를 갖고 있는 이 호텔을 찾았다고 하시면서 사용할 수 있도록 부탁하셨다.

■ 행동요령

① 이러한 요청 시 처음에는 클럽의 규칙을 설명드리고 손님의 기분이 상하지 않도록 정중하게 거절한다.

⇨ "대단히 죄송합니다만, 저희 클럽은 회원제로 운영되고 있으므로 일반은 입장을 받지 않고 있습니다."

② 손님의 계속적인 요청 시 행동이나 성품이 사용하셔도 무리가 없어 보이면 클럽 과장에게 연락하여 상황을 보고하고 사용 여부를 결정한다. 클럽 과장이 부재 중일 때에는 계장에게 승인을 얻도록 한다.

⇨ "과장님 외부에서 손님이 사우나를 이용하시려고 오셨는데 사용하실 수 있도록 해드려도 되겠습니까?"

③ 상부의 승인을 얻은 후 GUEST FEE에 해당하는 15,400원을 부과하고 사용하도록 한다.

⇨ "손님께서 특별히 입장하실 수 있는 기회를 드리겠습니다. 그리고 요금은 15,400원입니다. 나오실 때 계산해 주시면 감사하겠습니다."

④ 클럽이 회원들과 투숙객들로 붐비는 시간에는 이러한 요청을 상황에 따라 처리하도록 한다.

⇨ "저희는 회원제로 운영되고 있으므로 일반 손님은 입장이 불가능합니다. 그리고 지금은 많은 회원님들께서 사용하고 계시므로 곤란하겠습니다. 죄송합니다만, 다음에 기회가 되면 사용하실 수 있도록 해주시면 감사하겠습니다."

▶ 참고 및 주의사항

분위기나 행동, 성품 등을 파악해서 무리 없는 경우라면 오랜 시간을 지체하지 말고 조치한 후 사원들 간에 긴밀한 연락을 취하며 각별한 주의를 기울인다.

5) 프리미어 회원의 클럽 입장

B회원께서 클럽의 사우나에서 친구를 만났다. 그 친구분은 스마일프리미어 회원으로 B회원께 클럽베란다 회원과 스마일프리미어 회원이 별 차이가 없다는 얘기를 하신다(비싸게 예치금이나 연회비를 낼 필요 없이, 스마일프리미어 회원 카드만 있으면 객실도 F&B업장도 훨씬 유

리한 가격으로 이용할 수 있다는 요지의…).

B회원께서는 클럽베란다 회원으로서 누릴 수 있는 혜택이 별로 특별하지 않으며, 자신이 호텔의 VIP가 아니라는 느낌을 받는다.

■ 행동요령

① 클럽베란다 회원은 진심으로 우리가 VIP로 모시는 고객임을 설명드린다.

⇨ "저희 베란다 회원님은 월드베스트스마일에서 최상의 서비스를 받으실 자격이 있으시며 최고의 VIP고객이십니다."

② 클럽베란다 회원과 프리미어 회원께 주어지는 혜택의 차이점을 설명한다.

⇨ "베란다 회원님은 연중 객실을 40% 할인받으실 수 있고 다른 업장 이용 시에도 회원카드로 식음료 15% 할인받으시며 서울 스마일에서도 사우나 이용 시 클럽베란다와 같은 혜택을 받으실 수 있습니다."

▶ 참고 및 주의사항

사실 이 부분은 회원께 자신있게 설명하기 매우 곤란하다. 베란다 회원이 이용료를 후불로 처리할 수 있다는 것 이외에도 객실 및 F&B 업장 할인이나 세탁서비스 할인 등 전반적으로 프리미어 회원과 비교해서 큰 차이가 없다. 그러므로 우리 호텔에서 주는 다른 혜택을 알려드리며 VIP라는 느낌이 들도록 설명하여 드린다.

6) 에어로빅 룸 부재의 불편함

현재 본 클럽에는 에어로빅 룸이 없는 관계로 여자 회원들께서 많은 불편을 겪고 계신다.

평소에는 수영장의 여유공간을 이용해 에어로빅 수업을 하고 있는데, 여름에는 수영장에서의 수업이 불가능하므로 체육관에서의 체력단련으로 에어로빅을 대신하고 있다. 또한 겨울에 에어로빅을 하시는 분은 수영장의 문을 열고 하며, 반대로 수영을 하시는 분은 수영장의 문을 닫음으로써 계속적인 문제가 발생된다.

■ 행동요령

① 호텔에서 에어로빅 룸을 마련하기 위해 노력 중이지만, 여유공간의 부족으로 어려움이 많음을 설명드린다.

⇨ "저희 호텔에서 많은 노력을 함에도 불구하고 관광특구로 인하여 새로운 건물의 신축이 불가능하므로 회원님께 불편을 드려 정말 죄송합니다."

② 수영장의 여유공간 활용을 설명드리고 양해를 구한다.

⇨ "불편하시더라도 수영장에 저희가 운동을 할 수 있도록 준비해 놓았으니 이용해 주시면 감사하겠습니다."

③ 에어로빅을 하지 않는 수영장 이용고객에게는 에어로빅 음악소리나 구령소리 등이 휴식에 방해가 될 수 있으므로 정중히 양해를 구한다.

⇨ "이용하시는데 소란스럽고 불편을 드려 정말 죄송합니다. 손님께서는 조금만 이해해 주시기 바랍니다."

▶ 참고 및 주의사항

수영장에서 에어로빅을 하므로 수영장 이용고객과 에어로빅을 하는 회원 모두에게 불편을 주고 있다. 고객만족을 위하여 시설 마련이 필수적인 요소이므로 회사차원의 대처가 꼭 필요하며, 회원과 직원의 문제보다 회원과 회원 또는 회원과 객실손님의 계속적인 마찰과 불평의 요인이 되므로 상황에 따라 적극적으로 대처해야 한다.

7) 오일이나 소금을 바른 채로 탕에 입욕

여자 회원 중 몇 분은 오일이나 소금 등을 바르고 탕에 들어간다. 회원이 오일을 바르고 입욕하는 것을 보게 되면 바로 말씀을 드리고 저지할 수 있지만, 그렇지 못한 경우에는 사우나를 함께 이용하던 다른 고객이 직원에게 불평을 한다.

■ 행동요령

① 고객께 샤워 후 입욕할 것을 요구하며, 다른 이용객의 불편함을 설명한다.

⇨ "사우나는 여러 손님께서 이용하시는 곳이므로 입욕하시기 전에 꼭 샤워를 해주시

기 바랍니다."

② 한두 차례의 요구에도 응하지 않을 경우, 고객이 사우나 이용을 마치고 나올 때 사무실로 모셔 클럽의 규칙을 설명드리고 이해시킨다.

⇨ "저희 클럽은 회원님만 사용하시므로 최대한 청결상태를 유지하여 고객에게 제공하므로 서로를 위하여 오일이나 소금은 반드시 샤워를 하신 후 입욕해 주시면 고맙겠습니다."

▶ 참고 및 주의사항

여자 회원들은 남자 회원과는 달리 상기의 경우가 가끔씩 발생하는데, 이런 일은 회원의 입장을 이해하거나 예외를 만들 수 있는 사항이 전혀 아니므로 고객 스스로 자각할 수 있도록 설득력 있게 설명하고, 고객의 감정유발이나 피해의식을 느끼지 않도록 각별히 유의하도록 한다.

8) 문신한 고객의 사우나 입장

C회원은 항상 일정한 시간에 클럽을 이용한다. 사우나 이용도중 신체에 문신을 한 고객(비회원)이 입욕하는 것을 보고 대단히 불쾌해 하며, "회원제로 운영한다는 이 클럽에서 어떻게 그런 고객을 입장시킬 수 있느냐"며 클럽 측에 해명을 요구한다(평소 비회원에 대한 불평을 함께 표현).

■ 행동요령

① 신체에 문신한 고객을 발견했을 경우, 클럽의 규칙을 설명드리며 정중히 입장을 거절한다(고객의 반응이 부정적일 경우, 상급자나 과장 또는 당직께 보고한다). "저희 클럽은 회원제로 운영되고 있으며, 회원님의 편의를 위해서 신체에 문신을 한 손님의 입장을 제재하고 있으므로 규칙을 지켜주시기 바랍니다."

② 특히 이용객이 많은 시간대에는 반드시 상기와 같은 고객의 입장을 사절한다.

⇨ "기회가 되시면 다음에 저희 클럽을 이용해 주시면 감사하겠습니다."

▶ 참고 및 주의사항

상기와 같은 고객은 다른 이용객에게 불쾌감을 줄 뿐 아니라, 혐오감을 느끼는 고객도 있을 것이므로 최대한 신속하게 대응하며, 각별한 주의가 필요하다. 또한 문신한 고객 역시 호텔의 손님임을 상기하여 최대한 정중한 태도로 고객에게 설명한다.

9) 어린이 동반 사우나 입장

A회원은 자주 자녀를 동반하고 사우나에 입장한다. 직원들이 여러 차례 12세 이하의 어린이는 사우나 이용이 안된다는 규칙을 말씀드렸으나, A회원의 어린이 동반입장에 전혀 변화가 없다.

■ 행동요령

① 회원이 직원들의 규칙준수 요구에 응하지 않으므로, 본 클럽에서 어린이 동반 입장을 규제하는 이유를 정중하게 설명한다(어린이 입장은 안전사고를 유발할 수 있고, 다른 회원들의 휴식에 방해가 될 수 있음을 상기시킨다).

⇨ "저희 클럽은 회원제로 운영되고 있고 회원님들께서 휴식을 취하러 오시는 곳이기 때문에 어린이가 입장하게 되면 편하게 쉴 수 없도록 통제를 하고 있으며, 탕에서의 안전사고에서도 문제가 있으므로 입장이 불가함을 알려드립니다."

② 어린이 동반 고객께 수영장 이용을 권한다.

⇨ "어린이는 사우나에는 입장이 되지 않지만, 수영장에는 어린이 POOL이 따로 되어 있으니 수영장을 이용하도록 해주시면 감사하겠습니다."

③ 고객이 수영장 이용도 거부하고, 어린이 때문에 사우나 이용을 못 할 경우, 고객의 양해를 구하고 다음 기회에 클럽을 이용하도록 말씀드린다.

⇨ "손님의 사정은 이해가 됩니다만, 저희 클럽의 규칙이니 불편하시더라도 지켜주시고 어린이를 동반하지 않은 다른 기회를 이용하여 주시면 감사하겠습니다."

▶ 참고 및 주의사항

최근에는 가족단위의 이용객 증가로 어린이를 동반한 고객이 많아지고 있다. 그러므로 일반 목욕탕처럼 대인 또는 소인으로 가격을 명시하여 영업을 할 수 없으며, 회원들 스스로가 많이 자제를 하고 이해를 하면서도 회원 상호 간에 불화가 종종 생긴다. 또한 이런 사례가 자주 있고 고객 불편의 요인이 되므로 최대한 정중한 태도로 말씀드린다. 또한 고객이 불쾌감을 느끼지 않도록 예의를 갖추며 상황에 따라 적극적으로 대처한다.

10) 수영모자 착용에 대한 손님의 불평

수영장을 이용하고자 하는 객실고객이 오셔서 수영모자가 필요하다고 말씀드렸다. 고객의 말로는 자신의 경험으로 볼 때, 수영모를 요구하는 호텔은 세계에서 이 호텔뿐이라며, 우스운 일이라고 화를 내었다.

■ 행동요령

① In-door 수영장이므로 수영모자 착용이 필수적이며 위생상의 문제로 수영모자를 쓰고 이용할 것을 부드럽게 설명한다.
⇨ "실내 수영장의 수질을 보호함과 위생상의 청결을 위하여 수영모자를 착용하여 주십시오."

② 고객이 계속해서 수영모자를 쓰지 않고 이용하겠다고 하면 클럽에서 비치하고 있는 수영모자를 빌려주어 사용하도록 한다.
⇨ "손님께서 수영모자를 준비하지 않으셨으면 저희 클럽에서 비치한 수영모자를 빌려드리겠으니 착용하여 주시고 사용 후 돌려주시면 감사하겠습니다."

③ 손님에게 빌려준 수영모자는 반드시 돌려받도록 한다.
⇨ "손님께서 사용하신 수영모자는 저희 직원에게 돌려주시기 바랍니다. 감사합니다."

▶ 참고 및 주의사항

수영모자 착용에 대한 이 같은 불평은 외국인 투숙객에게 자주 일어나는 상황이므로 처음 손님이 클럽을 방문하였을 때 우리의 규칙이나 판매에 대한 사항을 강압적으로 주지시키지 말고 설득력 있게 이해시켜 준다.

대부분의 고객은 사원의 설명을 듣고 수영모자를 구입하지만, 몇몇 고객은 상당히 불쾌해 하며 수영장 이용조차 거부하고 돌아가 버리는 경우도 있다. 이런 고객에게는 현장 사원의 판단 아래 모자를 대여해 주도록 한다.

11) 응급환자가 발생했을 경우

사우나 안에서 한 회원이 빈혈로 인해 쓰러져 있는 걸 마사지하시는 분이 발견하여 급히 파우더 룸으로 모시고 나왔다.

■ 행동요령

① 간호사를 부른다(구내 #9230).

⇨ "클럽 베란다에 응급환자가 있으니 베란다 입구로 와주십시오."

② 서비스코맨드로 알려 당직과 안전과 사원을 부르도록 한다(응급상황 처리를 보조하도록 한다).

⇨ "클럽 베란다에 응급환자가 생겼으니 연락조치를 취해주시고 당직과 보안과 사원은 클럽 베란다 입구로 오도록 연락을 취해 주십시오."

③ 간호사로 하여금 응급조치를 취하게 한다.

⇨ "간호사님, 병원에 도착하기까지 응급조치를 신속히 취해 주십시오."

④ 간호사는 고객이 위독하다고 판단되는 경우 당직으로 하여금 119 구조대 혹은 병원(회사 지정병원) 앰뷸런스를 요청하도록 SOS를 통해 응급실 치료를 예약한다.

⇨ "긴급환자 발생입니다. ○○호텔 정문으로 앰뷸런스를 보내주십시오."

⑤ 응급환자 발생 및 처리상황을 경영진(과장, 수석부장, 최고경영자)에 보고한다.

⇨ 약식보고

⑥ SOS를 통해 환자의 상태를 계속 점검한다.

⇨ "지금 환자의 상태가 어떻습니까?"

⑦ 당직 로고 북에 기록한다.

⇨ "당직 로고 북에 기록하여 주십시오."

▶ 참고 및 주의사항

간호사 부재 시 당직의 책임하에 응급조치 및 CPR(자격을 갖춘 사람)을 실시하고 환자를 병원으로 후송, 치료토록 한다.

2. 종합안내센터

1) Morning Call에 대한 불평

Wake Up Call을 부탁한 시간에 안 했다고 불평하시는 경우

■ 행동요령

① 우선 당직지배인에게 연락하여 불평을 방지한다.

② 사과의 말씀을 드리고 고객을 이해, 진정시킨다.

- 대단히 죄송합니다.
- 변명의 여지가 없습니다.
- 또다시 이렇게 실수를 하지 않도록 각별히 주의하겠습니다.

③ Morning Call Sheet를 보고 부탁한 시간과 손님성함을 재확인하고(등록된 고객명을 확인), 해당 근무자에게 확인한 후 다시 한 번 손님께 사과의 말씀을 드린 뒤 다시는 이런 실수를 하지 않을 것이라 말씀드린다.

④ Morning Call에 대한 중요성은 두세 번 교육해도 모자람이 없으니 당사자인 투숙객 입장에서 해결방법을 모색해 보고 어려울 때에는 당직 지배인에게 보고하여 도움을 청한다.

▶ 참고 및 주의사항

ⓐ Walk Up Call은 부탁받는 즉시 sheet에 기재한다.

ⓑ Walk Up Call 부탁하시는 손님의 이름을 CND로 동시에 확인하고, 이름을 불러드리며 시간을 알려드린 후 "안녕히 주무십시오"라고 인사한다.

ⓒ Walk Up Call을 해드릴 때에는 다음의 시간을 기억해 둔다.

2) Urgent Fax Delivery

객실손님께 온 Urgent Fax가 도착 즉시 전달되지 않았다고 불평하시는 손님이 계실 경우

■ 행동요령

① 도착 즉시 Room에 전화해서 계실 경우 Guest Service를 통해 올려 드리고 안 계실 경우 각 업장에 연락, 찾아서라도 즉시 전달한다.
② 계실 만한 곳에 찾아보았으나 안 계실 경우 도착시간을 적고 찾아보았으나 못 찾았다는 내용의 Message와 함께 Front에 보관한다.
③ 밤늦은 시간에 도착한 Urgent Fax는 급한 정도의 내용을 읽어보고 처리한다.
④ 처리 곤란한 Fax는 당직지배인에게 인계 후 필히 확인 · 기록한다.

▶ 참고 및 주의사항

즉시 전달되지 않는 급한 상황의 Fax가 있을 때는 전달되지 못했음을 상대방에게 알려드린다.

3) 기록된 Page대로 도착하지 않은 Fax

보낸 곳의 Page대로 다 못 받은 Fax를 손님은 우리의 실수로 생각하고 불평하시는 경우

■ 행동요령

① 나머지 Fax가 다시 올 때까지 Holding하지 않는다.
② 받는 즉시 내용을 손님께 상세히 설명한 다음 Message와 함께 Message Waiting Button을 Light On한다(받는 날짜, 시간, 상대방이 몇 장을 보냈는데 몇 장이 도착했다는 내용).
③ Room에 계실 때에는 상황을 설명해 드리고, 부재 중일 때에는 ②와 같은 조치를 취한다.

▶ 참고 및 주의사항

ⓐ 만약 손님이 받은 Fax에 대한 불신이 있다면 팩스기계의 기능선택에서 Reception Replying Report를 참고로 확인시켜 드린다.
ⓑ 고객에게 상황설명을 한 후 다시 받아볼 수 있도록 신속하게 조치한다. 당직지배인에게 보고 · 처리한다.

4) 서비스가 늦어져 항의할 때

- 직원의 실수로 늦게 주문해서 음식이 늦게 배달되는 경우
- 직원의 실수로 주문을 잘못 받아 고객이 원하는 음식이 아닐 경우
- 직원의 실수로 깜박 잊고 늦게 주문한 경우

■ 행동요령

① Order가 밀려서 지연될 때에는 반드시 고객에게 양해를 구해야 한다.

② 고객이 원하는 시간을 반드시 확인한 후 가부를 결정한다.

③ 반드시 소요시간을 안내한다(약 5분, 10분).

④ 특히 외국인의 주문 시 또박또박 복창하여 실수를 방지해야 한다. 비슷한 음식과 발음상의 혼동에 각별히 유의해야 한다.

▶ 참고 및 주의사항

ⓐ 일단 고객의 불평을 접수하면 고객의 입장을 충분히 고려하여 경청후 처리하고, 책임자에게 연락, 신속히 방문 또는 전화를 이용하여 대처해야 한다.

ⓑ 경우에 따라 책임자 또는 당직 지배인이 객실에 올라가 해결한다. 다른 음식으로 대체, 서비스한다.

ⓒ 정중한 태도로 사과해야 한다.

ⓓ 자연스럽게 Upsetting을 해야지 너무 비싼 것만 전한다는 느낌을 주면 안된다.

3. 객실영업부서

1) 비치사이드 객실예약이 잘못됐을 때

■ 행동요령

① 우선 호텔직원의 잘못된 점을 정중히 사과드린다.

② 객실 중 50%가 Beach Side Rm인 관계로 Beach Side Rm 예약은 신중하게 받고 있다고 설명을 드리며, 아울러 뒤쪽은 ○○○바닷가를 볼 수 있고, 야경은 Beach Side

보다 더 좋다고 설명드린다(○○섬, ○○○동상, 조용한 점 강조).

③ 익일 Beach Side 쪽으로 Rm Change해 드리겠다고 조심스럽게 제의한다.

④ Dlx Rm일 경우 Superior Rate Up Grade 식으로 첫째 날만 할인의 폭을 조금 더 높여준다.

⑤ 계속 Beach Side를 원할 경우 남아 있는 다른 유형의 객실을 권한다.

⑥ 그래도 불만일 경우 Shift Leader에게 상황을 보고한다.

⑦ Shift Leader는 전반적으로 재검토한 후 선택의 여지가 없으면 Over Booking으로 인한 과실을 설명하고 정중히 사과드린다. 재방문 시에는 이러한 일이 발생하지 않도록 하겠다는 약속을 드리며 명함을 건네준다.

▶ 참고 및 주의사항

당직지배인에게 상황 보고하여 적당한 VIP Amenity를 올려드리게 하며 예약 과실에 의한 문제점을 찾아내어 담당자에게 책임감 없는 근무태도에 관해 철저히 교육시킨다.

2) Pre-Registration

단골고객임에도 체크인 시 Registration을 한다고 불평할 때

■ 행동요령

① 모든 예약된 고객은 객실에서 등록받는 것을 원칙으로 하나, 고객이 원할 경우 Front에서 등록받는다. Walk In 고객은 제외, A/P 등 등록 철저

② Guest History상 주소 및 입력상태가 미비할 경우는 상황을 설명드리고, 이번만 명함을 주시거나 정확히 기입해 주시면 차후 이런 일이 없을 것이라고 정중히 사과드린다.

③ 정확한 Registration을 받아 Change History Menu에서 정확하게 입력한 후 Up-Date시킨다.

④ 예약자와 투숙자가 다른 경우가 가끔 있으므로 성함 · 전화번호 · Sign을 받는다고 정중하게 설명드린다(얼굴을 기억하는 단골고객은 Sign만 받는다).

⑤ 예약자 · 투숙자의 명확한 구분을 위해 Duplicate 체크인한다.

⑥ Dup, Folio를 만들어 입력시키고 원래의 예약자는 그대로 둔다.

▶ 참고 및 주의사항

ⓐ Guest History Notices난에 Special Notices를 남겨 다음에는 재발되지 않도록 한다.

ⓑ 객실에서 등록받는 GRO나 G/S 요원은 고객 History난을 Update하기 위해 필요한 사항을 기입하도록 유도한다.

ⓒ 객실에서 나올 때 정중하게 인사하고, 필요한 일이 있으면 연락하라는 말과 함께 명함을 드린다.

ⓓ 명함을 받아 입력시켜도 된다.

3) Room Rate의 차이

History가 있는 고객이 Travel Agent를 통해 예약하여 책정된 객실요금이 이전의 객실요금과 다르다고 불평할 때

■ 행동요령

① 예약에 관한 GNR Slip(웨스트론 예약) 또는 Fax의 내용을 확인한다.

② 여행사를 통한 예약은 수수료가 지불되어야 하기 때문에 호텔 임의로 가격이 조정될 수 없다고 정중하게 설명드린다.

③ 고객에게 여행사를 통한 예약은 취소해야 함을 말씀드린다.

④ Guest History로 다시 예약을 만들어 C/In한다.

▶ 참고 및 주의사항

ⓐ 여행사에서는 객실요금에 대한 수수료를 기대하고 있으므로 손님에게 반드시 예약은 취소해야 함을 알려드린다. 만일 취소하지 않으면 1박에 대한 No Show Charge가 Guarantee로 되어 있는 Credit Card로 청구된다는 것을 명확히 설명드린다(객실료 80% + 세금).

ⓑ 예약을 취소하여 고객 이름으로 Comment를 남긴다.

ⓒ 다음부터는 호텔로 직접 예약하는 것이 정확하고 편리하다는 것을 설명드린 후 Hotel Name Card를 전해준다.

ⓓ 여행사를 통해서 예약하면 객실료는 싸지만 10%의 수수료가 지출되기 때문에 각자의 명함을 최대 활용, 직접 예약할 수 있도록 유도한다.

예) Brown/Smarpe Corp. 삼성르노자동차

Mr. Fusegawa K. 등

4) 프리미어 회원에 대한 할인 안내

언제나 50% 할인혜택과 객실이용이 가능하며 우선적으로 전망 좋은 객실을 배정받을 수 있다는 회원들의 불평

■ 행동요령

① 멤버수첩에 기재되어 있는 내용들을 정확히 인식하게끔 정중하게 설명드린다(사용기간 및 사용내역).

② 객실상황에 대한 정보가 전혀 없는 회원과 직원에게 예약하며 C/In 시 예상치 못한 결과를 초래하는 경우를 설명드리며, 차후에는 예약과로 정확히 예약하실 것을 권한다.

③ 스마일프리미어 멤버에게는 식음료에 대한 혜택을 드리고자 하는 목적이고 비수기에는 특별히 객실에도 혜택을 드린다는 점을 설명드린다.

▶ 참고 및 주의사항

ⓐ 회원과 직원이 회원 가입만을 위해 객실할인 50%를 강조하여 손님 입장에서는 언제든지 50% 할인된다는 인식을 하고 있는 경우가 많음.부실, 과대광고로 호텔 이미지를 나쁘게 하는 회원과 직원을 리스트에 기입하여 평가하는 방법으로 제도적으로 개선하게끔 한다.

ⓑ 특히 Check In 시 다른 고객 Walk Ins가 듣지 않도록 신속하게 처리한다.

5) Separate Folio

체크아웃 시 2개 이상 Separate Billing을 요구할 때 지연되는 시간으로 인한 불평

■ 행동요령

① 외국인 투숙객 또는 Long Term Guest일 경우 거의 80% 정도가 Separate Folio를 원한다고 봐도 무방하다. 사전에 감지하여 C/In 시 만일 Separate Folio를 원하면 지금 준비하는 것이 좋으며 나중에 한다면 현 System상으로 Transfer는 가능하나 Folio에 프린트된다는 점을 설명하여 사전방지한다.

② C/Out 시 요구하면 2개 이상의 다른 Acc't Folio는 가능하나 시간이 지체되며 Transfer 흔적이 남게 된다고 설명한다.

- 프린트되는 것을 원치 않는 경우에는 Typing으로 대체해 줄 수 있음을 설명한다.
- 많은 분량일 경우 일단 현재의 Folio를 드린 후 주소지로 Mailing 또는 Fax로 보내드릴 수 있다고 설명한다.
- 정확한 주소 또는 Fax No.를 확인한다.

▶ 참고 및 주의사항

ⓐ Guest History에 Special Comment를 남겨 다음 예약부터는 사전에 Separate Folio를 Set Up하여 C/In될 수 있게끔 한다. Inc, R/T Laundry 등으로 구분 Account를 만든다.

ⓑ Summary Folio로 대체하는 경우도 있다. Detail하게 나오지 않으므로 가능하다.

6) Mini-Bar Check

고객이 Mini-Bar Bill에 Check하여 가져올 경우

■ 행동요령

① 일행이나 방문객이 계셨는가를 여쭤보며 다른 분이 사용하였는지도 모르므로 잠시

기다리시면 Check시켜 드리겠다고 설명드린다.

② 일행이나 방문객이 없었다고 할 경우 고객을 믿고 Bill에 사인을 받고 Posting한다.

(1) **고객이** Mini-Bar Bill**을 가져오지 않고 사용내역을 기억한다고 할 때**

■ 행동요령

① 고객의 기억도 존중해야 하겠지만, 객실에서 입력한 System이라고 설명한 후 잠시 기다려주시면 입력하여 드리겠다고 양해를 구한 후 무전기로 객실번호를 명확하게 복창하여 Check시킨다(입력이 완료되면 Front에 연락하도록 주지시킨다).

② 룸서비스 직원이 잊어버리는 경우가 있으므로 Front Agent는 수시로 확인 연락한다.

③ Check가 끝나면 고객에게 죄송하다는 말과 아울러 다음에는 체크아웃 전 연락주시면 사전에 Express C/Out된다는 설명을 드린다.

(2) **고객이** Mini-Bar Bill**을 사용하지 않았다고 할 경우**

■ 행동요령

① 일행이나 방문객이 계셨는가를 여쭤보며 다른 분이 혹시 사용하였는지도 모르므로 Check해야 함을 설명드리며 확인시킨다.

② 일행이나 방문객이 없다면 고객을 믿고 C/Out하면서 계산이 다를 경우 연락드리겠다고 말씀드린 후 Agent 명함을 드리며 고객명함도 받도록 한다.

(3) Check**된** Mini-Bar Item**이 본인의 사용내역과 다른 경우의 불평**

■ 행동요령

① Room service 직원에게 Mini-Bar Bill을 가급적 빨리 Front에 가져오라고 연락한다.

② Bill 내역을 재확인시키며 혹시 방문객이 계셨는지 여부를 여쭤본다.

③ C/In 시간과 전날 투숙객 C/Out시간을 확인한다.

④ 고객을 믿고 우선적으로 정정한다.

⑤ 잘못된 계산으로 지연된 시간과 불쾌감을 초래하게 된 것에 대해 정중히 사과한다.

▶ 참고 및 주의사항

ⓐ 많은 호텔비를 지출하는 고객에게 적은 금액으로 호텔의 나쁜 이미지를 주지 않도록 정중히 배려한다.

ⓑ C/Out 시 반드시 고객께 계산이 틀릴 경우 연락드리겠다고 말씀드린 후 고객이 Check한 것과 다르면 연락 후 추징한다.

ⓒ 시간적 여유가 있는 고객께는 잠시 의자에 앉게 하고 Check한다.

ⓓ 가족 투숙의 경우 자신이 마신 품목만 기억하며 Check해서 내려오는 경우가 있으므로 신중하게 처리한다.

ⓔ 시일이 지나서 걸려오는 전화는 책임자에게 보고, 처리한다.

ⓕ 시외전화의 경우가 대부분이므로 연락처, 품목, 날짜(C/Out), 호실 등을 받아 적고, 찾아본 후 연락한다.

7) Early Check-In

(1) 사전 연락이 있었을 경우

■ 행동요령

10:00 이전에 C/Out한 객실을 확인하고, Room Block한 후 Housekeeping에 연락하여 객실 청소를 먼저 하도록 한다.

(2) 사전 연락이 없었을 경우

■ 행동요령

① Block된 객실이 Dirty로 나타날 때는 우선 같은 Type의 청소된 다른 객실을 찾아본다.

② 그래도 청소된 객실이 없으면 다른 Guest 앞으로 Block된 같은 Type의 객실 중 체

크인시간 등을 확인 후 Change 가능하며 서로 맞바꾼다(예약과는 체크인시간 입력 포함).

③ VIP Room일 경우 꼭 Housekeeping, Room Service로 연락한다.

④ 선택의 여지가 없으면 양해를 얻은 후 Lobby Attendant로 하여금 Lobby Lounge 또는 Executive Club Lounge로 안내시킨 후 Housekeeping에 연락하여 우선적으로 청소하도록 하여 완료 즉시 Front Desk에 연락하도록 주의시킨다.

▶ 참고 및 주의사항

ⓐ 수시로 청소가 완료되었는지를 확인 및 독촉한다.

ⓑ 객실 준비가 끝나면 즉시 Lobby Attendant에게 연락하여 고객을 안내하도록 하여 기다리게 해서 죄송하다는 말씀을 드리도록 한다.

4. 고객관리요원

1) 객실에서 Fax & Computer 사용

Hotel 객실 중 Business 업무에 필요한 시설이 미리 갖추어진 Office Room이 없어 Fax 및 Computer 사용이 불가능해 Business 고객들의 불평이 잦다.

■ 행동요령

① Office Room은 없지만 고객이 원할 때에는 언제든지 바로 Set Up해 드릴 수 있음을 말씀드려 Business 고객들이 우리 Hotel을 이용함에 전혀 불편함이 없음을 인식시키도록 한다. "Office Room을 따로 준비한 것이 없으나 Business 고객들을 위한 E/Floor Room이 있으므로 필요로 하는 Business Equipment는 바로 객실에 설치해 드릴 수 있습니다. 특히 E/Floor 고객들을 위해 E/Club Lounge를 운영하고 있으므로 객실에서 업무를 보시다가 답답하고 피곤함을 느끼실 때 언제든지 E/Club Lounge에 들러 차 한잔을 마시면서 휴식을 취할 수 있습니다."

② 관련부서인 시설부에 연락해 필요로 하는 Fax기나 Computer를 빠른 시간 내에 Set Up하도록 연락을 취한다.

③ Facsimile를 필요로 하는 고객 중 수신을 원하는 고객인 경우엔 수신할 수 있는 Fax No.를 알려드리도록 한다.
④ 설치작업이 제대로 되었는지 필히 확인한다.
⑤ 손님에게 사용상 문제가 있는지 반드시 확인해 보고 이상이 있다면 빠른 시간 내에 조치를 취하도록 한다.

▶ 참고 및 주의사항

ⓐ C/Out 시 반드시 Pick Up하라는 'Flag'를 남겨두도록 하고 CMD Center에도 Inform해 두도록 한다.
ⓑ Fax/Computer 일일 대여요금을 알려준다.
ⓒ 수신과 발신이 다 되도록 연결해 줄 경우 계산관계를 확실하게 하여야 한다. 1개월 후에 요금이 통보되므로 청구지, 담당자를 확인한다.

2) E/Club Incharge

아침식사 시간과 Happy Hour 때 15, 16층 고객이 아닌 고객이 E/Club에 오셨을 경우

■ 행동요령

① Computer Notice가 되어 있는 경우
만약, 합당한 이유로(E/Floor로 예약했는데 객실 부족으로 Exe.Rate로 Deluxe에 투숙) E/Club O.K로 Notice되어 있을 경우는 바로 Table로 안내해 드리고 E/Floor에 투숙하는 고객보다 더 친절하게 해드린다.
② Computer에 특별한 Notice가 없는데 Deluxe Room에 투숙하는 고객이 오셨을 때 : 손님이 쉽게 이해할 수 있도록 설명드린다.

- 죄송하지만 16층에 투숙하는 손님들만 이용하게 되어 있으니 다음에는 E/Floor Room에 투숙하시게 되면 이용해 주십시오.
- "왜 Deluxe에 투숙하면 이런 혜택을 못 받나요?"라는 질문을 받을 때 : "E/Floor Room 요금이 Deluxe Room 요금에 비해 36,300원이 더 많은 대신에 이곳을 이용할 수 있는 혜택을 드리고 있습니다."라고 설명드린다.

③ 객실 하나는 E/Floor이고 하나는 Deluxe에 투숙하는 고객일 경우에 가족이 와서 따로 머물고 있는데 E/CLUB에서 식사를 할 수 없겠습니까?라는 부탁을 하는 고객일 경우

- "추가요금을 내시고 이용할 수 있도록 해드리겠습니다."

▶ 참고 및 주의사항

ⓐ E/CLUB은 Repeat, Long-Term 고객들이 집 · 사무실처럼 편안히 이용할 수 있게 머무시는 동안 최대한의 편의를 느낄 수 있도록 만들어야 한다.

ⓑ E/Floor 객실을 원했으나 Full이라 Deluxe에 투숙하면서 E/CLUB을 이용하러 오시는 고객들에게 무조건 이용 불가능이라든가, 식사요금지불문제를 먼저 내세우다 보면 매출을 더 올리려다 오히려 영원히 고객을 놓치는 경우가 생길 수도 있으므로 상황여하에 따라 아주 조심스럽게 문제를 해결하는 요령이 무엇보다도 필요하다.

3) General VIP멤버 고객이 오셨을 때

VIP멤버 고객은 General, Burgundy, Gold 세 가지로 분류된다.

지금까지 종류에 구분 없이 아침식사(continental breakfast)를 무료로 드렸으나, 2014년부터는 General Member들에게는 제공되지 않고 Burgundy, Gold에게만 제공된다. 그런데 General 중 아직 그것을 모르는 일부 고객들이 아침식사를 하시러 오는 경우가 있다.

■ 행동요령

① "죄송하지만, 2014년부터는 일반회원에게는 아침식사가 제공되지 않고 Burgundy 회원부터 제공해 드리고 있습니다. VIP멤버 Service Center에서 모든 회원께 이에 대한 Inform Letter를 미리 발송해 드렸는데 제대로 전달이 안된 것 같습니다. 앞으로 TWBSH을 더 많이 이용하셔서 Burgundy회원이 되시면 그때 다시 찾아주십시오"라고 설명을 드린다.

② 제대로 안내를 받지 못했으니 아침식사를 제공받아야겠다고 끝까지 우기는 손님이 있을 경우

"그럼 저희 TWBS Hotel을 자주 이용해 주시기 바라는 뜻에서 이번에 특별히 식사를 무료로 제공해 드리겠습니다. 앞으로 저희 TWBS을 사랑해 주시고 자주 이용하셔서 더 많은 혜택을 부여받으시기 바랍니다."

▶ 참고 및 주의사항

TWBS Premier 고객의 대다수는 한번 방문으로 그치는 것이 아니라 계속적으로 방문하시는 분들이므로 가능하면 모든 것을 긍정적으로 해결하는 것이 최우선이다. 규정을 지키는 것도 중요하나 상황에 따라 융통성이 요구되므로 센스 있게 행동하는 것이 더욱 중요하다.

4) Room Facility

호텔이라 하면 궁궐과 같다는 상상을 하고 비싼 요금을 내고 투숙했는데, 일반 가정집보다 못하다는 객실시설의 노후화로 자주 발생하는 불평불만

■ 행동요령

① 일단은 무조건 죄송하다는 사과를 드린다.

② 시설보다는 호텔 주위의 경관과 인적 서비스가 타 호텔과 비교할 수 없이 탁월함을 인식시켜 기분을 가라앉혀 드릴 수 있도록 노력한다.

③ 그래도 불평이 그치지 않을 때에는 당직을 연결시켜 드린다.

▶ 참고 및 주의사항

불평하는 손님에게는 항상 최선을 다해 풀어드리려 노력한다는 인상을 보여드린다.

5) Communication

언어소통이 되지 않아 여러 부서(사원)를 거치면서 되풀이하게 되어 발생한 불평불만

■ 행동요령

① 먼저 손님께 정중하게 사과를 드린다. 손님이 요구하는 것이 무엇인지 확인해서 빠

른 시간 내에 해결해 드리도록 한다.

② 손님의 요구사항을 완벽하게 해결해 드리고 난 뒤 고객관리담당 임을 밝히고 도움이 필요하면 언제든지 연락해 달라고 한다.

③ 관련된 부서나 사원을 확인한다.

④ 상황의 경중에 따라 Manager에게 보고하고 Manager는 이를 부서장에게 알려서 사원을 교육할 수 있게 한다.

▶ 참고 및 주의사항

손님의 불평과 요구사항을 먼저 해결해 드리도록 하는 것이 우선인데, 손님을 기다리게 하고 관련 부서에 먼저 연락해 문제점을 확인하는 경우가 간혹 발생할 수도 있다. 항상 최선의 해결책이 무엇인가를 생각하고 일을 처리하도록 한다.

6) Room Temperature

환절기에 가장 많은 불평 중 하나이다.

■ 행동요령

온도조절이 필요하면 시설관리부에 연락해 고객의 입장을 알리고 적절하게 조절해 줄 것을 제의한다. 환절기라 시스템 조절이 불가능하다고 할 때는 상황판단을 잘해 고객이 더 화나지 않게 하는 최선의 방법을 모색하도록 한다.

① 손님에 따라 느끼는 상태가 다를 수 있으므로 먼저 손님에게 사과를 하고 춥다고 불평하시는 고객인 경우 : “덥다고 느끼시는 분도 많아서” 덥다고 불평하시는 고객인 경우 : “춥다고 느끼시는 분도 많아서” 중앙난방 System이라 개별적으로 조정이 불가능함에 대해 양해를 구한다.

② 그리고 나서 바로 관련부서에 연락해 춥다고 할 때에는 여분의 담요를 하나 더 넣어드리도록 하고, 덥다고 할 때에는 창문을 열어두거나 여분의 선풍기가 있는지 확인해 보고 있으면 Set Up해 드리도록 한다.

③ 그런 후에도 손님이 계속적으로 불평을 할 때는 당직에게 연결해 주도록 한다.

▶ 참고 및 주의사항

냉 · 난방 조절이 동시에 가능한 System 설비를 갖추는 게 최우선이나, 현 상황이 그렇지 못할 경우엔 System을 운운하지 말고 상황을 대처해 나가는 개개인의 자질에 따라 고객의 불평을 최소화할 수 있으므로, 항상 최선을 다하는 모습을 보이도록 한다.

7) 예약상의 문제

예약을 했는데도 불구하고 성함을 찾을 수가 없어 체크인이 지체되어 발생하는 불평

■ 행동요령

① 먼저 Last Name과 First Name을 다 찾아본다.
② 성함으로 찾아도 없을 때는 회사이름으로 찾아본다.
③ 1, 2로 찾아도 없을 때에는 예약자의 성함으로 찾아본다.
④ 1, 2, 3으로도 찾을 수 없을 때에는 빠른 시간 내에 Room Forecast를 확인해 보고 원하시는 Type의 Room을 드리도록 한다.
⑤ 회사가 Corporate된 회사인지 확인해 보고 Corp.된 회사이면 그에 맞는 요금을 적용시켜 드리도록 한다.
⑥ Lobby에 서서 등록하는 불편을 없애기 위해 바로 객실로 안내해 드리면서 부대시설 등을 설명해 드리도록 하고 객실에서 등록할 수 있는 편의를 제공한다.
⑦ 손님을 안심시켜 드리고 모든 절차가 끝나면 예약부에 연락해 상황을 설명하고 예약받은 Slip을 확인하도록 한다.
⑧ 만약 예약 Slip이 있으면 적용된 요금이 어떤 것인지를 확인하고 그에 맞는 적절한 요금을 적용하고 손님에게 알려드리도록 한다.

▶ 참고 및 주의사항

ⓐ Repeat 고객의 얼굴을 익혀두어 Front Desk에서 C/IN이 지체되지 않도록 Front Desk에 바로 성함을 알려주어 Express C/IN이 될 수 있도록 한다.
ⓑ 고객의 예약상황을 찾을 수 없을 때는 비슷한 이름, 예약자 회사명 등을 검색

하여 최대한 빠르게 찾아내도록 한다.

ⓒ 예약이 되어 있지도 않고 객실도 만실인 경우 : 당직 지배인에게 알려 빠른 조치를 취하도록 한다.

5. 고객서비스부서

1) 물품보관 요청 시

손님이 짐을 며칠 보관해 줄 것을 부탁하시는 경우

▪ 행동요령

① 우선 고객과 물품의 내용을 확인한 후 귀중품일 때에는 보관하지 않는 방향으로 유도하고 Manager에게 보고한다.

② 보관할 짐의 종류와 개수를 파악한다.

③ 찾으러 오실 날짜와 시간을 확인한다.

④ 찾으러 오실 장소나 전화번호를 알려드린다. 보관할 장소를 고객에게 알려드린다.

⑤ 분실이나 파손되지 않도록 주의하여 보관하고 Log Book에 기록하여 전 사원이 알도록 하여 손님이 오셨을 경우 불편하지 않도록 신속하게 전해드리도록 한다.

▶ 참고 및 주의사항

ⓐ 보관 시 다른 물건과 섞이지 않게 한다.

ⓑ 퇴근 시 문이 잘 잠겨 있는지 확인한다.

ⓒ 손님이 찾으러 오실 경우 신속하게 찾아드린다.

ⓓ 귀중품 보관은 하지 않는 게 원칙이다.

ⓔ 반드시 Tag을 발행하면서 찾으러 오실 때 가지고 오게 하고 분실하지 않도록 작은 Tag이라도 중요하게 인식시킨다.

ⓕ 손님이 직접 Check Room에 들어가지 않게 해야 하고, 반드시 직원이 Tag을 확인하고 내어드린다.

ⓖ 타인이 찾으러 올 경우 반드시 Log한다. 연락처, 서명 등을 받는다.

2) 난동을 부리는 고객이 있을 때

술에 취한 고객이 난동을 부리고 기물을 파손하는 경우

■ 행동요령

① 손님이 계속 난동을 부릴 경우 당직지배인에게 보고하고, 사태가 심각할 경우 경찰서에 신고한다.
② 경찰서에서 경찰들이 오면 당직지배인과 가해자는 파출소로 간다.
③ 당직지배인은 경찰과의 중재하에 가해자와 적정한 합의를 하여 종결짓는다.
④ Log Book에 기록한다.

▶ 참고 및 주의사항

ⓐ 서비스요원은 손님과 직접적인 접촉은 피하고 안전관리과 직원이나 경찰서에서 온 경찰이 접촉하도록 할 것
ⓑ 절대로 몸싸움을 하거나 같이 욕설을 하지 말 것. 허리띠를 잡아도 폭행으로 간주되어 곤란에 처함
ⓒ 최대한 빠른 시간 내에 처리. 다른 고객에 대한 피해를 최소화하여야 한다.
ⓓ 기물, 시설물 파괴의 경우는 시설부에 연락, 적절한 보상을 받는다.

3) Valet Parking Service

Valet Parking Service가 안 좋다고 불평할 때

■ 행동요령

① 고객의 차량이 현관 앞에 도착하면 먼 거리에서는 거수경례로, 근거리에서는 허리를 굽혀서 상냥한 목소리로 인사한다. 모자를 착용하고 있을 때에는 반드시 거수경례를 한다.
② 잠시 후 나오겠다고 자동차 키를 안 주고 잠그려 할 때에는 정중하게 맡겨주실 것을 말씀드린다. 이때 바쁜 관계로 말이 빠르거나 Tone 조절이 안되면 고객불평으로 이어지므로 낮은 어조로 정중하게 한다.

③ CCTV를 통해 주차장 상황을 미리 파악 후, 위치를 안내하며 정중한 태도와 함께 항상 미소를 지으며 근무한다.

▶ 참고 및 주의사항

ⓐ 주차장이 부족할 때에는 단골고객, VIP차량 등을 우선 주차하고, 나머지 차는 마리나 주차장으로 유도한다. 특히 그 지역이 생소한 고객에게는 직원이 직접 안내해야 한다.

ⓑ 특히 소형차량 소유자의 불평이 가장 많으므로 차종에 관계없이 순서에 의거 대리주차해야 한다.

ⓒ Door와 Lobby Attendant를 겸해서 근무하기 때문에 모자를 쓴 경우와 안 쓴 경우의 인사법이 달라져야 한다.

ⓓ 특히 여성고객의 도착 시 문열 때 각별한 주의가 요구된다.

4) 지하주차장의 주차기 고장(B1, B2)

지하주차장의 주차기 고장으로 고객의 차량을 끼내지 못하는 경우

■ 행동요령

① 주차기의 고장으로 작동이 불가할 때는 고객께 먼저 사과드리고 접수하는 직원이 당직 지배인에게 전화나 무전기로 연락, 현장에서 기다리지 않게 Lounge나 Lobby의 의자로 안내하여 드리고 기다리시는 동안 수동으로 작동하여 신속하게 수리 및 대기시켜야 한다.

② 성미가 급한 고객은 욕설을 마구 퍼붓기도 하고 급한 경우에는 호텔차량을 제공하라는 고객도 있다. 호텔 측의 잘못이기 때문에 우선 제공하고 수리 후 찾아가실 수 있도록 조치한다. 기계고장으로 인한 사고는 당직이 Taxi비를 지급한다.

③ 시간적 여유가 있는 고객은 차를 대접하든가 쉴 수 있는 공간을 제공한다.

▶ 참고 및 주의사항

ⓐ 고객의 실수로 팔레트를 이탈한 경우라도 고객을 무안하게 하거나 당황하게 만들지 말아야 한다.

• 잠시만 기다려주십시오. 즉시 조치(처리)해 드리겠습니다.

ⓑ XX기계에 즉시 연락, 조치한다.

ⓒ 비상전화설치, 현재의 위치 외 2곳씩 B-1, B-2 영어(Help), 한글 비상전화 표기

ⓓ CCTV 설치, 주차장 상황을 한눈에 볼 수 있게 하여 차량도착 시 위치(주차) 안내

6. 객실관리부서

1) 습득물에 대한 불평

손님이 객실에 물건을 놓고 체크아웃하는 경우

■ 행동요령

① 먼저 객실관리과 사무실에 접수되어 있는지 확인한다.

② 접수되어 있지 않을 경우에는 그 객실담당에게 연락을 취하여 확인한다.

③ 물건이 없을 경우에는 손님에게 업장 이용 여부를 조심스럽게 물어본다.

④ 손님이 이용한 업장에 전화를 하여 확인한다.

▶ 참고 및 주의사항

손님에게 최선을 다하여 물건을 찾고 있다는 이미지를 주도록 하고, 귀찮아하는 듯한 태도를 보여서는 안된다.

2) 객실청소가 안되어 있을 때

■ 행동요령

① 우선 정중하게 웃는 얼굴로 반갑게 인사한다.

② 손님께 체크아웃 시간이 오후 1시라서 손님방을 미리 준비하지 못했음을 정중히 사과드린다.

③ 손님을 직접 19층 라운지까지 모시고 가서 커피 한잔 하시는 동안 손님방을 깨끗이 준비하겠다고 정중히 말한다.

④ 객실 청소 때 문짝 보호대와 카트를 필히 걸고 문을 닫은 상태에서 청소한다.

⑤ 객실주임이 객실까지 손님을 안내하면서 다시 한 번 정중히 사과드리고 불편한 점이 있으면 즉시 연락을 달라고 말한다.

⑥ 정 까다로운 분은 당직지배인에게 연락하여 처리하도록 한다.

▶ 참고 및 주의사항

손님께 정중히 설명하고 기분 나쁜 표현으로 고객의 감정을 상하게 해서는 안 된다.

3) 낯선 손님이 객실 개방을 요구할 때

1920호 객실 청소를 하던 중 낯선 손님이 다가와 1921호 손님이라고 밝히면서 일행 중 한 명이 열쇠를 가지고 외출했으니 문을 열어달라고 하기 위해 접근해 온 경우

■ 행동요령

① "안녕하십니까?" "반갑습니다"라는 인사말과 함께 밝은 미소로 맞이한다.

② "죄송하지만, 등록된 분의 성함과 본인의 성함이 어떻게 되십니까?" 하고 조심스럽게 물어본다.

③ "잠시만 기다려주십시오"라고 정중하게 요청하고 가장 가까운 전화를 이용하여 당직에게 이 사실을 알린다.

④ 이때 낯선 손님에 대한 객실문 개방은 당직이 입회해야 한다는 규칙을 잊어서는 안 된다.

⑤ 그 외 외부로부터 꽃이나 과일을 전달하거나 투숙객을 방문하는 경우는 F/O에서 해당 객실손님과 사전 확인을 한 후 Bell Man이 동행하는 것을 원칙으로 하고 특수한 경우 당직의 직접적인 지시에 따른다.

▶ 참고 및 주의사항

ⓐ 이때 손님이 문 앞에서 기다리고 있는 상황이므로 무엇보다도 신속한 행동이 필요하다.

ⓑ 손님을 믿지 못한다는 인상을 줄 수 있으므로 말투나 맞이하는 태도가 정중해야 한다.

4) 객실 내 손님의 물건 분실

손님이 체크아웃을 한 후 객실에 놓아둔 물건을 찾기 위해 F/O나 Commend Center 등을 통해 H/K로 연락이 오는 경우

■ 행동요령

① 먼저 분실된 내용을 정확하게 확인한다(품목, 색깔, 크기, 장소 등).
② 객실관리과 사무실에 접수되어 있는지 확인한다.
③ 접수되어 있지 않을 경우에는 그 객실 담당에게 연락을 취하여 확인한다.
④ 물건이 없을 경우에는 손님에게 업장 이용 여부를 조심스럽게 물어본다.
⑤ 손님이 이용한 업장에 전화하여 확인한다.
⑥ 신속히 최종 결과를 손님께 전달한다.

- 물건이 있을 경우 : 소포로 물건을 전해드린다.
- 물건이 없을 경우 : 관리자가 직접 전화하여 공손하게 상황을 설명해 드리며 조치한다.

▶ 참고 및 주의사항
손님에게 최선을 다하여 물건을 찾고 있다는 이미지를 주도록 하고 귀찮아하는 듯한 태도를 보여서는 안된다.

5) 배달이 늦어질 경우

객실손님의 세탁물을 방으로 배달하러 갔으나 Double Lock 또는 D.N.D Card가 붙어 있어서 세탁물을 전해드리지 못한 경우

■ 행동요령

① Card가 걸려 있어서 세탁물을 전해드리지 못했음을 알리는 메모를 문틈을 통해 손

님에게 전한다.

② 세탁물을 보관하다가 손님에게서 연락이 오면 보내드린다.

③ 퇴근시간이 가까워져도 연락이 없으면 언제라도 연락이 오면 손님에게 본인 이외의 사람도 배달할 수 있도록 H/K 사무실로 세탁물을 넘기고 당직에게 연락을 취해 둔다.

④ H/K의 세탁물 인수자는 세탁물을 지정된 곳에, 눈에 띄게 쉽게 메모와 함께 놔두고 장부에도 기재한다.

⑤ Turn Down Service 시 다시 한 번 객실을 확인하도록 한다.

⑥ 이때 객실 내 인기척이 느껴질 때에는 당직에게 연락해 손님에게 전화를 해보도록 한다.

▶ 참고 및 주의사항

여러 가지 경우에 있어서 세탁물을 손님께 직접 전달한 직원은 시간, 이름, 전달 여부를 정해진 장부에 기록하여 다음날 근무조가 상황을 파악할 수 있도록 한다.

6) DND Card가 계속 걸려 있을 때

담당 Room Attendant가 시간 내에 객실청소를 하고 퇴근해야 하는데 DND Card가 계속 걸려 있어 청소를 하지 못한 경우

■ 행동요령

① 오전 중에는 절대로 전화하거나 노크하지 않는다.

② 그 객실을 자주 주시하며 오후 1시까지 기다려본다.

③ 오후 1시까지 기다려도 DND Card가 계속 걸려 있을 때는 주임이나 계장에게 보고하여, PC 모니터로 C/O했는지 확인한다.

④ 확인 결과 모니터상에 C/O가 되지 않았을 경우 F/O에 연락하며 체류 연장 또는 기타 특별한 상황 유무를 확인한다.

⑤ 보고받은 과정은 상황을 정확하게 판단하여 오후 Turn Down조에게 인수하여 손

님이 원할 때에는 밤늦게라도 청소하도록 조치를 취해둔다.

▶ 참고 및 주의사항

ⓐ 손님이 객실 직원으로 인해 잠에서 깨지 않도록 객실을 살필 때에는 신중하고 조심성을 기한다.

ⓑ Card가 객실문에 걸려 있는 상황이므로 Room Attendant는 퇴근시간이 가까워졌다고 하더라도 손님의 Privacy를 최대한 배려해 행동하도록 한다.

7) 침대 크기의 변경

저희 호텔을 이용한 적이 있는 외국인 여자 손님께서 당직에게 전화를 하여 남편의 키가 2m가 넘기 때문에 특별히 큰 침대를 준비해 달라고 요청을 한 경우

■ 행동요령

① 현재 침대 크기로 2m의 장신이 이용하기엔 불편하므로 특별한 조치가 필요하다.

② 연락받은 H/K 책임자는 담당자에게 지시하여 President Suite Room의 카우치를 Head Board 앞에 놓고 담요를 이용하여 높이를 맞추고 Bed Sheet도 넓힌 부분과 함께 싼다.

③ President Suite Room이 타 고객 투숙 중이라 이용이 불가능할 경우는 다른 객실의 Luggage Stand를 이용하여 같은 방법으로 만든다.

④ 특별한 경우이므로 작업이 완료되면 당직 지배인이나 책임자는 직접 객실을 방문하여 이상 유무 및 만족 여부를 확인한다.

⑤ 상기의 방법으로 고객께서 만족해 하지 못할 경우 목공실과 상의하여 필요한 부분을 합판으로 임시 제작토록 한다.

⑥ Check Out하면 즉시 철수하여 타 고객에게는 정상적인 침대가 제공되도록 한다.

▶ 참고 및 주의사항

손님의 키에 맞추어 카우치를 적절하게 정성껏 준비하여, 손님이 만족할 수 있도록 담당 Room Attendant와 당직은 최선을 다해 준비했다는 이미지를 심어줄 수 있어야 한다.

8) 욕실에 칫솔이 없다고 불평할 때

1020호 손님이 방값이 비싼 특급호텔임에도 불구하고 칫솔을 무료로 제공하지 않는다고 불평을 하신 경우

■ 행동요령

① 손님의 불편을 진지하게 받아들이는 자세로 끝까지 경청한다.
② 그런 후 환경보호 차원에서의 정부시책으로 인해 1회용품을 객실 내에 비치하거나 제공할 수 없음을 말씀드린다.
③ 그 대신 필요한 경우 양질의 칫솔을 시중가격과 비슷한 가격으로 미니바에서 구입할 수 있음을 말씀드리고 비치된 장소도 일러드린다.
④ 그래도 손님의 이해가 부족하다고 판단되면 그 사실을 책임자에게 보고한다.
⑤ 보고받은 당직이나 책임자는 손님의 불평이 최소화되도록 인내를 가지고 유연하게 대처해야 한다.

▶ 참고 및 주의사항
이때 지나친 원칙이나 규정만을 내세워 고객의 이해를 강요하는 인상을 주지 않도록 각별한 주의를 요한다.

9) 모자라는 장비의 요청

810호 장기 투숙 손님께서 전기다리미를 객실에 넣어달라고 하셨지만 H/K에서 확보된 수량은 이미 다른 객실손님께서 사용 중이어서 여분이 없는 관계로 손님께 제공해 드리지 못한 경우

■ 행동요령

① 연락받은 사원은 용도와 필요로 하는 시간을 알아둔다.
② 객실 내의 장비이동 상황판을 보고 회수가능 객실을 판단하여 전화를 걸어 사용 여부를 알아본다.
③ 회수할 때에는 상황을 잘 말씀드리고 사용 후에는 즉시 다시 갖다드리겠다는 약속

을 한다.

④ 모두 사용 중이라 회수할 수 없을 경우에는 우선 정중하게 상황설명을 해드린다.

⑤ 급하게 다림질할 옷감이 있는지를 알아보고 있다면 세탁실에서 무료로 다림질해 드리겠다고 제의해 본다.

⑥ 상기 상황 종료 후에도 계속 타 객실로부터 회수를 시도하여 빠른 시간 내에 처리될 수 있도록 한다.

▶ 참고 및 주의사항

ⓐ 일시적으로 회수한 객실손님과의 약속이 이행되도록 다음 근무자에게 정확하게 인수하여 다른 객실에서 회수되는 즉시 우선적으로 갖다드린다.

ⓑ 위와 같은 상황이 되지 않게 필요한 수량은 추가로 확보해 둔다.

10) 개방된 객실의 출입

1908호 객실을 청소하던 중 미처 객실 문이 닫혀 있지 않은 상태에서 "수고하셨습니다" 하면서 손님이 들어오시는데 1908호 손님이 맞는지 알 수가 없는 경우

■ 행동요령

① "손님의 안전을 위해 필요합니다. 죄송하지만, 열쇠를 좀 보여주시겠습니까?" 하며 해당 객실의 손님이 맞는지 확인하도록 한다.

② 해당 객실손님의 얼굴을 분명하게 아는 경우 "안녕하십니까?" "지금 청소 중입니다. 신속히 마치도록 하겠습니다"라고 인사를 한다.

③ 해당 객실손님이 아니면 "이 방은 다른 손님이 투숙 중입니다. 잠시 기다려주시겠습니까?"라고 요청한다.

④ H/K 사무실과 당직에게 보고하여 확인하도록 한다.

⑤ 이때 해당 객실 내에 잠시라도 낯선 사람을 혼자 남겨두고 현장을 떠나서는 안 된다. 필요시 옆 동료들의 도움을 받는다.

▶ 참고 및 주의사항

ⓐ 호텔의 생리를 잘 아는 사람이 여러 가지 약점을 이용하여 손님의 물건을 절

취할 수 있으므로 세심한 주의를 요한다.

ⓑ 상황에 따라 해칠 경우도 있으므로 내심 긴장을 풀지 않도록 한다.

11) 옷수선 의뢰

8층 객실을 청소하고 있던 중 옆방 손님께서 옷을 하나 내보이면서 어제 쇼핑하면서 샀는데 크기가 맞지 않아 수선을 필요로 한다고 하신 경우

■ 행동요령

① 처음 요청을 받는 사람은 즉시 H/K 사무실로 이 내용을 알린다.

② H/K 사무실에서는 담당 재봉사를 해당 객실로 보내 손님이 원하는 내용을 정확히 파악하게 하고

③ 손님이 원하는 시간 내에 원하는 내용대로 할 수 없다고 판단될 경우에는 손님께 상황설명을 해드리고 외부 전문업체에 맡길 것을 제의한다.

④ 손님의 옷 수선 때 자체의 기술로 해결이 가능한 경우 별도의 요금은 받지 않는 것을 원칙으로 한다.

⑤ 외부 전문업체에 의뢰하는 경우 실비용만을 받도록 한다.

▶ 참고 및 주의사항

수선이 완료된 상태에서 손님의 요구와 맞지 않으면 곤란한 경우가 발생될 수 있으므로 손님이 원하는 내용이 무엇인지 정확하게 알아야 한다(예 : 바지의 길이가 길다, 혹은 짧다).

12) 객실 소음으로 Complaint이 생긴 경우

1805호 손님께서 밤 8시경 바쁜 업무관계로 객실 내에서 서류작업을 하고 있던 중 1806호 손님이 TV를 크게 들어 시끄러워 방해가 된다며 Turn Down과 직원에게 불평을 하신 경우

■ 행동요령

① 접수를 처음 받은 종업원은 당직에게 즉시 연락한다.
② 당직은 해당 객실로 전화하여 옆방 손님의 불평이 있다는 사실을 알리고 양해를 구한다.
③ 문이 열린 상태라면 우선 문을 닫아줄 것을 요청한다.
④ 양해를 얻지 못했을 경우 당직은 문제의 방을 직접 방문하여 한번 더 양해를 구해본다.
⑤ 그래도 어렵다고 판단될 경우 1805호 손님의 방을 바꾸도록 한다.

▶ 참고 및 주의사항

불평하는 손님도 양해하지 않는 손님도 각자의 기준이 다르므로 손님을 원망하기보다는 우리가 취할 조치가 어떤 것인가를 먼저 생각하도록 한다.

13) 손님이 발병하셨을 경우

투숙하신 손님께서 D.N.D Card도 없이 아침 늦게까지 움직임이 보이지 않아 이상하다고 느끼고 있던 중 몸이 아프다는 사실을 알게 된 경우

■ 행동요령

① 처음 발견한 종업원은 담당 주임을 통하여 당직에게 이 사실을 알리도록 한다.
② 당직은 호텔 간호사에게 연락하여 상태의 정도를 판단하도록 하며, 함께 동행하도록 한다.
③ 간호사가 조치할 수 없는 상태라고 판단되면 호텔 지정병원으로 보내 의사의 조치를 받도록 제의한다.
④ 이송 시에는 손님의 소지품 보관 및 처리에 관하여 협의하고 호텔차량을 대기시킨다.
⑤ 이때 필요한 치료비 및 비용은 손님 부담임을 알린다.

▶ 참고 및 주의사항

손님의 소지품 처리에 세심한 주의를 요한다.

7. 세탁부서

1) 배달된 세탁물을 찾지 못하고 있을 때

객실손님께서 아침에 세탁 의뢰한 세탁물이 아직 배달되지 않았다고 세탁물 배달을 요구하신다. 배달사원이 배달장부를 확인한 결과 배달 완료된 것이 확인되어 있다.

■ 행동요령

① 당일 접수된 Laundry List를 조사한다.

② 손님께서 기입한 수량이 작성한 Laundry Bill과 일치하는지 확인한다.

③ 손님께 정중히 인사하고 배달된 세탁물을 서로 대조하며 확인한다. 옷장에 걸려 있는 경우도 있으므로 걸어야 할 세탁물은 옷장에 걸고 접은 세탁물은 손님께서 알기 쉽도록 침대 위에 놓는다고 설명드린다.

▶ 참고 및 주의사항

ⓐ 보통 이런 경우는 옷장에 걸려 있는 경우가 많으므로 옷장 안부터 확인한다.

ⓑ 옷장 안에도 없을 경우 손님께 언제까지 찾아드리겠다고 약속하여 안심시켜 드린 후 객실번호가 비슷한 객실에 가서 찾아보면 찾을 수 있다.

ⓒ 세탁물을 찾았을 경우 손님께 정중히 사과하고 상황을 설명드린 후 마무리 한다.

2) 세탁물의 품목과 수량이 Laundry List와 일치하지 않을 때

객실손님으로부터 의뢰받은 세탁물이 손님께서 작성한 List와 수량이 일치하지 않고 있다.

■ 행동요령

① 먼저 객실로 전화하여 손님이 객실에 계시는지 확인한다.

② 손님이 계시면 접수된 세탁물을 전부 가지고 가서 일치하지 않는 세탁물에 대하여 설명드리고 수량을 고친다.

③ 손님께서 부재 중일 때에는 당직에게 상황을 설명하고 일단 내려온 세탁물은 세탁하여 배달한다.

④ 배달할 때에는 문제가 되는 부분을 메모 처리하여 다음날 처리한다.

▶ 참고 및 주의사항

만일 손님이 인정하지 않고 계속 자기 주장만 고집할 경우에는 최선을 다하여 손님을 설득해 보고 끝내 고집하면 손님과 타협하여 손님의 의도에 따라 손님이 만족할 수 있는 조치를 취한다(예 : 변재 또는 일정 액수만큼의 무료 세탁 등).

3) 세탁물을 두고 Check-Out했을 때

당일 아침 손님이 세탁물을 Pick Up하여 세탁 후 객실로 배달을 갔으나 손님께서는 Check Out하셨다.

■ 행동요령

① 세탁물을 다시 가져온다.

② 내려온 세탁물은 Housekeeping에 가져간다.

③ 담당자에게 상황을 설명하고 Lost Found 절차에 의하여 처리한다.

④ 처리 후 당직 지배인에게 이 사실을 알리고 연락 가능하면 연락한다.

⑤ 연락 후 손님께서 우편배달을 원하면 정확한 주소에 의하여 송달한다.

▶ 참고 및 주의사항

혹시 Room Number가 잘못 기재되었는지 확인하고 당일 Pick Up한 세탁물을 전부 세밀하게 조사한 후 당직 지배인에게 보고하고 Housekeeping에 보관하는 것이 원칙이다.

4) 세탁물 접수 및 마킹과정에서 하자가 발견된 경우

손님의 세탁물을 Pick Up하여 마킹하는 과정에서 세탁물을 면밀히 관찰하는 중 옷에 흠집이나 구멍이 발견됨

■ 행동요령

① 우선 객실에 전화하여 손님의 부재 여부를 확인한다.

② 손님께서 이 사실을 알고 계시면 세탁 여부를 결정한다.

③ 만일 확인하고 싶다면 문제의 세탁물을 가지고 가서 상황을 설명한다.

④ 확인 후 세탁을 원하면 세탁해 드리고 Bill작성 시 '확인', 또는 '구멍 OK'라고 기입한다.'

▶ 참고 및 주의사항

고객께서 흠집이나 구멍에 대한 수리 의뢰가 있을 때 봉재사에게 수리 의뢰를 하고, 시간이 많이 소요될 경우는 손님께 상황을 설명드려 마무리한다.

5) 세탁물 배달이 늦어질 때

객실손님의 세탁물을 방으로 가져갔으나 Double Lock 또는 Private Card가 걸려 있어 배달을 할 수 없다.

■ 행동요령

① 취침 중이라 세탁물을 전하지 못했음을 알리는 Laundry service카드를 방에 넣어 둔다.

② 세탁물을 Housekeeping에 맡겨둔다.

③ 당직에게 상황을 설명하고 세탁물의 위치를 알려둔다(밤중에 세탁물을 찾을 경우가 있다).

④ 다음날 세탁실 직원은 맡겨둔 세탁물이 배달되었는지 확인한다.

⑤ 만약 배달되지 않았다면 객실로 배달해 드린다.

▶ 참고 및 주의사항

ⓐ 세탁부 직원이 퇴근한 뒤 한밤중 손님께서 세탁물을 원하여 당직 근무자가 배달했을 경우에는 배달자가 항상 메모를 남겨두어야 한다.

ⓑ 만일 당직 근무자가 이런 절차 없이 손님께 배달하고 퇴근하였다면 다음날 아침에 출근한 세탁직원은 세탁물이 분실되었다고 판단하여 세탁물을 찾는

경우가 있어 업무에 차질이 발생하므로 유의해야 한다.

6) 수선의뢰가 있을 때

세탁물을 Pick Up하러 객실에 갔는데 세탁물 중 수선할 곳이 있다고 손님께서 의뢰하신다.

■ 행동요령

① 수선할 곳이 어딘지 정확하게 접수받는다.
② 봉재사에게 정확하게 수선할 곳을 알려준다.
③ 봉재사는 수선 가능한지, 시간이 얼마나 소요되는지 명쾌한 답을 주어야 한다.
④ 답을 받은 세탁직원은 손님께 이 사실을 알려드린다.
⑤ 수선후 잘 다림질하여 배달한다.

▶ 참고 및 주의사항

ⓐ 간혹 바지를 줄여달라는 주문과 늘려 달라는 주문이 있다. 이때에는 정확한 치수를 받아 Laundry List에 적고 봉재사에게 인계하여야 한다.
ⓑ 시설 부족으로 시간이 지체될 때에는 꼭 손님께 말씀드려 기다리지 않도록 해야 한다.

7) 헬스클럽 회원에 대한 세탁서비스

헬스클럽 회원이 휴식을 취하는 동안 헬스클럽 직원을 통하여 세탁물을 의뢰했다.

■ 행동요령

① 헬스클럽 직원은 세탁물을 접수받아 세탁실로 넘긴다.
세탁실 직원은 Express Service인지 아닌지 확인하고 Express Service일 때에는 Laundry List에 기입한다.
② 세탁 후 헬스클럽 직원을 불러 후불인지 여부를 회원께 여쭙고 계산서를 처리한다.

▶ 참고 및 주의사항

헬스클럽에서 의뢰하는 세탁물은 대개 Express Service가 많기 때문에 별도로 세탁해야 하며, 세탁과정을 수시 점검하여 빠른 시간 내에 배달될 수 있도록 해야 한다.

8) 세탁실 작업시간 종료 후 세탁을 의뢰받을 때

세탁실 영업 종료 후 객실손님으로부터 세탁물을 의뢰받았다.

■ 행동요령

① 전화받는 자는 오늘 필요한 것인지, 내일까지 필요한 것인지 확인한다.
② 다음날까지 해도 좋다고 하면 접수했다가 다음날 세탁실로 보낸다.
③ 오늘 급히 필요한 세탁물이라면 외부 세탁소에 전화하여 세탁가능 여부를 확인한다.
④ 세탁이 가능하다고 하면 Express Service 요원이 Pick Up하여 외부 세탁을 해온다.

▶ 참고 및 주의사항

외부 세탁소에 의뢰하는 것이므로 세탁물을 꼼꼼히 확인한 후 세탁을 의뢰해야 한다.

9) 손님이 입고 있는 옷을 세탁하고자 할 때

손님이 호텔에 중요한 모임이 있어서 오셨는데 현재 입고 있는 옷이 너무 구겨지거나 더럽다고 하시면서 지금 입은 옷의 세탁을 긴급히 의뢰하였다.

■ 행동요령

① 일단 세탁실 사무실로 모시고 온다.
② 손님이 여분의 옷을 가지고 있지 않으므로 유니폼을 빌려서 잠시 입으시도록 한다.
③ 최대한 빠른 시간에 세탁하여 손님이 기다리는 시간을 최소화하여 고객에게 최선의 서비스를 제공한다.

▶ 참고 및 주의사항

사무실에서 기다리는 손님이 지루하지 않도록 Hotel 홍보물을 보여 드리고, 때에 따라서 세탁과정을 보여드려 지루함을 최소화한다.

10) 세탁 시 옷감의 변질 및 변색 사고 대응책

손님께서 외국 유명상품의 옷을 세탁 의뢰하면서 굉장히 아끼는 것이니 세탁에 주의하라고 당부하셨다. 그러나 세탁 후 변색되어 손님은 변상을 원하신다.

■ 행동요령

① 우선 죄송하다는 말과 함께 사고원인을 충분히 납득하도록 설명한다.

② 옷감의 재질과 특성, 세탁방법의 오기 또는 우리의 세탁방법 등을 가급적 상세히 설명드리고 Laundry의 잘못이면 과감히 인정하고 고객에게 양해를 구하고, 고객에게 불이익이 가지 않도록 최선을 다하고 있다고 말씀드린다.

③ 만일 소재 불량이나 제품의 하자일 경우에는 소비자보호원에 보내서 판정을 기다린다.

④ 생산자나 수입원칙의 잘못으로 판정되면 교환할 수 있도록 도와드린다. 만약 우리의 잘못으로 판정이 나면 손님과 타협하여 적절한 보상을 해드린다.

▶ 참고 및 주의사항

ⓐ 세탁물 접수 시 외국의 유명상품이라도 불량품이 나올 수 있으므로 확실한 Test를 거친 후 세탁한다.

ⓑ 세탁 시 위험이 따르거나 사고확률이 높은 것은 되돌려드리되, 그래도 세탁을 원하시면 세탁물 사고의 책임을 묻지 않겠다는 Sign을 받고 사고를 막기 위해 최선을 다해 세탁함으로써 하고 고객만족을 추구한다.

11) 손님께서 세탁물을 E-Club, G.R.O에 세탁 의뢰할 때

객실손님의 전화 한 통에 모든 세탁 Service가 완료되는 것을 잊거나 모르고, G.R.O에 들고 와서 세탁 의뢰한다.

■ 행동요령

① 손님이 직접 세탁물을 들고 나올 때 주위를 지나는 모든 직원은 손님이 들고 나오는 물건이 세탁물인지를 여쭙고 세탁물이면 Laundry에 연락한다.

② 세탁물을 직접 접수할 때에는 Laundry List와 대조하여 물세탁할 것인지 Dry Cleaning할 것인지 확인한다.

③ 객실에 안내장을 비치하여 객실에서 전화 한 통화로 세탁물 의뢰가 가능한 것을 통보한다.

④ 세탁실에서는 Laundry List에 적혀 있는 수량을 확인하고 Marking하여 세탁 후 List와 대조한 뒤 객실로 배달한다.

▶ 참고 및 주의사항

ⓐ 이럴 경우 수량과 Room Number의 잘못 기입으로 배달이 잘못될 수 있고 손님이 원하는 세탁을 하지 못할 경우가 발생하므로 정확하게 손님의 의도를 파악한 후 세탁실에 연락한다.

ⓑ 만약 용어에 문제가 있으면 즉시 세탁실 직원은 G.R.O에 연락하여 처리한다.

제12장

호텔관광서비스 성공사례 연구

제 12 장 호텔관광서비스 성공사례 연구

제 1 절 국제적 체인호텔의 서비스 사례

1. 리츠칼튼

리츠칼튼 호텔의 역사는 호텔의 아버지로서 최초의 '최고급 호텔'이란 개념을 도입한 세자르 리츠(1850~1918)가 1898년 파리에 호텔 리츠를 세움으로써 시작되었다. 리츠칼튼은 18세기 베르사유 궁전의 생활양식을 응용하여 고풍스럽고 고급스러운 내부장식과 분위기를 현대감각에 맞춰 설계한 호텔로, 외관의 품격과 내부의 격조, 그리고 정중한 종업원들의 서비스 정신을 바탕으로 최고의 품질을 추구하고 있다. 외국계 체인 호텔임에도 불구하고 매뉴얼이 잘돼 있는 리츠칼튼의 모토는 '우리는 신사숙녀를 모시는 신사숙녀'이다. 즉 서비스 전문인으로서 고객과 동료를 신사숙녀와 같은 마음으로, 존경심과 품위를 가지고 대하라는 뜻으로 이러한 최고급 이미지로 잘 훈련된 호텔 스태프들의 지극히 정중하고 친숙한 인상과 더불어 엘리트 비즈니스맨(elite businessman)과 기업의 중역층으로부터 높은 지지를 얻었다.

리츠칼튼 호텔은 지식경영의 최대 수혜자라고 할 수 있는 고객과의 학습관계를 형성할 수 있는 시스템을 구축하고 끊임없는 상호작용을 통한 고객의 요구와 취향을 파악하여 이에 맞는 고품격 서비스를 제공하는 한편 고객정보카드를 작성하여 완벽한 고객맞춤 서비스를 제공하고 있다.

또한 리츠칼튼 호텔에서는 '현장을 가장 잘 아는 사람은 일선 직원이다. 그들에게 권한을 부여하라'라고 해서 고객의 불만해소를 위해서라면 상사의 사전승인 없이도 2,000달러까지 지출할 수 있도록 종업원들에게 권한이 위임되어 있다.

리츠칼튼의 로고인 영국 왕실의 문장(紋章)인 왕관 위에 올라앉은 기품 있는 사자는 '호텔의 제왕, 왕의 호텔'이란 뜻이다. 1930년대 경제 대공황 시기에도 훗날의 성공과 영광에 대한 염원의 표현으로 텅 빈 객실의 불을 밝혀두었던 리츠칼튼 호텔은 최고의 품격을 제공한다는 자존심을 한시도 포기한 적이 없었다. 품질경영이란 "조직의 사명을 성취하기 위해 자산과 자원의 유효성을 극대화시키는 것"이라 믿고 있는 이 호텔의 진면목이 무엇인지 다시 한 번 생각하게 한다.

리츠칼튼 서비스의 특징을 정리하면 다음과 같다.

1) 종업원 존중

"저희는 신사숙녀 여러분을 모시는 신사숙녀들입니다(We are ladies and gentlemen serving ladies and gentlemen)"라는 회사 슬로건에서도 알 수 있듯이, 종업원을 존중하고, 이들을 위한 교육에 많은 시간과 자본을 투자하고 있다. 연간 100시간이 넘는 품질경영관리 교육(Total Quality Management Training)을 전 직원을 대상으로 전개하고 있으며, 이러한 교육과 지원을 통해 모든 종업원들이 고객에 대한 최고의 서비스를 제공할 수 있도록 하는 것이다. '고객만족'을 주창하는 많은 회사들이 정작 '종업원 만족'에는 별 관심을 보이지 않는 경우가 있다. 그럴 경우, 그들이 말하는 고객만족은 전혀 현실성 없는 구호에 그칠 수밖에 없을 것이다. 왜냐하면 고객이 만족하도록 만드는 것은 바로 고객을 만나는 사람들의 행동으로부터 가능한 것이고, 그들의 행동은 정해진 규범이나 절차가 아닌 진솔하고 자발적인 마음가짐으로부터 드러날 때 고객에게 진정한 만족과 감동을 줄 수 있기 때문이다.

2) 서비스 복구 기회

리츠칼튼 호텔에서는 고객이 불만을 터뜨리는 것을 기회라고 부른다. 무슨 기회냐 하면, 불만이라는 감정의 손상을 입은 고객에게 최선의 회복(Service Recovery)을 유도함으로써 더 큰 만족을 느끼게 할 수 있는 기회인 것이다. 이와 관련한 많은 조사 결과도 있지만, 각종 인터넷 사이트에 올라와 있는 '감사' 관련 글을 한번 보더라도 마찬가지 결과를 알 수 있다. "무슨 제품을 샀더니 참 좋더라" 하는 내용보다 "산 제품에 이런 문제가 있었는데 이를 참 친절하게 해결해 주셔서 좋았다"는 내용을 더 많이 발견할 수 있을 것이다. 왜 그럴까? 고장, 실망, 불편 등의 문제상황이 분명히 고객의 마음에 나쁜 감정을 가져왔지만, 이를 잘 극복하기만 한다면 해당 고객이 더 만족하고 더 충성심을 갖게 할 수 있다는 것이다. 이처럼 '기회'를 잡은 리츠칼튼의 종업원들은 고객불만에 대한 처리가 고객을 직접 담당하는 사람의 의무라고 생각한다. 그는 불만을 접하는 순간 리츠칼튼 호텔이 부여한 권한에 의거, 자신이 교육받고 경험한 바에 의해 최고의 서비스를 제공한다.

3) 서비스 문화 형성

훌륭한 개개인을 육성하는 것은 물론 중요하다. 하지만 더 중요한 것은 이를 전체 조직의 문화로 만들어나가는 것이다. 여기서 말하는 문화는 한두 개의 구호로 이루어지는 것이 아니라, 구체적인 프로그램과 지원 인프라를 통해 형성될 수 있다. 예를 들어 고객의 불만이 발생하면 이에 관한 사항은 즉각 데이터베이스에 입력되어 다른 종업원들이 해당 고객을 보다 잘 대응할 수 있도록 한다. 고객의 기호를 파악하는 순간, 그것이 고객이 좋아하는 생수건 고객이 좋아하는 베개의 모양이건 이를 고객 이력 파일을 통해 역시 데이터베이스화한다. 이처럼 모든 종업원이 효과적인 고객 데이터를 수집하고 또 이를 활용하면서, 왜 이러한 수집활동이 중요한지를 몸소 깨닫게 되고 이제는 누가 말하고 채근하지 않아도 알아서 중요한 정보를 입력하게 된다. 다른 종업원이 입력한 내용 덕분에 나의 서비스가 인정받고 고객을 미소 짓게 한다는 기쁨은 역시 적극적으로 고객 정보를 활용하도록 한다.

4) 간편한 서비스시스템 가동

시스템은 거창하지도, 복잡한 기능도 없다. 간단하고, 사용하기 쉽고, 사용에 제한도 없다. 그래서 호텔 전 직원들이 필요할 때마다 입력하고 필요할 때마다 활용할 수 있고, 이러한 적극적인 참여로 비로소 시스템은 그 가치를 갖게 된다.

끝으로 리츠칼튼사 초대 사장을 지냈던 호스트 슐츠(Horst Schulze)의 말을 덧붙인다. 이만큼 리츠칼튼 호텔의 정신을, 그리고 우리 시대에서 고객의 소리 관리에 대한 중요성을 잘 표현한 것도 없지 않을까 한다. "고객의 소리에 끊임없이 귀 기울여라. 고객은 변한다. 만약 여러분이 고객을 완벽하게 만족시켰다면 고객에게 더욱 귀 기울이고, 그들이 변하는지를 확인하라. 만약 고객의 기대가 바뀌었다면 여러분도 그들처럼 바뀌어라."

■ 리츠칼튼 버지니아 룸어텐던트 아주엘라(Virginia Azuela)

THE RITZ-CARLTON® HOTEL COMPANY, L.L.C.

미국 샌프란시스코의 리츠칼튼 호텔에는 세계적인 청소부라 불리는 버지니아 아주엘라(Virginia Azuela)가 있다. 겉보기에는 여느 청소부와 다를 바 없는 그녀는 호텔 직원에 있어 영광인 Five star상을 받기도 하였으며 세계적인 경영 평론가인 톰 피터슨이 지식인으로 뽑은 사람이기도 하다.

그녀는 고객만족을 위한 총괄 품질 경영(Total Quality Management : TQM)이라는 호텔의 경영 철학을 현장에 적용하고 여기서 생긴 문제점에 대해 끊임없이 개선방안을 찾아 나갔으며 자기가 찾아낸 문제 해결방법을 동료들과 공유해 왔다. 자신이 하는 일을 꾸준히 개선하여 함께함으로써 부가가치를 높였다는 것이 톰 피터슨이 그녀를 지식인의 전형으로 뽑은 이유였다고 한다.

동료들은 청소 같은 허드렛일이 품질과 무슨 관계가 있느냐고 말했지만 그녀는 객실 서비스가 호텔에 대한 만족 여부는 물론 호텔의 이미지를 결정한다고 보았으며, 사실 고객들은 객실 안에서 가장 많은 시간을 보내는 것이 사실이었다. 객실을 청소하면 언제나 '고객만족 제일'이라는 생각으로 개선하려고 하였으며, 고객카드를 만들어 청소 도구함에 달고 다니며 고객들의 이름을 외우고 고객들의 특성과 습관 등을 기록해 두고 그들이 원하는 객실 서비스를 하였다.

예컨대 수건을 많이 쓰는 고객, 비품의 위치를 바꿔주기를 원하는 고객, 특정한 신문을 원하는 고객 등을 알고 있다가 미리 맞추어준다는 것인데 웬만한 고객들을 다 알고 복도에서 투숙객을 만나면 이름을 부르며 인사를 할 정도였다. 뿐만 아니라 청소작업의 생산성을 높이기 위해 침대보 정리방법도 개선하였고, 청소 시 생기는 문제점은 발견 즉시 해결하고 사후 보고하여 고객에게 접근하는 방법을 바꾸었고 이러한 지식을 매일 이뤄지는 회의 등에서 현장에 있는 동료들과 공유하였다고 한다.

2. 힐튼 호텔

Hilton Worldwide는 1949년 이래로 분리되었던, HHC(Hilton Hotel Corporation)와 HI(Hilton International)가 Hilton 브랜드의 세계적 성장 및 재규합을 위해, 흩어졌던 두 기업이 Hilton이라는 브랜드를 통해 다시금 하나로 합쳐지게 되었다. 이러한 결합은 실제 기업으로 존재하는 것이 아닌 브랜드로 합해져서 하나의 상징적인 기업 명칭으로 존재하게 되었다. 1997년 이전까지만 해도, 프랑스 파리의 Paris Hilton의 Hilton 로고와 미국 Dallas의 힐튼 호텔의 로고는 서로 상이한 모습을 가지고 있었으나, 1997년 얼라이언스에서 양 기업은 전체적이며 공통적인 Hilton이라는 브랜드의 이미지를 통합하기 위하여 힐튼의 로고를 하나로 통일시켰으며, 이로 인해 전 세계에서 힐튼이라는 브랜드가 가지는 Identity를 확립하게 되었다. 통합 예약시스템을 통해서, 고객은 전문적인 여행사를 통해서든, 각 언어별로 제작된 홈페이지를 통해서든, Hilton Reservation Worldwide에 접속하는 것만으로도 전 세계의 모든 Hilton Worldwide의 호텔에 예약할 수 있으며, 항공편 및 렌터카 등의 예약지원을 통해 여행 일정 전반에 대한 모든 사항을 Hilton Reservation Worldwide를 통해서 결정할 수 있다(현재 H Honors Program의 포인트가 공유(통합 마일리지 적용)되거나, 혜택을 받을 수 있는 파트너 업체로는, Lufthansa, JAL, Delta, 대한항공, 아시아나 항공 등 전 세계 50여 개의 Airline 파트너, AVIS 등 Car Rental, Carnival 등 Cruise업체, 그리고 Amtrak 등의 Rail 파트너 등이 있다). 이렇게 HHC는 HI와 더불어 Hilton Worldwide의 하나의 큰 축이자, 다양한 브랜드로서 전 세계적으로 인정받고 있는 미국 최고의 환대기업이다. 이로써 양사 간의 호텔 예약 시스템과 로열티 프로그램의 공동운영이 브랜드 로열티를 더해주고 있다.

힐튼의 새로운 로고는 영웅(Hero)과 힐튼(Hilton)의 H자를 강조하여 디자인되었으며, 우아하고 부드럽게 H자를 휘감는 원형 모양의 선은 힐튼 전통브랜드의 세계적인 영향력과 강하고 혁신적인 스타일을 상징하는 것으로 품질과 서비스에 최선을 다하는 전 세계 힐튼인들의 모습을 표현하고 있다.

"이 볼품없는 쇠막대기는 그대로 두면 아무 쓸데없는 싸구려 막대지만, 이것을 불에 달구었다가 담금질해 말발굽을 만들면 10달러 50센트를 벌 수 있고, 더 세밀하게 가공해서 바늘을 만들어 팔면 3천2백50달러를 벌 수 있으며, 용수철을 만들어 팔면 2백50십만 달러를 벌 수 있습니다."

힐튼 호텔의 창시자 콘라드 힐튼이 그의 성공비결을 묻는 기자들에게 5달러짜리 평범한 쇠막대기를 흔들어 보이며 한 이 말은, 전 세계적인 호텔체인을 건설할 수 있었던 그의 효율적인 호텔경영방식의 단면을 보여주고 있다.

■ 힐튼(Hilton Hotels Corp.)

2002년 10월 기준으로 힐튼은 세계적으로 총 2천58개의 호텔과 약 33만 5천 개의 객실을 보유한 호텔그룹이다. 브랜드로는 힐튼, 힐튼가든인, 더블트리, 엠바시 스위츠, 햄프턴, 홈우드 스위츠 바이 힐튼, 콘라드 등이 있다. 2002년에 힐튼은 총 2억 9천만 달러에 달하는 자본을 지출한 것으로 나타났다. 여기에는 장비와 바닥, 벽 재질 교체 등과 기술향상을 위한 통상적인 투자가 1억 8천만 달러를 차지하고 리노베이션과 설비비용이 6천만 달러, 공동소유 휴가시설에 대한 개발이 5천 달러를 차지한다.

힐튼 소유의 호텔에 대해서는 2002년 한 해 동안 총 1억 3천8백만 달러가 소요되었으며 여기에는 3백27개의 갖춘 힐튼 포트랜드의 건설비용도 포함되어 있다. 또한 하와이에 위치하여 하와이 시장에서 중요한 위치를 차지하는 1천2백여 실 규모의 힐튼 와이코로아 빌리지에 대한 지분을 2002년 5월에 인수했다.

힐튼은 이전에 이 호텔에 대해 13%의 지분만을 소유하고 있었지만 총 1억 5천5백만 달러의 나머지 83%의 지분을 인수했다. 2002년 1월부터 9월까지 힐튼은 1백8개의 새로운 호텔과 프랜차이즈나 위탁경영계약을 새로 수립했다. 그 중 1백2개가 프랜차이즈호텔이고, 5개는 위탁경영, 1개는 힐튼이 대부분의 지분을 가지고 운영하는 형태이다. 또한 6월의 해리슨 컨퍼런스 호텔 체인에 대한 매각과 멕시코의 카미노 리얼 체인과의 회원 계약의 만료 등으로 같은 기간 동안 36개의 시설이 힐튼의 이름을 더 이상 사용하지 않게 되었다.

2002년의 경영실적 결과를 살펴보면 미국 경기침체의 영향을 다소 받고 있는 것으로 나타났다. 평균 투숙률의 하락과 9월 11일 테러 등으로 뉴욕을 중심으로 실적이 낮게 나타났다. 미국 내 직영 호텔들은 2002년 3/4분기에 약 1억 3천7백만 달러의 세전수익을 올렸고 이는 지난해 같은 기간과 비슷한 수준이다.

3. 세자르 팰리스 호텔과 카지노

Caesars Palace Hotel은 Las Vegas의 첫 번째 테마 리조트로서 이벤트나 Frank Sinatra와 같은 유명인사들의 방문으로 유명해진 전설적인 곳이 되었다. 35년 역사에서 Caesars Palace Hotel은 신비감의 분위기를 발전시켜 전 세계적으로 독특한 이미지와 명성을 창출하였다. Caesars Palace Hotel은 호텔산업 중 세계에서 가장 유명한 브랜드 중 하나가 되었다. Caesars Palace Hotel의 서비스 성공요인을 살펴보면 다음과 같다.

1) 독특한 호텔 주제

Caesars Palace Hotel은 단 하나의 독립 호텔이다. 호텔의 규모는 초기에 850객실이었으나, 1,200객실을 증축하여 총 2,050개의 객실을 갖추고 있다. 모든 장소는 로마의 주제를 간직하고 있는데, 예를 들면 직원들은 Caesar시대의 로마 복장을 착용하고 있고, 대리석과 기둥은 로마제국시대의 궁전을 배경으로 하고 있다. 픽션과 환상이 혼합되어 있는데, 이는 호텔의 신비감과 활기를 24시간 동안 제공한다.

2) 서비스 종업원 관리

Caesars Palace Hotel에서는 호텔의 신비함을 만드는 데 직원이 큰 부분을 차지한다고 한다. 직원은 서비스를 제공하는 것뿐만 아니라 실제로 환상을 만든다. 자신들이 유명한

Caesars Palace에서 일한다는 긍지와 자부심으로 오래도록 종사한다. 5,500명의 호텔 직원 중 250명이 개업부터 지금까지 종사하고 있다. 직원은 매우 훌륭한 근무환경을 제공받는다. Caesars Palace Hotel은 직원의 보상에 있어서 Las Vegas에 있는 호텔 중 5위 내에 든다. 부사장인 Martkantonis는 직원과 매니저 사이에 신뢰가 있어야 한다면서 신뢰는 여러 방법을 통하여 구축되어야 한다고 한다. 가장 흥미 있는 것은 상호 평가이다. 9개월에 한번씩 직원조사를 하고 피드백을 통해 현안문제를 풀고 있으며, 모든 직원은 그들의 직속상관에 대한 평가를 한다. 동시에 호텔의 모든 부서에서 승진은 자체 내에서 이루어진다. 이는 Caesars Palace Hotel이 직원들을 중요하게 생각하고 있다는 것을 증명하는 증거이다.

4. 뉴욕 와돌프 아스토리아

비바람이 몰아치는 늦은 밤에 미국 필라델피아의 작은 호텔에 노부부가 들어와 호텔종업원에게 "예약은 안 했지만, 혹시 방이 있느냐"고 물었다. 그 호텔 종업원은 자기 호텔에는 방이 없다며 노부부를 위해 다른 호텔에 방이 있는지 물어보았지만 그 근처 어느 호텔에도 방이 없었다.

종업원은 노부부에게 "객실은 없습니다만, 이처럼 비도 오고 새벽 1시나 되는 늦은 시간이니 차마 나가시라고 할 수가 없군요. 누추하지만 제 방에서 주무시면 어떨까요?"라고 말했다. 노부부는 처음엔 사양했지만, 그 종업원의 호의를 거절할 수 없어서 종업원의 방에서 하룻밤을 보내게 되었다. 다음날 아침, 체크아웃하면서 노신사는 종업원에게 "당신은 미국에서 제일 좋은 호텔 사장이 돼야 할 분 같군요."라고 칭찬의 말로 고마움을 표했다.

그리고 2년 후, 그 종업원은 뉴욕행 왕복 비행기표와 함께 자신을 방문해 달라는 노신사의 편지를 받았다.

노신사는 뉴욕에 도착한 그 청년을 데리고 뉴욕 중심가로 갔다. 노신사는 대리석으로 만든 궁전 같은 호텔을 가리키며 말했다. "이 호텔은 당신이 경영하도록 내가 지은 것입니다." 그 호텔이 바로 와돌프 아스토리아 호텔이다. 그리고 그 노신사는 바로 호텔주인인 윌리엄 와돌프 아스토리아였다. 그 종업원의 이름은 조지 볼트였다. 그는 이 호텔의 첫 번째 지배인이 됐으며, 진심에서 우러나오는 친절은 이렇게 상상할 수 없는 큰 행운으로 다가오기도 한다.

5. 싱가포르 인터컨티넨탈

INTERCONTINENTAL SINGAPORE

고객에 대한 새로운 마케팅 자료를 얻기 위해 전화 설문 캠페인을 실시.

인터컨티넨탈 호텔에서 전개하는 전화 설문 캠페인의 목적은 객실, 연회장, 컨벤션센터를 이용하는 새로운 주도 고객층을 분류해 내고 또한 새로운 가망 고객 데이터베이스를 구축하는 것이다. 인터컨티넨탈 호텔은 우선 싱가포르에 근간을 두고 있는 다국적기업이나 규모가 큰 지방 기업체의 비서 또는 여행 책임을 담당하고 있는 사람들을 조사대상으로 설정했다. 그리고 이를 대상으로 총 1,435회의 아웃바운드 전화를 걸었고, 필요한 정보를 제공한 응답자에게는 작은 선물을 증정했다. 조사내용은 16개의 항목으로 구성됐으며, 한 통화당 약 10분 정도 소요되는 이 설문조사는 연결된 전화 통화 중 약 78%가 응답하는 높은 성공률을 기록했다. 그리하여 싱가포르 인터컨넨탈 호텔은 이번 캠페인 자료를 토대로 다음 세 가지 효과를 얻을 수 있었다.

첫째, 객실이나 해외 기업과의 미팅을 위해 호텔을 자주 이용하는 새로운 '주요 고객층'을 분류하고 법인 요금 프로그램을 통해 우대고객을 관리할 수 있게 되었다.

둘째, 고객의 다양한 예약패턴 및 취향, 기업들의 출장방침 등 다양한 자료를 수집할 수 있었고, 이러한 자료를 토대로 출장이 잦은 기업 및 호텔에서 해외기업과 회의를 자주 갖는 기업들에 대한 가망고객 리스트를 확보할 수 있었다.

셋째, 전화설문조사 중에 지적된 호텔의 식음료 부분과 호텔 내 각종 판매점의 서비스도 크게 개선할 수 있었다.

결론적으로 인터컨티넨탈 호텔은 전화설문 캠페인을 통해 주요 고객, 가망고객에 대한 데이터베이스를 구축할 뿐만 아니라 다양한 정보수집을 통해 고객에게 한 차원 높은 서비스를 제공할 수 있게 되었다.

6. 스타우드(Starwood Hotels & Resorts Worldwide)

STARWOOD
HOTELS & RESORTS WORLDWIDE, INC.

스타우드는 1998년 웨스틴 호텔 & 리조트 월드와이드 그룹을 인수하고, ITT 코퍼레이션이 보유하고 있던 쉐라톤 호텔그룹을 인수하여 쉐라톤 홀딩 코퍼레이션이라는 이름으로 바꾼 후, 다시 비스타나 그룹을 인수하여 1999년 10월 스타우드라는 호텔체인 그룹을 탄생시켰다.

직영과 자회사 형태로 사업을 수행하고 있으며, 스타우드 계열의 브랜드로는 세인트 레기스(St. Regis(r)), 럭셔리 콜렉션(The Luxury Collection(r)), 쉐라톤(Sheraton(r)), 웨스틴(Westin(r)), W호텔(W(r)), 그리고 포포인츠 바이 쉐라톤(Four Points(r) by Sheraton)이 있다. 그룹은 럭셔리하고 수준 높은 호텔과 리조트를 지향하며 세계적인 사업을 펼쳐나가고 있으며, 직접 운영, 위탁경영, 프랜차이즈 등을 통한 브랜드 다각화도 펼쳐나가고 있다.

2002년 말 기준으로 스타우드라는 브랜드 아래 운영되고 있는 호텔은 전 세계 79개국에 총 7백48개로 22만 7천여 객실에 달한다.

스타우드가 소유하거나 임대한 호텔은 이 중 1백63개이다. 2백77개의 호텔을 스타우드가 위탁경영하고 있으며, 3백8개의 호텔에 대해서는 프랜차이즈 계약을 맺고 있다.

본사는 미국 뉴욕에 두고 있다. 전 세계에 걸쳐 약 10만 5천여 명의 종사원을 고용하고 있으며, 그중 60%가 미국에서 일한다. 스타우드의 경영전략은 크게 다섯 가지 핵심요소로 나누어볼 수 있다.

1) 브랜드 파워 강화

스타우드는 기존 고객의 충성도와 새로운 고객의 유입을 활발히 진행시켜 나가고자 한다. 이러한 노력으로 지난 4년간 세 번에 걸쳐 비즈니스 트래블 뉴스가 수여하는 2003년 톱 호텔체인 부문에서 웨스틴과 W호텔이 각각 1, 2위를 차지하기도 하였다. 포포인츠도 중간가격대의 호텔 카테고리 중에서 1위로 선정되기도 하였다.

2) Starwood Preferred Guest(SPG)의 확대

전 세계적으로 1천5백만 명의 회원을 확보하고 있으며, 여러 차례 호텔 상용고객 프로그램부문의 상을 수상하기도 하였다. 이 프로그램은 호텔산업에서 가장 먼저 도입된 상용고객우대 프로그램으로 회원이 원하는 시간과 장소에 머물 수 있도록 제한을 두지 않고 있는 것이 특징이다.

3) 현금유동성 확보

스타우드는 전통적으로 투자회사라서 현금을 확보하므로 투자여력을 가질 수 있다는 데 매우 밝은 다국적기업이다. 따라서 유동성 확보에 경영의 우선순위를 두고 있다.

4) 자산의 다양화

브랜드와 시장부문, 수익처, 지리적 위치 등을 다양화하는 것이 글로벌 브랜드로서의 스타우드의 이익을 극대화하는 데 있어서 안정된 기본이 되어줄 것이라는 것이 그 이유. 포인트제도를 통해 숙박과 항공마일리지로 사용할 수 있도록 하고 있다.

5) 품격 있고 차별화된 시설과 규모, 위치

스타우드의 성공적인 경영전략 중 하나는 좋은 시설, 큰 규모, 좋은 위치에 호텔을 보유함으로써 시장에서 경쟁우위를 차지하고 있다. 예를 들어 세인츠 레지스가 고급스러운 호텔과 리조트를 지향한다면 포포인츠 바이 쉐라톤은 좀 더 경제적인 가격에 서비스와 시설을 제공하는 것이다.

7. 메리어트 인터내셔널

Marriott. HOTELS & RESORTS

메리어트 인터내셔널은 전 세계 63개국에 총 2천6백 개 이상의 호텔과 리조트 등을 보유한 호텔그룹이다. 사업영역은 매우 다양해서 호텔의 운영과 프랜차이즈, 별장 개발과 소유, 장기체류 부문, 컨퍼런스센터 운영 등이 있다.

또한 노년거주공간이나 식품 도매유통 및 생산사업도 펼치고 있다. 본사는 워싱턴에 있으며, 약 14만 2천5백 명의 종사원들이 일하고 있다. 2001년 한 해 동안 메리어트 인터내셔널은 약 2백만 달러의 매출을 올린 것으로 나타났다.

대표적인 메리어트 호텔, 리조트 & 스위츠(JW Marriott와 Marriott Conference Center 포함)는 주로 도심지역이나 공항 주변에 위치한 2~3백 개의 객실을 갖춘 고급 호텔체인이다. 미국 내에 2백93개와 그 외 지역에 1백57개 등 총 4백50개의 호텔이 있다. 13개의 JW Marriott와 23개의 Marriott Conference Center를 운영하고 있다. 메리어트 인터내셔널은 2001년 상반기에 불가리 스파와 함께 차별화된 럭셔리 호텔의 건립을 발표했다. 첫 번째 불가리아 호텔은 2004년 1월에 개장하였다.

8. 하얏트 인터내셔널

HYATT™

두 개의 그룹이 운영하는 총 2백6개의 하얏트 호텔이 전 세계에 분포해 있다. 하얏트 인터내셔널 코퍼레이션은 전 세계 39개국에 61개의 호텔과 23개의 리조트를 운영하고 있다. 15개의 호텔이 건설 중에 있다. 하얏트 호텔 코퍼레이션은 독립된 회사로 1백23개의 호텔과 리조트를 미국과 캐나다, 카리브 지역에서 운영하고 있다. 1994년 프랜차이즈와 공동 휴가시설, 골프코스 운영, 오락산업 등으로 사업분야를 넓혔다.

하얏트 호텔은 업계 최초로 호텔경영회사와 부동산 소유회사로 분리시켰다. 1994년 개장한 그랜드 빅토리아 카지노는 일리노이즈주 엘긴에 위치한 선박 카지노장으로 성공적인 운영을 펼치고 있다. 1995년에는 첫 공동 휴가시설과 골프 코스를 개장하기도 했다.

하얏트 코퍼레이션의 브랜드로는 파크 하얏트와 하얏트리젠시, 그랜드하얏트 등이 있다. 파크 하얏트 호텔은 작지만 유럽풍의 부티크 호텔을 지향하는 고급호텔 브랜드로 미국과 카리브 지역에 9개를 포함해 전 세계에 총 21개의 파크하얏트의 브랜드 호텔이 운영 중이다. 그랜드하얏트 브랜드는 대규모 미팅과 컨벤션은 물론 비즈니스 고객을 위한 호텔을 지향한다. 대개 그랜드하얏트의 연회장소는 중대형급으로 컨벤션까지 수용이 가능하다. 미국, 캐나다, 카리브, 남미 지역에 8개, 아시아 태평양 지역에 11개, 유럽, 아프리카, 중동 지역의 3개를 포함하여 총 22개의 그랜드하얏트가 운영 중이다. 또 다른 브랜드인 하얏트리젠시는 전 세계 34개국에 분포되어 있으며 주로 리조트 지역에 위치한다. 우리나라에도 제주도 지역에 위치하고 있다. 한편 하얏트리젠시 총칭(Chongqing)과 소마베이 하얏트리젠시 이집트, 하얏트리젠시 카이로, 파크하얏트 베이징, 밀라노 하얏트, 그랜드하얏트 도쿄가 2003년에 개관하였다.

지난 3월 4일, 하얏트 호텔스 코퍼레이션과 인터내셔널 코퍼레이션은 경영방침에 대한 발표를 새롭게 하였다. '글로벌 하얏트'라는 이 제안은 지난해 가을부터 시작된 것으로 하얏트 미국과 인터내셔널의 운영과 부동산활동, 기업활동에 있어서의 협력을 강화하기 위한 것이다. 하얏트 코퍼레이션의 CEO 토마스 J. 프리츠커(Thomas J. Pritzker)는 Doug Geoga를 하얏트 코퍼레이션과 AIC 홀딩회사의 회장으로 임명하고, "이렇게 새로운 성장의 단계에서 많은 경험을 통해 하얏트에 능통한 Doug Geoga 씨를 임명할 수 있게 된 것이 행운"이라고 소감을 밝혔다. 글로벌 하얏트 활동을 담당할 Geoga 씨는 47세로 1994년부터 99년까지 하얏트 호텔 코퍼레이션의 회장을 역임하는 등 20년간 하얏트에서 일해온 베테랑이다.

한편 하얏트는 1992년 이후 총매출에 있어서 두 자리 수의 성장률을 기록하고 있다. 매년 꾸준히 4~5개의 신규호텔을 추가하고 있으며, 2010년까지 1백 개 이상의 호텔을 추가하겠다는 계획을 가지고 있다.

9. 식스 컨티넨츠

어느 호텔 브랜드보다 가장 그 이름과 소유관계가 자주 바뀌어왔던 식스 컨티넨츠 호텔 그룹은 2009년 그룹 분할에 관하여 논의가 활발히 진행되었다.

주주총회에서 91%의 찬성으로 회사를 인터컨티넨탈 호텔그룹의 호텔 사업부분과 미쉘 & 버틀러(Mitchells & Butlers) 펍(Pub)사업 부문으로 분할하는 것으로 결말남으로써 2010년 4월 17일 공식적으로 분할하게 되었다.

적대적 지분인수를 제안했던 휴 오스몬드는 주주총회 이후 제의를 철회한 상태이지만 스타우드나 메리어트 등 미국에 본사를 둔 호텔그룹이나 사기업가 등 세계 최대의 소유권 이전이 될 문제에 대해 많은 관계자들이 관심 있게 지켜보고 있었다.

식스 컨티넨츠는 전 세계 1백개국 이상에 3천3백 개 이상의 호텔과 대략 51만 5천 개의 객실을 보유한 거대 호텔그룹이다. 소유한 호텔 브랜드로는 인터컨티넨탈, 크라운 프라자, 홀리데이인, 홀리데이인 익스프레스, 그리고 스테이브리지 스위츠 바이 홀리데이인 등 5개이다.

케몬스 윌슨이라는 미국 사업가가 1952년 멤피스에 홀리데이인 호텔을 오픈하면서 시작된 체인호텔 사업은 미국의 고속도로가 증가함에 따라 급격히 발전하였다. 1990년 식스 컨티넨츠 PLC(그 당시 Bass PLC)가 홀리데이인을 인수함으로써 본사를 멤피스에서 애틀랜타로 이전하게 되었다.

호텔 브랜드별로 살펴보면, 전 세계적으로 1천8백 개 이상의 호텔을 보유한 홀리데이인은 대표적인 호텔 브랜드의 하나로 자리 잡아 나가고 있다. 홀리데이인 익스프레스는 1991년 처음 도입된 브랜드로 식음료 매장 없이 객실만으로 한정된 서비스를 중저가로 제공하는 호텔로 현재 1천3백 개 이상의 호텔이 운영 중이다. 좀 더 높은 수준의 서비스 제공을 목적으로 1994년 도입된 크라운 프라자 호텔 & 리조트는 전 세계 40개국에 1백90개의 호텔을 운영 중이다. 미팅과 컨퍼런스 쪽의 시설과 종업원 부문에서 우수한 평가를 받고 있는 등 비즈니스 호텔로 성공적인 운영을 펼치고 있다.

스테이브리지 스위츠 바이 홀리데이인은 1997년에 도입된 가장 최근의 브랜드로 장기체류자 시장을 공략한 호텔이다. 2010년 현재 미국과 캐나다에 50여 개가 운영 중이다.

식스 컨티넨츠의 대표적 브랜드인 인터컨티넨탈 호텔과 리조트는 1998년 3월 세종 그룹(Saison Group)에서 바스 PLC(Bass PLC)로 29억 달러에 인수되어 식스 컨티넨츠 그룹에 1백87개의 호텔을 더해주었다.

10. 메이필드 호텔 : Smile for Everyone Mayfield

1) 따스한 미소로 응대

낯선 곳에서 투숙하는 고객에게 미소만큼 좋은 서비스는 없다고 생각하며, 낯선 사람, 낯선 환경에 놓인 자신을 향해 누군가가 미소 지어준다는 것은 호텔업을 떠나 인간 근원에 대한 문제이기도 하다.

2) 생각하는 서비스

이는 고객으로부터 단순하게 요청되는 서비스는 서비스가 아니라는 측면에서 고객의 니즈를 먼저 찾아낼 수 있는 능력을 각자가 끊임없이 연습하고 노력을 기울여야만 한다는 것이다. 또 그 연습의 시작은 고객의 시선을 모으는 것에서부터 오는 것이며, 고객들이 무엇을 원하고, 투숙하는 목적이 무엇인지 알아야 비로소 고객을 감동시키는 서비스가 창출된다는 것이다.

3) 자연이 주는 서비스

호텔부지 안에 고풍스러운 전통한옥들과 스코틀랜드 양식의 건물들 사이로 서로 다른 콘셉트의 산책로와 수십 년 된 나무와 숲, 그리고 야외 잔디정원 등이 있으며 이 두 가지가 절묘한 조화를 이루는 메이필드 호텔은 그간 많은 고객으로부터 끊임없는 찬사와 칭찬을 받아오고 있으며, 복잡한 도심에서는 좀처럼 제공될 수 없는 메이필드 호텔만의 고유한 서비스라고 한다.

제2절 국내 호텔의 서비스 사례

1. 호텔 신라

호텔 신라의 21세기 비전은 '21세기 초일류 기업'의 모습인 세계적 명문호텔의 구현이다. 이를 위해 질적으로는 호텔 명문화전략을 지속적으로 수행하며, 이를 통해 구축된 브랜드 이미지를 바탕으로 체인화 및 다각화 전략의 양적 성장을 동시에 추구하려는 연구 프로젝트가 진행되고 있다.

최근 신라 호텔은 호텔 내 각종 시설 및 서비스를 이용하면서 만족하지 못할 경우 숙박료와 봉사료를 아예 받지 않는다는 이색 고객서비스인 '고객만족형 봉사료 제도'를 선보여 고객들에게서 호응을 얻고 있다. '가장 한국적인' 호텔을 지향하고 있는 신라 호텔은 그만큼 고객편의와 서비스에 자신 있다는 판단 아래 이러한 서비스를 선보였다.

또한 신라 호텔의 '봉사료 제도'는 주문한 음식이 늦게 나오거나 착오로 많거나 적게 나와 고객들이 서비스에 이의를 제기할 때에도 요금의 10%인 봉사료를 받지 않고 있다.

각각의 손님을 위해 준비된 서비스를 제공하는 '맞춤 서비스' 역시 신라 호텔이 세계 유수의 호텔들과 어깨를 나란히 할 수 있는 이유라고 할 수 있다.

호텔 신라가 제공한 고객맞춤형 서비스 사례를 보면, 마이클 잭슨의 특이한 성격을 간파하여 그의 방 취향에 맞추어 방 전체를 유아 취향의 풍선, 인형, 꽃 등으로 장식하였을 뿐 아니라 그의 취미에 맞게 게임기를 미리 준비하는 치밀함을 보였다. 투숙 당시 건강이 좋지 않았던 안소니 퀸을 위해서는 따뜻한 인삼차와 귤을 항시 준비하였고, 이국의 호텔 생활에 지루해 하는 그의 어린 딸을 위해서는 따로 장난감과 인형을 사다주는 정성을 쏟았다. 알 왈리드 사우디 왕자가 묵었을 때는 그의 종교적 성향을 존중하는 의미에서 방안에 성경을 치우는 대신 코란을 준비하였을 뿐 아니라, 술, 담배 등 금기시하는 물건을 방안에서 치우고, 카펫의 방향도 이슬람교의 메카를 향해 위치 조정을 하여 매일같이 치러지는 그들의 종교의식에 차질이 없게 배려하였다. 특히 제임스 울펜손 세계은행 총재의 방한 때는 그가 음악을 좋아하며 한때 첼리스트였던 점을 감안하여 호텔에 도착 후

방으로 향하는 엘리베이터의 액정 모니터를 통해 카네기 홀의 경연실황을 보여주기도 하였으며, 머무는 동안 음악이 흐르는 분위기를 유지하였다. 또한 그의 부인이 교육학 전공자로서 교육학에 지대한 관심이 있다는 사실을 알고 VIP담당지배인들은 교육학에 대해 새로이 공부하여 자연스럽게 대화를 하였다.

호텔 신라의 한 관계자는 '고객이 현 상황에 주어지지 않는 어떤 것을 요구해도 그 자리에서 거절하지 않고 최선을 가해 요구사항을 들어줄 수 있는지 파악한다'며 '이것이 바로 최고의 서비스를 창조하는 방법'이라고 설명하고 있다.

호텔의 로고에 있는 무궁화는 나라꽃을 함축하여 표현함으로써 한국적인 아름다움을 시각화한 것으로 서양에서는 섬세하고 고혹적인 아름다움을 상징한다. 또한 심벌 컬러는 버건디(Burgundy)로 고급스러우면서도 한국적인 자색의 아름다움을 간직한 것으로서 고객에 대한 철저한 서비스 정신을 추구하고자 하는 기업이념을 상징적으로 전달해 준다.

■ 환경친화 기업경영 호텔 신라

THE SHILLA HOTELS & RESORTS

한국을 대표하는 호텔에서 이제 세계적인 명문호텔로 변신하고 있는 신라 호텔은 품위 있는 초현대식 시설, 최고 수준의 서비스와 요리를 실현함으로써 우리나라를 방문하는 대부분의 국빈과 대규모 국제행사를 성공적으로 유치하고, 국내는 물론 해외에서도 명실공히 최고 수준의 명문호텔로서 위치를 인정받고 있다.

신라 호텔은 호텔업계에서 최초로 환경부가 지정하는 환경친화기업에 선정되어 2001년 12월 공식인증을 받았다. 신라 호텔은 오염물질이 발생하지 않는 세탁기를 설치, 고객 세탁물 처리 때 생기는 오수배출을 혁신적으로 줄였으며, 에너지 저효율 설비 교체, 폐기물 발생량 5% 감축, 수질오염 물질배출 축소 등 지속적인 환경친화 경영을 실시해 왔다.

신라 호텔의 기업이념과 정신은 우리 겨레 5천 년의 문화와 역사를 바탕으로 하고 있다. 국적을 지니되, 동시에 세계성을 지향한다는 취지 아래 설정된 신라 호텔의 원대한 지표는 가장 민족적인 것이 가장 세계적이라는 고유의식의 세계화로써 오늘의 발전을 기하게 하는 튼실한 내면적 토대가 되어왔다. 한반도에서 일찍이 가장 찬란한 문화를 꽃피운 신라는 우리 겨레의 예술적 미를 궁극적 정수로 끌어올려 후대에 전승시켰을 뿐 아니라 삼국통일을 달성하였으며, 중국과 일본을 비롯하여 해외 여러 나라들과 물적 · 인적 교류 또한 활발하였다. 이러한 진취적 기상으로 빛나는 업적을 남긴 신라의 얼은 오늘날 '신라 호텔의 세계적 명문호텔화'라는 기업이념과도 잘 부합되고 있다.

2. 서울그랜드하얏트

HYATT™

서울그랜드하얏트 호텔은 위탁경영방식을 취하고 있으며, 계약 본사는 Hyatt Technical Service이다. 서울Grand Hyatt 호텔은 본사에서 체계적으로 체인망을 관리하는 데 있어서 수직적 명령 전달식 구조하에 예약 · 서비스상품을 전달 · 교환하는 방법을 채택하고 있다. 서울Grand Hyatt 호텔에서의 위탁계약 내용은 고객관리, 예약망, 판촉 프로그램 사용, 관리용역을 총괄하며, 차장급 이상 한국인 직원들의 인사에 관여하는 내용을 포함하고 있다.

■ 성공요인

- Regency Club : Regency Club은 1975년 미국의 Atlanta에서 처음으로 개관하였다. 당시 보통의 편의시설 이상의 서비스와 고급스럽고 안전한 호텔을 기대하는 고위 인사나 비즈니스고객을 위해 개발한 맞춤 서비스이다. 서울Grand Hyatt 호텔은 국내에서 최초로 1981년 Regency Club을 개관하였다. 표적시장은 유명인사와 비즈니스고객이며, 12층에서 19층으로 객실을 배정하였다. 라운지는 두 개를 운영하고 있으며, 주로 목재를 이용한 인테리어의 복층구조로 고풍스러움을 강조하였다. 엘리베이터 사이 및 라운지에 잡지 및 문학 · 경제 등 다양한 서적들을 비치하여 고객에게 여유와 편의를 제공하고 있다. 이런 서비스 외에도 Regency Club의 가장 큰 특징은 빠른 체크 인과 아웃, 간단한 식사, GRO의 24시간 서비스, 라운지 제공으로 번잡함을 피할 수 있게 한 것이다. 서울Grand Hyatt 호텔은 Regency Club의 이미지를 유지하기 위해 12살 이하 어린이의 출입을 허용하지 않으며, 재방문율을 높이기 위한 무료서비스쿠폰과 회원카드를 고객의 이용률에 따라 혜택을 주어 관리하고 있다.
- Private Line : 서울Grand Hyatt는 주고객이 비즈니스 FIT고객임을 감안하여 실제

예약을 하는 비서나 예약 담당원을 상대로 한 Private Line을 개발하여 체계적으로 중간 관여자(비서, 예약담당원)를 관리하고 있다. 이들에게 Private Line 회원증을 배부하여 실적에 따라 객실을 무료로 제공하거나 쿠폰을 통한 F&B 할인 혜택을 부여하고 있으며, 선물을 통해 지속적인 관심을 표명한다. 그 결과, 서울Grand Hyatt는 2000년 이후 줄곧 평균객실점유율 85%가 넘는 성과를 달성하고 있다.

3. 파라다이스

PARADISE HOTEL
BUSAN
A member of The Leading Hotels of the World

파라다이스그룹은 기업이념인 '풍요로운 미래를 창조하는 파라다이스'를 실천하기 위한 21세기 비전으로 'A Leading Service Business Group in the 21st Century(21세기 초우량 서비스 그룹)'를 두고 있다. 이는 경영이념인 고객에게 '감동 주는 경영', 경영에 있어 '미래를 여는 경영', 구성원에게 '희망 주는 경영'의 실천을 통해 주주, 고객, 직원 만족 및 내부가치를 극대화하려는 목표를 담고 있다.

40여 년 역사의 파라다이스그룹은 호텔 게이밍에서 유통 레저로, 관광산업에서 제조·건설업을 망라하는 중견우량 기업이다. 파라다이스그룹은 이러한 사회적 위상에 걸맞은 책임과 의무를 학교법인 계원학원과 파라다이스문화재단, 파라다이스복지재단, 동서문학, 한국현대문학관 등 비영리법인을 통해 실현하고 있다.

카지노 설립 계획이 선 것은 1963년. 그러나 당시로서는 파격적인 첨단관광산업을 정부 당국자는 이해하지 못했다. 도박사업장이라는 인식을 갖고 있었던 것이다. 그로부터 4년이 지난 1967년 인천 오림포스 호텔 내에 국내 최초로 카지노가 설립되면서 전락원 회장께서 경영에 참여하게 되었다. 철저한 준비와 계획, 전락원 회장의 카지노 경영 아이디어는 풍부했다. 카지노 운영은 성공적이었고 오래지 않아 머리 회전이 빠르고 손놀림이 민첩한 한국인 딜러들이 양성되게 되었다. 오림포스 호텔에서의 성공에 힘입어 그 이듬해에는 워커힐 호텔에 두 번째 카지노를 운영할 수 있게 되었다.

1972년 한국 관광업계에는 커다란 지각 변동이 있었다. 정부는 관광산업을 고부가가치 산업으로 인식, 대대적인 구조조정을 감행했다. 한국관광공사가 소유하고 있던 반도 호텔(롯데), 영빈관(삼성), 워커힐 호텔(SK) 등 적자에 허덕이던 업체를 민간에 매각하였고, 이때 전락원 회장은 오림포스 호텔의 지분을 정리하고 모기업 ㈜파라다이스투자개발을 설립, 워커힐 호텔 카지노를 경영하면서 회사발전의 커다란 전환점을 만들었다. 때마침 그해에는 일본 정부가 해외여행 자유화를 결정하면서 일본인 관광객 러시가 이루어졌으며, 마땅한 관광상품이 없었던 당시에 카지노는 그 수요가 폭증했고, 아시아 최고의 카지노로 시설을 확장하여 세계적 수준의 게임 서비스를 제공하게 되었다.

워커힐 카지노에서의 성공으로 파라다이스투자개발은 국제관광업계에서 인정받게 되었고, 70년대 초반 말레이시아 겐팅 하이랜드 호텔, 카지노에 인적 자원만을 투자하여 뛰어난 경영성과를 거두었다. 1974년에는 아프리카 케냐의 관광당국이 호텔과 카지노 운영을 의뢰하기에 이르렀다. 1975년에는 카리브해를 유람하는 선상카지노(모나크호, 돌핀호)를 운영하였고, 케냐에서는 케냐 관광의 명소 사파리파크 호텔을 운영하게 되었다. 1975년, 제주도 서귀포에 준공한 칼 호텔 내에도 파라다이스투자개발을 모기업으로 한 카지노가 설립되었으며, 1976년에는 케냐의 사파리파크 호텔과 카지노의 경영 여건을 개선하였다. 1979년에는 신축 개관한 경주 코오롱 호텔에도 카지노를 개관하였고, 1981년에는 마침내 부산해운대관광 호텔을 인수하여 호텔과 카지노를 동시에 개관하는 개가를 올렸다. 이후, 한동안 카지노의 숫자는 증가하지 않았지만, 경영실적을 해마다 큰 폭으로 신장시켜 연계성 있는 호텔사업분야의 발전에 견인차가 되었다.

게이밍 산업에서의 성장과 함께 파라다이스그룹은 호텔사업을 비롯한 기타 관광산업 분야에도 진출하게 되었다. 1970년대 후반, 파라다이스 호텔은 한국 호텔산업의 르네상스기를 맞아 제주도의 허니문하우스 호텔, 그리고 1981년에 해운대관광 호텔(현 파라다이스 호텔 부산) 등을 인수하였다.

해운대관광호텔을 인수한 파라다이스투자개발은 이곳에 호텔, 카지노, 면세점, 명품관 등을 개장하게 되면서 1987년에 개관한 파라다이스 호텔 본관과 2004년에 개관한 신관을 함께 운영하면서 각각 다른 모습의 호텔로 고객을 맞이하고 있다. 본관은 전반적으로 모던하고, 심플하며, 고급스런 대리석으로 마감하여 부유층이 이용하는 호텔이라는 이미지를 갖게 해준다. 신관은 클래식한 유러피언 슐로스의 고풍스러움과 우아함을 콘셉트로 건물 내외부가 하나의 작품이라는 예술적 가치를 표현하고 있다. 550여 실의 객실과 연회장 및 식음료영업장, 부대시설 등이 운영되고 있으며, 매우 우수한 종업원에 의해 고객만족 서비스를 성공적으로 이행하고 있다. 파라다이스가 제공하는 고객서비스의 핵심은 고객존중, 고객에 대한 가치 제공, 고객과의 약속 이행, 고객의 이익 보호 등이다.

4. 부산웨스틴조선 : '무엇이든 하나로 시작하는 서비스'

WESTIN

부산웨스틴조선 호텔의 고객서비스는 'One stop service, One touch service, Express check-out service'로 이뤄져 있다.

1) 'One Stop Service'

호텔에 한번 투숙한 경험이 있는 고객은 재방문 시 같은 등록절차를 거치지 않고 처음 등록한 데이터를 활용해 고객의 번거로움을 덜어주는 서비스를 하며 또한 퇴숙 후에는 고객에게 자동으로 만족도 조사 이메일이 발송되고, 이로 인한 의견은 보다 나은 고객맞춤서비스를 개발하는 데 활용된다.

2) 'One Touch Service'

사내번호 0번으로 고객은 모든 필요한 사항을 문의하고 서비스를 이용할 수 있다. 0번은 서비스익스프레스(Service Express)로 고객의 요청사항을 전달하는 창구역할을 하는데 여기서 GRS(Guest Request System)를 통해 담당부서원의 휴대폰으로 자동 메시지가 전달돼 신속하고 정확한 서비스가 실현되는 것이다. 내부적으로 설정해 놓은 항목별 서비스가 일정시간 내에 실행되지 않으면 자동으로 체크되어 확인 전화가 담당자에게 가도록 되어 있다. 이러한 시스템을 활용해 고객으로부터 접수된 서비스의 누락을 막고, 보다 신속하고 정확한 서비스를 실현하고 있다.

3) 'Express Check-Out Service'

고객이 퇴숙과정을 거치지 않고 사전에 호텔에서 제공한 계산서를 확인 후 본인의 신용카드로 계산돼 고객에게 영수증이 메일로 보내지는 서비스를 말한다. 즉 고객의 기다림을 최소화하고 충분한 시간으로 계산서를 확인할 수 있도록 해 보다 정확한 정산이 이뤄지는 방식이다.

4) 부산웨스틴조선 호텔만의 컨시어지 서비스 시스템

맛집, 도로정보, 교통정보, 관광안내 등 고객 맞춤 서비스를 제공하는 것으로 특히 부산웨스틴조선 호텔 컨시어지가 답사를 거쳐 직접 개발한 투어 코스와 직접 시식을 거친 맛집 정보는 책 속의 정보가 아닌 경험에 의한 실용적인 정보로 보다 정확한 서비스를 제공해 고객만족도를 높이고 있다.

5) 고객불만사항을 처리하는 방식

고객마다 취향과 습관에 따른 판단기준이 다르기 때문에 고객의 눈높이에서 생각하는 것이다. 이를 위해 성향에 따른 타입 및 선호사항 등에 대한 직원교육에 중점을 두고 있으며, 또한 담당직원에게 유동적으로 사용할 수 있는 권한을 부여해 가능한 한 현장에서 신속하게 초기 응대하도록 하고 있다. 경우에 따라서는 100만 원 미만에 한해 금전적인 처리에 대한 권한도 현장 직원에게 부여하고 있다.

5. 서울그랜드힐튼

1) 하루에 한 번은 꼭 의견교환

Hilton

"불과 3~4년 전만 해도 노사관계는 항상 앙금이 남아 있었다"라고 말하는 서울힐튼 호텔 인사담당자는 "하지만 꾸준한 노사 간의 커뮤니케이션 활동으로 현재 100%는 아니지만 불신은 눈에 띄게 해소되었다"며 우선 지속적인 대화만이 가장 효율적 대안이라고 설명한다. 이런 연유에서인지 서울그랜드힐튼 호텔은 비공식적인 노사 간 미팅이 하루에 한 번씩은 반드시 이루어진다. 비록 비공식적인 만남이기는 하지만 회사 측에서는 급속도로 변하는 외부환경에 따라 경영상황을 설명하고 노조 측에서는 또한 직원들의 고충은 무엇인지 서슴없이 털어놓는 주요 커뮤니케이션 수단으로 자리 잡고 있다.

또한 서울그랜드힐튼 호텔은 한 달에 한 번 특별한 생일축하이벤트가 펼쳐진다. 이벤트 형식을 갖추기는 했지만 사실상 노사 간의 정기적인 모임형태로 전 직원들이 참석하게 되는 큰 규모의 사내행사이다. 이 자리는 그달의 생일을 맞은 직원들에 대한 축하는 물론 영업평가와 우수사원 발표 등을 통하여 사측은 열린 경영의 장으로 활용하고 있다.

2) 세계적 호텔경영 교육프로그램

'Measuring and Improving Productivity'를 비롯해 총 8가지의 프로그램을 실행 중인 서울그랜드힐튼 호텔은 Hilton University를 통해 온라인으로 전 직원들이 호텔의 각 분야별 교육프로그램을 신청할 수 있다. 특히 힐튼의 교육은 호텔업무를 수행하기 위해서 반드시 익혀야 할 기술, 지식, 태도 등을 이론에서 그치는 것이 아니라 실무중심으로 구성하였다. 또한 모든 프로그램에 쓰이는 교재는 영미문화권의 원서만을 사용한다는 것도 특이한 점이다.

3) 그랜드힐튼의 서비스 정책결정 메뉴개발

메뉴 엔지니어링을 통해 업장의 이미지에 맞는 합리적인 메뉴를 계획하며, 그랜드힐튼 호텔에서는 고객이 원하는 메뉴를 개발하는 데 중점을 두고 있다. 또한 메뉴를 개발하는 데 있어 고객의 의견을 최우선으로 하여 총지배인을 비롯한 서비스직원, 주방직원들의 의견을 종합적으로 하여 서비스 정책에 대한 결정을 내리고 있다.

4) HOD(Hygiene Officer on Duty)

이 교육을 바탕으로 매주 한 명의 직원이 HOD에 임명돼 호텔 이곳저곳의 위생을 점검해 보고하고 개선함으로써 고객들에게 보다 깨끗하고 안전한 위생환경을 만들기 위해 노력하고 있다.

6. JW메리어트

'직원들의 의견을 수렴해라'

노동조합 대신 근로자 대표자 형태의 노사협의체를 운영하고 있는 JW메리어트 호텔 또한 일일업무회의(Daily Meeting)를 통해 매일 아침 전 직원들이 모이는 시간을 갖는다. 이 시간에는 사측이 제공하는 Daily Packet을 통해 당일 객실점유율, 행사 일정표, 서비스 관련 교육, 인사발령, 당일 경조사 등의 정보를 직원 모두가 공유하게 된다. 또한 서로의 의견을 자연스럽게 교환하고, 질의사항을 공개적으로 해결하는 시간을 갖는다.

JW메리어트 인사부서는 '직원의견설문조사(Associate Opinion Survey)', 'Speak Out Program, Open Door Policy' 등 다양한 프로그램을 통해 직원들의 건의사항을 수렴하고 있다면서 '전 직원들을 대상으로 실시하는 만큼 다양한 제안들과 업무진행상 고충들을 세세하게 파악할 수 있는 계기가 된다'며, 이는 회사 경영의 중요한 결정요인이 되기도 한다고 말했다.

이 밖에 총지배인의 Rap Session을 통해 각 부서 및 업장의 서비스 개선 제안, 후생복지 체계화 등의 건의사항들을 총지배인과 직접 대화를 통해 의견을 나눌 수 있다. Session 자리는 즉석에서 총지배인의 답변을 들을 수 있는 커뮤니케이션 수단으로 직원들의 반응이 가장 높은 프로그램으로 유명하다.

JW메리어트 홍보실은 "아직 노동조합이 설립되지는 않았지만 근로자 대표자가 속해 있는 '노사협의회'가 운영되고 있다"며 "JW메리어트는 무엇보다 직원들의 의사결정을 중요시한다"고 말했다.

7. 그랜드인터컨티넨탈서울

'커뮤니케이션 활동, 온 몸으로 실천한다'

그랜드인터컨티넨탈은 "직원들의 다양한 의견 수렴으로 호텔경영 또한 더욱 투명해졌다"며 "경영방침과 같은 중요사항들은 반드시 전 직원들에게 공개하는 것이 의무화되고 있다"고 설명한 뒤 단순한 의견수렴에서 그치지 않고 빠른 시간 내에 별도의 조치가 이루어진다고 말한다. 그랜드인터컨티넨탈서울의 직원고충처리방법은 임직원들의 행동에서부터 남다르다. 임직원들이 일반사원의 화장실을 직접 청소한다면 일반기업에서는 상상하기 힘든 일이라고 생각할 수 있다. 하지만 그랜드인터컨티넨탈서울에서는 충분히 가능한 일이다. 임직원들이 화장실을 청소하는 것에 대해 인력관리부서는 "호텔기업의 특성상 직원들의 의사소통이 무엇보다 중요하다"며 "사원들이 가장 많이 드나드는 곳이 화장실인 만큼 청소하는 것은 상사로서 기쁜 일이다"고 말해 그랜드인터컨티넨탈서울의 독특한 사내 분위기를 느끼게 해준다.

또한 총지배인이 직접 일반 직원들과 대화를 나누는 경우도 있다. 전 직원들은 1년에 한 번은 총지배인을 만나 다양한 고충들을 전달하고 지배인 또한 회사경영상태를 모든 직원들과 함께 공유함으로써 직원과 회사 간에 공동의 발전을 도모한다. 이것이 내부고객만족을 통한 고객만족경영으로 실현되고 있다.

8. 임피리얼 팰리스

'직원들의 고급아이디어는 의사결정절차를 바꾸어 놓는다.'

호텔 경영자 주도의 TFT(Task Force Team)를 운영하고 있는 임피리얼 팰리스 호텔. 각 부서별 핵심인재를 1명씩 선발해 매월 1회 정기모임을 갖는다. 일명 Idea Meeting이라 불리는 이 프로그램은 임피리얼 팰리스 호텔의 경영주가 직접 주관하는 프로그램으로 인적 자원의 효율성을 극대화시킨다는 계획이다. 직원들이 창조해 낸 고급아이디어를 해당부서에 직접 반영하는 Idea/시행안 미팅은 TF팀만의 고유한 권한으로 업무기획 및 의사결정의 간소화를 통해 업무의 진행속도를 배가시킬 수 있는 장점을 가지고 있다.

이 밖에도 임피리얼 팰리스 호텔은 아미가 가족회의를 통해 주, 월, 분기별 정기미팅이 이루어진다. 매주 실시하는 'GM 주관 주요 부서장 업무진행상황 미팅'으로 한 주 운영에 앞서 사전에 업무의 효율성을 진단하고 각 부서 간 정보를 공유하는 시간이다. 또 매월 진행되는 Vision Meeting이나 팀장회의, 확대간부회의, 월례조회는 매주 발생하는 현안문제들을 팀장들이 자율적으로 정하여 경영환경에 신속하게 대응할 것을 목적으로 운영되고 그 주의 업무목표에 대한 결과 보고의 성격과 경영현황 파악이 주목적으로 구성되어 있다. 마지막으로 분기별 모임은 사원들의 설문조사를 통해 직원의식 및 고충사항들을 확인하는 계기로 사용된다.

임피리얼 팰리스 호텔은 현재 5개의 동호회가 활동 중에 있다. 노동조합이 별도로 없는 임피리얼 팰리스 호텔은 노사협의회를 통해 모든 사안을 해결하고 있으며 일명 '아미가 가족회의'라고 부른다.

가족회의에서 모든 사항이 결정되는 임피리얼 팰리스 호텔은 동호회활동 지원비로 연간 많은 돈이 지원되고 있다. 또한 매년 치러지는 사내 체육대회를 통해 직원들의 화합을 도모하고 있다.

또한 임피리얼 팰리스 호텔은 '한 발 앞선 서비스'를 모토로 서비스 개선에 힘쓰고 있다.

1) 정확한 고객 정보

고객이 처음 호텔을 방문하게 되면 이 호텔에 관한 전체적인 안내와 객실로의 이동 및 설비 파악을 더욱 자세히 도와주며 고객의 정보를 정확히 up-date시켜 재방문할 때마다 고객만을 위한 특별한 객실 내 세팅을 완료하고 있다고 한다. 또 고객이 좋아하는 비누나 수건의 타입에 관한 것부터 고객의 방문 목적과 체류기간에 따른 이벤트까지 객실부서에 한정된 고객서비스가 아닌, 전사적인 협력을 통해 고객을 맞이하고 있다고 한다.

2) 서비스, 직원 아이디어 공모

임피리얼 팰리스 호텔의 서비스 정책 결정과정은 고객의 입장을 가장 잘 알 수 있고 들을 수 있는 직원의 의견을 최대한 반영시키기 위해 직원들에 한해 아이디어 공모를 진행하고 있다.

형식에 기초한 아이디어 → 총무팀에 제출 → CEO가 모든 의견수렴 → 시행할 수 있는 초안 마련이처럼 직접 서비스하는 접점종업원의 의견을 중요시하는 결정과정을 갖고 있다.

고객서비스에 대한 불만 역시 언제나 열려 있는 고객센터와 24시간 종업원이 상주하고 있는 당직 데스크에서 접수해 해당 부서장에게 직접 보고되고 있다. 특히, 중간단계의 보고체계를 없애거나 최소화시켜 상황 대처의 신속성을 나타내고 있다. 또한 보고는 간결하고 정확하게 하며 상황 처리와 사후 관리는 서면으로 섬세하게 여러 부서의 협의와 협조를 얻어 시행하고 있다.

3) 서비스 매뉴얼을 뛰어넘는 서비스

이는 고객이 분명 무엇을 어느 직원에게 요청했을 때, 그것에 대한 한계 또는 최선의 결과를 분명히 알고 있다는 것이다. 하지만 직원이 고객이 입장이 돼 먼저 알아주는 모습을 보이는 것 하나만으로도 고객에게 편안함과 감동을 안겨줄 수 있을 것이며 또한 부서의 영역, 개인의 영역을 넘어 임피리얼 팰리스 호텔의 고객이라면 화장실을 이용하기 위해 들른 고객이라 할지라도 우리 호텔에 대한 좋은 기억을 가지고 떠나야 할 것이라면서 특히, Longterm Guest, VIP 고객들은 객실 직원뿐 아니라 식음업장, 조리, 연회, 심지어는 간부들까지도 마주칠 수 있는 기회가 많은 만큼 그들이 도착하기 전에 고객에 대한 사진, 기호(Preferences) 등을 공유하고 있다.

9. 호텔 롯데

LOTTE HOTELS & RESORTS

롯데 호텔은 사내 서클활동을 활성화시키기 위해 총 12개 동호회에게 2천5백만 원의 예산을 투입한다. 호텔 내 동호회 중 대표격인 '맛을 찾는 사람들'은 1999년 조리사를 중심으로 면세점과 일반직원 등 총 80여 명으로 구성되어 있다. 일명 '맛찾사'라고도 불리는 이 동호회는 매년 두 차례 봉사활동과 정기적인 음식 탐방을 통해 음식 맛에 대한 평가를 정기적으로 실시한다. 또한 특징에 대해 토론을 벌이고 기록으로 남겨 발전된 업무상으로 승화시키고 있다. '맛찾사'의 정규회원인 한 조리부 직원은 "음식을 좋아하는 직원들로 구성된 동호회 성격상 맛에 대해 각별한 애정을 갖고 있고, 다른 부서 동료들과 좋은 관계도 유지한다"며 "봉사활동을 통해 이웃과 정을 함께 나누는 시간들로 서클회원 모두가 즐거워하고 있다"고 말했다.

이 밖에 롯데 호텔은 전 직원을 상대로 '노사화합 등반대회'를 매년 봄에 실시하는 데 5천만 원의 예산을 투입하고 있다. 또 하기휴양소로 사용되는 강원도 설악산휴양소 운영에 1억 2천만 원을 투입하는 등 다양한 지원으로 직원들의 호응도가 높다는 것이 인사교육담당자의 말이다.

10. 소피텔 앰배서더

1) 순수한 민간자본으로 성장

SOFITEL
ACCOR HOTELS & RESORTS

전쟁의 상흔이 채 가시지 않은 1955년, 아담한 2층 건물의 '금수장'에서 시작된 앰배서더 호텔은 50년 이상의 역사를 가진 순수한 민간자본으로 성장해 온 토종브랜드 호텔이다. 50년간 꾸준히 성장 발전하여 서울에만 5개 계열의 호텔을 보유한 앰배서더 호텔은 새로운 반세기의 역사를 다시 쓰고 있다.

2) 1955년 10월 1일

객실 19실에 양식당 '휘닉스 가든'이 딸린 금수장 여관이 오픈된다. 한국전쟁이 끝난 후 주둔하게 된 미군과 그 군속 및 UN 한국부흥단 인사들의 입출국이 잦아짐에 따라, 국내 업계에는 서구식 호텔에 대한 수요가 점점 늘어나고 있었다. 당시 인구 250만의 수도 서울에서 깔끔한 객실에 친절한 서비스와 맛 좋은 음식으로 소문난 여관은 언제나 만원이었다.

3) 1963년 5월

국제관광공사(현 한국관광공사)가 반도 호텔과 조선 호텔 등을 비롯해 지방의 7개 철도 호텔들을 인수하면서 호텔업계도 서서히 경쟁이 시작됐다. 하지만 업계의 경쟁에서 객실

19실의 금수장 호텔은 위치나 시설 면에서 열세를 보였고, 증축을 미룰수록 그만큼 뒤처진다는 생각에 1963년 5월 1차 증축공사에 착수한다. 아담한 4층 신축건물은 당시로서는 보기 드문 이국적인 건축미로 세간의 관심을 모았으며, 1층에 자리 잡은 나이트클럽 '맨하탄'은 그 시절 서울 시내에서 고급 사교장으로 한동안 명성이 자자했다.

4) 1965년 8월

호텔 앰배서더(Hotel Ambassador)로 이름을 바꾼다. 세련되고 우아한 이미지를 가진 '앰배서더'라는 단어에 걸맞게 금수장 시절의 고풍스런 이미지를 벗기 위해 유니폼에서부터 레스토랑의 메뉴에 이르기까지 호텔 구석구석을 현대식으로 뜯어 고쳤다. 그 결과 호텔 앰배서더는 주한 외교관과 미8군 장교들을 비롯한 외국인 관광객들에게 최고의 호텔로 인정받으면서 그해 연말까지 객실 점유율이 100%에 가까울 정도로 호황을 누렸다.

5) 1981년 9월

업계 최초로 일본 동경에 해외사무소를 설립하고, 오사카와 후쿠오카에까지 사무소를 설립하며 일본 시장을 공략하기 시작했다. 아시안게임이 열리던 1986년 관광호텔의 등급 기준이 시설과 규모 위주로 변경되면서 호텔 앰배서더는 특2급으로 조정됐다.

6) 1987년 11월

프랑스 아코르그룹과 합작하여 역삼동에 노보텔 앰배서더 강남 신축을 위한 계약을 체결했다. 이어 1989년 노보텔 앰배서더 강남의 신축 및 경영을 위한 (주)앰배서더즈와 1990년 노보텔 앰배서더 독산의 신축 및 경영을 위한 (주)앰배텔을 잇따라 설립함으로써, 앰배서더와 아코르 그룹과의 만남을 장기적인 파트너 관계로 한 단계 승화시켰다. 해외시장에서 특급 비즈니스호텔로 차별화된 브랜드 이미지를 구축하고 있는 유럽계의 노보텔을 도입함으로써 당시 미국계 슈퍼 딜럭스 일변도로 몰려가고 있던 국내 호텔 시장의 틈새를 공략하자는 블루오션전략이었다.

11. 쉐라톤 그랜드 워커힐

1963년 개관한 워커힐 호텔은 1973년 SK와 인연을 맺으면서 새로운 도약의 시점을 열었다. 한국 호텔문화를 세계 최고 수준으로 끌어올리기 위해 노력해 왔던 워커힐 호텔은 1977년 Starwood와 프랜차이즈 가맹계약을 체결, 세계 속의 쉐라톤 그랜드 워커힐로 거듭났다.

1) 한국전 참전 워커 장군 호텔이름으로 명명

1963년 국제관광공사는 영빈관과 조선 호텔, 반도 호텔 등 교통부(현 국토교통부)가 관할하던 국영호텔의 관리를 맡았다. 이 시기에 이루어진 호화 숙박업소 개발은 주한 외국인의 절대 다수를 차지한 미국인 고객을 만족시키는 데 초점이 맞춰졌다.

워커힐 호텔은 주한미군, 대사관 간부, 기술 자문역 등과 그 가족을 위한 소규모 휴양단지로 구상되었고, 당시 도시 중심성의 관점에서 보면 매우 외진 곳에 자리 잡았다. 오늘날까지도 호텔이 있는 아차산 기슭, 그곳의 맑은 공기와 드넓은 아차산 공원, 그리고 복잡한 도심에서 떨어져 '자연에서' 휴양을 즐길 수 있다는 것은 워커힐 호텔의 이미지 형성에 큰 몫을 하고 있다.

개관 당시 객실 350여 개를 갖췄던 워커힐 호텔은 미국형 대형 호텔에 가까운 숙박 능력으로 인해 다른 호텔들과 차원을 달리했다. 유럽형 대도시 호텔 모델이 아니라 태평양 반대쪽에서 건너온 미국식 모델을 채택한 워커힐 호텔 개관은 이전 시대 호텔 모델과의 결별을 의미하는 하나의 사건이었다.

2) 문화공간과 휴식공간의 완벽한 조화

쉐라톤 그랜드 워커힐은 문화공간과 휴식공간의 기능이 완벽하게 조화를 이룬 호텔문화의 꽃이다. 1977년 Starwood와 프랜차이즈 가맹계약을 체결하여 세계 속의 휴식처, 세계 속의 쉐라톤 그랜드 워커힐로 거듭났다. 서울의 북동부에 위치, 아차산과 한강의 아름다움이 한눈에 들어오는 수려한 경관과 쾌적한 자연환경을 자랑하는 쉐라톤 그랜드 워커힐은 589개의 객실, 14개의 레스토랑과 바, 연중무휴 매일 2회 공연하는 워커힐쇼, 서울 유일의 카지노, 세계 유명 브랜드를 갖춘 면세점을 비롯해 다양한 레저 스포츠 시설을 갖춘 비즈니스 겸 리조트 호텔로서 고객만족에 정성을 다하고 있다. '호텔 속의 호텔'로 일컫는 최고급 비즈니스 전용 객실 쉐라톤 타워스, 뉴 그랜드 볼룸을 비롯해 대대적인 리노베이션을 통해 새롭게 태어난 컨벤션센터, 세계적인 쇼 무대 가야금 시어터 레스토랑에서 펼쳐지는 워커힐 쇼 등은 쉐라톤 그랜드 워커힐만의 자랑이다. '가치를 만들어 가는 엔터테인먼트 리더'로서 멋진 도약을 준비하고 있는 워커힐은 고객의 새로운 요구에 부응하여 정체된 공간이 아닌 창조의 공간으로 만들기 위해 노력하고 있다.

12. 밀레니엄 힐튼

1) 최고가 아니면 안된다

밀레니엄 힐튼 호텔을 찾는 고객은 대부분 보수적인 중장년층이 많다. 호텔의 오랜 전통과 함께한 이들은 그만큼 난골충성도도 높다고 한다. 그런 만큼 다시 고객층에 따라 차별화된 서비스가 이뤄져야 한다는 것이다. 또한 밀레니엄 힐튼 호텔은 힐튼 본사에서 책정된 서비스 스탠더드가 갖춰져 있어 전 세계 어느 곳을 가더라도 힐튼만의 특화된 서비스를 받아볼 수 있다고 한다.

2) 암행감사를 실시한 철저한 서비스평가

힐튼 본사에서는 연 2회 이틀에 걸쳐 서비스 암행감사를 보내고 있다. 만약 기준에 미달되는 경우가 있다면, 이를 토대로 현지 브리핑을 열어 항목별 시정요구에 들어간다. 어제보다 개선된 서비스 환경을 제공하기 위해 밀레니엄 힐튼 호텔은 매일 총지배인과 각 부서장들이 모여 시설, 서비스, 위생, 안전시설까지 확인하고 있으며, 심지어 직원 시설까지 점검할 정도로 철두철미함을 보여주고 있다. 또한 예절교육은 트레이닝부서를 통해 각 주제별로 열리게 되는데, 전화, 인사 등 기본적 교육과 외국어 등 전문교육이 함께 진행되고 있다.

13. 세계적 중저가 체인호텔 베스트 웨스턴

미국 애리조나주 피닉스시에 본사를 두고 있는 베스트 웨스턴 호텔은 국내에 진출한 외국호텔 체인 브랜드들이 최고급을 지향하며 대형화와 고가정책을 펼치고 있는 것과 차별화되는 중저가 정책으로 성공을 거두고 있다. 베스트 웨스턴은 유럽, 미주, 호주 등 80여 개국에 4,200여 개의 방대한 호텔체인을 갖고 있다. 국내엔 2001년 뉴서울 호텔이 베스트 웨스턴 '1호 체인'으로 가입한 것을 시작으로 현재 강남호텔, 국도 호텔, 서울가든 호텔 등 체인가입 호텔이 12개로 늘어났으며. 국내 숙박시설의 경우, 특급호텔 및 저가의 관광호텔로 양극화되는 사항들이 큰 문제점으로 대두되고 있는데 현 시대가 요구하는 니즈 마켓은 중저가 호텔임을 직시하고 재빠르게 사업을 전개해 큰 성공을 거두고 있다. 국내 호텔업계가 중급호텔시장을 본격적으로 공략하려고 나서는 시점에 베스트 웨스턴의 경영전략은 그동안 국내에 진출한 외국호텔 체인 브랜드들이 최고급을 지향하며 대형화와 고가정책을 펴갈 때, 그와는 차별화된 특 2급 및 1급 호텔을 지향해 저렴하면서도 고품질의 서비스를 전개하고 나섰다. 이로써 외국인 및 국내 비즈니스 고객층과 레저인구, 더 나아가 지방의 잠재 고객에게까지도 그 충분한 가치를 인정받고 있는 것이다.

베스트 웨스턴의 차별화된 전략의 가장 큰 강점은 첫째, 저렴한 가입비와 전 세계 호텔예약망 활용이다. 가입과 동시에 편리하게 이용할 수 있는 예약망은 매출을 올리는 데 크게 기여하고 있으며, 품질 경영 및 특급호텔의 서비스를 보장해 외국인은 물론 내국인에게도 인기를 모으고 있다. 둘째, 과감한 시장개척으로 브랜드 파워를 키웠다. 가족단위 레저인구가 급격히 늘어나자 지방이나 교외로 빠져나가는 잠재고객들을 놓치지 않았다. 셋째, 저렴한 로열티를 받으면서 호텔운영 노하우 및 기술을 서슴없이 전수해 주고 있다. 또한 적절한 위치를 선점해 최근 늘어나고 있는 외국 출장객, 관광객들을 확보하고 도어맨, 벨맨, 룸서비스 등 부가서비스를 최소화해 특급호텔 대비 절반 이하의 가격에 질 좋은 시설을 제공하고 있다.

우리나라는 서울 시내뿐만 아니라 구미, 창원, 대전, 인천, 수원, 제주 등지에 호텔을 신축하거나 기존에 영업 중인 호텔을 가입시켜 운영 중이며, 부산, 강원 지역 등에도 호텔 개발에 박차를 가하고 있다. 세계 최대 중저가 호텔 브랜드를 대표하는 체인호텔이라는 명성에 걸맞은 영역을 확대해 나가고 있다.

14. 내용에 충실한 중저가 이비스

이비스는 아코르 호텔그룹이 갖고 있는 유럽 최대의 중저가 버젯(budget) 호텔 브랜드로서 건축단계에서부터 표준화된 기법을 적용해 투숙객들에게 꼭 필요하지 않은 업장은 완전히 배제하는 대신 최소의 공간에서 최대의 기능을 발휘할 수 있도록 설계되었다.

또한 운영체계도 구체적이고 특화된 고객시장만을 공략할 수 있도록 극도로 간소화함으로써 마케팅을 비롯한 경영 전반에서 합리화를 달성한다는 원칙을 고수하고 있었다.

1) 극도로 단순화

특급호텔 못지않은 품격에 안전하고 청결한 분위기 속에서 전 직원이 외국어를 구사하는 이비스 앰배서더 서울의 객실은 크기와 인테리어가 극도로 단순화되어 있고 벨이나 룸서비스도 없다. 그러나 객실층 복도에는 자판기가 설치돼 있는 등 꼭 필요한 업무를 보거나 편안한 휴식을 취하는 데 전혀 불편함이 없도록 철저하게 계산된 공간 디자인을 선보이고 있다. 또 숙박요금은 항상 로비에 있는 전광판에 정확하게 공시되어 있고, 단체고객에 대한 10% 할인 이외에는 어떤 경우에도 예외가 없다.

2) 비즈니스맨을 위한 공간

최신형 컴퓨터와 사무기기에 프로젝터 등 첨단회의장비가 구비된 2개의 비즈니스 미팅룸과 완벽한 업무지원을 하는 비즈니스 코너, 비즈니스맨을 위한 체력단련시설과 남성전용 사우나 겸 스파시설이 갖춰져 있다. 특급호텔 중심의 숙박시설 공급을 개선하고 관광객과 비즈니스맨들이 원하는 다양한 숙박시설의 제공을 통한 선택의 다양성을 제공해 줄 수 있다는 점에서 중저가 호텔의 확충이 지속적으로 이뤄지고 있다.

제3절 외식산업체의 서비스 사례

1. 피자헛

'황금알을 낳는' 피자헛 대구 황금점(월 평균 매출 2억 5,000만 원 2010년 세계 3위) '황금점은 황금알을 낳는다.' 피자헛의 대구 황금점이 전 세계 100여 개국 1만 3,000개 매장 중 월 매출 3위를 기록하는 등 놀랄 만한 영업실적을 올리고 있어 화제이다. 개점 10년째인 황금점은 한 달 매출 2억 5,000만 원. 아시아지역 매장 중 선두를 고수하고 있다. 200여 평의 주차장과 매장 규모 200여 평을 합하면 황금점은 400여 평의 대규모를 자랑한다. 이는 서울의 대표적인 매장인 명동역점을 단연 앞지르는 규모이다.

또 황금점은 '진짜 빨간 지붕'(컬러 마케팅)이 얹혀 있는 단독 건물 매장이기 때문에 외관상으로도 다른 매장과 확연하게 차이가 난다. 대구 주민들은 황금점을 '피자헛 대구본부'라고 부를 정도로 애착을 가지고 있다. 실제로 황금점을 이용하는 전체 손님 중 60%는 단골, 이 중 30%는 개점 때부터 10여 년 동안 계속 이곳을 찾는 'VIP고객'들이란 것이다. 피자헛 관계자는 "황금점의 성공 비결은 지역민들의 특성을 잘 이해한 마케팅과 신속하고 정성 담긴 서비스"라고 자평했다.

황금점의 고객리스트는 점장이 바뀔 때도 철저한 인수인계를 통해 후임자에게 전해진다.

단골고객들이 올 때면 점장과 종업원들이 일일이 찾아가 인사하고 안부를 묻는 등 한 가족처럼 대하는 것도 황금점에서만 볼 수 있는 진풍경이다.

특히 황금정은 피자헛 매장으로서는 최초로 '이메일 마케팅'을 실시했다. 고객제안 카드를 통해 고객의 이메일을 작성하게 한 후 첫 방문에는 방문 감사 메일부터 계절이 바뀌면 안부인사, 또 생일이면 생일축하 메일까지 일일이 점장이 손수 메일을 보낸다. 화려한 문구나 수식어는 없지만 일상적으로 보내는 꼭 같은 문구의 메일과는 비교도 안될 정도로 정성과 감사의 마음이 담겨 있다.

또한 쌍방향 커뮤니케이션을 위해 이메일로 불편이나 불만 사항을 접수받아 즉시 해결하고 있다. 업계의 한 관계자는 "황금점은 외식업계에서 벤치마킹대상으로 첫손에 꼽는 매장"이라며 "전 세계 매장 중 3위를 한다는 것은 놀랄 만한 일"이라고 평가했다.

2. 스타벅스

스타벅스는 독특한 스타일과 분위기를 서비스로 하여 성공한 케이스이다.

예를 들어, 스타벅스의 초록색 벽이나 가벼운 색조를 띤 카운터의 나무, 그리고 머리를 길게 늘어뜨린 여성의 모습을 보여주고 있는 녹색 로고들은 모두 자연스럽고 환경친화적인 느낌을 자아낸다. 그런데 이러한 유기적 요소는 매우 현대적이고 인공적인 냄새를 풍기는 요소들과 좋은 대조를 이루며 섞여 있다. 즉 카운터 윗면은 매끄럽게 다듬어진 대리석이며, 나무표면은 아주 매끈매끈하다. 또 선반은 유리로 되어 있고, 컵은 순백색이다. 이런 것들이 함께 어우러져 현대적인 분위기를 빚어내고 있는 것이다. 스타벅스는 회사의 분위기와 이미지에 어울리는 음악을 엄선하여 매장에서 들려주고, 또 그러한 음악이 담긴 테이프와 CD를 판매한다. 이렇게 함으로써 고객들은 스타벅스의 커피숍에서 느끼는 훈훈한 기분을 집안에서도 즐길 수 있는 것이다.

제 4 절 타 산업체의 서비스 사례

1. 코카콜라

코카콜라는 아르헨티나 시장에서 선두적인 지위를 유지하기 위해 고객과 직접 커뮤니케이션할 수 있는 방법을 모색하였다. 이는 고객들에게 코카콜라 제품에 대한 정보를 제공할 뿐만 아니라 고객의 의견을 듣기 위한 쌍방향 커뮤니케이션이 가능한 장을 제공하기 위한 것이다. 즉 그 목적은 제품과 판촉에 대한 정보 제공과 고객불만 처리, 그리고 쌍방향 커뮤니케이션을 통한 고객의 Feedback과 제안 수집이다. 코카콜라는 고객과 커뮤니케이션할 수 있는 고객센터를 개설하고 운영하는 일을 Teleperformance 아르헨티나에 의뢰했다. 판촉물이나 상품 패키지에 수신자 전화번호를 적어서, 고객들이 Coca-Cola, Fanta, Sprite, Quatro 제품에 대해 문의사항이 있거나, 불만 혹은 제안사항이 있을 경우에 수신자 부담 번호로 전화하도록 광고를 하였다. Teleperformance 아르헨티나는 전담 요원을 채용하고 통화폭주시간에 대응할 수 있는 지원팀도 구성하였다. 전담요원 및 지원팀은 10명의 상담원당 1명의 관리자의 비율로 구성되어 관리되었으며, 코카콜라 제품의 새로운 판촉프로그램을 신속하게 교육하여 항상 최신의 정보를 보유하도록 하였고 지원팀에게도 새로운 판촉프로그램이 추가될 때마다 신규프로그램에 대한 교육을 실시하여 신규프로그램 시행으로 인한 전화 증가 시 지원팀을 배치하여 신속하게 대응할 수 있도록 하였다. 현재 Teleperformance 아르헨티나는 한 달에 평균 2000 Call을 처리하고 있으며 신규 판촉프로그램에 대한 전화 응답률도 80% 이상을 유지하고 있다.

코카콜라와 Teleperformance 아르헨티나는 CRM Application을 도입하여 실시간으로 전화처리에 대한 전반적인 자료와 고객과의 상담내용, 고객의 의견을 축적하고 있다. 이와 같이 축적된 자료를 이용한다면 코카콜라는 고객의 Feedback에 보다 신속하게 대응할 수 있을 것이며, 상품이나 경품을 이용하는 판촉활동에도 적극 활용할 수 있을 것이다. 또한 특정한 고객을 대상으로 한 표적 마케팅에도 활용할 수 있어 이러한 축적된 데이터는 마케팅 자산으로서 그 중요성이 점점 커지고 있다.

코카콜라는 전 세계적으로 알려진 브랜드로서 고객만족도나 품질관리에서 명성을 얻고 있다. Teleperformance 아르헨티나에서는 상담원들이 사실상 코카콜라 브랜드의 사절(Ambassador)임을 인식하고 상담원들에게 브랜드의 명성이나 이미지에 그들이 특히 중요한 역할을 담당하고 있음을 주지시켰으며 다음과 같은 방침도 마련하였다.

① 전화상담에 대한 지침은 브랜드의 가치를 증대시킬 수 있도록 만들어져야 한다.

② 인력채용 자격요건을 정하여 코카콜라 브랜드와 잘 어울릴 수 있는 우수한 자질을 갖춘 상담원을 채용한다.

③ 상담원들에게 브랜드의 가치와 브랜드가 구체적으로 고객의 구매행동에 어떻게 영향을 미치는지에 대해 교육한다.

④ 전화응대 수준뿐만 아니라 브랜드 전달에 대한 성과측정 기준을 개발한다.

2. 싱가포르 항공(SIA)

이 항공사는 출발 당시 전혀 알려져 있지 않은데다 규모도 작아서 타 항공사와 다른, 무언가 독특하고 차별화된 경쟁우위를 보여줘야 했다. 이 회사의 경영진은 그것을 싱가포르의 문화와 이 나라의 서비스 전통에서 찾아냈다. 즉 손님에 대한 따뜻한 환대와 감동을 주는 서비스로 승부를 걸기로 결정했다.

SIA는 세계 최초로 완전히 눕힐 수 있는 좌석을 기내에 설치하고 이코노미석 손님도 식사메뉴를 고를 수 있게 했다. 또 경쟁사보다 승무원을 더 많이 배치하고 서비스에 대한 규제를 받지 않기 위해 국제항공운송협회(IATA)에 일부러 가입하지 않았다. 그러나 타 경쟁사들의 서비스 수준도 급격히 향상되는 추세였기 때문에 SIA는 끊임없이 서비스 수준을 높이지 않으면 안되었다. 때문에 현재 SIA는 자주 운항하는 노선에서는 메뉴를 일주일마다 바꾸고 있고 (대부분의 항공사들은 메뉴를 일 년에 기껏해야 네 번 바꾼다), 나아가 더욱 다양한 메뉴를 개발하고 있다. 또 SIA는 고객들의 불만 사항을 적극적으로 수집하여 경영에 반영하며, 3개월에 대대적으로 서비스 수준을 점검하여 서비스성과지수를 산정하고 있다.

그러나 가장 고객지향적인 서비스혁신은 1984년에 도입된 PPS시스템이다. PPS는 'Priority Passenger System' 즉, 귀빈을 뜻하는 말로서, 한마디로 단골고객 관리프로그램이라고 할 수 있다. SIA는 단골고객들의 취향을 파악한 다음, 그들이 비행기에 도착하기 전에 그들이 좋아하는 술, 잡지 등을 미리 준비해 놓는다. 즉, 단골고객들이 기대하는 그 이상의 서비스를 제공함으로써 SIA에 대한 그들의 애호도를 한층 더 높이는 것이다.

이런 뛰어난 고객 지향정신과 끝없는 서비스 향상이 이 회사의 핵심역량이자 성공요인인 것 같다.

3. 스칸디나비아 항공사(Scandinavian Airlines)

1970년대 말 석유파동으로 인해 세계 항공업계는 큰 시련을 맞이하였다. 17년간 연속해서 흑자를 기록하였던 SAS(Scandinavian Airlines)에서도 1979년과 1980년의 2년 동안에 3,000만 불의 적자가 누적되었다. 이러한 위기에서 39세의 Jan Carlzon이 항공사의 사장으로 취임하였다. 고객이 직원들과 접하는 처음 15초 동안의 짧은 순간이 회사의 이미지, 나아가 사업의 성공을 좌우한다고 강조한 Carlzon 사장은 1년 만에 적자를 흑자로 바꾸었다. 뿐만 아니라 SAS는 1983년에 '올해의 최우수 항공사'로, 1986년에는 '고객서비스 최우수 항공사'로 선정되었다.

- 마주치는 5,000만 번의 결정적 순간의 MOT

Carlzon은 MOT라는 새로운 개념을 도입하여 위기에 빠진 회사를 구하고 서비스품질경영의 전설적 신화를 창조하였다. MOT는 Spain의 마케팅 학자인 Norman이 서비스품질관리에 처음 사용하였다. 원래 이 말은 투우사가 소의 급소를 찌르는 순간을 말하는데, '피하려 해도 피할 수 없는 순간', 또는 '실패가 허용되지 않는 매우 중요한 순간'을 의미한다. 따라서 MOT란 '진실의 순간'이라는 통상적 번역보다 '결정적 순간'이라는 말이 더 적합하다.

1986년 SAS에서는 대략 1,000만 명의 고객이 각각 5명의 직원들과 접촉했으며, 1회 응대 시간은 평균 15초였다. 따라서 1년에 고객의 마음속에 회사의 인상을 새겨 넣는 순간들이 5,000만 번 있었다. Carlzon은 이 15초 동안의 짧은 순간이 결국 SAS의 전체 이미지, 나아가 사업의 성공을 좌우한다고 이야기하면서, 이 순간들이야말로 SAS가 최선의 선택이었다는 것을 고객들에게 입증해야만 하는 때라고 강조하였다. 진정한 자산은 만족한 고객들이라는 신념 아래 Carlzon은 SAS를 고객 중심적 기업으로 변화시키는 일에 착수하였다. 가장 대표적인 과업은 전통적인 피라미드 조직을 역피라미드형으로 바꾸어 일선 직원들에게 고객의 문제를 해결할 수 있는 권한을 준 것이었다.

미국의 사업가 퍼거슨은 호텔에서 나와 덴마크의 수도 코펜하겐의 공항에 도착했을 때, 비행기 티켓을 호텔에 놓고 온 사실을 발견했다. 항공사의 규칙은 당연히 '티켓이 없으면, 비행기를 타지 못한다'는 것이었으나 SAS의 여직원은 손님을 안심시킨 뒤, 예약을 확인하고 티케팅을 해주었다. 그 뒤에 여직원은 호텔에 연락하여 티켓을 찾은 다음, 대합실에서 런던행 비행기를 기다리고 있던 고객에게 주었다. 이 일로 인해 퍼거슨은 중요한 계약을 원만하게 해결할 수 있었다. 이를 계기로 퍼거슨은 만나는 수많은 각국 사업가들에게 이 이야기를 적극 선전하고 다니는 사도고객이 되었다. 그가 공항의 항공사 데스크에서 여직원을 만났던 그 순간이 SAS로서는 '가장 중요한 순간(moment of truth)'이었던 것이다.

참 고 문 헌

김대권, "호텔서비스품질에 대한 소비자의 평가 연구", 동국대학교 대학원 박사학위논문, 1994.

김성혁, 서비스경영론, 대왕사, 1996.

김왕상 · 권문호, 관광서비스경영론, 대왕사, 2010.

김일채 외, 호텔객실영업론, 백산출판사, 2001.

김일채 · 한진수 · 박대환, 최신호텔용어사전, 형설출판사, 2001.

김준호, "한국 서비스마케팅 시스템의 발전모형에 관한 연구", 인하대학교 경영학과 석사학위논문, 1987.

김진섭, 관광마케팅, 대왕사, 1998.

김춘호 외, 호텔서비스실무론, 새로미, 2007.

김호영, "우리나라 은행서비스품질 평가에 관한 연구", 한국외국어대학교 대학원 박사학위논문, 1994.

김홍철, 관광마케팅관리, 두남출판사, 2000.

고재윤 외, 세계의 명품커피, 세정, 2008.

리츠칼튼호텔, 직원수첩 핸드북, 1995.

매일경제신문사, 매일경제, 1996.

미래서비스아카데미, 서비스매너, 새로미, 2006.

박대환, "호텔마케팅 측면에서 귀빈층에 관한 연구", 세종대학교 대학원 석사학위논문, 1992.

박대환, "호텔기업의 서비스 지향성에 관한 실증적 연구", 경남대학교 대학원 박사학위논문, 1997.

박대환 외, 호텔경영관리론, 도서출판 대명, 2007.

박대환 외, 호텔경영론, 백산출판사, 2012.

박대환 외, 최신 서비스이론과 실무, 학문사, 2006.

박대환 외, 호텔객실영업론, 백산출판사, 2013.

박대환 외, 호텔객실관리와 시설관리, 백산출판사, 2013.

박정향, 현대관광서비스, 대왕사, 2013.

박중환, "호텔서비스 평가에 관한 연구", 동아대학교 대학원 박사학위논문, 1995.

박혜정, 서비스맨의 이미지메이킹, 백산출판사, 2005.

반영길, 마케팅관리론, 박영사, 1992.

삼성에버랜드 서비스아카데미, 에버랜드 서비스리더십, 21세기북스, 2002.

성현선, 호스피탈리티 서빗, 석학당, 2010.

송용섭 · 황병일, 관계마케팅, 범문사, 1996.

신한종합연구소, 신한리뷰, 겨울, 1990.

신한종합연구소, 신한리뷰, 봄, 1991.

신한종합연구소, 신한리뷰, 가을호, 1996.

신형섭 외, 호텔객실서비스실무, 새로미, 2007.

안광호 · 이학식 · 현용자, 마케팅(시장 절약적 접근), 범문사, 1996.

오명근, "경쟁우위확보를 위한 서비스기업의 경쟁전략에 관한 연구", 관광레저연구 논문집 제3호, 한국관광레저학회, 1991.

윤명숙, "서비스품질의 마아케팅 전략적 활용에 관한 실증적 연구", 숙명여자대학교 대학원 박사학위논문, 1991.

윤미희 · 엄석호, "서비스품질의 측정에 관한 연구", 관광학연구 제17호, 한국관광학회, 1993.

윤훈현, 마케팅관리론(Philip Kotler, *Marketing Management*, 6판 역), 범한서적, 1990.

이승희, "호텔의 품질시스템 인증에 관한 연구", 관광레저연구 논문집 제7호, 한국관광레저학회, 1995.

이영희, "소비자몰입이 고객의 지각된 서비스 질에 미치는 영향에 관한 연구－우리나라 특급호텔 서비스를 중심으로－", 경희대학교 대학원 박사학위논문, 1994.

이유재, 서비스마케팅, 학연사, 1994.

이장로 · 김창수, "은행서비스품질의 평가 및 측정에 관한 실증연구", 마케팅연구, 한국마케팅학회, 1993, pp. 163~188.

이학식 · 안광호, 소비자 행동－마케팅전략적 접근, 범문사, 1993.

이화여자대학교 경영연구소, 경영학자료번역집 *Managing for Quality*, 제39집, 1994.

임석현, "서비스산업의 운영관리 합리화방안", 경영경제연구, 제12권 제1호, 부산대학교 산업개발연구소,1993.

전유상, 2000년을 향한 전략경영전개, 어문각, 1991.

정광현, 외식산업실무론, 신지서원, 2000.

정익준 외, 관광서비스경영론, 형설출판사, 2004.

정찬종, "서비스시장 개방과 여행업의 대응방안에 관한 연구", 관광연구, 제1호, 영남관광학회, 1991.

정태인, "호텔 귀빈층 통합서비스시스템이 고객지향성, 종업원 직무만족, 이미지에 미치는 영향", 영산대학교 호텔관광대학원 석사학위논문, 2008.

제진훈, 패러다임경영, 21세기북스, 1996.

조문수 · 최영랑, "서비스마케팅의 제품믹스와 촉진전략에 관한 연구", 관광연구논집, 제7권, 한양대학교 관광연구소, 1995.

차길수, "서비스 마케팅믹스의 이론적 고찰", 호텔경영연구논집, 제2호, 경기대학교 호텔경영연구소, 1993.

청계연구소, 전예측 1990년대의 동경권, 일본: 세계, 1991.

최덕철, "서비스 팩키지 개발과 서비스 배달시스템에 관한 연구", 마케팅연구, Vol. I, No. 1, 한국마케팅학회, Feb., 1986.

최동열, 관광서비스론, 기문사, 1998.

채서묵, "관광서비스의 우월적 지위에 관한 연구(관광호텔 경영중심으로)", 경기대학교 대학원 박사학위논문, 1994.

파라다이스호텔, 파라다이스 서비스 매뉴얼, 2007.

한경수, 관광마케팅의 이해, 학문사, 1997.

한진수, 서비스론, 경희호텔경영전문대학출판부, 1997.

한국방송광고공사, 광고연구, "기업이미지와 구매행동(호텔서비스 중심으로) – 황창규, 조선배–", 봄호(제18호), 1993.

한진수, "여성고객유치를 위한 호텔서비스상품에 관한 연구", 관광레저연구논문집, 제3호, 한국관광레저학회, 1991.

조선호텔, 종합예절교본, 조선호텔, 2000.

조선호텔, 객실, 식음, 부대영업장서비스 직무교육, 2000.

Ajzwn, L., and Fishbein, M., "The Prediction of Behavior from Attitudinal and Normative Variables", *Journal of Experimental Social Psychology*, Vol. 6, 1970.

Anthony J. Zahorik, Roland T. Rust, and Timothy L. Keiningham, *Service Marketing*, NY: Harper Collins College Publishers, 1996.

Artzt, E. L., *Customers Wants Performance, Price, and Value*, Transportation & Distribution, July 1993.

Babakus, E., and Boller, G. W., "An Empirical Assesment of the SERVQUAL Scale," *Journal of Business Research*, Vol. 24, 1992.

Berry, L. L., Zeithaml, V. A. and Parasuraman, A., "Quality Counts job Service, Too," *Business Horizons*, May~June 1985.

Berry, Leonard L., and A. Parasuraman, *Marketing Services*, New York: The Free Press, 1991.

Bessom, Richard M., and David W. Jackson, "Service Retailing-A Strategic Marketing Approach", *Journal of Retailing*, Summer 1975.

Biddle, B. J., "Recent Development in Role Theory", *Annual Review of Psychology*, Vol. 12,

1986.

Biter, Mary Jo, Bernard H. Booms, & Mary Stanfield Tetreault, "The Service Encounter: Diagnosing Favorable and Unfavorable Incidents", *Journal of Marketing*, Vol. 54, January 1990.

Bitner, Mary Jo, Berbard H. Booms, & Lois A. Mohr, "Critical Service Encounter: The Employee's Viewpoint," *Journal of Marketing*, Vol. 58, October 1994.

Bitner, Mary Jo, Berbard H. Booms, & Lois A. Mohr, "A Longitudinal Analysis of the Impact of Service Changes on Customer Attitudes", *Journal of Marketing*, Vol. 55, January 1993.

Boulding, W., Kalra, A., Staelin, R., and Zeithaml, A., "A Dynamic Process Model of Service Quality: From Expectations to Behavioral Intentions", *Journal of Marketing Research*, Vol. XXX, February 1993.

Boulton, R. N., and J. H. Drew, "A Longitudinal Analysis of the Impact of Service Change on Customer Attitudes", *Journal of Marketing*, Vol. 55, January 1990.

Boulton, Ruth N., and James H. Drew, "A Multistage Model of Customers' Assessments of Service Quality and Value", *Journal of Consumer Research*, Vol. 17, 1991.

Brown, S. W., and Swartz, T. A., "A Gao Analysis of Professional Service Quality", *Journal of Marketing*, April 1989.

C. H. Lovelock, "Classifying Services to Gain Strategic Marketing Insight", *Journal of Marketing*, Vol. 47, Summer 1983.

Carman, James M., "Consumer Perceptions of Service Quality: An Assessment of the SERVQUAL Dimensions", *Journal of Retailing*, Vol. 66, Spring 1990.

Christopher, H. Lovelock, *Service Marketing*, NY: Prentice-Hall, 1991.

Crosby, Lawrence A., "Expanding the Role of CSM in Total Quality", *International Journal of Service Industry Manazgement*, Vol. 2, No. 2, 1991.

Garvin, David A., "What Does Quality Mean?" *Sloan Management Review*, Vol. 26, Fall 1984.

Gemler, Dwayne, and Mary Jo Bitner, "Classifying Service Encounter Satisfaction Across Industries", in *Marketing Theory and Applications*, Chrois T. Allen et al.(eds.), Chicago: American Marketing Associations, 1992.

Gronroos. C., "A Service Quality Model and Its Marketing Implication", *European Journal of Marketing*, Vol. 18, No. 4, 1984.

Grönross, Christian, "A Service-Oriented Approach to Marketing of services", *European Journal of Marketing*, Vol. 12, No. 8, 1978.

Heskett, Jame L., Thomas O. Jones, Gary W. Loveman, W. Earl Sasser, Jr., and Leonard A.

Schlesinger, "Putting the Service-Profit Chain to Work", *Harvard Business Review*, March/April 1994.

Lewis C. Winters, "The Effect of Brand Advertising on Company Image: Implication for Corporate Advertising," *Journal of Advertising Research*, Vol. 26, April/May 1986.

Lewis, B. R., "Service Quality: An International Comparison of Bank Customers' Expectations and Perceptions", *Journal of Marketing Management*, Vol. 7, 1991.

Lewis, R. C., and Booms, B. H., "The Marketing Aspects of Service Quality", *Emerging Perceptives on Service Marketing*, American Marketing Association, 1983.

Michael L. Kasavana, and Richard M. Brooks, "Managing Front Office Operations", Educational Institute, America Hotel and Lodging Association, 2002.

Magrath, A. J., "When Marketing Services, 4 Ps Are Not Enough", *Business Horizon*, May~June.

Oliver, R. L., "A Cognitive Model of the Antecedents and Consequences of Satisfaction Decisions", *Journal of Marketing Research*, Vol. 17, November 1980.

Oliver, R. L., "SERVQUAL: A Multiple-Item Scale for Measuring Consumer Perceptions of Service Quality", *Journal of Retailing*, Vol. 64, No. 1, Spring 1988.

Oliver, R. L., "Reassessment of Expectations as a Comparison Standard in Measuring Service Quality: Implications for Further Research", *Journal of Marketing*, Vol. 58, January 1994.

Philip Kotler, John Bowen, and James Makeens, *Marketing For Hospitality and Tourism*, NJ: Prentice Hall, Inc., A Simon & Schuster Co., 1996.

Robert D. Reid, *Hospitality Marketing Management*, NY: Van Nostrand Reinhold, 1989.

S. Medik, *The Business of Hotels,* London: William Heinemann, 1980.

S. S. Roach, "Service under Siege-The Restructuring Imperative", *Harvard Business Review*, September-October 1991.

Shostack, G. Lynn, *Planning the Service Encounter*, John A. Czepiel, Michael R. Solomon, and Carol F. Surprenant(eds.), Lexington, MA: Lexington Books 1985.

Solomon, Michael R., Carol Surprenant, John A. Czepiel, and Evrlyn G. Gutman, "A Role Theory Perspective on Dynamic Interaction: The Service Encounter", *Journal of Marketing*, Vol. 49, Winter 1985.

Sonnenberg, Frank K., "Service Quality : Forethought, Not Afterthought", *Journal of Business Strategy*, September-October 1989.

Swan, J. E., and Combs, L. J., "Product Performance and Customer Satisfaction: A New Concept", *Journal of Marketing*, Vol. 40, April 1976.

Teas, R. Kenneth, "Expectations as a Comparison Standard in Measuring Service Quality: An Assessment of A Reassessment", Journal of Marketing, Vol. 58, January 1994.

Tse, David K., and Peter C. Wilton, "Models of Consumer Satisfaction Formation: An Extension", *Journal of Marketing Researc*h, Vol. 25, May 1988.

Westbrook, Robert A., and Michael D. Reilly, "Value-percept Disparity: An Alternative to the Disconfirmation of Expectations Theory of Consumer Satisfaction", *Advances in Consumer Research*, Vol. 9, 1983.

Westbrook, Robert A., and Richard L. Oliver, "The Dimensionality of Consumption Emotion Patterns and Consumer Satisfaction", *Journal of Consumer Research*, Vol. 18, June 1991.

Westbrook, Robert A., "A Rating Scale for Measuring Product/Service Satisfaction", *Journal of Marketing*, Vol. 44, Fall 1980.

Woodruff, R. B., Cadotte, E. R., and Jenkins, R. L., "Modeling Consumer Satisfaction Processes Using Experience Based Norms", *Journal of Marketing Research,* Vol. 20, August 1983.

Yi, Youjae, "A Critical Review of Consumer Satisfaction", in *Review of Marketing*, Valarie A. Zeithaml(ed.), Chicago, IL: AMA-123, 1990.

Yi, Youjae, "The Determinants of Consumer Satisfaction: The Moderating Role of Ambiguity", *Advances in Consumer Research*, Vol. 20, 1993.

Zeithaml, Valarie A., A. Parasuraman, and Leonard L. Berry, "Communication and Control Processes in the Delivery of Service Quality", *Journal of Marketing*, Vol. 52, April 1988.

Zeithaml, Valarie A., A. Parasuraman and Leonard L. Berry, "Problems and Strategies in Services Marketing", *Journal of Marketing*, Vol. 49, Spring 1985.

http://blog.naver.com/kookim〉

http://blog.naver.com/neasesang

http://busan.paradisehotel.co.kr/kr/main/

http://kr.blog.yahoo.com/jwn1ya2/9014

http://www.ambatel.com/index_ko.php

http://www.echosunhotel.com/

http://www.hilton.co.kr/

http://www.hilton.com

http://www.hotelrestaurant.co.kr/hotel/hotel.html

http://www.hotelrestaurant.co.kr/intro/index.html

http://www.imperialpalace.co.kr/

http://www.lottehoteljeju.com/korean/jeju/index_brand.asp

http://www.ritzcarltonseoul.com

http://www.sheratonwalkerhill.co.kr/

http://www.shilla.net

저자 약력

박 대 환

세종대학교 경영대학원 호텔경영학과(경영학석사)
경남대학교 대학원 경영학과 서비스마케팅 전공(경영학박사)
미국 플로리다국제대학교(FIU) 호텔관광학부 교환교수
호텔경영사(관광호텔총지배인) 자격증 취득
미국 국제호텔총지배인자격증 취득(AHLA CHA)
부산웨스틴조선호텔 영업총괄 부총지배인(19년 11개월간 근무)
부산광역시 관광협회 관광종사원 면접위원
부산광역시 관광호텔등급심사위원
울산광역시 관광편의시설업지정 심사위원
경남발전연구원 비상임연구원
경상남도의회 관광분야 자문위원
한국관광호텔업협회 관광호텔등급 심사위원
한국관광학회 이사
한국호텔관광학회 부회장
영산대학교 호텔관광학부장, 평생교육원장, 행정처장, 입학처장, 사무처장
현) 영산대학교 호텔관광대학 호텔경영학과 교수

◆ 주요 논저
『호텔객실영업론』 외 다수
"논문 호텔기업의 서비스지향성에 관한 실증적 연구" 외 다수

한 진 수

Northern Arizona University, Flagstaff, Az. U.S.A. School of Hotel & Restaurant Management 졸업
University of New Haven, New Haven, Ct. U.S.A. Dept. of Hotel & Restaurant Management 석사
경성대학교 대학원 호텔마케팅 전공(경영학박사)
Stanford Sheraton Hotel, Stanford, Connecticut, U.S.A. 근무
호텔 소피텔앰배서더(Sofitel Ambassador) 교육과장 근무
성심외국어대학 호텔경영과 교수
현) 리조트 카지노연구소 연구위원
　　한국능률협회 마케팅대상 및 고객만족대상 심사위원
　　종합관광호텔 등급심사위원
　　호텔지배인 국가자격시험 출제위원
　　경희대학교 호텔관광대학 호텔경영학과 교수
　　경희대학교 관광대학원 교학부장

◆ 주요 논저
『최신호텔용어사전』, 『카지노산업론』 외 다수
"뉴밀레니엄 시대의 호텔경영의 발전방안" 외 다수

장 병 주

계명대학교 대학원 관광경영학과(관광경영학석사)
대구대학교 대학원 관광경영학과(관광경영학박사)
현대호텔(경주) 식음료부 지배인 근무
현) 영산대학교 호텔경영학과 교수

◆ 주요 논저
『식음료 경영서비스 관리론』 외 다수
"호텔기업의 서비스 보증과 결과변수의 구조적 관계에 관한 연구" 외 다수
과제수행
대구시 달성군 남부권 관광개발 외 다수

조 보 경

영산대학교 호텔경영학과 졸업(경영학사)
영산대학교 경영대학원 호텔관광학 전공(경영학석사)
영산대학교 호텔관광대학 호텔경영학과 겸임교수
파라다이스호텔 부산 객실팀 객실영업과장
파라다이스호텔 부산 객실팀 객실관리과장
파라다이스호텔 부산 레저스포츠팀장
현) 파라다이스호텔 부산 교육파트장

호텔관광서비스 이론과 실제

2009년 3월 1일 1판 1쇄 발행
2014년 7월 25일 개정판 1쇄 발행

저 자 박 대 환 · 한 진 수
장 병 주 · 조 보 경

발행인 진 욱 상 · 진 성 원

저자와의 합의하에 인지첩부 생략

발행처 백산출판사
서울시 성북구 정릉로 157(백산빌딩 4층)
등록 : 1974. 1. 9. 제 1-72호
전화 : 914-1621, 917-6240
FAX : 912-4438
http://www.ibaeksan.kr
editbsp@naver.com

값 30,000원
ISBN 978-89-6183-177-2